리더십의 이해

| 백기복 신제구 김정훈 지음 |

3판

UNDERSTANDING
LEADERSHIP

창 민 사

제3판을 냅니다

최근 한 대기업 회장을 만났는데, 전공이 리더십이라는 말을 듣더니 대뜸 '김정은이 언제 죽을지 예측해보라'라고 해서 황당해했던 적이 있다. '리더십 전문가가 무슨 예언자라도 되느냐?', '그런 것은 점쟁이한테 가서 물어보시라'라며 웃어넘겼지만 돌아서 나오는데 뒷맛이 장맛비만큼이나 칙칙했다.

리더십을 사회과학적으로 연구한다는 것은, 궁극적으로 리더십 현상을 '예측'(prediction)하고 '설명'(explanation)하기 위한 것인데, 김정은 사망과 같이 현실적으로 매우 중요하고 많은 사람이 관심을 두는 문제를 외면한다면 무슨 의미가 있겠나 하는 생각이 가시지 않아 마음이 무거웠다.

현실적으로 매우 중요한데 리더십 학자들이 외면하고 있는 문제가 한둘이 아니다. 알면서 외면해왔다면 비겁한 것이고, 모르고 지나쳤다면 불행하다고 할 수밖에 없다. 아마도 관심이 없었을 개연성이 높다. 누가 연구비 주면서 연구해보란 것도 아니고 쉽게 예측이나 설명할 수 있는 주제도 아니니 학자들이 진지하게 관심을 뒀을 리가 없다.

본 3판에서는, 되도록 현실적으로 중요한 문제들을 다루려고 노력했다. 교과서가 기본에나 충실하지 무슨 그런 어려운 일을 하려 하냐고 나무랄 수도 있지만, 리더십을 처음 배우는 독자들에게 정작 중요한 질문이 무엇인지, 문제의식을 올바로 심어주는 것이 교과서의 올바른 사명이라고 생각하여 밀고 나갔다.

그동안의 연구결과가, 중요한 현실문제를 다루기에 충분할 만큼 쌓여있다는 점도, 밀고 나가겠다는 필자의 선택에 동력을 제공했다. 예를 들어, 위의 김정은 사망 예측도 하버드대학 케네디스쿨의 하이페츠(Haifetz) 교수가 이미 "Leadership on the line"이라는 책에서 유사한 사례들을 다룬 바 있고, Yammarino 교수 등(2013)[1]이나 백기복(2018)[2]도 계량역사학적 방법론(historiometrics)을 사용하면서 예측 가능성을 탐색한 바 있다. 신통한 점쟁이처럼 딱 맞출 수는 없지만, 확률적 예측은 불가능한 것도 아니다.

조직 현장의 문제 해결에도 계속 도전해야 한다. 본서가 제시하는 이론과 사례와 지혜가 현실의 리더십 문제를 이해하고 예측하는 데 큰 도움이 될 것이다. 이론이 어렵다고 하는데, 어렵게 쓰여서 어려운 것이지 쉽게 풀어쓰면 결코 이해할 수 없을 만큼 어려운 것이 아니다. 여기에 제시된 여러 리더십 이론들과 사례나 지혜를 잘 이해하면 현실문제를 이해하고 해결책을 찾는 데 큰 도움이 될 것이다.

또한 제3판에서는, 새로운 주제들을 많이 넣었다. 사례도 갱신했다. openAI가 생성한 답과 연결지어 설명하는 내용도 첨가했다. 어려워 보이는 표현은 이해하기 쉽게 풀어쓰려고 노력했다. 구태의연한 사례나 내용은 삭제했다. 독자들이 책을 읽을 때 핵심을 잘 파악할 수 있도록 돕기 위해서 주요 어휘나 문장은 굵은 활자체로 강조하였다.

그리고 2판의 14장과 15장은 3판에서는 위치를 바꿨다. 리더십 이론이나 지혜를 다 배우고 나서 어떻게 자기 계발을 할 것인지를 생각하는 것이 올바른 순서라고 생각했다.

하지만 설문에는 별로 변화를 주지 않았다. 시간이 지나도 사람의 행동은 궤적을 크게 벗어나지 않는다. 기존 설문보다 신뢰도와 타당도가 좀 더 높은 설문이 나

---

1 Yammarino, F. J., Mumford, M. D., Serban, A., & Shirreffs, K. 2013. Assassination and leadership: Traditional approaches and historiometric methods. *Leadership Quarterly*, 24(6): 822-841.

2 백기복. 2018. 계량역사학적 방법(historiometry)을 이용한 리더십연구. *리더십연구*, 9(2): 157-175.

오기는 하지만, 크게 바뀌지는 않는다.

항상 좋은 책을 낼 수 있도록 최선을 다해서 도와주는 창민사 윤동구 사장께 깊은 감사의 말씀을 드린다.

2023년 7월 15일
저자 백기복 드림
휴넷글로벌리더십연구원장

'리더십의 이해'를 출간하며

리더십에 대해서 천착한 지가 벌써 20여 년이 지났다. 시간은 꽤 흘렀는데 남은 것이 별로 없다. 흘러가버린 한 해, 한 해가 아쉽기만 하다. 기계는 고장나면 고쳐 쓸 수가 있고 사람도 병이 나면 치료하여 본래의 모습으로 되돌릴 수 있지만, 흘러가버린 세월은 어떻게 해볼 도리가 없다는 것이 안타깝다. 남아 있는 시간이나마 제대로 된 성과를 낼 수 있도록 최선을 다해야겠다.

그나마 이번에 이 '리더십의 이해'를 출간하게 된 것이 작은 위안을 준다. 그동안 몰라보게 성장한 신제구 박사와 김정훈 박사가 함께 해줘서 너무나 행복하였다. 앞으로 이들을 통해서 리더십에 대한 호기심과 연구가 계속 이어져 후회 없는 성과가 얻어지기를 기대한다. 이들의 리더십 연구를 향한 열정과 동인(動因)이 식어지든가 변질되지 않기를 바란다.

이 책을 쓰면서 세계 여러 나라의 과거, 현재, 그리고 미래의 리더들을 만날 수 있었다. 한국뿐 아니라 세계 어느 나라를 막론하고 나름대로 자랑스런 리더의 역사를 갖고 있지 않은 나라는 없었다. 이탈리아의 리더십 학자들은 시이저를 비롯한 로마시대의 다양한 리더들과 가톨릭 교단, 르네상스 시대, 무솔리니 체제, 그리고 마피아 조직의 리더들로부터 이탈리아인들의 리더십 전형(典型)을 배운다. 중국 사람들은 25사(史)를 꾸려갔던 300여 명의 황제들과 그들을 떠받쳤던 신하들을 리더십의 고전으로 여기며, 미국의 학자들은 민주주의를 일으켜 세운 국부(國父)들과 노예해방과 평등사회 건설을 위해서 싸웠던 투사들, 그리고 화려한 자본주의의 꽃을 피운 산업계의 인사들을 통해서 리더십의 모델을 학습한다.

한국이 자랑하는 리더들도 못지 않게 풍부하다. 민족의 정체성과 백성들의 행복한 삶을 위한 시스템을 구축하는 데 크게 기여했던 리더들이 있었는가 하면, 침략과 불의에 저항하여 독립과 정의를 지켜낸 불굴의 저항가들도 있었다. 한편, 찢어지게 가난한 나라를 부흥시킨, 대한민국 고도성장기의 창업리더들도 무시할 수 없다. 이들은 모두 후대를 사는 우리들에게 훌륭한 리더십의 전형을 보여주고 있다.

본서에서는 각 장의 곳곳에 이들 역사적 리더들의 이야기들을 포함시켰다. 백 쪽의 설명보다 더 효과적인 학습이 될 것으로 믿는다.

하지만 리더십은 이처럼 위대한 영웅들만의 전유물은 아니다. 리더십은 오늘을 사는 우리들의 일상 속에서도 매우 큰 역할을 한다. 가정에서, 기업에서, 정치판에서, 정부조직에서, 종교단체에서, NGO 등의 시민단체에서, 그리고 군에서, 리더십은 항상 우리들의 일거수일투족에 영향을 미친다. 일상 속 리더와 구성원들 간의 매일매일의 교류는 때로는 감동으로 다가오기도 하고 또 때로는 스트레스로 압박해오기도 한다.

본서에서는, 위의 역사적 인물들과 더불어, 오늘날 각 조직에서 구성원들을 이끌어가는 리더들의 생생한 이야기도 담았다.

아울러 리더십을 논의할 때 리더십 이론들을 빼놓을 수가 없다. 과거 약 100년 동안 주로 미국에서 발달해 온 리더십 이론들을 개략적으로나마 섭렵할 수 있도록 주요 이론들을 쉽게 풀어 사례들을 곁들여 설명하였다. 리더십에 대해서 과학적이고 체계적으로 생각할 수 있는 기회를 제공하게 될 것이다.

이 책이 나오기까지 밤을 세우면서 노력해주신 창민사 윤동구 사장님께 깊은 감사의 말씀을 드린다. 또한 자료를 찾고 교정을 보는 과정에서 헌신적으로 도와준 국민대학교 경영대학 대학원의 이민경 조교와 이용수 조교에게도 감사의 말을 전한다. 누구보다도 이 책의 독자들에게 커다란 감사의 말씀을 전한다.

2009년 8월

2009년 가을로 들어가는 문턱에서

저자 백기복 드림

차 례

제 I 부 리더의 길, 그 출발점에 서서

리더의 길 제 1 장

제Ⅱ부 너 자신을 알라

리더, 너 자신을 알라 제3장

제 Ⅲ 부 리더는 변화를 두려워하지 않는다

제 6 장 카리스마리더는 비전을 먹고 산다

이슈리더십은 실용적 리더십이다 제 7 장

리더십, 소통이 문제다 제9장

우리는 모두 엮여 있다 제11장

참여적 리더십은 독단적 리더십보다 우월한가 제13장

제Ⅴ부 성장을 멈춘 리더는 실패한다

제14장 리더십은 왜 실패하는가

리더십 개발: 리더는 어떻게 성장하는가 제 15 장

제I부
리더의 길, 그 출발점에 서서

제1장 리더의 길

길을 잘못 인도한 리더

리더십 나누기 1-1: 왜 리더십을 배워야 할까?

❊ 리더들에게 물었다: "왜 리더십을 배워야 할까요?"

고종철 분대장(20대): "천사 같은 분대장이 되고 싶었는데, 악마 같은 분대장이 되고 말았다. 열심히 할수록 문제가 커진다. 분대장에게도 리더십 교육이 필요하다."

조문웅 사장(50대): "나는 MBTI에서 'I'(내성적 성격)다. 실험실에 틀어박혀 반도체 개발할 때 가장 행복하다. 리더십 좀 배워둘 걸 하는 아쉬움이 크다. 나는 사장될 줄 몰랐다."

김민경 주부(40대): "주말 MBA 과정에서 배웠던 리더십이 자녀교육에도 큰 도움이 된다. '1등보다 리더로 키우라'는 말을 따라 하고 있는데, 정말로 잘 자라주고 있다!"

박민철 팀장(30대): "리더십을 몰라서 시행착오를 많이 겪는다. 히딩크 리더십 따라 하는데 모르는 게 너무 많다."

주창대 강사(60대): "회사 그만두고, 리더십 배워서 강의, 코칭, 컨설팅 사업을 한다. 좀 더 일찍 사업을 시작했더라면 하는 아쉬움이 있다."

✠ [나누기 문제 1-1] AI에게 "why do we need to learn leadership?"이라고 물으면 뭐라고 답할까? 위의 인터뷰 내용과 비교해보자.

1. 왜 배워야 할까?

〔리더십 나누기 1-1〕에서 보듯이, 리더십을 배워야 하는 이유는 크게 네 가지로 요약된다.

첫째, 리더 개인의 성장
둘째, 주변 사람들의 행복
셋째, 과업완수와 조직 발전
넷째, 리더 개인의 사업소득 증대

리더십을 배우면, 자기 성질대로 하던 리더가 자신을 자제하게 되고 다른 사람과 조직에 대한 **책임의식이 생긴다**. 주변 사람들의 지지를 끌어내어 과업을 완수함으로써 조직 발전에 이바지하게 된다. 강의, 코칭, 컨설팅을 통한 사업소득의 기회도 가질 수 있다.

'나는 팀장도 싫고 임원도 싫다'고 하는 사람도 불가피 리더의 직책을 수행해야 하는 경우가 많다. 리더십 기술을 배워두지 않으면, 많은 사람에게 피해를 주고 조직도 쇠퇴하게 된다. 리더 자신은 엄청난 스트레스로 극단적 선택을 하기도 한다.

리더십은 가정을 경영할 때, 자녀를 교육할 때, 친구와 사귈 때, 온라인에서 활동할 때도 큰 도움이 된다. 일상생활에서도 리더십은 필요하다. 리더십이 있는 친구가 옆에 있으면, 부담이 줄어들고 마음이 편해진다.

그림 1-1 리더십 학습 대상

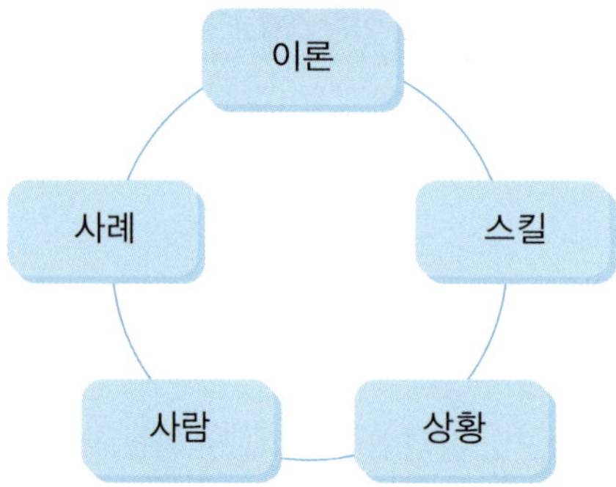

2. 무엇을 배울까?

리더십 학습은 과학적으로 검증된 리더십 원리(이론), 리더십의 기술(skill), 다양한 사례, 사람과 과업과 상황에 대한 이해 등으로 이루어진다. 이론은 리더의 장기적 성공에 도움을 주며, 스킬은 현재의 문제해결을 위해 필요하고, 사례는 리더십에 대한 관심을 유지하게 한다. **사람, 과업, 상황의 이해는 리더의 잠재력을 키워준다.**

예를 들어, 조 팀장은 팀원들과 얘기할 때 99% 자기가 얘기한다. 이때, 조 팀장에게 무턱대고 '말 적게 하라'고 한다고 해서 해결되지 않는다. 수도꼭지가 고장났는데 거기에 대고 '물 그만 나와라'라고 말한다고 물이 멈추겠는가?

리더십 이론을 알면, 조 팀장의 문제와 그 원인을 유추해낼 수 있다. 또 그가, 자신의 문제를 극복하기 위해서 어떤 리더십 스킬을 개발해야 하는지도 알 수 있다.

3. 어떻게 배울까?

AI한테 물어보면 답을 주기는 하지만, 실제와는 크게 다르다. YouTube에도 리더십 강좌가 많지만, 내 상황과 특성에 맞지 않는다.

〈표 1-1〉과 같이 진단, 이론/스킬, 행동, 성찰의 네 단계로 학습하는 것이 바람직하다.

표 1-1 리더십 학습 4단계

단 계	내 용	주요 사항
제1단계: 자기진단	• 리더십 학습은 자기 자신의 강점, 약점을 확인하는 진단에서 출발한다. • 자기 자신, 부하, 상사, 동료들, 또는 주변인들로부터 360도 설문을 받아 자신의 리더십에 대한 인식 차를 알아보면 좋다.	본서는 각 장 끝에 진단 설문을 제시하고 있다.
제2단계: 이론 학습과 스킬 습득	• 이론 학습과 스킬 습득을 통하여 리더십의 다양한 원리를 터득한다. • 자신의 강점을 활용하고 약점을 보완할 수 있는 "리더십 향상전략"을 수립한다. • 자신의 약점을 감추든가 피하려 해서는 안 된다. 리더는 약점이 있어야 강점이 더욱 빛난다.	이 부분이 가장 많은 노력과 시간 투자가 필요하다.
제3단계: 행동실습	• 배운 것을 행동에 옮겨보자. 하루, 일주일, 한 달, 1년 단위로 행동계획을 세워 실천해 본다. • 시행착오도 겪게 되고 잘못 이해한 부분도 발견하게 될 것이다. 꾸준히 노력하는 것이 중요하다.	표를 만들어 행동관리를 해야 한다.
제4단계: 성찰, 사례 학습을 통한 조정	• 행동한 후 성찰(reflection)해야 학습이 된다. 성찰은 자신을 변화시키는 가장 큰 무기이다. • 이때 다른 리더의 사례를 확인하면서 자신의 '리더십 향상전략'을 조정해 나가면 효과가 있다. • CEO 등 고위 직책을 맡은 리더에게 성찰이 더욱 필요하다.	리더는 성찰의 습관을 길러야 한다.

본서는 4단계 학습에 도움을 주기 위해서 진단, 이론, 스킬, 행동, 성찰, 사례 등을 장(chapter)마다 제시하였다.

가장 중요한 것은 독자의 마음이다. 배우고 실행하고 성찰하는 것을 억지로 할 수는 없다. 조직경영에서 리더십이 얼마나 중요한지를 이해하고 실천하려는 결심과 노력이 필요하다.

하지만 꼭 〈표 1-1〉에 나와 있는 방법만 있는 것은 아니다. 스스로 절차를 정하여 독창적 방법으로 학습할 수도 있다.

제2절 리더의 길을 가는 사람들에게

리더의 길을 가는 사람들에게 주는 다섯 가지 충고다.

첫째, 개인 욕심으로 리더의 자리를 탐하지 말라.

평생 자리를 쫓는 사람들이 있다. 한자리 했다는 소리 들으려고 능력도 안 되면서 국회의원이 된 사람들이 나라를 망친다. 욕심에 이끌려 리더의 자리를 차지한 사람은 자신의 목표를 이룬 것이기 때문에 다른 사람들을 제대로 이끌려 하지 않는다. 자리를 누리고 향유하면서 더 높은 자리로 가기 위한 준비에 몰두한다. 리더의 자리는 봉사하고 희생하는 자리이다. 이웃과 사회와 인류에 도움이 될 만한 **공공선(公共善)**의 일을 언제 어디서든 스스로 꾸밀 줄 아는 사람이 진정한 리더다.

둘째, 자기 전에 성찰하고 깨어나면 분석하라.

자기 성찰이 없는 리더는 조직을 망치고 분석하지 않는 리더는 나라를 병들게 한다. 자기 성찰을 통해서 마음속에 자라는 근거 없는 아집을 계속 지워나가야 하고, 현상에 대한 치열한 분석을 통해서 애매한 판단과 허황된 기대심리를 극복해야 한다. 정치적 판단과 선심성 선택은 역사를 주름지게 한다. 오늘의 해법이 내일의 문제가 되지 않도록 해야 한다. 리더십은 과학이다.

셋째, 자신을 부정하고 항상 더 좋은 아이디어를 구하라.

리더의 생각이 항상 옳다는 것은 편견이다. 누군가는 리더의 생각보다 더 좋은 대안을 갖고 있다. 선입관을 버리고 널리 토론해야 한다. 자신을 부정하고 구하면 찾아지고 두드리면 열린다. 특히 1등을 했을 때나 맨 앞줄에 섰을 때 주의하라. 세상을 얻은 것 같은 성취감을 느낄 때 리더의 마음은 병든다. 화려한 영광은 리더의 눈을 멀게 하는 독약과 같다. '역사를 바꿀 아이디어는 아직도 나를 기다리고 있다'는 자세로 토론하라.

넷째, 머리로 이끌고 가슴으로 포용하라.

머리로 일하고 가슴으로 관계를 구축해야 한다. 관계를 손상시키지 않기 위해서 일을 왜곡해서는 안 된다. 냉정한 두뇌가 뜨거운 가슴을 이끌게 해야 한다. 일의 성취를 위해서 결단할 때 주저해서는 안 된다. 하지만 일을 하는 과정에서 불가피하게 손상된 인간관계를 그냥 두면 리더의 생명이 짧아지므로 반드시 치유해야 한다. 일과 관계는 수레의 두 바퀴와 같다. 두 바퀴의 크기가 다르면 수레는 앞으로 나아갈 수 없다.

다섯째, 내일의 비전으로 오늘의 문제를 덮으려 하지 말라.

미래의 비전은 중요하다. 하지만 비전만 강조하고 구성원들이 고통받는 오늘의 문제를 등한시해서는 안 된다. 그러므로 리더는 구성원들에게 조직이나 나라의 비전을 제시할 때 오늘의 문제를 해결할 수 있는 해법을 동시에 제시해야 한다. 때로는 먼 미래의 달콤한 비전은 오늘의 문제에 대한 구성원들의 감각을 마비시킨다. 리더가 원대한 비전을 제시하고 달성하지 못하면, 그것은 일종의 사기다.

리더는 멀리 가는 사람이 아니다. 그것은 욕심이다. **리더는 이어가는 사람이다.** 내가 이끄는 구간이 다음 구간의 리더에게 짐이 되지 않도록, 내가 이룬 업적으로 말미암아 후대의 리더들이 더 큰 일을 꾸밀 수 있도록, 충실한 다리의 역할을 하는 것이 중요하다. 자신의 시대에 성과가 나지 않더라도 후대에 큰 성과를 낼 수 있도록 튼튼한 다리를 놓는 자세를 갖춰야 한다.

여기에 제시한 공공선, 성찰과 분석, 아이디어 추구, 머리와 가슴의 균형, 그리고 올바른 비전을 갖출 때 리더는 제대로 된 리더의 길을 갈 수 있다.

제3절 리더십 효과, 얼마나 될까

1. 리더십은 차이를 만드는 것!

리더의 역할 중 하나는 과거와는 다른 차이를 만드는 것이다. 물론 긍정적인 차이를 만드는 것이 목표이다. 회사의 CEO가 더 큰 성과를 내기 위해서 노력하는 것은 차이를 만들기 위해서 애쓰는 것이다. 대통령이 한층 더 안전하고, 풍요로우며, 행복한 국가를 만들었다면 역시 차이를 만든 리더라고 할 수 있을 것이다. 군대에서 중대장이 오합지졸들을 잘 훈련시켜 더 강한 중대를 만들었다거나, 오케스트라의 지휘자가 다양한 개성을 가진 단원들을 데리고 훌륭한 연주를 해낼 수 있도록 만들었다면 마찬가지로 차이를 만들어냈다고 할 수 있다.

리더십은 **차이를 만드는 것**(make a difference)이다. 더 나아가 '**터닝포인트**'를 만드는 것(makes a turning point)이다. 터닝포인트를 만든다는 것은, 예컨대 가난한 나라를 부강한 나라로, 현상고수 조직을 변화추구 조직으로, 지는 게임을 이기는 게임으로, 미션 임파서블(Mission Impossible)을 미션 파서블(Mission Possible)로 만드는 것이다. 그래프로 그리면 〔그림 1-2〕의 왼쪽과 같다. 터닝포인트 리더십이란 추락하

그림 1-2 터닝포인트

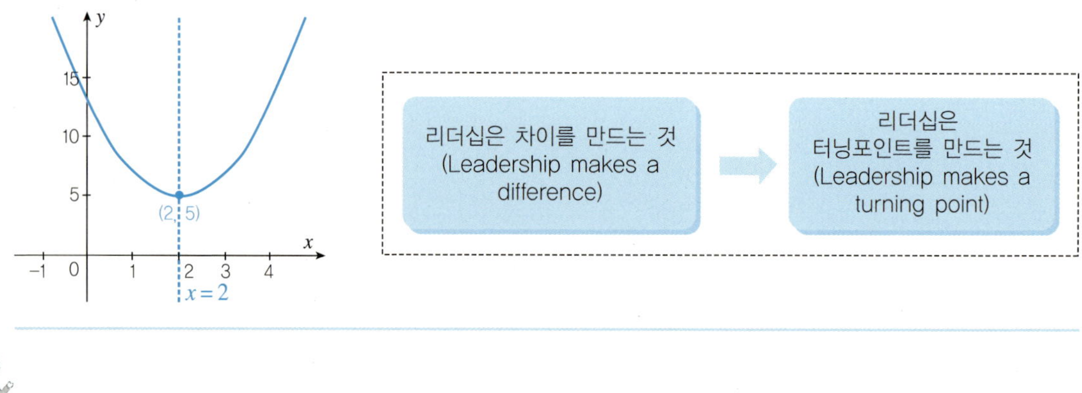

는 추세를 되돌려 상승곡선을 만드는 힘이다.

2. 리더십의 효과

1970년대부터 경영학계에서는 '리더십이 과연 차이를 만드는가?'라는 문제에 대하여 많은 논란이 있어왔다. 이것은 곧 **'리더십이라는 것이 효과가 있는가'**라는 질문과 동일한 것이다. 만약 효과가 없다면 굳이 시간과 열정을 쏟아가면서 리더십을 연구하고 개발하려고 노력할 필요가 없어진다. 리더십이 효과가 없다면, 우리가 지금까지 믿고 있던 리더들의 영향력이라는 것은 단지 허상에 불과하다라는 허무한 결론에 도달하게 되는 것이기 때문에 찬 · 반 진영 사이에 격론이 벌어졌었다.

이 논란의 결론은, '리더십은 차이를 만든다', '효과가 있다'는 것이었다. 물론 모든 상황에서 리더십의 효과가 두드러지지는 않을 수도 있다. 하지만 그것이 꼭 큰 차이나 큰 효과는 아닐지라도 리더십의 효과는 작게나마 다양한 방면에서 나타나게 된다. 그것이 반드시 긍정적인 효과가 아닐 수도 있고, 많은 시간이 흐른 후에 지체되어 나타날 수는 있겠지만, 사람들을 향해서 발휘하게 되는 리더십 행동은 그들의 생각과 마음에 관찰, 평가, 추종, 학습, 모방, 그리고 수용이나 거절의 기회를 제공하게 되는 것은 필연적이다. 그러므로 리더는 보다 긍정적이고 효과가 크며 지속적으로 차이를 만드는 리더십을 발휘하기 위한 노력을 계속해 나아가야 한다.

리더십 효과에 대한 찬반 논란을 정리하면 〈표 1-2〉와 같다.

리더십 발휘의 현장을 잘 분석해 보면, 외견상 리더십 효과가 없는 것처럼 보이든가 측정된 효과가 미미한 것으로 나타나는 경우도 있다. 하지만 리더십의 효과는 수치화하기 힘든 결과도 포함한다. 겉으로 드러나지 않는 효과, 장기적으로 나타나는 효과, 예기치 않았던 방면으로 나타나는 효과 등도 있을 수 있다. 어떤 연구에서도 이러한 가능성을 다 고려할 수는 없다. 뿐만 아니라 무엇을 효과로 보느냐의 문제도 매우 중요하다.

상황에 따라 차이가 있기는 하지만, **리더십의 효과는 다양한 측면에서 차이를 만든다.** 상황에 따라 적절한 리더십을 발휘하여 효과를 극대화할 수 있다.

표 1-2 리더십 효과에 대한 찬반 논란

리더십은 효과가 없다	리더십은 효과가 있다
• 외적 환경요인이 리더십보다 조직에 더 큰 영향을 미친다. • 조직구조나 전략이 조직의 진로를 결정한다. • 리더십은 조직의 재무성과의 7~15%만을 설명한다. • 실제적 영향을 미치는데 있어 리더들의 재량권이 얼마 되지 않는다. • 리더십은 조직의 실제 현상이라기보다는 낭만적 신화와 같은 허상이다.	• 리더십은 조직에 영향을 미치는 여러 주요한 영향요인들 중 하나다. • 리더십은 조직의 비전과 나아갈 방향을 제공하는데 있어 핵심적인 역할을 한다. • 리더십은 기업 수익성의 44% 정도를 설명할 수 있다. • 리더십은 변화를 조율하고 주도하는데 있어 결정적 기여를 한다. • 리더십의 효과는 상황요인들에 따라 달라질 수 있다.

* 자료: Nahavandi, A. 2000 & 2015. *The Art and Science of Leadership*. Prentice-Hall.

리더십의 효과를 무엇으로 보느냐는 매우 중요한 문제이다. 회사의 생존을 효과라고 할 것인지, 단기적 수익성이나 매출의 증가를 효과로 봐야 하는지, 아니면 조직구성원들의 능력개발과 행복을 효과로 볼 것인지에 따라서 리더십 연구의 결과는 큰 차이를 보일 수 밖에 없다.

리더십의 효과는 시간의 길이에 따라 **단기효과**와 **장기효과**로 나눌 수 있을 것이다. 또한 효과의 대상에 따라 개인이나 집단 효과와 조직 또는 사회와 인류에 대한 효과로 나눌 수도 있을 것이다.

〔그림 1-3〕에 시간과 효과의 대상 차원에서 리더십 효과를 도식화하였다.

물론 리더십이 이처럼 모두 좋은 결과만을 낳는 것은 아니다. 리더가 한 가지 행동만을 잘한다고 전체적으로 효과적인 성과를 거둘 수는 없다. 필요한 상황에서 필요한 리더십을 발휘하지 못하면 정반대의 결과를 가져올 수도 있다. 특히 단기적으로는 효과가 있지만 장기적으로 오히려 집단과 조직에 해를 끼치는 경우도 있을 수 있다. 그러므로 리더십을 발휘해야 하는 사람들은 상황에 따른 다양한 리더십 효과를 고려하여 리드해 나아가야 할 것이다.

그림 1-3 리더십 효과 도식화

리더십 효과발생 대상		리더십 효과발생 시간: 단기적	리더십 효과발생 시간: 장기적
리더십 효과 발생 대상	조직 집단 차원	• 목표의 달성 • 문제의 해결 • 합리적 의사결정 • 필요한 변화의 추구 • 비전제시	• 적절한 환경대응 • 바람직한 조직 · 집단 문화의 구축 • 조직 · 집단 생존력 강화 • 비전의 공유와 달성
	개인 차원	• 추종자들의 만족감 • 리더의 성취감 • 열정적 태도와 팀워크의 향상 • 보상, 호감	• 리더에 대한 인정과 몰입 • 추종자 리더십 개발 • 바람직한 가치관의 정립 및 공유 • 승진, 명성

리더십의 문화 차이 제4절

나라별로 리더십에 차이가 있는가? 이것은 많은 사람들이 궁금해하는 질문이다. 어떤 기업 연수원에 근무하는 임원은 우리가 생각하는 리더십 요인들을 아프리카의 어느 나라에 가서 강의를 해도 똑같이 통하더라고 말하면서 **리더십의 세계적 보편성**을 강조한 적이 있다. 그런가 하면 연구모임을 결성하여 한국인들의 특색 있는 리더십을 찾기 위해 노력하는 사람들도 있다. 한국인들의 리더십은 다른 나라 사람들의 리더십과 차이가 있는가라는 질문은 이제 누구나 한번쯤은 생각하게 되는 보편화된 질문이 되어 있다.

물론 이것은 한국인들만이 던지는 질문은 아니다. 중국인들은 자신들이 미국과 다르다고 주장하고 중동인들도 마찬가지로 서방과 다른 리더십이 존재한다고 믿는다. 아마도 정도의 차이는 있겠지만 '우리는 다르다'라는 심리현상은 어느 나라에나 존재하는 일반적인 모습인 것 같다.

에드워드 사이드(Edward W. Said) 교수가 쓴 〈오리엔탈리즘(Orientalism)〉이라는 책은 한국형 리더십의 존재에 대한 위의 질문에 대해서 많은 시사점을 던져준다.[1] 고(故) 사이드 교수는 본래 팔레스타인 자치지구에서 태어나 이집트 카이로의 빅토리아대학교에서 영국식 교육을 받았으며 하버드대학에서 박사학위를 받고 콜롬비아대학 교수를 했던 특이한 배경을 갖고 있는 사람이다. 그는 유럽 사람들이 볼 때 중동을 오리엔트라고 하는데 중동의 입장에서 보면 중동은 동쪽이 아니라는 데서 논의를 시작한다. 그는 모든 학문적 사고와 개념을 서방으로부터 무조건적으로 받아들여 유럽에서 동쪽이라고 하면 중동 사람들도 서양의 관점을 그대로 받아들여 자신들을 동양 사람들이라고 받아들이는 것은 문제가 있다고 지적한다. '왜 중동 사람들은 자신들의 사고와 개념과 문화적 관점에서 세계를 해석하지 못하는가', '왜 나름대로의 학문적 체계를 발전시키지 못하고 서양의 이론과 논리를 그대로 받아들여 복사하는 데 머무르고 있는가' 하는 것이 사이드 교수가 던지는 질문이다.

이것은 우리에게도 똑같이 적용될 수 있는 매우 중요한 관점이다. 한국인의 리더십이 다른 나라 사람들과 다른가라는 질문에 앞서 **"왜 우리는 나름대로의 리더십에 대한 연구체계나 이론체계를 발전시키지 못하고 있는가"**라는 질문을 던져야 할 것이다. 서양의 관점을 단순히 모방하고 복사하는 자세에 대한 충격적인 경고라고 여겨진다.

하지만 한국인의 리더십이 다른 나라의 리더십보다 우수하다는 전제를 깔고 리더십의 문제를 바라봐서는 곤란하다. 단지 그 특성을 이해하고 보완, 발전할 수 있는 여지를 찾으려는 자세를 갖는 것이 바람직하다.

이것은 한국에 대해서 뿐만 아니라 다른 어느 나라에 대해서도 똑같이 적용될 수 있는 관점이다. 세계적으로 공통되는 리더십의 요소들이 있고 각국의 문화적 토양에 맞는 독특한 요소도 있게 마련이다. 나라를 불문하고 다 똑같은 리더십을 발휘한다고 말할 수도 없지만, 모든 나라의 리더십이 다 다르다라고 말할 수도 없다. 세계적 관점에서 각국 리더십의 특성과 스타일을 이해하고 서로 간에 교훈으로 삼을

그림 1-4 리더십 수렴론, 특수론, 교차론 도식

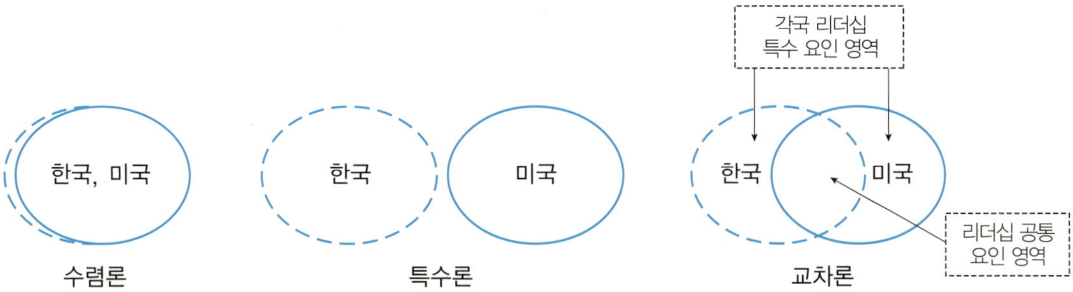

수 있다면, 오해나 상대방에 대한 무지로 인한 갈등과 문제를 예방하고 극복할 수 있을 것이다.

"리더십은 글로벌 공통이다"라는 관점을 **리더십 수렴론**(convergent)이라고 하고, "리더십은 나라마다 고유하다"라는 관점을 **리더십 특수론**(divergent)이라고 한다. 본서의 관점은, 모두가 연결된 글로벌 네트워크시대에 세계 어디서나 통하는 공통적인 요인도 있고, 오랫동안 함께 생활하면서 나름대로 형성된 가치에 기반한 국가별 특수한 요인들도 존재한다는 리더십 **교차론**(cross-vergent)의 입장이다. 교차론 측면에서 보면, 서양에서 만들어진 리더십 이론을 국내에 도입할 때는 한국 상황에서 통하는 것과 통하지 않는 것을 구분하여 선별적으로 도입하거나 우리에게 맞게 응용해야 한다는 뜻이 된다. [그림 1-4]에 도식으로 요약하였다.

제 5 절 본서의 구성

본서는 **총 5부, 15개의 장**으로 구성되어 있다. 제I부는 "리더의 길, 그 출발점에서서"라는 제목을 가지며 리더의 기본 자세와 개념 설명하는 마당으로 제1장과 2장에서 다루었다. 제II부 "너 자신을 알라"에서는 리더의 개인 특성이 리더십에 미치는 영향을 다루며 3장에서 5장까지로 이루어진다. 제III부는 "리더는 변화를 두려워

그림 1-5 본서의 구성

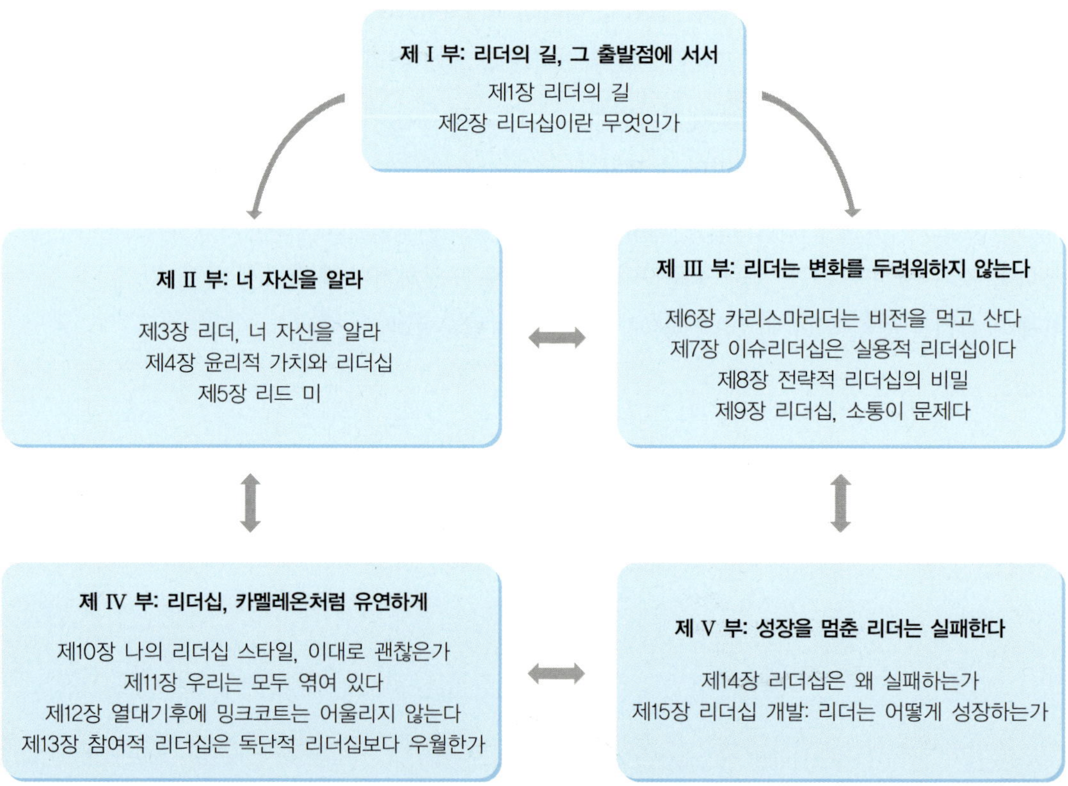

하지 않는다"로 6장~9장에서 변화와 혁신의 리더십을 다룬다. 제IV부 "리더십, 카멜레온처럼 유연하게"에서는 10장~13장을 통하여 리더십과 상황문제에 초점을 맞추게 된다. 그리고 제V부 "성장을 멈춘 리더는 실패한다"에서는 14~15장에서 리더육성과 리더십 실패를 다뤘다. 이를 그림으로 도식화하면 〔그림 1-5〕와 같다.

본 장의 요점

❖ **리더십 학습이유**

- 개인 성장
- 타인 행복
- 과업 완수
- 조직 발전
- 사업소득 증대

❖ 리더십 학습대상

- 이론
- 스킬
- 사례
- 사람
- 상황

❖ 리더십 학습 4단계

- 제1단계 자기진단
- 제2단계 이론 학습과 스킬 습득
- 제3단계 행동실습
- 제4단계 성찰, 사례 학습을 통한 조정

❖ 리더십은? 차이를 만드는 것; 터닝포인트를 만드는 것

❖ 리더십 효과는? 단기/장기 효과; 개인, 집단, 조직 효과

❖ 리더십의 문화 차이: 수렴론, 특수론, 교차론

"Knowing and Doing Gap"

❊ 아래의 주제들을 가지고 소그룹으로 나누어 토론하고 그 결과를 함께 공유하자. 토론에서는 모두가 다음의 원칙을 반드시 지켜야 한다.

〈원칙 1〉 누구나 자신의 생각을 제시할 수 있다.

〈원칙 2〉 기회가 공평하게 돌아가도록 한다.

〈원칙 3〉 토론리더는 중간에 의견을 종합하고 최종 결론을 도출해야 한다.

[토론과제 1-1] 사람들은 바람직한 리더십이 어떠해야 하는지는 다 알면서도, 실제로 행할 때는 알고 있는 대로 행하지 못한다. 예컨대, "내 팀의 팀원인 김 과장이 사장에게 발표를 잘 못해서 깨지기는 했지만, 사실 고생을 너무 많이 했다. 팀장인 내가 그를 위로해 줘야겠다."라고 생각은 하면서도 발표한 팀원 김 과장을 보자마자 "그것밖에 못해!"라고 고함을 쳐버린 박 팀장이 있었다. 이처럼 리더십에 대해서 아는 것과 리더십을 행하는 것 사이에 차이(knowing and doing gap)를 보이는 이유는 무엇일까?

[토론과제 1-2] 삼성의 창업자 이병철 회장(꼼꼼하고 치밀한 관리중심적 스타일)와 현대의 창업자 정주영 회장(활달하고 시원시원한 행동중심 스타일)는 전혀 다른 스타일을 갖고 있었지만 같은 목적(기업의 성장과 발전)을 달성하였다. 이런 현상을 어떻게 해석해야 하는가?

나의 리더십 진단 1-1

리더십 준비도

❊ 나의 리더십은 몇 점일까? 무슨 일을 해낼 수 있을까? 얼마나 준비되어 있는가? 리더를 위한 다섯 가지 질문에 답하면서 나의 '리더십 준비도'를 알아보자.

〈제1단계 질문〉 나는 다른 사람들을 이끌어가는 일보다 혼자서 주어진 일을 하는 것을 더 좋아한다. 예 ( ), 아니오 ( )

〈제2단계 질문〉 나는 다른 사람들을 이끌기 위해서 나에게 이익이 되는 것들(예, 시간, 노력 등)을 포기할 수 있다. 예 ( ), 아니오 ( )

〈제3단계 질문〉 나는 다른 사람이 자신의 의견을 고집할 경우 화부터 난다. 예 ( ), 아니오 ( )

〈제4단계 질문〉 나는 다른 사람들을 이끌어야 할 경우 무엇을, 어떻게 해야 할지를 모르겠다. 예 ( ), 아니오 ( )

〈제5단계 질문〉 나는 다른 사람들의 생각이나 의견보다 나의 생각을 더 중요시한다. 예 ( ), 아니오 ( )

* 제 1, 3, 4, 5단계 질문: 예-0점, 아니오-2점. 제2단계 질문: 예-2점, 아니오-0점.

** 총점 10점. 8점 이상: 리더의 역할을 감당할 준비가 된 리더. 8점~6점: 준비가 필요한 리더. 6점 미만: 많은 준비가 필요한 리더.

*** 다섯 단계 중 0점 받은 단계로 돌아가 어떻게 시정할 수 있는지 말해보자.

조직의 리더십 개발노력 평가

나의 리더십 진단 1-2

※ 아래의 질문은 귀하가 속한 조직의 리더십 개발노력을 평가하는 질문들이다. 그것은 회사일 수도 있고, 정부조직, 군, 학교, NGO, 비공식단체 등 무엇이든 될 수 있다.[2]

1. 우리 조직에서는 다른 사람들을 리더로 육성하는 것이 모든 리더들의 중요한 직무 중 하나이다. 리더들은 다른 사람들의 리더십을 개발하는 데 많은 에너지를 투입해야 하며 적어도 20%의 시간을 리더육성에 투자하도록 되어 있다.

전혀 사실이 아니다 / 분명한 사실이다.

1	2	3	4	5	6	7	8	9	10

2. 우리의 조직에서는 다른 사람들을 리더로 육성하는 노력에 대해서 인정받고 보상받는다.

전혀 사실이 아니다 / 분명한 사실이다.

1	2	3	4	5	6	7	8	9	10

3. 우리 조직의 상사들은, 사업역량이나 인간관계기술 등 개발의 필요성이 있는 한두 가지 요소에 대해서 하급자 리더들에게 코칭을 제공하도록 되어 있다.

전혀 사실이 아니다 / 분명한 사실이다.

1	2	3	4	5	6	7	8	9	10

4. 적어도 1년에 한 번씩은 리더가 무엇을 성취했는지 뿐 아니라, 그(녀)가 어떻게, 어떤 상황 속에서 그런 성과를 이룩했는지를 평가한다.

전혀 사실이 아니다 / 분명한 사실이다.

1	2	3	4	5	6	7	8	9	10

5. 우리 조직의 리더들은 후배 리더들을 어떻게 개발할 것인지, 그리고 그들이 다음에 어떤 직책을 수행하는 것이 리더십 차원에서 바람직한지를 결정하기 위해서 온갖 노력을 다한다.

전혀 사실이 아니다									분명한 사실이다.
1	2	3	4	5	6	7	8	9	10

6. 우리 조직에서 뛰어난 리더로 인정받는 사람들은 종종 통상적인 경우보다 훨씬 도전적인 임무나 자신들의 전문영역에서 아주 벗어난 임무를 부여받기도 한다.

전혀 사실이 아니다									분명한 사실이다.
1	2	3	4	5	6	7	8	9	10

7. 우리 조직에서는 리더십 개발을 위해서 꼭 수행해 봐야 하는 직무라면, 개발 대상이 되는 리더들을 자리가 빌 때까지 기다리게 하지 않는다. 그들이 준비가 되었던가 아니면 그 이전이라도 개발의 필요성이 있으면 필요한 자리로 이동시킨다.

전혀 사실이 아니다									분명한 사실이다.
1	2	3	4	5	6	7	8	9	10

8. 우리 조직에서의 리더 역량평가는 정확하고 완전하며 균형을 이루고 있다. 리더 역량평가는 정규적인 인사평가와 별도로 운영된다.

전혀 사실이 아니다									분명한 사실이다.
1	2	3	4	5	6	7	8	9	10

9. 우리 조직의 리더십 개발과정은 조직의 핵심업무를 수행하는 것과 같이 엄격하고 일관성 있게 짜여 있다.

전혀 사실이 아니다									분명한 사실이다.
1	2	3	4	5	6	7	8	9	10

10. 우리 조직의 인적자원관리 원칙은 모든 계층의 리더들이 적극적으로 다른 사람들을 리더로 육성하고 자신을 대신할 승계계획을 수립하도록 하는 것이다. 이것은 새로 승진하는 리더들이 새로운 직무에 잘 적응하도록 하는데 큰 역할을 한다.

전혀 사실이 아니다									분명한 사실이다.
1	2	3	4	5	6	7	8	9	10

〈진단법〉 위의 질문들 중에서 5점 미만이 다섯 개 이하면 귀하가 속한 조직은 '리더십 무관심 조직'; 7점 이상이 다섯 개 이상이면 '리더십 전략조직'이라고 볼 수 있다.

나의 리더십 설계: 나의 비전과 달성전략

리더십 Exercise 1

❋ 나의 비전을 세우고 S.W.O.T.분석을 통하여 달성전략 구체화하기

〈제1단계〉 내 인생의 비전은 무엇인가?

〈제2단계〉 나의 강점, 약점, 기회, 위협을 명확히 정리하자. 이것을 S.W.O.T.분석이라고 한다(S=Strength, W=Weakness, O=Opportunity, T=Threat; 즉 나의 강점〈S〉, 나의 약점〈W〉, 현재와 미래에 활용할 수 있는 기회〈O〉, 비전달성을 위태롭게 하는 위협요인들〈T〉).

〈나의 강점: Strength〉	〈현재/미래의 기회: Opportunity〉
〈나의 약점: Weakness〉	〈위협요인들: Threats〉

〈제3단계〉 위의 S.W.O.T.분석 결과를 활용하여 비전달성 전략을 세워보자.
〔나의 강점을 잘 활용해서 현재/미래의 기회를 포착하여 비전을 달성하는 전략을 수립함; 나의 약점이나 위협요인들이 기회활용을 방해하지 못하도록 대비하는 전략도 필요〕

리더십 나누기 사례 1: 리더십 훈련[3]

훈련은 사람의 생명을 보장하고 주어진 임무를 완수하는 데 필수적이다. 훈련을 받지 않은 의사가 수술하면 환자가 생명을 잃을 수 있다. 훈련이 안 된 파일럿이 여객기를 몰면 승객들의 목숨이 위태로워진다. 우주비행사는 임무를 완수하고 살아 돌아오기 위해 300시간 이상을 훈련한다. 잠수함 캡틴은 임무를 맡기 전 15년 이상의 훈련 기간을 거친다.

조직을 이끄는 리더에게도 훈련은 필수 요건이다. 훈련되지 않은 사람이 리더 직위를 맡으면 부하들이 고통받고, 조직은 위기에 처한다. 때로는 부하가 극단적 선택을 하게 만들기도 한다. 하지만 한국의 조직에서 제대로 훈련된 리더 비율은 어림잡아 5%도 안 된다.

세계적 기업들이 잘 훈련된 리더를 확보하기 위해 사활을 걸고 있다. 전체 인력을 줄이면서도 유능한 리더를 확보하기 위해 과감한 투자를 한다. 리더십 산업은 경기를 별로 타지 않는 고성장 산업이다. 불황기에는 위기 극복을 위한 리더가 필요하고, 호황 때는 공격적 사업 전개를 위한 리더를 필요로 한다. 포브스에 따르면 세계 리더십 훈련 시장 규모는 연간 약 550조 원에 달한다.

미국 육군사관학교의 리더십 모델은 'Be(품위 있는 모습), Know(풍부한 지식), Do(희생적 행동)'로 요약된다. 애플은 '애플을 애플답게 하는 리더십(What makes Apple Apple?)' 개발에 주력한다.

타이거 우즈 같은 프로 선수들은 대회를 앞두고 매일 훈련한다. 전문 코치를 통한 교정 훈련도 받는다. 매일 구성원들과 만나는 조직 리더들은 매일 대회를 치르는 것과 같다. 프로 리더가 되려면 매일 훈련하고 정기적으로 교정을 받아야 한다. 〔매일경제신문, Industry Review, 2022년 10월 20일, 일부 생략하여 인용〕

✠ [나누기 사례 문제 1] 리더십 훈련효과는 사람마다 다른 것 같다. 어떤 마음을 가진 리더에게 리더십 훈련이 더 효과적일까?

:: 주

1 Said, E. W. 1978. *Orientalism*. Kazi Pubns Inc.

2 Charan, R. 2008. *Leaders at All Levels*. John Wiley & Sons Inc.에서 수정 인용.

3 https://www.mk.co.kr/news/business/10495340

제2장 리더십이란 무엇인가

리더는 길을 찾고 스스로 그 길을 가고
후대가 참고하도록 흔적을 남기는 사람이다

리더십 나누기 2-1: 15%의 법칙

※ 리더의 얼굴도 리더십에 큰 영향을 미친다. 그림은 세 사람의 얼굴을 비교해 놓은 것이다.

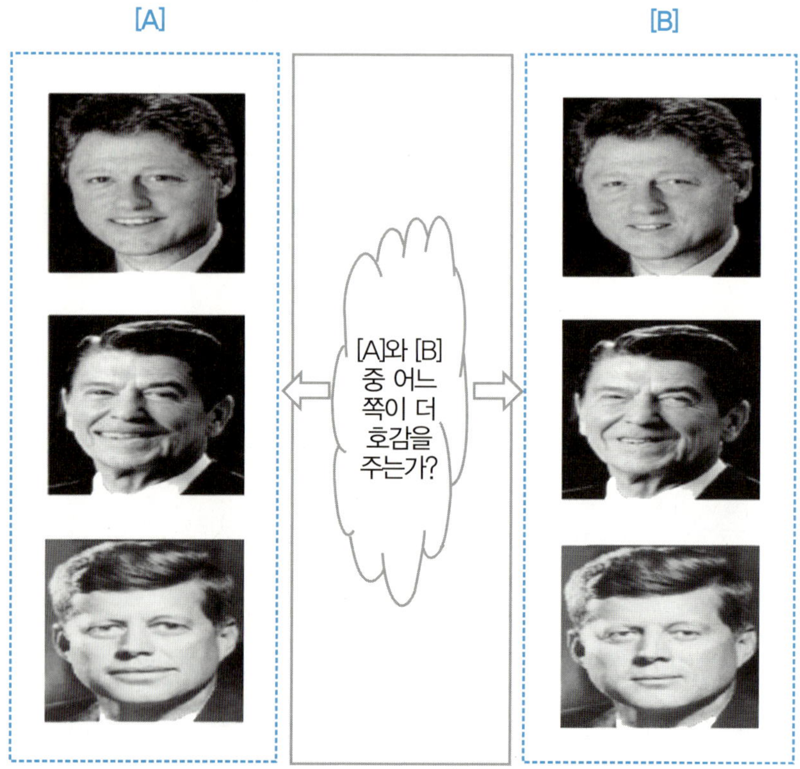

✤ [나누기 문제 2-1] [A], [B] 중에서 더 호감을 주는 쪽은? 이유는 무엇인가?

제1절 리더십의 개념

리더십(leadership) 또는 리더(leader)라는 단어가 우리나라에서 언제부터 쓰이기 시작했는지는 불분명하다. 사실 한국어로 정확히 번역하기도 힘들다. 리더라는 말은 한국어 사전에는 공식적으로 지도자라고 번역이 되고는 있으나 너무 격식이 있는 말 같고 선도자라는 말도 왠지 어색하다. 영도자니 통솔자니 하는 단어는 더 이상하게 들린다. 그래서 그냥 리더라고 사용하며 리더십에 대해서도 지도력이나 통솔력이라고 번역해 사용하기보다는 **그대로 리더십이라고 사용하고 있다.** 최근에는 순우리말로 '이끄미'라는 단어를 사용하기도 하지만, 너무 가볍게 들린다.

영어의 리더 또는 리더십을 그대로 우리말인 것처럼 사용하다 보니 단어의 어원도 영어를 중심으로 거슬러 올라가 찾아야 하는 불편함이 있다. 리더나 리더십이란 단어가 언제 처음 쓰였는지를 확인하는 것은 곧 사람들을 효과적으로 이끈다는 개념이 언제부터 사회적으로 중요시되었는가를 알아보는 작업이다. 물론 영어권 국가의 이야기다.

하지만 리더십이라는 용어를 사용하지 않았다고 해서 다른 나라에는 그러한 개념이 없었다고 말할 수는 없다. 옛날의 기록들을 살펴보면, 오히려 리더십이라는 영어의 단어가 생겨나기 훨씬 전부터 **리더십의 개념은 동서양을 막론하고 사람들이 사는 어디에나 다양한 형태로 존재했었음**을 알 수 있다. 예컨대, 통솔이니 통솔자니 하는 용어는 이미 조선시대 이전부터 일반적으로 쓰이던 말이다(예: 조선왕조실록, 태조 3년 1394년 8월 2일; 及其有事, 命將統率-사변이 일어났을 때에는 장수로 하여금 통솔하게 하면…).

리드(lead)라는 말의 어원은 고대 영어의 leden 또는 loedan에서 나왔다. Leden이나 loedan은 "안내하다"("to make go", "to guide", "to show the way")를 의미한다. 이 말의 라틴어 어원은 "ducere"인데, 이것은 "끌다"("to draw, drag, pull")를

뜻한다.[1] 성경이나 기독교 관련 서적에는 이 "ducere"라는 말이 서기 800년경에도 이미 사용되고 있었다고 한다. 리드한다는 말이 최근에야 생겨난 개념이 아님을 말해준다.

영어의 리더(leader)라는 단어가 처음 사용된 것은 서기 1300년이다.[2] 그러나 리더십(leadership)이라는 단어가 등장한 것은 1800년대 전반경, 영어권 국가들에서부터였다.[3] 물론 리더십의 의미가 오늘날 우리가 사용하는 것과 일치했을 리는 없다. 한편, 프랑스어에서는 리더에 해당하는 적절한 불어 단어가 20세기 중반까지도 제대로 사용되지 않았다고 한다.[4] 그렇다고 해서 리더의 개념이 존재하지 않았다고 볼 수는 없을 것이다.

1. 리더십의 정의

로스트(Rost)라는 학자에 따르면, 리더십을 연구하는 **학자들 중 95%가 리더십이 무엇인지를 제대로 정의하지 않고 책이나 논문을 쓴다**고 한다.[5] 글을 쓰는 학자나 그 글을 읽는 독자 모두가 리더십의 정의를 다 안다고 가정하고 있는 것 같다. 하지만 조금만 관심을 가지고 살펴보면 리더십이 무엇인가에 대한 정의가 사람마다 다르고 이론마다 다르다는 것을 알게 된다. 즉 확고히 정해진 정의를 찾기

그림 2-1 리드(lead) 어원도

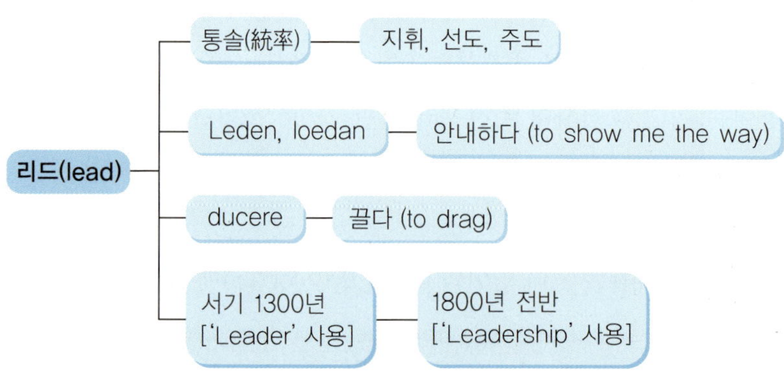

힘들다는 것을 의미한다.

이것은 리더십을 바라보는 학문적 관점이 시대와 영역에 따라 변화해 왔기 때문일 것이다. 사회학자들이 바라보는 리더십과 심리학자들이 이해하는 리더십, 그리고 정치학 측면에서 해석하는 리더십 현상은 다를 수밖에 없다. 이것은 리더십의 개념이 한 가지가 아니어서 문제가 있다고 하기보다는 오히려 풍부한 개념의 영역을 가지고 있다고 해석하는 것이 바람직할 것이다. 다양한 정의들 중에서 옳고 그른 것을 가려 정답을 찾으려 해서는 안 된다.[6]

이처럼 풍부한 영역을 가진 **리더십의 개념은 리더십 발휘과정 중에서 어디에 초점을 두느냐에 따라 달라져 왔다.** 리더 자신의 특성이나 행동에 초점을 둔 개념도 있었고 리더와 추종자와의 관계나 상황변수를 끌어들여 정의하기도 하며, 변화와 혁신이라는 시대적 요구를 중심으로 정의를 내린 학자들도 있었다. 뿐만 아니라, 여러 관점들을 종합하여 포괄적으로 리더십 개념을 제시한 학자들도 많다. 유클(Yukl)이라는 리더십 학자가 내린 포괄적 정의의 예를 보자.

> "리더십은 집단이나 조직의 구성원이 사건의 해석, 목표와 전략의 선택, 직무활동의 구성, 목표달성을 위한 구성원 동기유발, 협력적 관계의 유지, 구성원들의 기술과 자신감의 개발, 그리고 집단이나 조직 밖의 사람들로부터 지원과 협력의 획득 등에 영향을 미치는 과정이다." (5쪽)[7]

이 정의는 정치나 사회 일반에 적용되는 리더십이 아니라, 조직 내 구성원들의 리더십에 초점을 두고 있다. 또한 목표, 전략, 직무, 동기, 자신감, 원외의 지원과 협력 등 리더십이 관련되는 범위가 매우 넓게 잡혀 있다. 전체적으로, 리더가 가진 자질이나 개인적 역량 또는 특성보다는 위에 적시한 다양한 개인 외적 요소들에 리더가 영향을 미치는 과정에 초점을 둔 정의이다.

하지만 **유클(Yukl)**의 정의는 리더십에 관련된 모든 요소들을 다 적시하려 함으로써 초점이 흐려졌고 개념의 영역이 모호해졌다는 비판을 면하기 어렵다. 리더십이 영향력 행사의 과정이라는 것은 명확하지만 영향력 행사의 대상을 일일이 구체적으로 제시하려 한 것은 오히려 개념을 더 흐리게 만드는 결과를 가져왔다. 유클(Yukl)뿐 아니라 리더십을 지나치게 포괄적으로 정의하려는 학자들이 공통적으로 빠지게 되는 함정이다.

그러면, 특정 이론의 입장에서 단편적 관점에 초점을 두어 내려진 정의의 예를 살펴보자. 여기에서는 상황이론을 제시한 **허시 & 블렌차드(Hersey & Blanchard)**의 정의와 인식론 차원에서 잠재적 리더십이론을 발표한 로드 & 메이허(Lord & Maher)의 정의, 셀프리더십을 주장하는 만즈 & 넥(Manz & Neck)의 정의, 그리고 조직문화 차원에서 리더십을 해석한 샤인(Shein)의 정의를 서로 대비시켜 살펴보기로 한다.

허시 & 블렌차드 "리더십이란 주어진 상황에서 개인이나 집단의 목표달성을 위한 활동에 영향을 미치는 과정이다."[8]

로드 & 메이허 "리더십이란 특정 개인이 다른 사람들에 의해서 리더라고 인정받는 (또는 지각되는) 과정이다."[9]

만즈 & 넥 "리더십은 영향력 행사 과정이다."[10]

샤인 **"리더십은 문화의 틀을 벗어나 보다 적합한 변화를 촉발하는 능력이다."**[11]

이 네 가지 정의는 간결하면서도 자신들이 바라보는 리더십에 대한 관점을 잘 드러내고 있다. 허시 & 블렌차드의 정의는 리더십을 '목표달성'의 수단으로 보고 있는데 '주어진 상황'을 강조하고 있는 점을 놓치지 말아야 한다. 이들은 리더십의 상황이론을 내세우고 있기 때문이다. 반면, 로드 & 메이허는 인식론을 신봉하는 학자들이다. 즉, 각 개인이 머릿속에 갖고 있는 리더십의 형상을 연구의 대상으로 삼는다. 그러므로 이들에게 리더십이란 사람들이 머릿속에, '특정인의 리더십은 이러하다'라고 그 형상을 그려가는 과정이 되는 것이다. 만즈 & 넥은 영향력 행사의 과정의 대상을 다른 사람들이 아닌 바로 리더 자신으로 삼았다. 즉, 리더십이란 리더가 자기 자신에게 영향력을 행사하여 더 좋은 방향으로 스스로를 이끌어 가는 과정이라는 것이다. 하지만 리더가 자신을 변화시키더라도 결국 그 행위는 다른 사람들과 관련될 수밖에 없기 때문에 정의를 내리면서 대상을 적시하지 않은 것 같다. 아울러, 조직문화학자인 샤인 교수는 조직문화가 가진 고착성에 초점을 두어 구태의연한 조직문화를 혁신할 수 있는 능력을 리더십이라고 정의하였다. 이렇듯, 리더십의 정의는 그것을 바라보는 관점에 따라 매우 다양하게 표현될 수 있다. 이것은 리더십이란 개념이 가진 장점이면서 동시에 약점이기도 하다.

한편, 리더십의 정의가 **시대별로 어떻게 변화해 왔는가**를 살펴보면, 개념의 변천과 함께 시대적 특징도 알아볼 수 있다. 다음의 〈표 2-1〉은 현대적 리더십 연구를 시작한 20세기 초부터 오늘날까지의 리더십 정의의 변화를 개략적으로 정리한 것이다.[12]

표에 나타났듯이, 20세기 초에는 연구자들이 **오늘날과는 완전히 다른 리더십 개념을 갖고 있었음**을 알 수 있다. 마치 군에서의 지휘와 통제, 그리고 상명하복을 연상케 한다. 물론 오늘날의 관점에서 보면 1900년~1929년의 정의는 리더십의 정의라고 볼 수 없는 내용이다. 하지만 당시 리더십 연구를 군이 주도했기 때문에 군이라는 특수한 상황에서는 그러한 개념이 도출되었을 것으로 본다. 전쟁터에서 명령에 대한 복종과 일사불란한 부대를 만들기 위해서 통제도 필요한 것이 사실이다. 하지만 그러한 행위들을 리더십의 개념과 동일시하는 것은 무리다.

그 후, 리더십의 개념은 개인의 특성으로 초점이 바뀌었다가, 리더의 행동, 목표, 참여, 변화, 자아, 시스템 등으로 변화해 나아갔다. 이러한 개념의 변화는 곧 리더십에 대한 관점의 변천과 일치한다. 1930년 이후에 리더십에 대해서 한 가지 합의된 사항이 있다면 그것은 리더십이란 강제나 압력의 수단이 아니라 **추종자들의 자발성**에 입각해서 영향을 주고받는 개념이라는 점이다.

코프랜드(Copeland)는 리더십과 반대되는 개념으로 협박과 강제에 의해서 사람을 움직이는 것을 '드라이버십'(drivership)이라는 신조어로 불렀다. 물론 직책에 속한 권한행사에만 치중하는 행동은 '헤드십'(headship)이라고 부를 수 있을 것이다. 독재적 방식으로 이끌어 가는 것은 '딕테이터십'(dictatorship)이라고 하고 다른 사람(또는 신)이 맡긴 것을 대신 잘 관리해주는 것을 임무로 생각하고 직책에 임한다면 '스튜어드십'(stewardship; 청지기역)을 발휘하고 있는 것이 된다. 한편 추종

표 2-1 리더십 정의의 시대적 변천

연 대	대표적 정의
1900년~1929년	(Moore, 1927) "리더십이란 리더의 의지를 추종자들에게 각인시켜 복종, 존경, 충성, 협력 등을 이끌어내는 능력"[13]
1930년대	(Bogardus, 1934) "한 사람의 특성과 다른 사람들의 특성이 상호작용한 결과로 다른 사람들의 행동양식이 바뀌게 되는 것"[14]
1940년대	(Copeland, 1942) "설득과 모범을 통해서 일단의 사람들이 일정한 행동을 따르도록 영향력을 행사하는 기술"[15]
1950년대	(Hemphill & Coon, 1957) "집단의 활동을 공유된 목표를 향하여 이끌어 가는 개인의 행동"[16]
1960년대	(Gibb, 1969) "공동의 목표를 달성하기 위해서 다른 사람들의 행동에 영향을 미치는 것"[17]
1970년대	(Hollander, 1978) "리더십이란 리더와 추종자 사이에 지속적인 거래를 포함하는 영향력 행사의 과정"[18]
1980년대	(Heifetz & Sinder, 1988) "리더십이란 자기 자신의 비전이나 이슈 실현을 목적으로, 메시지를 분명히 하고, 거래적 수단을 통해서 다른 사람들의 지원을 확보하여, 결과를 산출하는 것"[19]
1990년대	(Manz & Sims, Jr., 1990) "리더십이란 다른 사람(추종자)들이 스스로를 효과적으로 이끌도록 영향을 미치는 과정"[20]
2000년대	(Marion & Uhl-Bien, 2001) "조직의 인적 자본과 사회적 자본의 증진을 통해서 집단지능을 향상시켜 조직의 적응력을 극대화하는 행위"[21]

자들이 갖춰야 하는 바람직한 행동 패턴은 **'팔로워십'**(followership)이라고 부른다.

〈표 2-1〉에 정리된 정의들을 종합하여 여기에서는 리더십을:

'리더와 추종자들이 특정한 목적을 효과적으로 달성하기 위해서 서로 영향을 주고받으면서 함께 성장하는 과정' 으로 정의한다.[22]

리더십 나누기 2-2: 명나라 만력제의 보이지 않는 리더십

중국 명나라 황제 만력제(萬曆帝)는 재임 기간 중 약 30년 동안 한 번도 조회에 나오지 않고 정무를 돌보지 않은 "태정"(怠政: 파업)을 펼쳤다. 신하들이 황제의 얼굴을 알 수 없을 정도였다고 한다. 초기에는 장거정(張居正)이라는 훌륭한 재상을 등용하여 만력중흥(萬曆中興)이라 불릴 정도로 잘 이끌었다. 하지만 장거정이 죽고 나서 황태자 책봉 문제로 내각과 대립하면서 30년 동안 황제의 업무를 내팽개치는 태정을 하게 된 글이다. 이로 인해 나라가 혼란에 빠져, 명나라가 멸망하는 원인을 제공하게 된다. (참고로 만력제는 임진왜란 때 조선을 돕기 위해 명나라 군대를 파병했던 황제다.)

✤ [나누기 문제 2-2] 만력제의 행동은 [그림 2-2]의 예시 중 어디에 해당할까?

그림 2-2 리더십, 그리고 유사한 개념들

리더십	"리더와 추종자들이 특정한 목적을 효과적으로 달성하기 위해서 서로 영향을 주고받으면서 성장하는 과정"
드라이버십 (drivership)	"협박과 강제에 의해서 사람을 움직이는 것으로 리더십과 반대되는 개념"
헤드십 (headship)	"자신이 맡고 있는 직책에 부여된 권한행사에만 치중하는 행동"
딕테이터십 (dictatorship)	"독재적인 방식으로 구성원을 이끌어가는 행동"
스튜어드십 (stewardship)	"다른 사람(또는 신, 국민, 국가)이 맡긴 것을 대신 잘 관리해주는 것을 목적으로 하는 행동"
팔로워십 (followership)	"추종자들이 갖춰야 하는 바람직한 행동 패턴"

2. 리더십과 관리

리더십과 가장 많이 혼돈을 가져오는 개념이 관리(management)라는 단어다. 많은 리더십의 학자나 연구자들이 리더십과 관리 또는 **리더와 관리자의 차이**를 비교 · 설명하고 있다. 그러기 전에 우선 관리라는 것이 무엇인지를 정의하는 것이 중요하다. 관리는 다음과 같이 정의될 수 있을 것이다.

> "관리자와 하급자가 공식적 권한관계하에서 재화와 서비스를 생산하고 판매하는 데 필요한 활동들을 조정해 나아가는 과정이다."[23]

앞서의 리더십 정의와 비교해보면 그 차이를 알아볼 수 있다. 우선 리더십은 영향력의 행사와 관련이 깊지만, 관리는 권한의 행사와 관련된다. 리더십이 비공식적인 교류를 전제로 한다면 관리는 공식적 교류를 전제한다. 또한 리더십은 리더와 추종자의 공동의 성장과 변화를 목표로 하지만 관리는 재화나 서비스의 효율적 생산과 판매에 치중한다. 따라서 리더십이 좀 더 장기적 관계발전을 강조하는 것이라면, 관리는 월별, 분기별, 연도별 실적을 중시하는 개념이다.

리더십과 관리 중에서 어느 것이 더 중요한가를 가지고 많은 논란이 이어졌다. 특히 경영이나 관리에 있어서 변화니 혁신이니 하는 단어들이 유행하기 시작하면서 관리라는 말은 변화에 저항하고 현상의 기득권을 보호하려는 고리타분한 태도라는 개념으로 전락하기에 이르렀다. 흔히 쓰는 **"관리하려 들지 말라"**라는 말이 이러한 현상을 잘 대변해 주는 것 같다.

유클(Yukl)은 관리자의 역할을 14가지로 제시하고 이들을 측정할 수 있는 설문도 개발하였다. MPS(Management Practices Survey)라고 불리는 이 설문은 관리의 기능을 계획과 조직화, 문제해결, 역할과 목표의 명확화, 정보교류, 관찰, 동기유발, 자문, 위임, 지원, 개발과 멘토링, 갈등관리와 팀빌딩, 네트워킹, 인정, 보상 등으로 구분하여 측정하고 있다.[24]

하지만 리더십의 필요성이 부각되면서 리더십이 관리의 개념을 압도하게 되었

그림 2-3 유클의 MPS

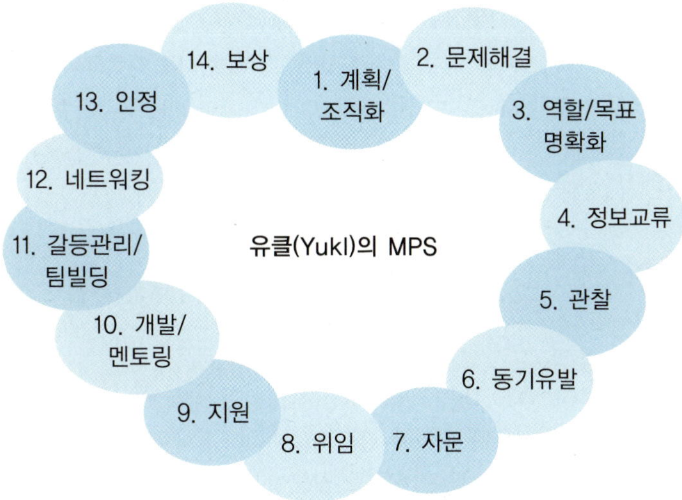

다. 리더십의 중요성을 강조하는 학자나 연구자들은 리더와 관리자의 태도를 비교하면서 관리자들을 비하하기에 이르렀다. 예컨대, 리더십 분야에서 잘 알려진 학자인 워렌 베니스(Warren Bennis)는 리더와 관리자의 태도를 비교하면서 '관리자는 모방하지만 리더는 창조'하며, '관리자는 통제하려 하지만 리더는 신뢰를 중시'한다고 주장하였다. 또한 '관리자는 주어진 일을 잘하려고만 노력하지만 리더는 무엇이 중요한지를 찾아서 하며' '관리자는 단기성과에 치중하지만 리더는 장기성과를 추구'한다고 비교하였다. 이 비교를 보다 보면 관리한다는 것이 마치 나쁜 것인 것 같은 착각에 빠지게 한다.

그러나 **'관리는 나쁜 것, 리더십은 좋은 것'** 하듯이 2분법으로 접근해서는 곤란하다. 적절한 관리 행위는 매우 중요하다. 그리고 리더십을 발휘하여 관리가 감시와 감독 없이도 더 잘 되도록 하며 필요한 변화를 스스로 주도하여 추진하도록 하는 것도 동시에 중요하다. 그러므로 우리는 관리와 리더십을 같은 수준에 놓고 다루어야 할 것이다.

결국 리더십이든 관리이든 현장에서는 같은 사람이 발휘하는 것이다. 한 사람

표 2-2 관리자와 리더의 차이

관리자의 역할	리더의 역할	현실적 대안
(1) 조직의 질서를 중시한다.	(1a) 질서를 깨고 변화를 이룩한다.	(1b) 변화를 강력히 추진하되 보호하고 전승해야 하는 질서는 유지 · 발전시킨다.
(2) 단기적 안목을 중시한다.	(2a) 장기적 안목을 견지한다.	(2b) 장기적 효과 측면에서 단기적 대안들을 평가한다.
(3) 공식적 권한에 의존한다.	(3a) 비공식 영향력의 행사를 중시한다.	(3b) 공식적 권한의 행사와 비공식적 영향력을 필요에 따라 적절히 분별하여 활용한다.
(4) 객관성 유지를 위해 추종자들과 거리를 유지한다.	(4a) 추종자들과 감성적 유대를 발전시킨다.	(4b) 감성적 유대를 강화하되 원칙은 분명히 한다. (불가근 불가원, 不可近 不可遠)
(5) 정책을 실행하고 절차의 준수에 힘쓴다.	(5a) 공유된 가치를 중심으로 경쟁력 있는 문화를 창출한다.	(5b) 문화적 가치 차원에서 정책의 실행과 절차의 준수가 주는 의미를 평가 · 공유하고 그 가치를 향상시킨다.

을 놓고 봤을 때 그(녀)에 대해서 '관리자다 또는 리더다'라고 한 가지로 규정하는 것은 어리석은 일이다. 누구든 조직구성원은 관리와 더불어 리더십을 동시에 발휘할 줄 알아야 한다. 현실적으로 **어느 한쪽을 완전히 무시할 수는 없다.** 그러므로 우리는 조직에서 관리자(또는 경영자)로서의 역할과 리더로서의 역할을 상황에 맞춰 현명하게 발휘할 줄 알아야 할 것이다. 우리는 관리와 리더십을 한 사람이 다 발휘해야 한다는 현실적 여건을 잊지 말아야 한다.

이러한 관점에서 관리자와 리더의 차이, 그리고 그들을 동시에 고려한 현실적 행동 대안들을 〈표 2-2〉에 제시하였다.

리더십 나누기 2-3: 동아리 리더

"대학에서 'Time'이라는 동아리의 회장을 맡던 시절의 이야기다. 이 동아리는 이름 그대로 미국에서 발행되는 시사잡지 Time지를 읽고 해석하고 토론하는 모임이었다.

임기 중에 고민이 참 많았다. 어떻게 동아리 회원수를 늘릴 것인가, 자기 공부에만 신경 쓰는 이기적인 회원들에게 모임에 적극적으로 참여하도록 만드는 방법은 무엇인가, 어떻게 동아리 집단의 매력도를 높일 것인가 등 어린 나에게는 하나같이 도전적인 과제들이었다.

이를 위해서 몇 가지 조치를 취했다.

1) 저학년 회원들이 발표할 때 해당 분야의 깊은 지식을 가진 선배로 하여금 매섭게 질문하고 준비가 부족할 경우에는 따끔하게 질타를 하도록 하였다. 예컨대, 영화관련 칼럼을 발표할 때는 영화의 시대적 배경, 영화감독의 작품성향까지도 사전에 철저히 준비하도록 하였다. 사전에 준비를 제대로 못해온 여자후배들에게 선배들이 심한 질타를 하여 눈물을 흘리게 했던 기억이 난다.
2) 후배들 중에서 의욕은 있으나 기초가 부족한 회원들을 대상으로 별도의 스터디그룹을 만들어 2학년 선배들이 지도하게끔 하였다. 이것은 후배들이 우리 동아리에 대해서 가치를 인정하고 몰입하게 하는 결과를 가져왔다.
3) 회원관리에 남다른 신경을 썼다. 동아리에는 회장단이라고 해서 회장과 부회장, 그리고 4명의 부장단으로 구성되어 있었다. 회장과 부회장이 모든 회원들을 전부 관리한다는 것은 쉬운 일이 아니었다. 그래서 각 학년에서 네트워크의 축이 되는 남자, 여자 회원 각 한 명씩을 지정하여 각 학년 회원들을 관리하게 하였다. 이들을 통해서 각 회원에 대한 상세한 정보도 얻을 수 있었다.
4) 어느 날 밤 1학년 남녀 후배 몇 명이 술값이 없어 전화를 한 적이 있었다. 나도 용돈이 없어서 굉장히 난감하다가 1년 여 동안 한 푼 두 푼 모아 두었던 돼지저금통을 직접 들고 나가 지불한 적이 있었다. 이 일이 있고 난 후 후배들이 이기주의적인 모임의 색채를 없애는 데 도움이 되었다는 이야기를 들었고 아직도 돼지저금통 이야기는 후배들 사이에서 회자되고 있다고 한다." (K사 리더십 수강생 리포트 중에서)

✤ [나누기 문제 2-3] 위의 1), 2), 3), 4) 중에서 리더십에 가장 가까운 행동은 어느 것인가?

3. 리더는 타고나는가, 육성되는가?[25]

이것을 **'Nature' vs. 'Nurture' 논쟁**이라고 한다. 'Nature'(탄생론)는 타고난다는 입장이고 'Nurture'(육성론)는 후천적으로 육성된다는 관점이다. 이 질문에 대한 답은 역사적으로 달라져 왔다. 리더십 연구 초기에는 선천적으로 타고난다는 주장이 지배적이었으나, 그 후 후천적으로 육성된다는 주장이 주를 이루게 되었었다. 하지만 최근에는 타고나는 측면도 있고 육성되는 측면도 있다는 식으로 다시 바뀌었다. 이들 주장을 도식적으로 정리하면 〔그림 2-4〕와 같다. 이들 각각의 내용을 간략히 살펴보기로 하자.

1) 탄생론

탄생론을 구체적으로 분석해보면 세 가지 차원을 발견하게 된다. 첫째는 '리더의 자격을 타고나는가'의 문제이고, 둘째는 '리더의 능력이나 자질 또는 특성을 타고나는가' 하는 것이고, 셋째는 '리더들만이 가진 유전인자나 생화학적 물질이 있어

그림 2-4 탄생론, 육성론, 선택론

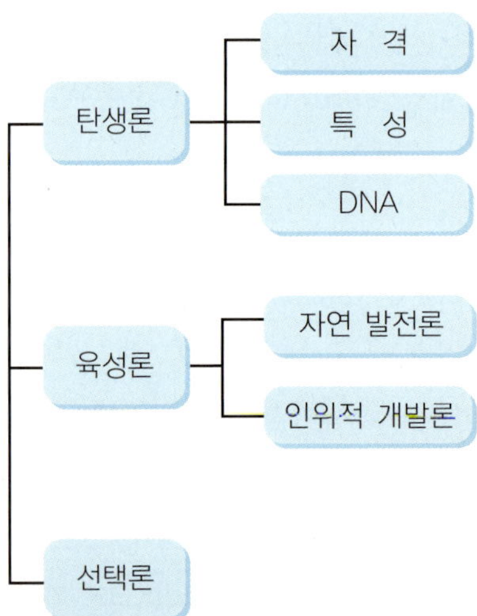

이것이 그들의 성격적, 심리적 또는 행동적 특성을 규정하는 것인가'의 문제이다.

자 격

리더의 자격을 타고날 수 있는가의 문제는 리더십을 하나의 직위나 사회적 지위로 정의하는 경우에 성립된다. 예컨대, 한국의 소유경영자들을 리더라고 보면, 그 2세는 태어나면서부터 리더의 자격을 갖추고 태어나는 것으로 볼 수 있다. 또한 김일성-김정일-김정은의 사례에서와 같이 정치적으로 리더십의 직위를 세습하는 경우에도 리더의 자격을 타고났다고 볼 수 있을 것이다. 왕이나 황제의 세습에 대해서도 같은 논리가 성립된다.

특 성

리더는 자격이 아니라 자질과 특성을 타고난다는 관점은 지금까지 탄생론 중에서는 가장 많이 연구된 분야이다. 초기의 리더의 특성을 중심으로 하는 이론이 이 영역에 해당한다. 물론 모든 특성들을 타고나는 것은 아닐 것이다. 그러나 행동이나 태도와 비교할 때 개인의 자질이나 특성은 후천적으로 육성할 수 있는 여지가 상대적으로 많지 않다는 점은 부인할 수 없는 사실이다.

리더가 갖춰야 하는 특성의 내용도 지난 수십 년 간의 연구를 통해서 많이 바뀌고 다양해졌다. 신체적 특성(키, 체구 등)에서 **능력적 특성**(창의력, IQ, 지식 등)을 거쳐 **심리적/성격적 특성**(자신감, 정직성, 지배성향 등)과 **행동적 특성**(지구력, 적응력 등)에 이르기까지 매우 다양해졌다.

DNA

최근 들어, 생물학(biology)의 지식체계를 가지고 리더십을 해석하는 연구가 증가하고 있다. 여기에는 세 가지 접근방법이 있는데, 유전자(DNA; genetics), 생리학(호르몬; physiology), 그리고 신경과학(뇌 과학; neuroscience) 등이다.

예를 들어, 리더는 보통사람과 다른 DNA를 갖고 있다고 하면, 리더는 타고난다는 'Nature'(탄생론)가 옳다는 강력한 증거가 된다. 아무리 훈련해 봐야 소용없게 된

그림 2-5 생물학과 리더십 연구 분야

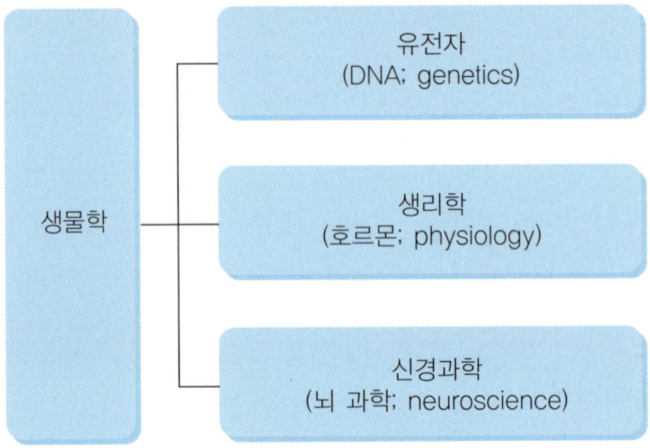

다. 팀장 뽑을 때 DNA 검사는 필수가 될 것이다. 그런데 이것이 현실이 되었다. 한 연구에 따르면, 리더로 승진한 사람과 승진 못한 사람 간에는 DNA가 달랐다. 즉, 리더 승진자는 'rs4950' 이라는 유전자를 갖는데, 승진 못한 사람은 이 DNA가 없었다. 전체적으로, DNA 측면에서 **타고나는 영역이 약 40% 정도이고, 나머지 60%는 후천적으로 육성되는 것**으로 나타났다.

생리학에서는 호르몬과 리더십의 관계를 밝힌다. 호르몬 중에는 남성호르몬인 '테스토스테론'(testosterone)이 많은 사람이 리더가 될 가능성이 크다. 스트레스를 통제하는 호르몬인 '코티솔'(cortisol)과 테스토스테론이 동시에 높은 사람이 가장 효과적인 리더십을 발휘한다. 강하게 끌고 나갈 때 받는 스트레스를 코티솔이 잘 조절해주기 때문이다.

한편, 신경과학에서는 뇌의 작용과 리더십의 관계를 밝힌다. MRI를 찍어서 뇌의 색깔 변화를 보든가, **뇌파검사**를 하여 뇌의 여러 부분이 어떻게 상호작용을 하면서 리더십 행동을 유발하는지를 확인한다. 예를 들어, 비전을 잘 제시하는 리더는 '우뇌 앞부분'이 일관성 있게 작동한다(right frontal coherence). 또한, 리더의 우뇌 일관성, 또는 연결성이 완벽할수록 윤리적 리더십을 발휘하지만, 이 일관성이 깨지면 비윤리적 행위를 하게 된다. 우리 사회에 만연한 '내로남불' 리더는 우뇌 일관성이 불완전한 사람들이 보여주는 행동이라고 해석할 수 있다.

이처럼, DNA, 호르몬, 뇌 작용도 리더십을 결정하는 요인으로 확인되고 있다. 어느 **미래에는 사람 선발할 때 DNA 검사, 호르몬과 뇌파검사를 하게 될지도 모른다.**

2) 육성론

육성론은 리더십을 후천적으로 습득시킬 수 있다는 입장이다. 여기에는 개인이 성장하는 과정에서 다양한 경험을 통하여 자연스럽게 리더십을 체득하게 되는 자연적 육성(발달론)의 방법과 교육훈련과정과 같은 인위적 수단을 통해서 원하는 리더십을 학습시키는 인위적 육성(개발론)의 방법이 있다.

자연적 발달론에 따르면 리더십이라는 것은 학교, 가족, 직장, 군, 사회활동 등의 경험을 통해서 자연스럽게 발달해 간다고 주장한다. 예컨대, 군에 장교로 갔다 온 사람들은 리더십의 경험을 많이 쌓을 수 있기 때문에 나중에 직장에 들어가도 리더십을 보다 효과적으로 발휘할 수 있다고 말하는 것은 발달론에 기초한 주장이다. 또한 히틀러가 유태인 학살이라는 무자비한 행동을 보였던 것은 그의 어린 시절의 욕구불만과 관계가 깊다는 정신분석학적 분석도 이에 해당한다고 본다.

개발론은 인위적으로 리더십을 개발하는 방법이다. B.C. 400년경, 플라톤은 '지적 능력이 있고, 성실하며 결단력이 있는 사람들을 뽑아 특정한 훈련을 시켜 사회를 이끌어 가는 리더를 육성할 수 있다'고 주장하였다. 제이콩거(Jay Conger)라는 리더십 학자는 여러 리더십 개발 프로그램들을 직접 수강한 후, 프로그램 유형들을 개인성장형, 개념이해형, 피드백형, 그리고 기술구축형 등 네 가지로 나누어 장 · 단점들을 비교하였다.

육성론의 장점과 매력은 누구나가 스스로의 노력이나 훈련에 의해서 리더가 될 수 있다는 데 있다. 리더십이란 고정되어 있는 특성이 아니라 얼마든지 키워낼 수 있는 유동적 기술이라고 보기 때문이다. 우리가 컴퓨터를 배우고 영어를 학습하듯이 리더십의 기술도 노력을 통해서 습득할 수 있다는 것이다. 탄생론에 비해 보다 큰 기대를 갖게 하는 관점임에 틀림없다. 세계적으로 수 많은 리더십 훈련기관들이 번창하고 있는데 육성이 가능하고 효과적이라는 점을 전제로 하고 있다. 한국에서도 많은 리더십 훈련전문기관들이 존재한다.

리더는 타고나는가 육성되는가? 리더는 타고나기도 하고 육성되기도 하지만, **리더십은 경험과 훈련에 의해서 육성되는 면이 강하다.** 리더는 사람을 뜻하지만, 리더십은 행동이고 과정이기 때문이다. 예컨대, 리더가 추종자들에게 보여주는 따뜻한 배려나 아끼고 위하는 행동은 누구나 훈련하고 노력하면 습득할 수 있다. 필요한 상황에서 이런 행동을 제대로 보여줄 수 있게 되면, 따를만한 리더로 인정받을 가능성도 그만큼 커지게 되는 것이다.

3) 선택론

뿐만 아니라, 리더는 다른 사람들에 의해 선택되는 면도 강하다. 타고난 사람도 있고 키워진 사람도 있지만, 선거에 의해서 선출되든가 아니면 리더십의 대상이 되는 사람들에 의해서 선택되는 경우도 많다. **타고난 리더, 키워진 리더, 그리고 선택된 리더 — 이 모두에게 공통적으로 필요한 것은 적절한 리더십 행동**이다.

리더십 나누기 2-4: 최고의 CEO, 최악의 CEO

Portfolio.com이라는 잡지사의 기사를 참고하여(2009년 4월), 아래의 표에 미국의 역사상 최고(Best)의 CEO들과 최악(Worst)의 CEO들을 정리하였다. 이 순위는 9명의 저명한 경영학 교수들을 중심으로 패널을 만들어 CEO들 각각을 평가하게 하여 정한 것이다. 평가의 기준은 1) 가치 창출 여부, 2) 혁신성, 3) 경영의 기술 등 세 가지였다. 대부분의 성공적인 CEO들은 출중한 혁신을 이룩한 사람들이었다. 쉽게 기억할 수 있는 스티브 잡스, 월트 디즈니, 워런 버펫 등의 예에서 알 수 있다. 또한 윤리적으로 올바른 길을 걸어야 최고의 CEO로 인정받을 수 있다는 것도 보여준다. 많은 최고의 CEO들이 자신의 부를 사회에 환원하는 등 궁극적으로는 사회를 위해서 큰 일을 한 사람들이다. 록펠러, 카네기, 빌 게이츠, 워런 버펫 등 우리가 쉽게 이름을 아는 사람들만 해도 여럿이다.

반면에, 최악의 CEO들은 대부분 성과에 관계없이 자신의 이익을 극대화한 인물들이거나 법적,

미국 역사상 최고(Best)의 CEO[26]	미국 역사상 최악(Worst)의 CEO
1. 헨리 포드(Henry Ford; 포드자동차 창립 회장)	1. 딕 펄드(Dick Fuld; 전 리먼 브라더스 회장)
2. 존 피어폰트 모건(J.P. Morgan; JP모건 창립 회장)	2. 안젤로 모질로(Angelo Mozilo; 전 컨츄리와이드 파이낸셜 회장)
3. 샘 월튼(Sam Walton; 월마트 창립 회장)	3. 켄 레이(Ken Lay; 전 엔론 회장)
4. 엘프리드 슬론(Alfred Sloan; 전 GM 회장)	4. 지미 케인(Jimmy Cayne; 전 베어스턴스 회장)
5. 루 거스트너(Lou Gerstner; 전 IBM 회장)	5. 버니 에버스(Bernie Ebbers; 전 월드콤 회장)
6. 존 록펠러(John D. Rockefeller; 스텐다드 오일 창업자)	6. 알 던롭(Al Dunlop; 전 스콧 페이퍼 회장)
7. 스티브 잡스(Steve Jobs; Apple 창업자, CEO)	7. 프레드 조셉(Fred Joseph; 전 드렉셀 회장)
8. 제프 베조스(Jeff Bezos; Amazon.com 창업자)	8. 제이 굴드(Jay Gould; 전 유니언 퍼시픽 회장)
9. 앤드류 카네기(Andrew Carnegie; Carnegie Steel 창업자)	9. 존 페터슨(John Patterson; 전 NCR 회장)
10. 빌 게이츠(Bill Gates; Microsoft 창업자)	10. 존 에이커스(John Akers; 전 IBM 회장)

윤리적으로 커다란 죄를 저지른 사람들이다. 예컨대, 철도사업가 제이 굴드(Jay Gould)는 19세기 말 뇌물과 납치와 사기로 부를 쌓아간 인물이었다. 1886년 철도노동자들이 파업을 했을 때, "나는 철도근로자들 중 반을 고용하여 나머지 반을 죽게 할 수 있다."라는 말까지 했던 것으로 알려졌다. 최악의 CEO 9위에 올라있는 존 페터슨(John Patterson)이라는 인물도 주목할만 하다. 그는 폭군적 스타일의 리더십을 발휘했던 인물로서 단지 자존심을 상하게 할 목적으로 임원들을 해고했다가 다시 재고용하는 짓을 했다. 임직원들에게 빵과 버터 같은 "건강에 해로운" 음식을 먹지 말도록 금지시켰으며, 매 6개월마다 종업원들의 체중을 측정하여 평가에 반영했다고 한다. 가전제품 판매가게에서 자기네 회사 제품 말고 경쟁사 제품은 팔지 못하도록 어깨들을 고용하여 협박을 하기도 하였다. 그는 토머스 왓슨(Thomas Watson)이라는 기술자를 해고했는데, 이 사람이 나가서 오늘의 IBM을 창업하게 된 것으로도 유명하다.

✠ [나누기 문제 2-4] 한국 기업들을 대상으로 BEST CEO와 WORST CEO 각각 3명씩 선정해보자. 이유는 무엇인가?

제2절 리더십, 과학인가 예술인가

1. 과학으로서의 리더십, 문학으로서의 리더십

과학(science)에는 명문화된 법칙이 있지만, 예술(art)에는 법칙이 없다. 그림을 그리는 화가는 말로 설명할 수 없는 나름대로의 주관적 개념과 직관을 가지고 작품을 창조한다. 피카소와 똑같이 그릴 수 있다고 해서 유명해질 수는 없다. 세계에서 하나 밖에 없는 독창적인 작품을 창안해내야 인정받을 수 있는 것이 예술의 세계다.

과학에서는 조건이 같으면 같은 결과를 낼 수 있는 예측 가능한 법칙을 중시한다. 과학의 법칙은 누구나 알 수 있고 배울 수 있어야 한다. 특정 개인이 가지고 있는 나름대로의 주관적 '비법'이라는 것은 과학적 입증의 과정을 거치지 않는 한 과학적이라고 볼 수 없다.

과학의 목적은 예측(prediction)과 설명(explanation)이다. 과학의 법칙을 사용함으로써 일어나는 현상을 객관적으로 설명할 수 있으며 미래를 예측할 수도 있어야 한다. 예컨대, 카리스마리더십을 발휘하면 왜, 어떤 과정을 밟아서 성과가 높아지는지, 그 과정을 설명할 수 있어야 하며, 또 어떤 조건에서 얼마만큼의 성과향상을 가져올 수 있는지를 예측할 수도 있어야 한다.

일반적으로 리더십에 대해서는 과학적으로 접근하는 것이 바람직하다. 하지만 예술적 관점도 무시할 수는 없다. 리더의 일거수일투족 모든 행동과 생각을 과학적으로 설명할 수는 없기 때문이다. 또한 물리학과 같은 자연과학과는 달리 사회과학에서는 항상 측정의 오류 등의 이유 때문에 리더십의 효과를 100% 다 설명할 수 없는 경우가 많다. 너무나 많은 변수들이 너무나 다양한 형태로 영향을 주고받으면서 특정 리더의 효과성을 결정하기 때문이다. 따라서 본서에서는 과학적 접근

그림 2-6 리더십, 과학적 접근과 예술적 접근

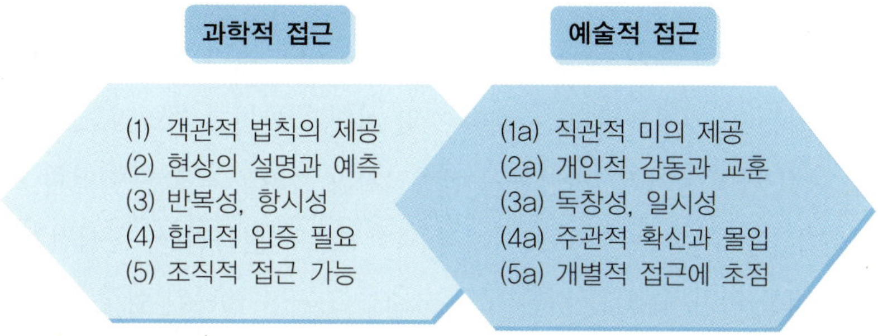

을 근간으로 하되 예술적 관점의 내용들을 가지고 미진한 부분을 채워나아가는 방식을 채택하였다. 과학은 객관적 법칙을 제공하지만, 문학과 같은 예술은 풍부하고 충실한 설명을 가능케 한다. [그림 2-6]에 리더십의 과학성과 예술성을 요약하였다.

2. 과학적 접근의 기초

과학적 접근이라는 것은 어렵게 들릴지 모르지만 사실은 합리적 사고방식을 의미한다. 하나하나 따져가면서 진리를 밝혀가는 과정이다. 그러므로 과학적 방식이라는 것이 딱딱하고 어려우며 현실성이 없다는 식으로 생각하는 것은 잘못이다. 누구나 조금만 노력하면 논리적 과정을 이해할 수 있으며 사고방식에 있어 과학적 합리성을 터득할 수 있다. 자신감을 가지고 접근해야 할 것이다.

요즘은 기업을 비롯한 큰 조직에서는 리더십 교육이나 훈련도 아무렇게나 하지 않는다. **과학적 체계와 근거를 중시하기 시작했다.** 어떤 리더십 교육 · 훈련을 왜 해야 하며, 그에 대해서 예상되는 효과는 어떤 것인지를 과학적으로 따져가면서 실시한다.

여기에서는 과학적 접근법의 기초적인 내용들을 알아보도록 한다. 몇 가지 필수적인 내용을 소개한다.

첫째, **(대체설명의 부재)** 과학적 방법은 우리가 옳다고 믿는 생각에 대하여 달리 설명할 수 있는 가능성이 있는지를 모두 찾아 하나씩 지워나가는 방법을 쓴다. 다른 가능성이 다 옳지 않다는 것을 입증하면 내가 옳다고 믿는 생각만 가능한 대안으로 남는다. 이것을 우리는 보다 강한 확신을 가지고 진리라고 말하게 되는 것이다. 예를 들어, '과거 10년 동안 삼성전자의 놀라운 성장은 이건희 회장의 리더십 때문이었는가?'라는 질문에 대해서 과학적으로 답하려면, 삼성전자의 10년 성장에 영향을 미칠 수 있는 다른 모든 요소들이 과거 10년간 삼성전자의 성장에 영향을 미치지 않았다는 것을 밝혀야 한다. 그러면 남는 것은 이건희 회장의 리더십밖에 없게 되므로 그의 리더십이 삼성전자의 성장에 영향을 미쳤을 가능성이 확률적으로 99% 이상 된다고 말할 수 있게 되는 것이다. 그렇지 않고 역으로 '그의 리더십이 영향을 미쳤다'는 증거를 강조하다 보면 다른 가능성을 다 열어놓고 하는 주장이기 때문에 설득력이 그만큼 줄어들게 되며, 또 그만큼 과학성이 떨어지게 되는 것이다.

둘째, **(변수들 간의 관계 중시)** 어떤 변수가 다른 어떤 변수들과 어떤 형태의 관계를 갖는지를 항상 염두에 두고 생각해야 한다. 그러기 위해서는 현장에서 일어나고 있는 여러 가지 일들의 이면을 면밀히 조사, 분석, 유추하여 변수들 간의 진정한 관계를 찾는 습관을 길러야 한다. 사회의 현상은 한 가지 원인 때문에 발생하는 경우는 드물다. 변수와 변수들 간의 관계의 얼개를 꼼꼼히 따져보는 노력이 과학적 사고를 낳는다.

'무엇이 무엇의 원인인가'를 밝히기 위한 연구결과가 학술논문의 주류를 이룬다. 물론 원인과 결과변수가 1:1인 경우는 많지 않다. 여러 변수들이 서로 영향을 주고받는 복잡한 관계를 보이는 것이 현장의 모습이다. 학자들은 변수와 변수의 관계를 기초적인 형태부터 하나하나 정리를 해냈다. 아래에 몇 가지 관계형태를 제시하였다. 무엇보다도 그림에서 화살표의 모습에 주의해야 한다. 학자들 간에 모델을 그리는 공유된 원칙이다.

리더십 나누기 2-5: 변수와 변수의 관계 유형

[A] '관계가 있다'

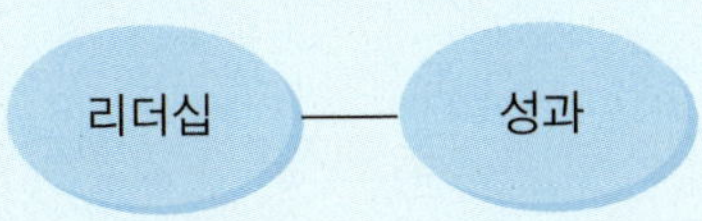

[B] '영향을 미친다'

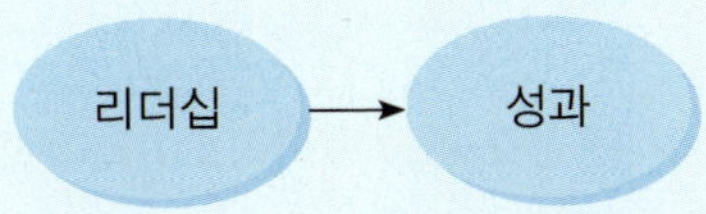

〔A〕와 같이 리더십 변수와 성과변수가 밋밋한 선으로 연결되어 있으면 '리더십과 성과는 관계가 있다'라고 표현한다. 단, 리더십이 성과를 높여주는지 아니면 성과가 높기 때문에 리더십이 있다는 평가를 받게 되는 것인지에 대한 인과관계는 말할 수 없다는 뜻이다. 이 경우 말로 표현할 때는 '관계가 있다'라고 두리뭉실 표현하는 것이다. 〔B〕의 경우는 화살표를 사용하고 있는데 이것은 인과관계를 뜻한다. 즉, 리더십은 성과의 원인이다, 또는 리더십은 성과에 영향을 미친다는 식으로 원인과 결과를 명확히 하여 표현할 수 있게 된다.

[C] '매개한다'

[D] '조절한다'

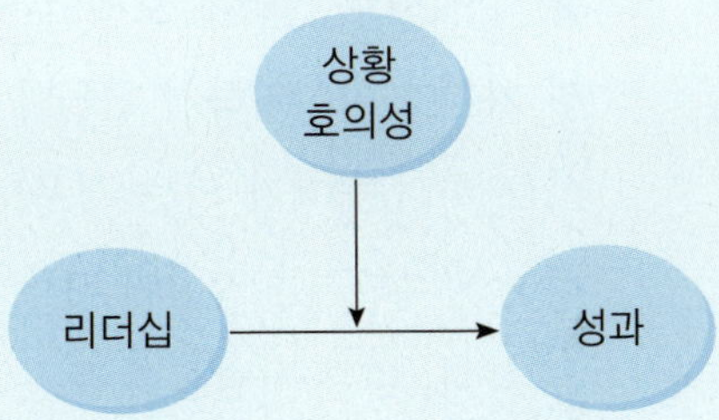

〔C〕의 그림은 '리더십과 성과의 관계를 추종자 변화가 매개한다' 라고 표현한다. 이것을 추종자 변화의 매개효과(mediating effect)라고 부를 수 있다. 즉, 리더십이 성과에 영향을 미치는 것은 추종자들의 변화를 통해서라는 것이다. 물론 실제로는 리더십이 추종자들의 변화를 매개로 하지 않고 성과에 직접 효과를 미칠 수도 있을 것이다. 만약 그런 효과도 표현하고 싶으면 리더십 동그라미에서 성과 동그라미로 직접 가는 화살표를 더하면 된다. 〔D〕의 조절효과(moderating effect)란 리더십이 성과에 미치는 영향은 상황의 호의성에 따라 달라진다는 것을 의미한다. 조금 어렵게 표현하면 '리더십과 성과의 관계는 상황 호의성에 따라 조절된다'라고 하면 된다. 즉, 리더십을 발휘할 때 상황이 리더에게 호의적인 경우가 그렇지 않은 경우보다 성과에 더 큰 영향을 미친다는 것을 의미한다. 이러한 조절변수들을 찾아내는 것은 리더십 연구에 있어 매우 많이 쓰이는 연구주제이다. 어

떤 리더십도 모든 경우에, 모든 사람들에게 똑같은 결과를 가져오지 않는다. 그러므로 어떤 상황에서 리더십과 성과의 관계가 더 크게 또는 더 작게 작용하는가, 그리고 어떤 사람들에게 더 크게 또는 더 작게 작용하는가를 밝히는 것은 매우 중요한 의미를 갖는다.

✠ [나누기 문제 2-5] "카리스마리더십이 조직성과에 미치는 효과는 위기상황 여부에 따라 달라진다"라는 표현을 위의 방식을 활용하여 그림으로 표현해 보자.

셋째, **(진리를 향한 열정)** 무엇보다도 중요한 것은 진리를 향한 열정이다. 유행하는 것, 남들이 말하는 것, 상식으로 당연히 받아들여지는 것 등에 대해서도 의문을 가질 줄 알아야 한다. 무조건적으로 남의 말을 받아들여 옮기는 것은 바람직한 과학적 자세가 아니다. 사건을 파헤쳐 진실을 찾아내려는 날카로운 수사관의 눈으로, 희미한 단서라도 놓치지 않고 분석하여 근본 원인을 규명하려는 명의(名醫)의 지혜로 진리를 보려고 노력해야 한다. 특히 리더십의 효과는 단기적인 측면만 가지고 이야기하기 힘들다. 또한 상황이 달라지면 효과적이라고 믿었던 리더십이 오히려 문제가 되는 경우도 있다. 이런저런 요인들을 종합적으로 고려하여 진리를 파악하려는 열정이 과학적 자세의 핵심이다.

특히, 다른 사람들과 토론하고 의견을 자유롭게 주고받는 과정에서 진리를 파헤치려는 열린 자세가 필요하다. 선입관을 가지고 도출한 주관적 결론을 다른 사람들에게 강권하는 자세는 과학적 자세가 아니다. 결론은 토론의 결과로 자연스럽게 도출되는 것이다. 과학적 토론이 진리에의 접근에 큰 도움이 된다.

이상에서 설명한 바와 같이, 리더십 현상의 진실을 확인해 가는 과정에서 목표로 해야 하는 것은 **'과학적 엄격성'**(scientific rigor)을 확보하는 것이다. 그렇다고 학자들이 하는 것처럼 복잡하고 심오한 기법을 써서 연구를 할 줄 알아야 리더십에 대해서 이야기할 수 있는 것은 아니다. 현실 속에서 접하는 당연한 이야기에 대해서도 의문을 갖고 나름대로 무엇이 원인이고 무엇이 결과인지, 또 다른 이유 때문은 아닌지 등의 논리적 분석을 해보려고 노력하면 된다.

특히 개인적으로는, **'시도와 관찰'**(try and see)의 실험을 통해서 진실을 확인해볼 수 있다.[27] 가령 인간중심 리더십이 효과적인지를 알아보기 위해서 스스로 자신의 스타일을 인간중심적으로 바꿔보는 것이다. 그러고 나서 그 효과를 면밀히 관찰하면서 진실을 찾아가면 된다. 물론 자신의 실험결과를 맹신해서는 안 된다. 다른 상황에서 다른 사람에게는 적용되지 않을 수도 있다. 하지만 중요한 것은, 너무 쉽게, 상식적 수준에서, 단순한 답으로, 남에게 지지 않기 위해서 자신의 생각을 마치 진리인 것처럼 고집스럽게 주장하는 태도를 버려야 한다는 것이다. 과학적 방법은 항상 다른 설명의 가능성을 인정하고 그것을 부정할 수 있는 근거를 찾아가는 과정이다.

리더십을 이해하는 모델 제3절

1. S-N-D-F 모델

리더십을 배우기 시작하는 첫 단계에서 어느 한 이론에 지나치게 몰입하는 것은 좋지 않은 태도라고 본다. 리더십은 사회적 현상이다. 사람들이 살아가는 과정에서 자연적으로 발생한다. 그러므로 이론을 이해하려 하기 전에 전체적 차원에서 리더십의 현상을 이해할 필요가 있다.

리더십의 과정에 작용하는 변수들을 종합적으로 정리한 것이 S-N-D-F 모델이다.[28] 여기에서 **S는 Seed(씨앗), N은 Need(필요, 요구), D는 Deed(행동), 그리고 F는 Feed(결과 피드백)**를 뜻한다. 우선 이들의 관계를 그림으로 정리한 다음, 그 내용을 설명하도록 하자([그림 2-7]).

이 모델은 이렇게 해석하면 된다. 리더는 자신이 갖고 있는 개인적 속성인

그림 2-7 S-N-D-F 모델

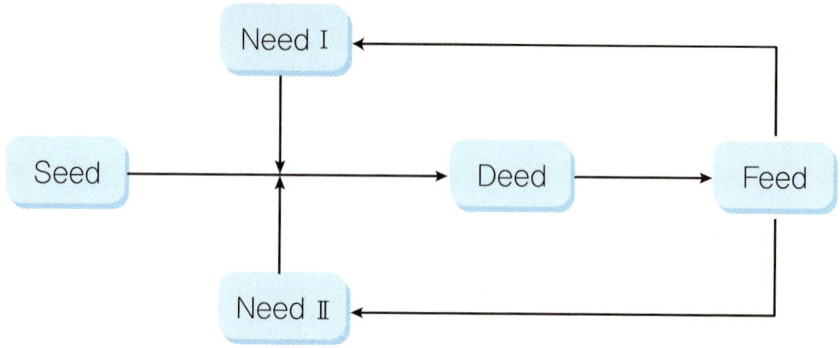

Seed에 기초하여 리더십 행동, Deed를 보여주게 되는데 그 과정에서 상황적 필요인 Need I과 주변 사람들의 요구인 Need II가 작용하게 된다. 그리고 리더행동의 결과가 나타나는데 이것이 결국 되돌아가 피드백(feedback)되어 상황의 필요(Need I)를 충족시키고, 아울러 주변 사람들의 요구(Need II)를 만족시키게 된다는 것이다.

씨앗(Seed)이란 리더가 갖고 있는 역량, 경험, 성격, 가치관, 욕구, 의지, 사고의 틀 등 리더십 행동에 영향을 미치는 모든 것을 대표한다. 밭에 씨앗을 뿌려 싹이 돋아나는 것을 비유한다. 물론 나이, 성별, 교육 정도, 직위 등과 같은 변수들도 포함된다. 요컨대, 한 사람의 리더십 행동에 영향을 미치는 모든 개인적 변수

표 2-3 S, N, D, F의 정의

S, N, D, F	정 의		
S(Seed)	• 성격, 능력, 가치관, 태도, 경험 등 리더가 가진 모든 특성		
N(Need)	• 상황 요구	Need Ⅰ	리더의 대응을 필요로 하는 상황의 요구
		Need Ⅱ	부하들이 리더에게 기대하고 요구하는 것
D(Deed)	• 리더가 보이는 행동, 스타일		
F(Feed)	• 리더의 행동으로 Need Ⅰ, Ⅱ가 영향을 받아 변하는 것; 행동의 결과		

들이라고 이해하면 될 것이다. 예를 들면, '리더십 발휘 의지'(Will to Lead)가 강한 리더는, 약한 리더에 비해서, 상황의 요구가 있을 때 보다 적극적으로 리더십을 발휘하려고 할 것이다. 또한 많은 연구에서 밝혀진 바에 따르면, 급하고 도전적인 A형 성격의 소유자는, 느긋한 B형 성격에 비해서, 지나치게 과업중심적인 리더십 스타일을 보일 가능성이 크다. A형은 모든 일을 다 관장해야 직성이 풀리는 성격적 특성을 갖기 때문이다. 마찬가지로, 위에 언급한 다른 개인적 요인들도 리더의 행동에 영향을 미칠 수 있다. 이것이 위의 모델에서 씨앗이 가진 역할이다.

비유로 표현하면, 리더의 씨앗이 좋으면 효과적인 리더십 행동이 나오고 씨앗이 나쁘면 상황의 필요나 추종자들의 요구를 충족시킬 수 없는 비효과적인 행동밖에 나오지 않는다. 성장과정에서부터 교육과 경험을 통해서 좋은 리더의 씨앗이 되도록 다 함께 노력해야 한다.

리더십 행동(Deed)은 우리가 흔히 이야기하는 다양한 리더십 행동들을 총칭한다. 즉 리더십 행동 세트(set)라고 해도 될 것이다. 예컨대, 리더의 배려행위, 참여와 위임, 지시적 행동, 변화주도, 자기 희생, 비전제시 행위 등 — . 이러한 행동들은 뒤에 이야기하는 리더십의 여러 이론들 여기저기에 포함된 리더십의 행위들이다. 어떤 이론에서는 배려를 강조하고 다른 이론에서는 변화와 희생을 리더의 주된 행동으로 다룬다. 그런가 하면 독단과 참여와 위임의 기술을 과학적으로 분석하여 제시한 이론도 있다. 중요한 것은 그 행동이 무엇이든 간에 사람의 특성(씨앗)에 따라 요구되는 행동을 잘 발휘하는 사람도 있고 그렇지 않은 사람도 있다는 것이다. 이것이 씨앗인 Seed와 리더십 행동인 Deed의 관계다.

하지만, 리더의 씨앗이 아무 때나 행동으로 나타나는 것은 아니다. **상황의 필요가 있거나(Need I)**, 하급자를 위시한 **주변 사람들의 요구(Need II)**가 감지될 때 행동으로 나타나게 되는 것이다. 필요나 요구에 민감한 사람은 필요한 행동이 빨리 나오겠지만 둔감한 사람은 그렇지 않을 것이다. 어떤 사람은 스타일이 한쪽으로 고정된 사람도 있다. 이런 경우에는 상황의 필요에 맞는 리더십 행동을 보여주지 못하기 때문에 효과적이지 못할 것이다. 그러므로 다양한 리더십 행동을 학습해 뒀다가 필요에 따라 적절히 사용할 수 있도록 유연성을 갖춰야 한다.

리더십 나누기 2-6: "꼼꼼이 최 상무 사례", S-N-D-F 적용

- "마케팅담당 최 상무는 별명이 '꼼꼼이'다. 구성원들을 매일같이 '일일 점검'을 한다.
- 회사는 최 상무에게, 경영환경이 격변하고 있어 변화에 빠른 대응을 하라고 주문한다.
- 최 상무 부하로 있는 젊은 팀장들은 자율적 업무수행에 대한 기대감이 고조되어 있다.
- 1년이 지나자 능력 있는 팀장들이 이직하기 시작했다. 이직 인터뷰를 해봤더니, '질식할 것 같다'라는 분위기 때문이라는 답이 많았다.

✤ [나누기 문제 2-6] 아래의 S-N-D-F 모델을 가지고 위의 사례를 분석해보자.

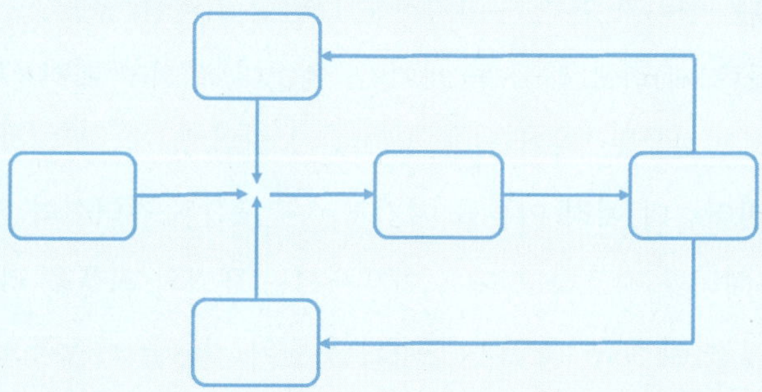

상황의 필요나 요구에 맞는 리더십 행동을 발휘하면 좋은 성과가 나올 것이고 이것은 결국 **피드백**(Feedback)되어 그 필요나 요구를 만족시키고 줄여줄 것이다. 물론 그 다음에 다른 필요가 발생하면 다시 다른 리더십 행동을 보여줄 수 있어야 한다.

그러나 리더십의 행동에 대해서는 여기에 제시한 변수들보다 큰 변수들의 영향도 무시할 수 없다. 예를 들면, 국가문화적 가치나 조직문화의 영향도 크게 작용할 수 있다. 한국의 관리자나 임원들에게서는 자주 발견되는 스타일이지만 다른 나라 임직원들에게서는 잘 나타나지 않을 수도 있다.

2. 해야 할 일

최종 목적은 사회를 위해서, 또 국가를 위해서 훌륭한 리더가 되는 것이다. 아니면 훌륭한 리더를 만드는 데 기여하든가, 그도 아니면 적어도 자신의 약점 때문에 함정에 빠지든가 다른 사람에게 피해를 주지 않도록 하는 일이다. 이를 위해서 우리는 다음과 같은 노력들을 해나가야 할 것이다.

첫째, **꾸준히 리더십을 학습**하고 연구하는 자세를 갖자. 관련된 서적을 읽는 것도 게을리하지 말아야 하고, 인터넷 사이트에서 좋은 자료를 공유할 수 있는 기회를 만들자. 항상 스스로 리더십을 실험하고 그 결과를 분석하는 자세가 중요하다.

둘째, **정규적으로 리더십 교육**을 받자. 리더십 교육은 적어도 1년에 한번은 받아야 한다. 그것이 정규 학위과정이 아닐지라도 새로운 개념을 배우고 스스로 자극받을 수 있는 기회를 갖는 것이다. 그래야 나태해지지 않고 항상 깨어 있게 된다.

셋째, 리더십에 관심 있는 사람들과 **적극적으로 교류**하자. 리더십을 직접 발휘하는 위치에 있는 사람들과의 교류도 중요하고 또 리더십 때문에 고민하고 있는 사람들, 리더십에 관심이 있는 사람들, 그리고 다른 사람들을 리더로 육성해야 하는 위치에 있는 사람들과의 교류는 매우 좋은 학습과 동기부여의 기회를 제공한다.

넷째, 리더십 발휘의 의지와 동기가 떨어지지 않도록 **항상 성찰하자**. 자신의 강점과 약점을 명확히 알아야 함정에 빠지지 않고 장점에 기초한 큰 성과를 낼 수 있다. 그러므로 현실이 너무 바쁘고 일 때문에 시간을 내기가 힘들더라도 반드시 일주일에 2시간은 자신의 리더십을 점검하는 시간으로 삼아야 한다.

다섯째, 실제에서 **리더십을 발휘하자**. 아는 것과 행하는 것은 반드시 일치하지 않는다. 첫째에서도 말했듯이 스스로 리더십을 실천에 옮겨 실험하고 그 결과를 음미하여 분석하는 자세를 갖는 것이 중요하다. 행동하고, 행동하고 또 행동하자! 자신을 이끌고 가족을 이끌고 조직을 이끌고 마을을 이끌고 나라를 성공적으로 이끌기 위해서 매일 준비하는 리더가 되어야 하겠다.

본 장의 요점

❖ '리더십' (leadership) 어원은 '이끌다', 1800년경 처음 사용

❖ 리더십의 정의: "리더와 추종자가 효과적 목적달성을 위해서 영향을 주고받으며 성장하는 과정"

❖ 리더는 변화추구, 관리자는 질서유지가 목적

❖ Nature vs. Nurture=40:60

- 유전자(DNA) 'rs4950'이 리더에 영향
- 호르몬 테스토스테론과 코티솔의 균형이 중요
- 우뇌 앞부분의 연결성이 비전 제시와 윤리적 리더십에 관련

❖ 과학에는 법칙이 있지만, 예술(art)에는 법칙이 없다.

- 과학의 목적: "예측"과 "설명"
- 여기에서는 리더십을 과학으로 접근하되 예술 가미

❖ 과학적 접근에서 진리를 밝히는 원리: 과학적 엄격성

- 대체설명의 부재
- 변수들 간의 관계 중시
- 시도와 관찰

❖ 리더십 현상을 종합 · 설명하는 "S-N-D-F" 모델

- S(Seed): 리더의 자질, 경험, 성격 등 리더 개인의 모든 것
- N(Need): Need I-상황의 요구; Need II-구성원 요구
- D(Deed): 리더의 행동, 스타일
- F(Feed): 결과

한국의 정치리더 Big Five

리더십 토론의 시간 2

일본의 아사히(朝日) 신문은 서기 2000년 되는 시점에서, "과거 1000년 동안 최고의 정치리더는 누구인가?" 라는 질문을 가지고 설문조사를 실시했었다. 1위-5위는 아래와 같다. (이들이 누구인지는 인터넷으로 검색해 보세요.)

순 위	이 름
1위	사카모토 료마(坂本龍馬)
2위	도쿠가와 이에야스(徳川家康)
3위	오다 노부나가(織田信長)
4위	다나카 카쿠에이(田中角榮)
5위	요시다 시게루 (吉田茂)

한편, 경제계 리더를 뽑는 설문에서는, "일본에서 '경영의 신'으로 불리는 마쓰시타 고노스케(松下幸之助 · 1894~1989) 마쓰시타전기산업 창업자가 1위를 차지했다. 득표율은 전체 응답자(8559명) 중 31.2%. 2위인 혼다 소이치로(本田宗一郎) 혼다기연공업 창업자(12.0%)보다 압도적으로 높았다." (donga.com)

그런가 하면 1995년 미국의 워싱턴포스트지는 과거 1000년 최고의 리더로 징기스칸을 뽑았다. 세계적 차원에서 또는 각 국가별로 장기간에 걸쳐 영향을 미친 리더들을 선정하고 본받으려는 노력을 많이 한다.

[토론과제 2-1] 한국의 1000년 정치리더 5명을 뽑아보자.

[과거 1000년 한국의 정치 Best 5]

순 위	이 름
1위	
2위	
3위	
4위	
5위	

[토론과제 2-2] 한국의 리더들 Best 5는 어떤 공통점이 있는지를 아래에 적어보자.

공통점
1.
2.
3.

나의 리더십 진단 2-1

리더십 발휘 자신감

※ 다음은 리더십 자신감(leadership self-efficacy)을 알아보는 설문이다. 나는 리더십을 발휘하는 것에 대해서 얼마나 자신감을 갖고 있는지 알아보자.

〈응답 양식〉

1	2	3	4	5	6	7
전혀 그렇지 않다	거의 그렇지 않다	별로 그렇지 않다	보통이다	다소 그렇다	상당히 그렇다	전적으로 그렇다

1. 나는 같이 일하는 대부분의 집단에서 효과적인 리더십을 발휘할 수 있다고 자신한다. (   )
2. 나는 다른 사람들을 효과적으로 이끌어 갈 수 없을 것 같다. (   )
3. 나는 마음만 먹으면 다른 사람들보다 리더십 발휘를 잘 할 수 있다. (   )
4. 나는 문제가 있는 집단이라고 할지라도 열정을 가지고 성공적으로 이끌 자신이 있다. (   )
5. 나는 상황이 호의적이지 않더라도 다른 사람들을 설득하여 한 방향으로 같이 가도록 만들 수 있다. (   )

6. 나는 리더십을 발휘하다가 어려움에 닥치더라도 차분히 극복해낼 자신이 있다.

( )

〈진단법〉 위의 여섯 항목들 중에서 2번 항목은 귀하가 응답한 점수를 8에서 빼야 한다. 즉, 8-(응답한 점수)=〔바른 점수〕가 된다. 예컨대, 7이라고 응답했으면, 1이 되고 2라고 응답했으면 6이 된다. 나머지 다섯 항목들은 응답한대로 사용한다. 자, 이제 여섯 항목의 점수를 다 합산하자. 합한 결과가 38점 이상이면 '리더십 발휘에 대해서 매우 자신'하고 있는 것이고, 31-37이면 '비교적 자신감이 있는 것'이며, 24-30이면 '자신감이 조금 모자란 상태'이고, 23점 이하이면 '자신감이 매우 부족한 상태'이다. 다른 사람들과 비교해보자. 또한 귀하가 속한 집단 전체가 어떤 패턴을 갖는지 확인해 보자. 혹시 리더십 발휘에 자신감이 전반적으로 부족한 집단에 속하지는 않았는가?

나의 리더십 진단 2-2

나의 리더십 성향

※ 다음은 귀하의 리더십 성향(leadership orientation)을 알아보기 위한 것입니다. 각 항목에 대해서, 귀하를 가장 잘 묘사하고 있는 정도에 따라 4, 3, 2, 1로 순위를 매기시오.[29]

1. 나에게 있어 가장 강한 점은:
   - (　　) a. 분석력
   - (　　) b. 대인관계기술
   - (　　) c. 정치적 기술
   - (　　) d. 연출기술

2. 나를 가장 잘 설명하고 있는 것은:
   - (　　) a. 기술 전문가
   - (　　) b. 경청을 잘하는 사람(good listener)
   - (　　) c. 협상가
   - (　　) d. 영적 지도자

3. 나의 오늘이 있게 하는데 가장 많은 도움을 준 능력은:
   - (　　) a. 훌륭한 의사결정을 할 수 있는 능력
   - (　　) b. 다른 사람을 코치하고 개발하는 능력
   - (　　) c. 다른 사람들과 연대하여 힘을 구축하는 능력
   - (　　) d. 다른 사람들을 고취시키는 능력

4. 다른 사람들의 나에 대한 평가는:
   - (　　) a. 일을 할 때 세세한 내용(detail)에 강한 사람
   - (　　) b. 다른 사람들을 배려하는 사람
   - (　　) c. 갈등이나 반대가 심해도 일을 잘 해결하는 사람

(　　　) d. 카리스마가 있는 사람

5. 나의 가장 중요한 리더십의 특성은:

(　　　) a. 명확하고 논리적으로 사고하는 리더

(　　　) b. 다른 사람들을 돌보고 지원하는 리더

(　　　) c. 강하고 공격적인 리더

(　　　) d. 상상력과 창의력이 풍부한 리더

6. 나를 가장 잘 표현한 것은:

(　　　) a. 분석가

(　　　) b. 휴머니스트

(　　　) c. 정치인

(　　　) d. 비전형 리더(visionary)

[채점방식] 다음과 같이 계산해 보자.

〈A〉 1에서 6번까지 a 항목들의 점수를 합한 값 = (　　　)

〈B〉 1에서 6번까지 b 항목들의 점수를 합한 값 = (　　　)

〈C〉 1에서 6번까지 c 항목들의 점수를 합한 값 = (　　　)

〈D〉 1에서 6번까지 d 항목들의 점수를 합한 값 = (　　　)

** 〈A〉의 점수가 제일 크면, 엔지니어형 리더

** 〈B〉의 점수가 제일 크면, 서번트형 리더

** 〈C〉의 점수가 제일 크면, 정치가형 리더

** 〈D〉의 점수가 제일 크면, 스타형 리더

(1) 자신과 같은 스타일의 사람을 찾아 서로 자신의 리더십 경험을 이야기 해보자.

(2) 자신과 다른 스타일의 사람들과 서로의 스타일이 어떤 차이가 있는지 말해보자.

리더십 Exercise 2

나의 리더십: Seeds와 Needs

〔1〕 아래의 표에 각자 자신의 리더십 스타일의 특징들 세 가지를 찾아 적어보자. 스스로의 경험과 주변 사람들의 의견을 참고하여 솔직히 적어야 한다.

〔2〕 표의 아랫부분에는 각 특징이 장점으로 작용할 수 있는 상황과 단점으로 작용할 수 있는 상황들을 적어보자.

나의 리더십 특징 1		나의 리더십 특징 2		나의 리더십 특징 3	
장점이 될 수 있는 상황	단점이 될 수 있는 상황	장점이 될 수 있는 상황	단점이 될 수 있는 상황	장점이 될 수 있는 상황	단점이 될 수 있는 상황

〔3〕 자신이 기록한 표를 다른 사람들과 비교해 보자. 얼마나 다양한 특성들이 있는지 정리해 보자.

리더십 나누기 사례 2: 세계적 리더, 대왕세종

세종대왕 리더십을 S-N-D-F 모델을 가지고 분석하였다. "대왕세종"(백기복, 2007. 크레듀)에 입각하여 정리하였다.

〔1〕 세종대왕의 개인적 특성(Seed): 1418년부터 32년간 재위하였으며, 아홉 명의 부인들로부터 18남 4녀를 낳았다. 고기음식을 좋아하고 운동을 하지 않아 소갈증(당뇨)을 비롯하여 100가지가 넘는 병을 앓았다. "나는 한번 읽은 것을 잊은 적이 없다"라고 할 정도의 천재적 두뇌를 갖고 있었으며, "그래도 책을 한번 잡으면 30번~100번을 읽는다" 라고 했을 정도로 성실하기까지 하였다. 새벽부터 저녁 늦게까지 정사를 돌봤으며 식사를 하면서도 책을 손에서 놓지 않았다. 배려의 마음도 극진했다. 관노들 중 여자가 아이를 낳으면 100일 휴가를 주도록 했으며, 그 남편에게는 30일 휴가를 주도록 배려했다. 자기경계에도 철저하여 당나라 현종과 양귀비의 이야기를 그림책(명황계감)으로 그려오게 하여 항상 옆에 두고 혼색의 함정에 빠지지 않으려고 노력하였다.

〔2〕 상황(Needs): 그가 즉위한 해에는 가뭄이 극심했다. 게다가 인구는 태조 때 550만에서 660만 정도로 늘어나 있었다. 식량난이 심각하여 굶주리는 백성이 수십만에 달했다. 개국한 지 26년밖에 되지 않아 나라의 표준도 서있지 않았다. 인재는 드물고 역량이 결집되어 있지도 않았다. 문맹률은 90%를 넘었으며 중국은 툭하면 무리한 요구를 해왔다. 왜구들과 야인들이 마을을 침공하여 약탈하고 강도질 하는 것은 이제 일상이 되어있었다. 관료는 부패했고 백성들의 삶은 궁핍했다.

〔3〕 세종의 리더십 행동(Deed): 굶는 사람의 숫자를 각 도별로 정확히 파악하여, 구휼계획을 세워 실행하도록 했다. 1위는 충청도로 12만 명이 넘었다. 제일 먼저 한 것은 왕실의 재산을 나눠주는 것이었다. 동시에 농업생산성 향상에 나섰다. 오늘날과 같은 수경재배와 이앙법을 실시토록 하였으며, 각 지방의 농업분야 best practice를 모은 〈농사직설〉을 발행하여 효과적인 농법을 공유케 하였다. 중국의 달력을 썼기 때문에 절기가 달라 농사에 지장이 있는 것을 보고 우리식 역법을 개발하였으며, 흉년과 풍년에 관계없이 밭의 면적에 따라 일률적으로 징수하던 세금제도를 흉년, 중년, 풍년에 따라 차등 징수하는 제도로 바꾸었다. 세제개편은 초기에 반대가 심하여 역사상 최초로 여론조사를 실시하여 무마하려 하였으나 여의치 않자 흉년, 중년, 풍년을 과학적으로 판단할 수 있는 측우기를 개발하여 8년 만에 세제개편을 완성하였다. 백성과의 소통을 원활하게 하기 위해서

한글을 만들었는데 이의 전파를 위해서 함경도에서부터 과거시험과목으로 넣었다. 중앙의 정책이 백성들에게 제대로 전달되지 않는 것은 지방관들의 책임의식 결여 때문임을 깨닫고 지방관을 임명하여 내려 보낼 때에는 직접 만나 장시간 지방관의 임무와 역할과 비전을 낱낱이 설득하였다. 안식년제도를 만들어 신하들에게 자기개발 기회를 제공했으며, 전문가육성을 위해서 양반 10명, 평민 10명 총 20명을 뽑아 중국에 유학을 보내는 국비유학생제도를 만들었다. 특히 세종은 토론을 좋아하였다. 사안이 있을 때마다 신하들과 토론하기를 즐겼으며 이것은 하나의 의사결정 방식으로 자리 잡았다. 격렬히 반대하는 신하들에게도 항상 "너의 말이 참 아름답다"며 찬반을 가리지 않고 자유롭게 말할 수 있는 분위기를 조성하려 애썼다.

〔4〕 결과(Feed): 나라는 평안하였고 백성들은 태평성대를 누렸다. 중국을 비롯하여 야인과 왜인들까지 세종을 칭송하였다. 나라의 기틀이 확고해졌으며 오늘날까지 우리는 그의 영향 하에 살고 있다.

✜ [나누기 사례 문제 2] 이 사례를 아래에 제시된 S-N-D-F 모델을 가지고 요약하시오.

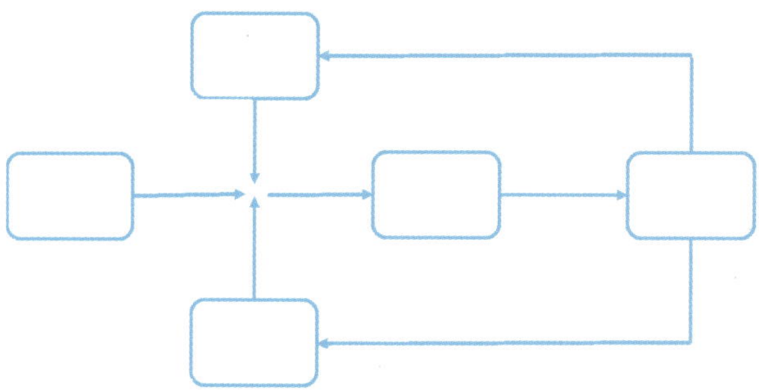

:: 주

1 Rost, J. C. 1993. *Leadership for the Twenty-First Century*. Praeger Publishers.

2 Stogdill, R. M. 1974. *Handbook of Leadership*. New York: The Free Press.

3 Bass, B. M. 1981. *Stogdill's handbook of leadership* (rev. ed.). New York: The Free Press.

4 Blondel, J. 1987. *Political Leadership*. Beverly Hills, CA.: Sage.

5 Rost, J. C. 1993. 앞의 책.

6 Yukl, G. 2009. *Leadership in Organizations*. (7th ed.) Prentice-Hall.

7 ______. 1998. Leadership in Organizations. (4th ed.). Prentice-Hall.

8 Hersey, P., & Blanchard, K. H. 1982. *Management of Organizational Behaviors: Utilizing Human Resources* (4th ed.). Englewood Cliffs, N.J.: Prentice-Hall.

9 Lord, R. G., & Maher, K. J. 1993. *Leadership and Information Processing*. London: Routledge.

10 Manz, C. C., & Neck, C. P. 1999. *Mastering Self-Leadership: Empowering Youself for Personal Excellence*. Prentice-Hall.

11 Shein, E. H. 1992. *Organizational Culture and Leadership*. San Fransisco, CA.: Jossey-Bass.

12 1980년대까지의 리더십 연구에 대해서는 Rost교수(위의 1993년 서적)의 결과를 참고했고 그 이후의 내용은 필자가 분석한 내용이다.

13 Moore, B. V. 1927. The May conference on leadership. *Personnel Journal*, 6, 124-128.

14 Bogardus, E. S. 1934. *Leaders and Leadership*. New York: Appleton-Century.

15 Copeland, N. 1942. *Psychology and the Soldier*. Harrisburg, PA.: Military Service Publications.

16 Hemphill, J. K., & Coons, A. E. 1957. Development of the Leader Behavior Desciption Questionnaire. In R. M. Stogdill & A. E. Coons (eds.), *Leader Behavior: Its Description and Measurement*. Columbus: OSU.

17 Gibb, C. A. 1969. Leadership. In G. Lindzey & E. Aronson (eds.), *Handbook of Social Psychology*, 2nd ed., vol. 2, 205-282. Reading, MA.: Addison-Wesley.

18 Hollander, E. P. 1978. *Leadership Dynamics*. New York: The Free Press.

19 Heifetz, R. A., & Sinder, R. M. 1988. Political Leadership: Managing the Public's Problem Solving. In R. B. Reich(ed.), *The Power of Public Ideas*, 179-203. Cambridge, MA.: Ballinger.

20 Manz, C. C., & Sims, Jr., H. P. 1990. *SuperLeadership: Leading Others to Lead Themselves.* New York: Berkley.

21 Marion, R., & Uhl-Bien, M. 2001. Leadership in Complex Organizations. *Leadership Quarterly*, 12, 389-418.

22 이 정의는 백기복(2005. *리더십 리뷰*. 창민사.)의 정의와 Rost(1993, 앞의 책)의 정의를 함께 고려한 것이다.

23 Rost. 1993. 앞의 책. 145쪽.

24 Yukl. 2009. 앞의 책.

25 "백기복. 2005. *리더십 리뷰*. 창민사"에서 수정 인용.

26 Best CEO 11-20위: Michael Bloomberg, Ray Kroc, Andy Grove, Walt Disney, Reuben Mark, Warren Buffet, Katherine Graham, Lee Iacocca, Herb Kelleher, Oprah Winfrey---→Worst CEO 11-20위: Henry Frick(Carnegie's business partner), Bob Allen(AT&T ex-CEO), Roger Smith(ex-CEO, GM), John Sculley(Apple's co-founder with Steve Jobs), Martin Sullivan(AIG, ex-CEO), Gerald Levin(ex-CEO, AOL), Bob Nardelli(ex-CEO, Home Depot), Stan O'Neal(ex-CEO, Merrill Lynch), Carly Fiorina(ex-CEO, HP), Vikram Pandit(CEO, Citigroup)

27 Rosenzweig, P. 2007. *The Halo Effect…and the Eight Other Business Delusions that Deceive Managers.* The Free Press.

28 백기복. 2000. *이슈리더십*. 창민사.

29 Daft, R. L. 2005. *The Leadership Experience.* Thomson.

제Ⅱ부
너 자신을 알라

제3장 리더, 너 자신을 알라

나는 어떤 특성을 갖는 리더인가

리더십 나누기 3-1: 마키아벨리의 카이론(chiron)의 비밀

니콜로 마키아벨리의 군주론(II Principe)은 1514년에 쓰여진 책으로 리더십에 대한 책이다. 이 책에서 마키아벨리는 고대의 유명한 군주들(헤라클레스, 테시우스 등)이 반인반수(半人半獸)의 카이론에게 맡겨져 보호·양육되었다는 점을 인용하면서, 군주가 취해야 하는 태도에 대해서 다음과 같이 주장하였다.

"〔1〕 군주는 여우와 사자의 기질을 모방해야 한다. 사자는 함정에 빠지기 쉽고, 여우는 늑대를 물리칠 수 없다. 그러므로 함정을 알아채기 위해서는 여우가 되어야 하고, 늑대를 혼내주기 위해서는 사자가 되어야 한다."[1] (　　　)

"〔2〕 리더는 추종자들의 마음을 사로잡기 위해서 '보여지는 나'를 관리할 줄 알아야 한다. 성질이 불같은 사람도 침착한 것처럼 보여야 하며, 정직하지 않은 사람도 신의와 정직과 경건함으로 가득찬 것처럼 보여야 한다." (　　　)

"〔3〕 군주(리더)는 사랑을 받고 동시에 두려움의 대상이 되는 것이 가장 바람직하지만, 두려움의 대상이 되는 것이 사랑받는 것보다 낫다. 사람은 두려움을 불러일으키는 자보다는 자신을 사랑하는 자에게 해를 끼치는 것을 덜 두려워한다." (　　　)

"〔4〕 군주(리더)는 호의는 자신이 베풀고 처벌은 신하가 내리게 해야 한다." (　　　)

"〔5〕 군주(리더)는 미움받지 않는 것이 중요하다. 인색함은 비난은 받지만 미움은 받지 않는다. 사람들은 어버이 돌아가신 것은 쉽게 잊어도 재산손실에 대해서는 잊지 못한다. 백성들에게 재산손실을 주어 미움받는 것을 경계해야 한다." (　　　)

✜ **[나누기 문제 3-1]** 위의 [1]~[5]까지 각각에 대해서 동의 여부를 ○, ×로 표시하고 토론해 보자.

리더십 동기 제 1 절

리더의 씨앗(seed)은 리더의 특성(trait)을 뜻한다. 리더십특성이론은 가장 오래된 리더십이론이다. 사람들은 멋지고 똑똑하고 매력적인 사람을 리더로 인정하고 따른다. 강한 성격, 높은 EQ, 말 잘하는 웅변가를 따르기도 한다. 모두 특성에 관련된다.

1. 리더의 씨앗(특성)

앞 장에서 우리는 S-N-D-F 모델을 배웠다. 즉, 리더 자신에 관한 것은 씨앗(Seed)이라고 표현했고, 상황변수는 상황의 요구와 부하의 기대(Need)라고 하였으며, 리더십을 발휘하는 것은 리더의 행동(Deed), 그리고 그 결과 나타나는 현상은 피드백(Feed)이라고 정의했다.

여기에서는 리더의 리더십 행동에 영향을 미치는 근본적 요인으로서 리더 자신의 특성, 즉 씨앗에 대해서 자세히 살펴보기로 하자. 리더의 생물학적 특성(2장 참조)과 심리적, 인지적, 성격적, 경험적, 지식적 모든 요소들이 여기에 관련된다. 이들을 그간의 연구결과들을 중심으로 〔그림 3-1〕에 체계화하였다.

리더십은 리더십 동기에서 출발한다. 리더십을 발휘해야겠다는 동기가 마음속에 생겨나면, 말이 많은 사람은 말로 리드하기 시작할 것이다. 행동이 앞서는 사람은 다른 사람들을 만나고 어떻게 해야 할지 의견을 물으러 여기저기 뛰어다니기 시작할 것이다. 반면에, 차분하고 분석적인 리더는 조용히 자기 시간을 갖고 이 상황에서 무엇을 목표로 해야 하는지, 문제가 무엇인지, 사람들은 어떻게 동원해야 하는지, 그리고 '내가 꼭 이 일을 맡아야 하나?'에 이르기까지 머릿속으로 일을 다하고 있을 것이다. 뿐만 아니라, 이기적이고 윤리적으로 엄격하지 못한 사람이라면, 리더십 발휘를 통해서 챙길 수 있는 것이 무엇인지를 계산하고 있을 수

그림 3-1 리더의 씨앗(seed)

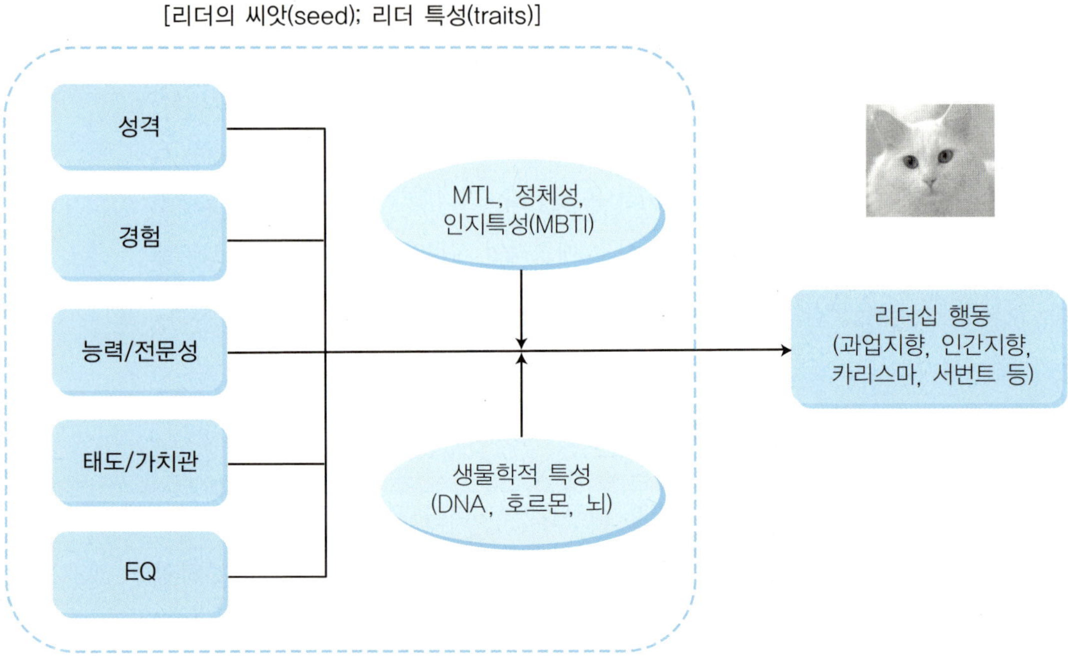

도 있다.

여기에서는 이러한 내용들을 구체적으로 살펴보도록 한다.

리더십 나누기 3-2: "팀장 할 사람이 없다"

요즘 기업들이 팀장을 하겠다는 사람이 없어 고민에 빠졌다. 팀장 되면 직책 수당 약 500,000원 받는데, 그에 비해 해야 하는 일이 너무 많고 책임도 무겁다. 팀원들 일일이 돌봐야 하고 상사의 목표달성 압박에도 시달려야 한다. 팀원들 인사고과 할 때는 항의 받을까 봐 잠을 못 잔다. 툭하면 리더십 진단한다고 부하들에게 설문 돌려 "김 팀장님, 5점 만점에 평균이 3.5점이네요. 0.5점 떨어졌어요. 원인이 뭐죠? 코칭 받으셔야 합니다." 하면서 자존심을 긁는다. 팀장 안 하고 말지!

✤ [나누기 문제 3-2] 어떻게 리더십 동기를 강화할 수 있을까?

2. 리더십 동기, 정체성, 인지적 특성

리더십 동기(MTL: motivation to lead)는 싱가포르 국방부에 근무하는 챈(Chan) 박사가 최초로 이론화하였다.[2] 그에 따르면, 리더십 동기는 세 가지 차원으로 이루어진 개념이다.

〔그림 3-2〕에서 보듯이, 리더십 동기는 감성적 동기, 계산적 동기, 그리고 규범적 동기 등 세 차원으로 이루어져 있다. 우선, **감성적 동기**란 리더십 발휘에 대하여 정서적인 애착을 보이는 경우이다. 왠지 리더십을 발휘하는 것이 멋지고 좋아서 해보고 싶어한다. 아마도 많은 사람들이 이 경우에 해당할 것이다. 둘째의 **계산적 동기**는 리더십 역할을 수행하면서 얻게 되는 이득이 시간과 열정 같은 투자에 비해서 더 크다는 생각에서 리더십 역할을 수행하고 싶어 하는 경우이다. 사실 리더의 역할을 수행한다는 것은 많은 시간과 노력을 필요로 한다. 신경 써야 하는 것도 많다. 이 모든 것들이 다 투자에 해당한다. 셋째의 **규범적 동**기는 사회적 규범이나 의무감으로 리더의 역할을 감당하게 되는 경우이다. "회사가 위기인데 사

그림 3-2 리더십 동기의 세 차원

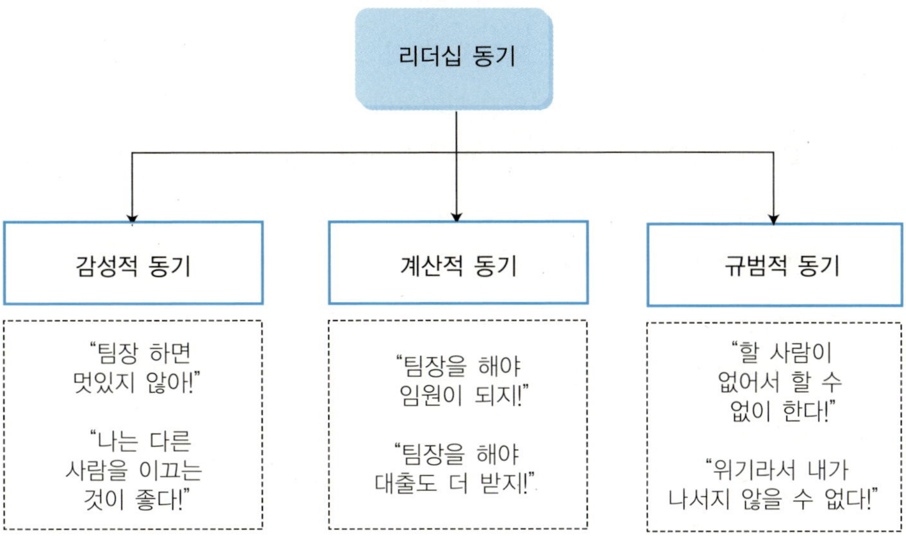

장이 앞에 나서서 솔선수범하는 것을 보여줘야 하는 것 아닙니까?" 라는 요구는 사장이 리더로서의 의무를 다해야 한다는 것을 뜻하는 말이다. 동창회에서 아무도 회장을 하고 싶어 하지 않는 상황에서 재력도 있고 책임감도 있으며 또 학교 다닐 때 학생회장도 했던 사람이 있다면, 동기들은 모두 그가 나서서 회장으로서의 리더십을 발휘해주기를 기대할 것이다.

리더십 발휘동기가 높은 사람은 더 적절한 리더십을 발휘하기 위해서 리더십 훈련에 보다 적극적으로 참여할 것이다. 스스로 리더십에 대해서 공부하고 고민하려는 노력도 보여줄 것이다. 또한 일반적으로 성격적, 경험적으로 리더십에 대한 자신감을 쌓은 사람일수록 리더십 발휘동기가 높다는 연구결과도 있다.

이러한 리더십 발휘동기는 리더의 인지적 특성, 성격, 경험, 가치관 등이 리더십 행동으로 이어지는 과정에서 효과를 조절하는 역할을 한다.

리더 정체성

"내가 그래도 팀장인데 출근이 늦을 수는 없지.", "팀장인 제가 책임지겠습니다!", 등에서처럼 리더가 머릿속에 가진 바람직한 리더의 표상(프로토콜, protocol)을 리더 정체성(identity)이라고 한다. '리더는 이래야 한다', 또는 '리더는 그래서는 안 된다' 등과 같은, 리더가 머릿속에 가진 이미지라고도 볼 수 있다.

정체성이 확실한 리더는 **머릿속 '자아 스키마'(self-schema)에 "나는 리더다"라고 새겨넣는다.** 그리고 이 각인된 정체성이 행동을 규제한다. 리더답지 않은 행동은 안 하게 되는 것이다. 한 연구에 따르면, 스스로를 리더라고 머릿속에 명확히 새겨넣은 리더는 목소리에 힘이 들어가고, 자신의 존재를 다른 사람들에게 나타내려 하며, 회사 일에 책임을 지려 하고, 새로운 리더십 역할도 적극적으로 시도하는 것으로 나타났다.[3]

예컨대, 박 모 팀장이 올바른 리더 정체성을 가지고 있다면 다음과 같이 행동하려고 노력할 것이다.

- "말을 함부로 하지 않는다"

리더십 나누기 3-3: 리더 정체성 설문[4]

※ 아래의 질문에 '1=전혀 아니다, 3=보통이다, 5=매우 그렇다'를 가지고 응답하시오.

( ) 1. 나는 리더다.

( ) 2. 나는 나 자신을 리더로 여긴다.

( ) 3. 내가 만약 나 자신을 다른 사람들에게 소개할 일이 있으면, 반드시 '리더'라는 말을 넣고 싶다.

( ) 4. 나는 다른 사람들이 나를 리더로 봐줬으면 좋겠다.

✤ [나누기 문제 3-3] 응답의 합이 15점 이상이면 리더 정체성이 높은 것이다.

- "솔선수범한다"
- "끝까지 책임진다"
- "사람을 키운다" 등

리더의 특성, 씨앗(seed) 중에서 리더 정체성은 리더십 동기와 함께 리더의 행동에 근본적인 영향을 미친다.

인지적 특성

리더의 인지적 특성이란 리더가 정보를 지각하고 처리하고 해석하고 사용하는 틀을 의미한다. 인지적 특성이 효율적인 사람은 인지능력이 뛰어난 사람일 것이다. 개인이 가진 인지적 특성에 대해서 보편적으로 많이 쓰이는 분류는 허만의 전뇌(全腦) 모델(Hermann's Whole Brain Model)과 융(Jung)의 분류에 기초하여 만들어진 MBTI라는 개념이다.

허만의 전뇌 모델은 〔그림 3-3〕에 나타난 것처럼, 인간의 뇌를 A, B, C, D 4분면으로 나누어 각각의 역할을 적시한 것이다.[5]

그림 3-3 허만의 전뇌(whole brain) 모델

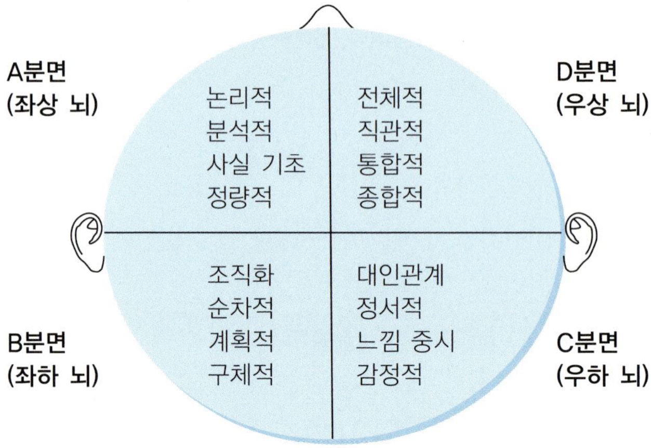

A분면(좌상)이 발달한 리더는 매우 꼼꼼하게 따지는 리더십 행동을 보인다. 논리적이고 분석적이며 사실을 중시하기 때문에 이에 익숙하지 않은 추종자들은 힘들어 할 수 있다. B분면(좌하)이 발달한 리더는 일을 계획하고 조직화하며, 계획하고 구체화하는 데 있어 발군의 실력을 발휘한다. 일 추진이 계획적이지 못하고 사전 준비를 소홀히 하는 추종자들에게는 힘든 리더가 되겠지만 일하는 방식에 대해서는 배울 게 많은 리더다. **C분면(우하)이 발달한 리더의 경우는 추종자들의 감정을 중시하고 배려를 잘하기 때문에 따뜻한 느낌을 주는 리더**다. 같이 일하기는 편할 수 있다. 반면에, D분면(우상)이 발달한 리더는 낱낱의 정보들을 종합하여 나아갈 방향을 정하는 데 남다른 실력을 발휘한다. 큰 그림을 중시하지만, 일의 자세한 내막을 소홀히 하는 경향이 있다(상=앞; 하=뒤).

따라서 리더는 자신의 인지적 특성을 헤아려 약점을 보완하고 강점을 잘 가꾸어 가도록 노력해야 한다. 또한 리더가 추종자들의 인지특성을 잘 이해하면 리더십을 발휘하는 과정에서 각기 다른 추종자들을 어떻게 이끌어 가야 효과적일지를 알아낼 수가 있다.

한편, MBTI(Myers-Briggs Type Indicator)에서도 일견 비슷해 보이는 인지적 특성 유형을 제시한다. MBTI에서는 네 짝의 인지특성을 활용하여 16가지 유형을 도출한다.[6]

첫째는 **에너지의 방향**을 나타내는 내향성과 외향성 분류다. 외향적 인간(Extrovert: E)은 다른 사람들과 교제하는 것을 즐긴다. 반면에 내향적인 사람(Introvert: I)은 혼자 생각하기를 좋아한다.

둘째는 **외부 정보 인식기능**인 직관(Intuition: N)과 감각(Sensing: S)이다. 직관적인 사람은 외부에서 정보를 받아들일 때, 통째로 사진 찍듯이 전체 줄거리를 중시하지만, 감각적인 사람은 구체적이고 세세한 정보를 중시한다. 영화를 봤을 때, 전체 줄거리를 중시하면 직관적 사람이고, 멋있는 장면을 중시하면 감각적 사람이다.

셋째, **판단기능**인 사고(Thinking: T)와 감정(Feeling: F)의 짝이다. 이것은 의사결정을 할 때 다른 사람의 감정을 얼마나 고려하는가의 축이다. 결정할 때, 남의 감정 고려 않고 논리적이고 객관적으로 하는 사람은 사고중심형이고, 다른 사람에게 주는 영향을 고려하는 편이라면 감정중심형이다.

넷째, **생활양식**을 나타내는 판단(Judging: J)과 인식(Perceiving: P) 분류이다. 판단형은 목표가 확실하고 분명한 것을 좋아하고 데드라인은 칼 같이 지키려 하며 통제와 조정에 능하고 결정이 빠르다. 인식형은 모호하고 애매한 상황을 즐기며 데드라인을 싫어하고 생각도 자주 바뀐다. 융통성과 적응력에 강한 스타일이다.

이들을 그림으로 요약하면 〔그림 3-4〕와 같다.

이들을 조합하면 총 16가지 인지특성 유형이 만들어진다(자신의 유형이라고 생각되는 선을 따라가 보자). 예컨대, 중국인 관리자들의 전형적인 인지특성은 ISTJ형이고 유럽 관리자들의 보편적 인지스타일은 ESTJ라는 연구결과가 있었다.[7] **INTJ형**은 내성적이고 직관-사고-판단형으로 소위 '**전략가형**'이라고 불린다. 전체를 중시하며 창의적, 분석적이고 목표에 매진하는 스타일이다. 반면에 ESFP형은 사교적이고 활달하며 인간관계에 있어 유연하고 낙천적인 스타일이다.

리더십과의 관계를 살펴보면, 16가지 유형들 중 리더에게 더 어울리는 스타일이 있는 것은 아니다. 하지만, 각 스타일은 리더십을 발휘할 때 장점과 단점을 갖

그림 3-4 MBTI의 개념 요약

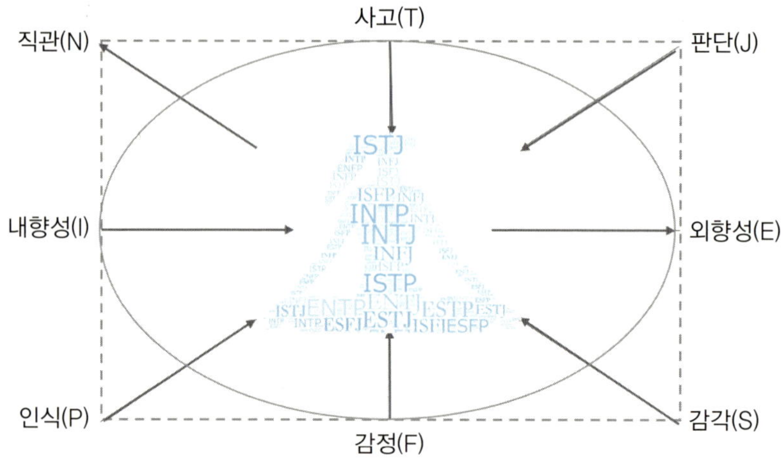

는다. 즉, 상황에 따라 더 나은 스타일은 존재할 수 있다. 예를 들어 조직의 비전을 세우든가 미래경영전략을 짜는 일에 있어서는 직관(N)형이 단연 유리할 것이다. 하지만, **금융업이나 건설업 또는 제조공정에서와 같이 구체적이고 가시적인 관리를 필요로 하는 경우에는 감각(S)형이 바람직하다.** 일반적으로는 사고(T)와 판단(J)형이 성공적인 리더십을 발휘하는 것으로 알려져 있다.[8]

리더십 나누기 3-4: MBTI가 잘 맞는 사람들

- 인터넷에는 MBTI가 상극인 사람들의 예가 많이 퍼져 있다. 예를 들어, ISTJ는 ENFJ와 상극이고, INTJ는 ESFJ와 잘 안 맞는다는 식이다.
- 우선 가까이 있는 사람들과 MBTI 설문을 해보자. 설문은 온라인에서 찾을 수 있다.

✻ [나누기 문제 3-4] 서로 어떤 점이 잘 맞고 어떤 점이 잘 맞지 않는가?

성격에 따라 리더십도 달라진다 제2절

1. Big Five와 리더십

Big Five란 사람의 대표적인 성격유형 다섯 가지를 부르는 말이다. 여기에는 성실성(conscientiousness), 정서적 안정성(emotional stability), 개방성(openness to experience), 친화성(agreeableness), 그리고 외향성(extraversion) 등이 포함된다. 이들의 개념은 〈표 3-1〉과 같다.

성실한 리더는 책임감이 강하고 확실한 목표에 집중한다. 또한 다른 사람들과의 관계에보다는 일 자체에 더 많은 관심을 둔다. 창업에 성공한 기업가들 대부분은 높은 성실성을 보여준다. 사전에 철저히 계획하는 습관이 있다. 하지만 성실성이 낮은 리더는 충동적이고 산만하다.[9]

외향적인 리더는 말이 많고 자기 확신이 강하며 높은 **지배성향**을 보여준다. 또한 이들은 사람들을 모으고 이끌어 가는 역할을 잘하여 집단의 리더로 등장할 가능성이 매우 크다. 유머를 활용하여 좌중을 모으고 새로운 아이디어를 제시하여 사람들을 원하는 방향으로 이끌어 가는데 능하다.[10]

표 3-1 Big Five의 개념

Big Five 성격	높은 사람의 특징(+)
성실성	믿음직함, 책임감, 계획적
외향성	활동적, 확신, 지배적, 다변적
개방성	호기심, 상상력, 창의성
정서적 안정성	안정적, 자신감, 자긍심, 침착
친화성	온화, 배려, 유연, 품위

경험 개방성이 높은 리더는 새로운 아이디어를 시도하는 것을 주저하지 않는다. 열린 마음을 갖기 때문에 조직의 변화와 혁신을 이끌어 가기에 적합한 리더십을 보인다. 조직의 비전을 제시하고 추진하는 역할에도 적합하다. 어릴 때 여행을 많이 한 사람들이 개방적 태도의 리더로 성장하게 된다는 연구결과도 있다.[11]

정서적 안정성은 자신감과 자긍심에 관련되므로 리더가 기본적으로 갖춰야 하는 심리적 상태이다. 리더 스스로 자신감과 자긍심을 보여주지 못하면 추종자들의 열정을 불러일으킬 수 없다. 안정적 리더는 스트레스를 잘 관리하고 다른 사람의 비판도 건설적으로 소화할 줄 안다. 실수나 실패에 대해서도 침착하게 효과적으로 대응한다.

끝으로, **친화성**이 높은 리더는 추종자들을 배려할 줄 알고 육성의 관점에서 그들을 바라본다. 추종자들과 동고동락하면서 개인적 유대를 강화한다. 또한 이러한 리더들은 접근하기 쉽고 추종자들의 욕구에 민감하다.

2. 나르시시즘과 리더십

나르시시즘(narcissism) 성격은 나쁜 면과 좋은 면을 갖고 있다. 나르시스적 리더는 자기 중심적으로 생각하고 결정하고 행동하는, 자기 애(自己愛)에 빠진 리더를 의미한다. 세상의 중심은 자신이고 나머지는 자신을 위해서 존재해야 한다는 기본적 사고방식을 갖는다. 이것이 지금까지 일반적으로 알려져 있는 나르시스적 리더의 모습이다.

하지만, 최근에 나르시스적 리더에 대해서 긍정적인 측면도 있음을 강조한 균형있는 평가가 이어지고 있다. 프로이드(Freud)도 이 성격에 대해서 1908년, 1910년, 그리고 1914년 논문들에서는 어둡고 정신병적인 차원에서 정의했었으나 1931년부터는 정상적인 성격유형으로 정의하고 있다. 사실 프로이드가 정상적 성격을 다룬 경우는 몇 안 된다.

프로이드는 정상적인 성격을 세 가지로 나누어 설명하고 있다 — **애정형(erotic) 성격**, **강박형(obsessive) 성격**, 그리고 **나르시스적 성격**. 애정형 성격은 사람들을 사랑하고 그들로부터 사랑받는 것을 가장 중요한 것으로 생각하는 성격이다. 이 성격의 좋은 점은 남을 잘 보살피고 위하는 측면이고, 나쁜 점은 다른 사람들에게 의존적이 될 수 있다는 것이다. 서비스업이나 사회사업을 하는 사람들은 이러한 성격이 맞다. 애정형은 다른 사람의 애정에 의해서 통제되는 성격이다. 애정을 잃지 않을까 두려워한다. 강박형 성격은 권위 있는 다른 사람이 정해놓은 규칙이나 목표를 따르고 달성하려는 성격을 의미한다. 아버지가 정한 규칙과 목표를 순종하고 따라가는 아들로 비유할 수 있다. 보수적이고 정확해야 하는 성격이다. 의사, 과학자, 연구원, 기술자 등에서 많이 발견된다.

한편 **나르시스적 성격은 누구에게도 의존하지 않는 성격**이다. 애정형이 다른 사람들에게 의존하고 강박형이 규칙과 권위에 의존하는 것과는 다르다. 그러므로 스스로 무엇이 옳은지, 어디로 가야 하는지, 또 무엇이 의미 있는지를 스스로 결정한다. 즉, 자신의 비전을 구축하고 그것을 통해서 다른 사람들을 끌어들여 공감대를 형성함으로써 안정감을 얻는 스타일이다. 이들이 제시하는 비전과 새로운 세계가 다른 사람들에게 널리 받아들여져 성과로 이어지면 위대한 리더가 된다. 하지만, 만약 나르시스적 리더가 자신이 구축한 이상과 비전으로 다른 사람들의 마음을 사로잡지 못하면 고립되고 삶에 의미를 잃게 된다. 그러므로 이들은 다른 사람의 마음을 사로잡는 놀라운 웅변으로 영감을 불러일으키고 매력적인 모습으로 다른 사람들을 끌어들이기 위해 노력한다.

나르시스적 성격은 누구나 갖고 있다. 어떤 사람은 강하게 나타나고 어떤 사람

그림 3-5 프로이드의 성격 구분

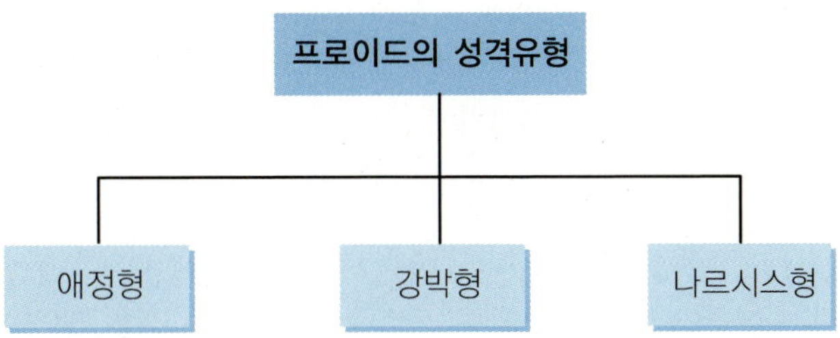

은 적게 나타날 따름이다.

이상에서 본 것처럼 부정적인 면과 긍정적인 면을 종합하여 나르시스적 리더를 정의하면, 나르시스적 리더는, **(1) 어떤 일을 추진할 때 다른 사람의 말을 잘 듣지 않으려 하지만, (2) 어디로 가야 하고 무엇을 해야 하는지에 대해서는 분명한 비전을 가지고 있는 사람**이다.[12]

요컨대, 나르시스적 리더의 강점으로는 그들이 보여주는 원대한 비전과 영감적(inspirational) 커뮤니케이션 능력을 들 수 있다. 하지만 단점도 많다. 다른 사람의 말을 들을 줄 모른다는 것을 비롯해서, 다른 사람들로부터의 비판에 너무

리더십 나누기 3-5: 성공한 나르시시스트, 나폴레옹과 스티브 잡스

나폴레옹과 스티브 잡스는 고립에 빠지지 않고 자신의 비전과 사명과 목적의식을 다른 사람들에게 효과적으로 전파하여 자신의 세계를 구축하는 데 성공한 나르시스 리더의 예다. 나폴레옹의 전기를 썼던 작가는 그에 대해서 이렇게 묘사했다.

> "역사상 어느 지휘관도 병사들의 마음과 영혼을 그렇게까지 사로잡은 사람은 없었다. 병사들은 먹을 음식도 없이, 마실 물도 없이……. 때로는 신발도 신지 않은 채, 그리고 그 추운 날씨에 변변한 옷 한 벌 제대로 못 입은 상태에서도 행군했다. 나폴레옹은 계속해서 불가능해 보이는 일들을 병사들에게 주문했다 — 그리고 그들은 그때마다 그것을 해냈다."

스티브 잡스도 비슷한 경우다. 그는 수많은 젊은 프로그래머들을 자신에게로 끌어왔다. 이들은 누구도 돈 때문에 모인 사람들이 아니었다. 스티브 잡스의 '미칠 만큼 위대한' 아이디어 때문에 모여든 기술자들이었다. 당시에, 변변한 PC 한 대 없었고, 오늘날의 Apple이라는 회사도 아직 설립되기 전이었으며, 스톡옵션이라는 말은 들어보지도 못한 사람들이었다. 이들은 단지 스티브 잡스와 그의 비전을 믿고 맥켄토시 컴퓨터를 개발하기 위해서 모인 사람들이었다. 이들은 마치 나폴레옹의 비전을 위해서 모여든 병사들과 같은 사람들이었다.[13]

✤ [나누기 문제 3-5] 한국의 리더들 중에서 나르시스적 성격의 예를 찾아보자.

민감하다는 점, 다른 사람에게 공감할 줄 모른다는 것, 다른 사람들로부터의 코칭이나 안내를 싫어한다는 점, 그리고 지나친 경쟁의식 등을 들 수 있다. 단점을 극복하고 장점을 잘 활용할 수 있는 방안을 강구해야 한다.

3. 리더의 통제성향: 통제위치, 권위주의, 마키아벨리즘, 그리고 A/B형 성격

사람의 성격은 자신의 환경, 다른 사람, 그리고 일 등에 대한 통제성향의 차이를 가지고 분류되기도 한다. **통제위치(locus of control)**는 자신이 처한 환경과 일어나는 일에 대한 통제를 누가 할 수 있다고 믿는가의 문제이다. 내부통제자(internal)는 자기가 처한 환경과 일어나는 일을 자신이 통제할 수 있다고 믿는 성격이다. 그러므로 이들은 일의 성공과 실패는 개인의 노력의 결과라고 믿는다. 내부통제자가 리더십을 발휘할 때는 목표지향적, 과업지향적 성향을 보이며 더 큰 목표를 위해 더 많이 노력한다. 반면에, 외부통제자(external)는 세상만사는 운이나 다른 힘 있는 사람들 또는 신에 의해서 통제된다고 믿는다. 이들은 일에 대해서 스스로 주도하려고 하지 않으며, 권위를 존중하고 다른 사람들의 말을 따르는 성향을 보인다. 이들은 강압적 방법으로 추종자들을 통제하려는 모습을 보이기도 한다. 내부통제성향의 CEO들이 보다 위험하고 혁신적인 전략을 추구하며 더 적극적이고 미래지향적이라는 연구결과가 있다.[14]

권위주의적 성격의 리더는 권위(authority)에 의한 통제가 중요하다고 믿는 사람들이다. 전통적 규범과 가치, 정립된 권위를 중시하며 엄한 권력행사의 효과를 믿는다. 권위주의적 성향의 리더들은 윗사람을 지나칠 정도로 잘 모시려 하며, 하급자에 대해서는 또 그만한 복종을 요구하는 성향이 있다. 우리나라에서는 민주주의가 발달하면서 권위주의가 많이 사라졌다. 하지만 다른 사람 위에 군림하려는 권위주의는 나쁘지만, '권위'를 존중하는 자세는 나쁜 것이 아니다. 법적으로 보장된 권한을 합리적으로 행사하여 사회의 질서를 바로잡고 일을 성취하는 것은 리더십의 주요 과정이다.

그림 3-6 리더의 통제성향의 성격들

성격 유형	통제의 속성
내부통제론자	내가 환경을 통제한다.
권위주의 성향	권위에 의한 추종자 통제
마키아벨리즘	내 이익을 위한 다른 사람 통제
A형 성격	나에 의한 시간과 일의 통제

마키아벨리즘 성격은 개인의 이익을 위해서 다른 사람들을 통제하는 성향을 의미한다. 마키아벨리의 군주론에 나오는 주장에 근거하여 크리스티와 가이스(Christie & Geis)가 1970년에 추출해낸 성격유형이다.[15] 이 성격이 높은 사람은 자신의 목적을 위해서 남을 이용하고 조작하며 정치적 행동을 보인다. 윤리적 측면에서 문제가 되지 않는 한, 리더는 어느 정도 마키아벨리즘적 성향을 보이는 것이 효과적이라는 연구결과가 있다.[16] 특히 협상에 있어서는 온갖 방법을 다 동원하여 자신에게 유리한 결과를 이끌어 내는 것으로 알려져 있다.

한편, **A형 성격**은 시간에 대한 통제에 강박관념을 갖고 있는 사람들이다. 느긋하고 여유 있는 B형 성격에 비해서, A형 성격들은 점점 더 짧은 시간에 점점 더 많은 일을 하려고 일을 벌이는 성향을 보인다. 또한 A형은 경쟁지향적이고 도전적이며, 많은 일을 동시에 추진한다. 극도의 A형 성격은 심장병에 걸릴 위험이 B형에 비해 몇 배가 높다고 한다. A형 성격의 리더들은 높은 목표를 세우고 열심히 일하지만, 위임을 잘할 줄 모르고 성급히 결론을 내리며 혼자 일하는 것을 좋아하고 스트레스를 많이 받는다고 한다. 모든 것이 빠르고 급하며 화를 잘 낸다. 일이 지연되는 것이나 변명을 용납하지 않는다.

리더십 나누기 3-6: A형 성격 측정하기

아래에는 1~8까지의 응답 양식 양쪽에 정반대의 문장이 기록되어 있다. 자신을 가장 잘 묘사하고 있는 번호에 동그라미 한다. 응답이 끝난 후에는 일곱 개의 점수를 다 합하고 합한 결과에 3을 곱한다. 판정표에서 자신의 성격유형을 확인한다.

1. 약속에 늦을 수 있다	1	2	3	4	5	6	7	8	결코 늦어서는 안 된다
2. 경쟁적이지 않다	1	2	3	4	5	6	7	8	매우 경쟁적이다
3. 서두르지 않는다	1	2	3	4	5	6	7	8	항상 바쁘다
4. 한번에 한 가지씩 일을 한다	1	2	3	4	5	6	7	8	한꺼번에 많은 일들을 한다
5. 모든 일을 천천히 한다	1	2	3	4	5	6	7	8	빠르다(식사, 걸음걸이 등)
6. 감정을 느긋하게 표현한다	1	2	3	4	5	6	7	8	감정을 격정적으로 표출한다
7. 많은 것에 관심을 가진다	1	2	3	4	5	6	7	8	일 이외에는 관심사가 없다

[A형 성격과 B형 성격의 판정표]

점 수	성 격 형
120점 이상	A +
106 ~ 119	A
100 ~ 105	A −
90 ~ 99	B +
90점 이하	B

✽ [나누기 문제 3-6] 각각 자기와 같은 유형끼리 모여 자신들의 성격의 장점과 단점들을 정리하고 어떻게 단점을 극복할 것인지 토론하여 공유하자.

제3절 리더십 발휘경험, 어떤 도움이 되는가

1. 경험의 유형화

경험이란 폭과 깊이로 측정될 수 있다. 얼마나 많은 일, 다양한 일을 해봤는가의 문제는 경험의 폭을 말하는 것이고, 얼마나 중요한 일을 해봤는가, 얼마나 많은 권한을 가지고 주어진 일을 수행했는가, 또한 시키는 일만 했는가 아니면 스스로 계획하고 디자인해서 그 일을 수행했는가 등의 질문은 경험의 깊이를 의미하는 것이다. 다른 말로 표현하면, 경험의 폭은 양(quantity)을 뜻하고, 깊이는 경험의 질(quality)로 표현할 수 있다.

이것은 리더십을 발휘하는 경우에도 똑같이 적용될 수 있을 것이다. 다양한 상황에서 리더십을 발휘해 본 사람은 리더십 발휘경험의 폭이 넓은 사람이다. 또한 결정적이고 핵심적 역할을 수행한 정도나 어려운 문제에 직면하여 그것을 리더십을 발휘하여 잘 해결했었다면, 깊이 있는 리더십 경험을 갖춘 것이 된다.

리더십 경험의 폭과 깊이를 갖추는 것은 미래에 더 큰 역할을 수행할 준비를 충실히 해나가는 것을 의미한다. 이들을 유형화하면 〔그림 3-7〕과 같다.

'넓고 깊은형'은 이상형이다. 하지만 경험의 폭과 깊이는 객관적 기준이 있는 것이 아니므로 더욱 높은 수준으로 폭과 깊이를 끌어올리기 위해서 노력해야 할 것이다. '좁고 깊은형'은 경험의 다양성을 확보하기 위한 노력을 기울여야 한다. 보다 다양한 분야, 다양한 상황에서의 리더십 발휘경험을 확보해야 한다. '넓고 얕은형'은 경험의 다양성은 있으나 깊이가 없는 경우이다. 리더십 발휘기회는 많이 가졌지만, 정해진 일만 수행했다든가 너무 평이한 상황에서 리더의 역할을 수행했던 경험뿐이다. 그리고 '좁고 얕은형'은 리더십 발휘경험이 별로 없는 사람이다. 처음부터 큰 리더십 역할을 목표로 하기보다는 현실적으로 가능한 작은 역할

그림 3-7 리더십 경험의 폭과 깊이

리더십 경험의 깊이 \ 리더십 경험의 폭	넓음	좁음
깊음	**'넓고 깊은형'** •리더십 경험 폭 넓음 •리더십 경험 깊이 깊음	**'좁고 깊은형'** •리더십 경험 폭 좁음 •리더십 경험 깊이 깊음
얕음	**'넓고 얕은형'** •리더십 경험 폭 넓음 •리더십 경험 깊이 얕음	**'좁고 얕은형'** •리더십 경험 폭 좁음 •리더십 경험 깊이 얕음

부터 도전해 보는 것이 좋을 것이다. 일주일에 한 번씩이라도 주변 사람들을 대상으로 리더의 역할을 시도해 보는 것도 좋을 것이다.

2. 경험과 리더십

리더가 리더십 경험의 폭과 깊이를 더하는 것은 중요한 자원을 축적하는 일이다. 자원이 많으면 그만큼 리더십 발휘에 도움이 된다. 리더십 학자 피들러(Fiedler) 교수는 과거의 리더십 경험은 리더십을 발휘하여 집단의 성과를 창출하는 데 있어 매우 중요한 역할을 한다고 주장하였다. 그는 특히 리더십 경험이 스트레스 상황에서 더욱 진가를 발휘한다고 하였다.[17]

한편, 리더십 동기 개념을 연구한 챈(Chan) 박사는 싱가포르 군에 입대하는 청년들과 대학생, 그리고 미국 대학의 학생들을 대상으로 실증 연구를 수행한 결과, 표본에 관계없이 과거 리더십 경험이 리더십 동기와 자신감에 영향을 미치는 것으로 보고하였다.[18] 즉, **리더십 발휘경험은 리더십 발휘의 감성적 동기와 규범적 동기, 그리고 리더십 발휘 자신감을 촉발**하는 것으로 나타났다. 리더십도 자꾸 해보면 더욱 해보고 싶어지고 주변 사람들도 잘할 수 있을 것으로 믿고 더 맡기려 한다는 것이다. 그럴수록 리더십에 대한 자신감도 더 증진된다는 결과이다.

또한 리더십 경험을 더 해보려는 의지에 영향을 미치는 요인은 외향적 성격과 경험 개방성인 것으로 나타났다. 이것은 논리적으로 매우 타당한 결과이다. 외향적인 사람은 뭐든 해보고 싶어하고 항상 자신감에 넘친다. 아울러 개방적인 사람은 새로운 것에 도전하는 자세를 갖는다. 그러므로 익숙하지 않은 상황에서도 앞에 나서서 리더의 역할을 수행하는 것을 마다하지 않는다는 것이다.

하지만 경험이란 많이 한다고 해서 반드시 필요한 역할을 더 잘 수행하게 되는 것은 아니다. **경험한 것을 체계화하고 자신만의 지식으로 만들어야 경쟁력 있는 리더십 발휘가 가능**해진다. 그러므로 리더십 발휘를 경험함과 아울러 다양한 리더십 교육과 훈련을 통해서 경험한 것들을 체계화하는 노력이 필요하다. 또한 앞 장에서도 언급했듯이 스스로 실험하고 분석하면서 진리를 찾아보려는 노력도 요구된다.

제 4 절 리더의 능력, 태도, 가치관, 전문성, 그리고 EQ

능력과 태도

능력이란 최대한 노력했을 때 이를 수 있는 최고치를 말한다.

최한국 님은 100m 달리기에서 최선을 다했을 때 13초에 뛸 수 있다. 그런데 평소에 뛰라고 하면 17초가 걸린다. 이때 최한국 님의 '100m 달리기 능력'은 13초일까 17초일까? 능력은 노력 최대치이므로 답은 13초다. 그렇다면 17초에 뛴 것은 뭐라고 부를까? 태도라고 한다. 그는 여러 가지 이유로 능력을 다 발휘하여 13초에 뛰려고 하지 않았을 것이다. 예컨대, '빨리 뛰어봐야 얻는 게 없어서,' '빨리 뛰는 것을 별로 좋아하지 않아서,' '뛰라고 시킨 팀장이 싫어서' 등 여러 이유가 있을 수 있다.

조직에서도 마찬가지다. 조직에는 매사에 가진 능력을 다 발휘하려는 태도가 좋은 사람이 있는가 하면, 가진 능력의 50%도 다 발휘하지 않는 태도가 나쁜 사람도 있다. 조직경영에 필요한 것은, **가지고 있는 능력이 아니라 발휘된 능력**이다. 능력은 발휘돼야 결과를 산출한다.

리더에게 필요한 능력은 매우 다양하다. 예컨대, CEO 같은 조직 상층부의 리더는 처리해야 하는 정보의 양도 많고, 해결해야 하는 문제의 성격도 매우 복잡하고 상황도 자주 바뀐다. 그러므로 CEO에게 필요한 능력은 이해력, 정보처리 기술(skill), 미래 예측력 등이라고 볼 수 있다.

조직 리더들에게 필요한 능력은 경영환경이나 조직이 처한 상황과 전략에 따라, 또 직군과 직무특성에 따라 매우 다양하게 정의된다. 일반적으로, 조직 상층부에는 비전과 전략구현과 관계가 깊은 **'개념화 능력'(conceptual skill)**이 가장 중요하고, 팀

리더십 나누기 3-7: 최근에 뜨는 리더십 역량

❊ **미래 해독력(Future Literacy; FL)**: 미래의 변화를 읽고 해석하여 경영에 활용할 줄 아는 역량; 이 역량을 쌓으려면,

- 다양한 미래 관련 정보 원천을 파악하는 스킬도 필요하고,
- 각 원천으로부터 정보를 얻는 스킬,
- 얻은 정보를 풀어 이해하고 해석하는 스킬,
- 기존의 정보와 연결하여 전체 그림을 파악하는 스킬,
- 경영에 적용하는 스킬

등이 필요할 것이다.

✠ [나누기 문제 3-7] UNESCO가 'FL은 21세기에 인류에게 가장 필요한 역량'이라며 밀고 있다(https://en.unesco.org/futuresliteracy/about). 조직의 팀장들에게 위의 스킬들은 어떻게 학습시킬 수 있을까?

원들을 동기부여 시켜야 하는 중간 관리자에게는 '인간관계 기술', 그리고 업무를 직접 완결해야 하는 실무 조직원들에게는 '전문적 능력'이 가장 많이 필요하다고 본다.

능력은 어떤 단위로 쪼개느냐에 따라 용어가 달라진다. 예를 들어, 업무수행에 요구되는 가장 기본적인 요인들을 묶어서 '기술'(스킬; skill)이라고 하고 유사한 영역의 스킬들을 엮어서 '역량'(컴피턴시; competency)이라고 부른다. 어떤 이름으로 불리든 중요한 것은, 조직에서 리더십을 발휘하는 데 필요한 능력 특성이다.

전문성

리더십의 행동은 아무런 일도 없는 공백상태에서 발생하는 것이 아니다. 하는 일(과업)이나 사업을 매개체로 하여 발생한다. 하는 일에 대해서 전문성이 뛰어나고 아이디어가 많은 사람은 그러한 전문성이나 지식을 바탕으로 하여 다른 사람들을 이끌어 가기가 한결 수월해진다. 사업을 하는 사람들의 경우에도 같다. 사업지식이 뛰어난 사람은 그 지식을 필요로 하는 사람들에게 영향력을 발휘하기 쉽다.

물론 과업이나 사업뿐만이 아니다. 일반적으로 다른 사람들의 관심을 끌만한 이슈나 주제에 대한 지식이나 식견이 뛰어난 사람 옆에 사람들은 모이게 되어 있다. 요즘 인기를 끌고 있는 와인에 대한 지식이 뛰어난 사람이 모임에서 리더로 등장하게 되는 것은 자연스러운 현상이다. 댄스파티에 가면 댄스에 일가견이 있는 사람이 주도하게 되고 다도(茶道)를 배우는 모임에 가면 그에 대하여 최고의 지식을 갖춘 사람이 좌중을 이끈다.

어떤 사람이 갖고 있는 **과업이나 사업의 지식이 매력적이고 중요하고 핵심적일수록 그 사람을 따르지 않을 수 없다.** 하지만 그 사람의 지식을 대체할 수 있는 대안이 나타나면 상황은 달라진다. 즉, 대체할 수 없는, 그리고 핵심적인 지식을 가진 사람이 보다 확실히 리더의 역할을 하게 된다. 특히 인터넷 공간에서는 이슈경쟁을 하기 일쑤다. 통찰력 있는 아이디어나 공감할 수 있는 이슈를 중심으로 네티즌들은 모인다.

요컨대, 과업에 대한 지식이나 사업 통찰력, 그리고 참신한 이슈개발 역량은 이들을 필요로 하는 상황에서 적절한 리더십 행동을 유발시킨다.

가치관

가치관이란 **'무엇이 중요한가'**의 기준을 말한다. **옳고 그른 것**(right or wrong)을 **판단하는 기준**이라고도 한다.

리더가 시키는 일, 칭찬하는 일, 대화에서 강조하는 단어, 질타의 내용 등을 보고 부하들은 리더가 무엇을 중시하고, 어떻게 했을 때 '옳다, 잘했다'라고 평가하는지, 즉 리더의 가치 기준을 알아차리게 된다. 리더의 가치관을 알아차린 부하들은 그 기준에 맞춰 자신의 말과 행동을 조정하기 시작한다. 시간이 지나면 모두가 리더의 가치 기준에 따라 행동하게 된다. 조직문화는 이렇게 탄생하게 되는 것이다. 이처럼 리더의 가치관은 부하들에게 큰 영향을 미치게 된다.

A사의 신입사원 조민지 사원은 입사 후 6개월 동안 여러 가지 아이디어들을 빼곡히 적어 팀장을 만나 건의했다.

"보고할 때 PPT는 5매 이내로 한정하는 것이 좋겠습니다. 회의가 너무 많고 깁니다. 회의시간을 한 시간 이내로 규정하고 사전에 관련 자료는 다 배포하도록 하면 어떨는지요? 근무시간에 자리를 비울 때는 각자 자기 책상 위에 가는 곳 표시를 하도록 하면 좋겠습니다……."

조민지 사원의 보고를 받던 강 팀장, 참다 참다 한 방을 날린다.

"아, 알았어, 됐고. 앞으로는 시키는 거나 잘해!"

여기에서 강 팀장은 팀에 가치 기준을 정해준 것이다. **'새로운 아이디어가 있어도 말하지 말라'**, '딴생각하지 말고 시키는 것만 잘하면 된다!'

전 세계적으로 세대 간 가치관 차이가 문제가 되고 있다. 소위 MZ 세대가 옳다고 믿는 가치 기준이 기성세대와 큰 차이를 보이기 때문이다. 기성세대는 상사가 일을 시키면 고분고분 시키는 대로 했는데, MZ 세대는 '이걸요?', '제가요?', '왜요?'라고 토를 단다.

리더와 부하 간의 가치관 차이는 리더십 발휘를 매우 어렵게 한다. 예를 들어,

과거에는 리더가 부하들에게 비전 제시를 했을 때 잘 먹혔는데, 요즘 세대는 이해관계를 중시하기 때문에 아무리 좋은 비전이라도 당장 자기에게 돌아오는 이득이 없으면 받아들이려 하지 않는다. 과거에는 권한을 많이 위임받으면 '열심히 하겠습니다'라며 인정받았다고 좋아했는데, 요즘 세대는 권한 위임받는 것을 부담스럽게 여기는 경우가 많다. 아울러, **과거처럼 리더-부하 간에 끈끈한 정을 나누며 형님-아우 하던 시대는 지났다.** 부하의 의도를 무시하고 여기저기 술집 끌고 다니다가는 '갑질 상사'로 신고당하기 딱 알맞다.

부하와 일정한 거리를 두고 계산적 리더십을 발휘하는 것이 오히려 바람직할 수도 있다. MZ 세대라고 해도 개인차가 크다. 개인 특성에 맞는 리더십을 발휘하는 것이 가장 바람직하다.

EQ

EQ란 '자신과 다른 사람들의 감정을 읽고 이해하고 효과적으로 관리할 줄 아는 능력'을 말한다.

성공한 리더들은 대부분 EQ가 높다고 하는데, 충분한 근거가 있는 말은 아니다. EQ의 창시자들이 그 중요성을 부각시키기 위해서 애써 입맛에 맞는 통계나 연구결과를 가져다 썼던 측면이 강하다.

리더십 연구 초기의 연구결과를 보면, 리더는 지적 능력(IQ)이 뛰어나야 한다는 연구결과들이 많다. 그러다가, 1995년 미국 하버드대학의 심리학 교수인 대니얼 골만이 〈감성 지능〉(Emotional Intelligence)이라는 책을 발표하면서 리더가 성공하려면, IQ와 더불어 EQ도 중요하다는 가설이 성립하게 되었다.

리더십 측면에서 보면, 리더에게는 IQ와 EQ가 동시에 다 필요하다. 어려운 문제를 이해하고 해결하는 데는 IQ가 중요한 역할을 할 수 있고, 사람들을 설득하고 마음을 사로잡기 위해서는 EQ가 필요하다. 문제는 IQ와 EQ 둘 다 높은 수준으로 갖는 사람이 많지 않다는 것이다. **일반적으로 IQ가 높은 사람은 EQ가 낮다.** 앞 장에서 배운 뇌 과학(neuroscience)에서도 뇌의 특성상 IQ와 EQ가 동시에 높게 나타나기 어렵다고 말하고 있다.

그래도 EQ는 훈련을 받으면 어느 정도 개선될 수 있다는 점이 큰 위안을 준다. 다양한 방법으로 진단받고 훈련, 코칭을 받으면 최악은 면할 수 있다.

우리 주변에는, 온종일 웃음기 없는 얼굴로 세상 고민 다 하면서 누가 말을 걸어도 반응조차 보이지 않는 'EQ zero' 리더들이 많다. 강한 충격과 강도 높은 훈련이 절실한 사람들이다.

여성 리더는 남성 리더보다 더 우월한가 제5절

세계는 바야흐로 여성 리더십의 시대를 맞고 있다. 메르켈 독일 전 총리나 힐러리 클린턴의 사례가 대표한다. 한국을 비롯한 다른 나라들에서도 여성 리더들이 약진하고 있다. 물론 여성 리더의 존재가 어제 오늘의 일은 아니다. 역사적으로 여성 리더들은 많았다. 하지만 요즘에 여성 리더십 또는 여성 리더가 다시 주목을 끄는 이유는 여성 리더가 남성 리더보다 더 우월하다는 일부의 주장 때문이다.

한국에서도 여학생이 공부도 잘하고 더 꼼꼼하며 때로는 남학생들보다 더 과감한 성향을 보이는 경우를 자주 목격하게 된다. 한국의 여자 골퍼들을 보더라도 세계 어느 나라 여성들보다 탁월하다는 데 동의하지 않을 수 없을 것이다. 한국 남성 골퍼들보다 훨씬 큰 성과를 내고 있는 것이 한국의 여성 골퍼들이다.

그렇다면 조직이나 국가를 경영하는 책임을 진 리더의 역할을 수행하는 데 있어서도 여성이 남성보다 더 우월할까? 물론 학술적으로 여성이 남성보다 리더십을 더 효과적으로 발휘한다는 증거는 있다.[19] 예를 들어, **이사회에 여성이 주를 이루는 회사의 매출액수익률이 남성이 이사회를 지배하는 회사의 경우보다 42% 더 높으며, ROE는 53%, 그리고 ROI는 66% 더 높다는 결과**가 있다. 갤럽조사는, 구성원들이 여성 보스와 코드가 더 잘 맞는다고 응답한 비율이 33%인 반면 남성 보스에 대해서는 27%에 그쳤으며, 여성 보스들이 구성원들과 잘 어울린다고 응답한 비율은 41%였으나 남성 보스가 잘 어울린다고 응답한 비율은 35%였다.[20] 하지만, 이들은 결정적 증거는 될 수 없다. 여성과 남성을 대비시켜 비교하는 자체가 별로 의미가 없다. 평균적으로 여성이 남성보다 우월하다고 결론을 내리더라도 그것이 경영이나 조직운영 의사결정에 아무런 도움을 주지 못한다. 우월성을 논하기보다는 오히려 어떤 차이가 있는지를 이해하고 그 차이를 리더십 발휘에 활용하도록 하는 것이 더 바람직하다.

세상은 더 이상 남성과 여성으로 구분되지 않는다. 남자 같은 여자, 여자 같은 남자들이 많이 생겨난다. 생물학적인 남/녀 구분을 넘어 행동성향에 따라 여성성(femininity)과 남성성(masculinity)으로 구분하기 시작했다. 남자도 여성성을 가질 수 있고 여자도 남성성 성향이 높게 나타날 수 있다.

리더들은, 사람들이 전통적으로 머릿속에 갖고 있는 "남자는 터프하고 여성은 부드럽다"는 **성역할정체성(sex-role identity)**과 반대되는 성향을 보일 때 더 성공한다. 즉, 여성은 남성성이 높을 때 성공할 확률이 높고, 남성은 높은 여성성을 보일 때 성공할 가능성이 더 높아진다. 이처럼 높은 남성성을 가진 여성, 높은 여성성을 가진 남성을 **양성성(androgyny)**이라고 한다.

정부 고위관료가 된 어느 여성과 인터뷰한 적이 있다.

"나는 한 번도 여성임을 내세운 적이 없다. 술집? 종류를 안 가리고 꼭 참석하

리더십 나누기 3-8: 여성 리더십

사진은 2016년 6월 6일자 Forbes지가 발표한 세계에서 가장 영향력 있는 리더들의 모습이다. 어떤 특징이 느껴지는가?

✠ [나누기 문제 3-8] 어떤 특징이 느껴지는가?

려고 했고, 술? 먹었다 하면 남자들한테 한 번도 져본 적이 없다. 조직에서 여성스럽다는 것은 약함을 뜻한다. 그래서는 결코 성공할 수 없다."

양성성을 가진 리더들은 "부드러우면서 강하고, 겸손하면서 대담하며, 협력을 잘하지만 경쟁에 지지 않고, 감성적이면서 이성적이다. 또한 유연하지만 흔들리지 않으며, 엄격하면서도 장난 끼가 있고, 부드러운 말 속에 확신을 준다."[21] 어떤 때는 여성스러워야 하고 어떤 때는 남성보다 강해야 하는지를 생각해 보기 바란다.

또한 양성성의 리더들은 양성성의 부하들을 선호하지만, 남성성(또는 여성성)의 리더는 여성성(또는 남성성)의 부하들과, 즉 **리더-부하 간에 반대 성향끼리 조화가 잘된다**.[22] 짝을 잘 맞춰줘야 갈등 없이 서로 조화를 이뤄 큰 성과를 낼 수 있다. 리더가 사람 뽑아올 때나 인사팀에서 배치할 때 리더와 구성원의 조화를 먼저 생각해야 한다.

본 장의 요점

❖ 리더의 "Seed"는 MTL, 정체성, 인지특성, 생물학적 특성, 성격, 경험, 능력/전문성, 태도/가치관, EQ 등으로 이뤄진다.

❖ MTL에는 감성적 동기, 계산적 동기, 규범적 동기가 있다.

❖ 리더 정체성은 "리더는 이래야 한다"는 머릿속 표상이다.

❖ 일반적으로 MBTI에서 TJ형의 리더가 성공한다.

❖ Big Five 성격 중 성실성과 외향성이 효과적 리더십과 관계가 깊다.

❖ 나르시시스트 리더는 남의 말을 잘 안 듣지만, 비전은 분명한 사람이다.

❖ 내부통제론자는 환경을 통제하고, 권위주의 성향이 높은 리더는 추종자를 통제하며, 마키아벨리 성향이 높은 사람은 나의 이익을 위해서 타인을 통제하고, A형 성격은 시간과 일을 철저히 통제한다.

❖ 깊고 넓은 경험을 가진 리더가 이상적이다.

❖ 미래 독해력(future literacy)이 21세기에 인류에게 가장 필요한 역량이다.

❖ 가치관이란 무엇이 중요한지, 또는 옳고 그름의 판단 기준을 뜻한다.

❖ EQ도 훈련 가능하다.

❖ 양성성(androgyny) 리더가 가장 바람직하다.

MQ 리더십

※ EQ는 '자신과 다른 사람들의 감정을 읽고 이해하고 효과적으로 관리할 수 있는 능력'을 측정하는 지표이다.[23] EQ가 높은 리더는 자신은 물론 다른 사람들의 감정을 잘 헤아려 그에 맞는 행동을 할 줄 안다. EQ가 낮은 리더는 자신의 감정을 표출하는 데만 급급하든가 다른 사람들의 감정은 전혀 무시하고 자기 중심적으로 행동하는 경향이 있다.

※ 우리나라의 기업들에서는 오래전부터 '마음관리', '잔정(殘情)관리' 등의 아름다운 언어를 사용해 가면서, 리더는 추종자들의 마음과 감정과 정을 효과적으로 관리하는 역량을 가져야 한다고 가르쳐 왔다. EQ를 모방하여 한국인들의 마음관리 능력을 'MQ'(Mind Quotient)라고 정의하자. 마음관리에는 나와 상대방이 있으므로 다음과 같이 표현할 수 있을 것이다.

		나의 마음	
		중요시	무시
상대방의 마음	중요시	[분면 I] 'Hi-Hi'형 • 나의 마음: 중요시 • 상대방 마음: 중요시	[분면 III] 'Lo-Hi'형 • 나의 마음: 무시 • 상대방 마음: 중요시
	무시	[분면 II] 'Hi-Lo'형 • 나의 마음: 중요시 • 상대방 마음: 무시	[분면 IV] 'Lo-Lo'형 • 나의 마음: 무시 • 상대방 마음: 무시

[토론과제 3-1] 〔분면 I〕에 해당하는 사람의 예를 2명 들어보자. 〔분면 I〕의 'Hi-Hi'형은 나 자신의 마음을 중요시 할 뿐 아니라 상대방의 마음도 헤아려 적절한 행동을 보이는 리더이다. 이들은 어떤 방법으로 자신의 마음과 상대방의 마음을 성공적으로 관리하고 있는가?

[토론과제 3-2] 〔분면 III〕의 'Lo-Hi'(나의 마음은 무시하고, 상대방의 마음만 중요시

함)형은 어떤 유형의 리더인가? 이들의 문제점은 무엇인가?

[토론과제 3-3] 〔분명 II〕는 가장 흔한 경우이다. 즉, 나의 마음은 중요시 하지만, 상대방의 마음은 아랑곳하지 않는 리더다. 왜 이런 현상이 일어날까?

나의 리더십 진단 3-1

나의 EQ 알아보기

❇ 다음 각항에 대하여 귀하가 얼마나 잘할 수 있는 능력을 가지고 있는지를 평가해 보자. 응답하기 전에 실제 상황을 생각하고 정확히 답해보자.

〈응답 양식〉

1	2	3	4	5
별로 잘 못한다		보통이다		매우 잘한다

항 목	1	2	3	4	5
1. 신체적 이상을 감정으로 표현하는 것					
2. 압박을 받는 상황에서도 태연하게 행동하는 것					
3. 나의 행동이 다른 사람들에게 미치는 영향을 아는 것					
4. 다른 사람과의 갈등에 대한 성공적 해결책을 제시하는 것					
5. 화날 때 금방 가라앉히기					
6. 화가 나려 할 때, 그것을 아는 것					
7. 다른 사람들이 심한 스트레스 하에 있을 때 알아채는 것					
8. 다른 사람들과 의견의 일치를 이루는 것					
9. 내가 지금 어떤 감각을 사용하고 있는지를 아는 것					
10. 재미없는 일을 할 때 동기를 유발시키는 것					
11. 다른 사람들이 감정을 통제하도록 돕는 것					
12. 다른 사람들을 기분 좋게 만드는 것					

항　　목	1	2	3	4	5
13. 내가 기분이 바뀌는 순간을 알아채는 것					
14. 내가 다른 사람들의 분노의 표적이 될 때 침착함 유지하기					
15. 다른 사람에게 동정심을 표현하기					
16. 필요할 때 다른 사람에게 충고와 감정적 지원 제공하기					
17. 내가 자기 방어적일 때, 그것을 아는 것					
18. 말한 것을 실행하는 것					
19. 다른 사람들과 친밀한 대화를 나누는 것					
20. 다른 사람에 대한 느낌을 그 사람에게 정확히 전달하는 것					

〈진단법〉 20개 항목의 응답점수들을 다 합한다. 합한 점수(내 점수) 결과 판단법.

〔내 점수 ≧ 80〕 → 〔고 EQ〕〔감성지능이 높은 리더〕

〔50 ≦ 내 점수 < 80〕 → 〔중 EQ〕〔감성적 리더십 발휘의 기초는 되어 있는 리더〕

〔내 점수 < 50〕 → 〔하 EQ〕〔감성지능 개발이 필요한 리더〕

나의 리더십 진단 3-2

마키아벨리즘(조작적) 성격 알아보기

❋ 아래의 각 항목에 대해서 귀하의 성격에 맞는 정도를 응답 양식에 따라 적어보자.

〈응답 양식〉

1 — 2 — 3 — 4 — 5

1: 별로 동의하지 않는다
3: 보통이다
5: 크게 동의한다

1. 사람을 다루는 최선의 방법은 그들이 듣고 싶어 하는 말을 해주는 것이다.

(　　　)

2. 내가 다른 사람에게 뭔가를 부탁할 때는, 그 중요성을 부풀려 말하기보다는 사실 그대로 부탁하는 이유를 설명해주는 것이 제일 좋다. (　　)

3. 다른 사람을 완전히 신뢰한다는 것은 화를 부르는 일이다. (　　)

4. 이런저런 편법을 쓰지 않고 남보다 앞선다는 것은 힘든 일이다. (　　)

5. 모든 사람은 악한 면이 있어서 기회만 주어지면 악한 면이 나타난다고 가정하고 사는 것이 제일 안전하다. (　　)

6. 사람은 도덕적으로 옳을 경우에만 행동을 해야 한다. (　　)

7. 대부분의 사람들은 기본적으로 선하고 친절하다. (　　)

8. 다른 사람에게 거짓말을 한다는 것은 변명의 여지가 없이 나쁜 것이다. (　　)

9. 대부분의 사람들은 재산을 잃은 것보다는 아버지가 돌아가신 것을 더 쉽게 잊는다. (　　)

10. 일반적으로 사람들은 강제하지 않으면 열심히 일하지 않는다. (　　)

〈진단법〉 우선, 항목 2, 6, 7, 8은 역방향 질문들이다. 이 항목들에 대해서는 [6-응답점수]를 계산하여 바로 잡자. 즉, 2, 6, 7, 8 항목들은 응답점수 5는 1이 되고 4는 2, 2는 4, 그리고 응답점수 5는 1로 바꿔야 한다. 그런 다음, 열 개 항목 모두를 합산하자. 합한 점수가 25점 이상이면 비교적 '조작적 성향'이 강한 리더이다. 35점 이상이면 그러한 성향이 매우 강한 리더이다.

리더십 Exercise 3

나의 리더특성 종합정리

※ 본 장에서는 리더십 행동에 영향을 미치는 씨앗(seed)으로서 MTL, 정체성, 인지특성, 생물학적 특성, 성격, 능력, 태도, 가치관, EQ 등에 대해서 살펴봤다. 그렇다면 귀하는 이들 각각에 대해서 현재 어떤 특징을 가지고 있으며 미래를 위해서 무엇을 개선하고 싶은가? 아래의 표에 작성하여 다른 사람들과 공유해 보자.

내적 속성	현재의 상태	개선하고 싶은 점
MTL, 정체성		
성격 측면		
경험 측면		
전문성/지식 측면		
가치관 측면		
EQ		

리더십 나누기 사례 3: 스티브 잡스의 씨앗((seed)

"스티브 잡스는 미국 캘리포니아주 샌프란시스코에서 미국인 어머니와 시리아계의 아버지 사이에서 태어났다. 태어난 지 1주일 후에, 그의 어머니에 의해 캘리포니아주 산타 클라라에 사는 폴/클라라 잡스 부부에게 입양되었다. 잡스를 입양한 부부는, 그에게 스티븐 폴 잡스라 이름을 지어줬다. 그의 생부모는 후에 결혼해서 소설가이기도 한 여동생 모나 심슨을 낳았는데, 둘은 성인이 될 때까지 만나지 못했다. 그의 생부모는 결혼 후 몇 년 안 되어 다시 이혼했다. 잡스는 "양부모"라는 단어를 싫어했는데, 그는 폴과 클라라 잡스 부부를 유일한 부모로 여겼다.

잡스는 캘리포니아주 쿠퍼티노에 위치한 쿠퍼티노 중학교와 홈스테드 고등학교를 다녔다. 고등학교 시절 동안 그는 팔로 알토의 휴렛 팩커드사에서 방과후 수업을 들었으며 스티브 워즈니악과 함께 휴렛 팩커드사에서 여름 동안 임시 채용되기도 했다. 1972년 고등학교를 졸업한 잡스는 오리건주 포트랜드에 위치한 리드대학교에 등록하였으나 1학기만 수강한 후 중퇴하였다. 잡스는 이후에 부모님들이 비싼 학비를 내는 데 대해 부담스러웠다고 설명했다. 이때 중퇴하였으나 학교에 머물면서 여러 강좌를 들었으며 특히 캘리그라피(calligraphy; 서양식 서예) 수업은 이후 그래픽 유저 인터페이스를 개발하면서 수려한 글자체를 만들어 내는 데 도움이 많이 되었다고 한다.

잡스는 철저한 채식주의자로 견과류와 물만 섭취한다고 알려져 있으며, 펩시에 계약차 들렀을 때도 펩시 음료에 전혀 손을 대지 않았다고 한다. 애플초기, 펩시콜라의 사장인 존 스컬리를 영입하려 했으나, 대기업의 사장자리를 놓고 신생기업으로 가기를 망설이던 스컬리에게 "평생 설탕물이나 만들고 살 것이오? 그러지 말고 나와 함께 사람들의 꿈을 만드는 일을 합시다."라고 하자 존 스컬리는 망설임 없이 애플로 이적했다고 한다. 딸인 리사가 태어났을 때 부친임을 인정하지 않으려 했으나 결국 받아들였고, 애플 리사는 그녀의 이름을 딴 것이다.

연봉이 1달러인 최고경영자로 유명한데 이는 연봉을 한 푼도 받지 않을 경우에 고용관계가 유지될 수 없기에 최소한도로 정해 놓은 액수이다. 그는 실제로 연봉 1달러 외에도 스톡 옵션이나 여러 가지 성과급 형태의 보상을 받았다.

그는 1976년 스티브 워즈니악과 동업으로 애플컴퓨터를 설립했다. 홈브루라는 이름의 클럽에서 스티브 워즈니악이 개발한 최초의 퍼스널컴퓨터 애플1을 공개했다. 애플1은 모니터도 없고 디자인도 투박했으나 의외로 큰 반응을 보이며 판매에 성공했고 그에 힘입어 1980년에는 주식을 공개했다. 1984년에는 IBM에 대항하여 최초의 그래픽 유저 인터페이스를 탑재한 애플 리사를 탑재하지만, 실패하였고 결국 매킨토시 프로젝트에 밀려 1985년 경영 일선에서 물러났다."[24] (스스로는 자신이 세운 회사에서 주인이 쫓겨났다고 표현하고 있다.)

애플을 떠난 뒤 넥스트사를 세워 세계 최초의 객체지향 운영체제인 넥스트스텝을 개발하였고 1986년에는 픽사를 인수하였다. 픽사는 여러 번 단편 에니메이션 분야에서 오스카상을 받았으며 이후 최초의 장편 3D 애니메이션 〈토이스토리〉로 큰 성공을 거두었는데 현재는 디즈니사에 합병되었다.

그 후 암에 걸렸다가 살아나 다시 회사의 경영에 매진하였으나 2009년 1월 다시 호르몬 이상증세로 병가를 내고 칩거하다가 2011년 별세했다. 스티브 잡스는 매우 창의적 아이디어의 소유자이지만 인간관계 기술에 있어서는 별로 호감을 주는 성격은 아닌 것으로 알려져 있다. 주변 사람들과 갈등을 빚는 경우가 많았으며, 평이하게 어울려 지내기 힘든 성향이 있다고 한다. 하지만 그의 전문성과 창의성은 늘 사람들을 놀라게 하였다.

✠ [나누기 사례 문제 3] 스티브 잡스의 내적 속성을 본 장에서 배운 요인들을 가지고 정리해 보자. 그의 리더십에 영향을 미쳤던 가장 중요한 Seed 3가지를 들어보자.

:: 주

1 마키아벨리, 니콜로. (강정인, 문지영 역. 2003). 군주론. 까치. 제18장 참조.

2 Chan, K. Y., & Drasgow, F. 2001. Toward a Theory of Individual Differences and Leadership: Understanding the Motivation to Lead. *Journal of Applied Psychology*, 86-3, 481-498.

3 Haslam, A., Gaffney, A. M., Hogg, M. A., Rast III, D. E., & Steffens, N. K. 2022. Reconciling identity leadership and leader identity: A dual-identity framework. *Leadership Quarterly*, 33: 101620.

4 Hiller, N. J. 2005. Understanding leadership beliefs and leadership self-identity: Constructs, correlates, and outcomes. Dissertation Abstracts International: Section B: The Sciences and Engineering, 66(12-B): p.165.

5 Hermann, N. 1996. *The Whole Brain Business Book*. New York: McGraw-Hill.

6 "Daft, R. L. 2005. *The Leadership Experience*(3rd ed.). Thomson." 에서 인용.

7 Furnham, A., & Stringfield, P. 1993. Personality and Occupational Behavior: Myers-Briggs Type Indicator Correlates of Managerial Practices in Two Cultures. *Human Relations*, 46-7, 827-848.

8 Daft, R. L. 2005. 앞의 책.

9 Nahavandi, A. 2000. *The Art and Science of Leadership*. Prentice Hall.

10 Judge, T. A., & Bono, J. E. 2000. Five-Factor Model of Personality and Transformational Leadership. *Journal of Applied Psychology*, 85-5, 751-765.

11 Hunt, J. B. 2000. Travel Experience in the Formation of Leadership: John Quincy Adams,

Frederick Douglass, and Jane Addams. *The Journal of Leadership Studies*, 7-1, 92-106.

12 Maccoby, M. 2007. *Narcissistic Leaders: Who Succeeds and Who Fails.* Harvard Business Press.

13 Maccoby, M. 2007. 앞의 책.

14 Miller, D. M., & Droge, C. 1986. Psychological and Traditional Determinants of Structure. *Administrative Science Quarterly*, 31, 539-560.

15 Christie, R., & Geis, F. L. 1970. *Studies in Machiavellianism.* New York: Academic Press.

16 Luthans, F. 1989. Successful vs. Effective Managers. *Academy of Management Executive*, 2-2, 127-132.

17 Fiedler, F. E., & Garcia, J. E. 1987. *New Approaches to Effective Leadership: Cognitive Resources and Organizational Performance.* New York: Wiley.

18 Chan, K. Y., & Drasgow, F. 2001. 앞의 논문.

19 Eagly, A. H., Karauu, S. J., & Makhijani, M. G. 1995. Gender and the effectiveness of leaders: A meta-analysis. *Psychological Bulletin*, 117 : 125-145.

20 TMcNeal-Weary, T. 2016. 6. 23. Companies with lots of women are actually more successful. Forbes.com.

21 http://www.lstionline.com/article5.php

22 http://www.forbes.com/sites/ceibs/2016/04/20

23 Goldman, D.1995. *Emotional Intelligence: Why It Can Matter More Than IQ.* New York: Bantam Books.

24 Wikipedia 백과사전 참조.

제4장 윤리적 가치와 리더십

콜럼버스는 미국인들에게는 영웅이지만,
인디언들에게는 최초의 불법이민자요 현상금 붙은 살인자이다.
리더십이란 과연 무엇인가

리더십 나누기 4-1: ESG와 DEIB, 이것이 무엇인고?

※ 리더는 청렴해야 한다. 뇌물 수수, 갑질, 사기, 거짓말 등을 해서는 안 된다. 하지만, 요즘 기업 리더들에게 요구되는 윤리 의무는 리더 개인의 청렴을 넘어섰다. 이제는, 회사가 사회와 인류에 끼치는 해악에 대해서 조직 리더들이 책임을 져야 한다는 것이다. 나아가, 리더들이 취하는 조처를 객관적으로 검증하겠다고 한다. 이런 취지에서 나온 것이 ESG이다.: E: Environment, S: Social, G: Governance. 각각의 요점을 아래에 정리하였다.

E: "기업은 환경문제 해결하고, 탄소배출 줄이고, 재생에너지(renewable energy) 사용을 늘려라"

S: "기업은 인권 존중, 직원 건강/안전 보장, 그리고 다양성과 포용성 확보하라"

G: "기업은 지배구조 투명성 제고, 책임소재 명확화, 윤리기준 강화, 이사회 구성의 다양성 확보하라"

이제, ESG 경영을 하지 않으면 투자자들이 투자하지 않는다. 예컨대, 현대자동차가 전기차를 생산하는데, 전기차 자체는 탄소배출이 제로지만, 전기차 배터리를 생산할 때도 탄소배출이 최소화되도록 해야 투자를 받을 수 있다. ESG는 2006년 UN의 "책임 있는 투자원칙"(UN Principles for Responsible Investments) 리포트에서 시작되었다.

※ 한편, DEIB는 직장 내에 Diversity(다양성), Equity(형평성), Inclusion(포용성), Belongingness(소속감)를 확보하라는 것이다.

D: 국적, 성별, 나이, 성적 성향 등이 다른 사람들이 함께 어울려 일하게 하라 등

E: 공정한 처우를 보장하라, 공정하게 훈련과 개발 기회를 제공하라, 경영층에 다양한 사람들이 진출할 수 있게 하라 등

I: 각 개인이 존중받는 분위기를 조성하라, 심리적/신체적 안전감을 느낄 수 있게 하라(성 중립 화장실 준비, 갓난애 엄마 직원에게 쉼터 제공) 등

B: 직원 각자가 소속감 느끼게 하라, 동료들과 함께 어울릴 기회를 만들라, 리더와 부하 간에 자주 대화할 수 있게 하라 등

DEIB는 #MeToo, #BlackLivesMatter와 같이 미국 사회의 차별철폐, 소수자 보호 운동에 뿌리를

두고 있다. 흑인이나 여성의 권리를 보호하려는 사회 운동의 일환이다. 미국 사회는 아직도 완전 평등을 이루지 못했는데, 직장 내 불평등이 문제의 근원이라는 것이다.

2023년 미국 샌디에이고에서 열린 ATD(Academy of Talent Development) 콘퍼런스에서는 13편이 넘는 DEIB 논문이 발표되었는데, 저자들 대부분이 흑인이어서 DEIB가 차별철폐 운동의 한 전략임을 알 수 있었다. 이들은, 겉으로는 직장 내 차별이 많이 줄었지만, 아직도 "숨겨진 차별"(hidden discrimination)이 많아 DEIB가 필요하다고 주장한다. 한국과는 상황이 매우 다르다.

한국 기업은 ESG 경영을 진지하게 받아들여야 한다. DEIB는 컨설팅 회사들의 끈질긴 이슈 띄우기의 산물이다. ESG만큼 중요하지는 않다.

✠ [나누기 문제 4-1] Inclusion(포용성)와 Belongingness(소속감)의 차이는 무엇인가?

윤리적 가치란 무엇인가 제 1 절

윤리적 리더의 행동

가치관(values)이란 옳고 그름의 판단 기준을 의미한다. 어떤 행동이 허용되고 어떤 행동은 허용되지 않는가의 기준이기도 하고, 또 어떤 행동은 보상을 받고 어떤 행동은 벌을 받게 되어 있는가를 판단하는 기준이기도 하다.

앞 장에서 가치관이란 **'무엇이 중요한가'**, **'옳고 그름의 판단기준'** 등 두 가지로 해석된다고 하였다. 윤리적 가치를 말할 때는 '옳고 그름의 판단기준'으로 해석하는 것이 바람직하다.

이러한 가치관은 사람마다 차이가 난다. 자유분방한 사람은 엄격한 가치관을 가진 사람들에 비해, 행동이 허용되는 기준을 덜 엄격하게 적용한다. 그만큼 행동의 허용범위를 넓게 갖고 산다는 것을 의미한다. 자유분방한 사람들은 하고 싶은 일들을 하면서 살려고 한다. 전통이나 통념적 기준을 뛰어넘는 튀는 스타일을 즐긴다.

행동이 허용되는 기준은 곧 윤리의 문제이다. 조직에서 어떤 행동까지 허용되는가의 문제이며, 법이나 규범 또는 각종 이슈에 대한 가치기준의 문제라고 볼 수 있다.

윤리적 리더는 스스로 솔선수범하여 엄격한 윤리판단(moral reasoning)의 기준을 준수하려고 애쓰는 사람이다. 윤리적 문제에 대해서 항상 진지하게 접근하며 긴장을 놓치지 않는 자세를 가진다. 윤리적 리더십과 비윤리적 리더십의 행동들을 〈표 4-1〉에 요약하였다.[1]

로스트(Rost) 교수는 리더의 윤리적 행동을 두 가지로 설명하고 있다. 즉 행동의 과정(process)과 내용(content)이다. 내용이 윤리적이라 하더라도 과정이 비윤리적이면 비윤리적이다. 내용이 비윤리적인데 과정만 윤리적이라고 해서 전체 리더의 행동을 윤리적이라고 평가할 수도 없다. 예컨대, 가난한 사람들을 돕기 위해서

표 4-1 윤리적 리더십과 비윤리적 리더십 비교

비윤리적 리더십	윤리적 리더십
• 거만하고 자기 중심적	• 겸손함을 잃지 않는 자세
• 지나치게 자신의 이익을 추구	• 더 큰 공익에 대한 관심을 유지함
• 기만적 행동을 함	• 정직하고 올바름
• 약속을 지키지 않음	• 약속을 철저히 지킴
• 불공정하게 거래함	• 공정성을 확보하는 데 진력함
• 다른 사람들에게 책임을 돌림	• 스스로 책임을 짐
• 다른 사람의 존엄을 무시함	• 각 개인을 존중함
• 추종자 개발을 소홀히 함	• 다른 사람들을 격려하고 개발시킴
• 도움이나 지원을 제공하지 않음	• 다른 사람들을 섬기려는 자세
• 불공정 행위에 맞설 용기가 없음	• 옳은 것을 지키려는 용기를 가짐

부자들로부터 재산을 갈취하는 것은 용납될 수 없다. 기업들로부터 자발적인 공헌을 이끌어 냈다고 하더라도 그렇게 모아진 재물을 개인의 이익을 위해서 사용한다는 것도 윤리적이지 못한 것이다.

언론공개의 원칙(paper ethic)

리더는 매 순간 선택을 하고 의사결정을 하고 행동을 할 때, 마음속에 구체적인 윤리판단의 기준을 가지고 있으면 도움이 된다. 선택을 하고 결정하고 행동할 때, 윤리적 기준이 모호할 때가 많다. 이것쯤이야 해도 되겠지 하는 안일한 자세를 가질 수도 있다. 또 아무도 모를 거야, 다른 사람들도 다 하니까, 옛날부터 해오던 관행인데 어쩌겠나 등과 같이 쉽게 생각하는 사람들도 많다. 윤리적 리더는 이런 생각부터 바꿔야 한다. 리더는 마음속에 확실한 윤리판단의 실천기준을 가져야 한다고 하는 이유가 여기에 있다.

세계적인 투자가인 웨렌 버펫(Warren Buffet)은 실천적인 윤리판단의 기준을 제시하였다. 그는 선택, 결정, 행동을 할 때 항상 "paper ethic의 원칙에 맞는 것인가"라는 질문을 한다고 하였다. 여기에서 paper는 신문이라는 뜻이고, ethic은 윤리이므로, 합하여 "언론공개의 원칙"이라고 번역하는 것이 좋을 것 같다. 즉, **"오늘 내가 한 선택, 내가 내린 결정, 내가 한 행동이 내일 아침 조간신문에 그대로 났을 때, 내 가족과 같이 앉아 그 기사를 읽을 수 있는가"**를 기준으로 삼으라는 것이다. 사람의 양심은 가장 정확한 판단의 기준을 제공한다. 특히 자신이 가장 사랑하는 자녀들과 가족 앞에서 양심의 기준은 가장 정의로운 판단의 기준이 된다. 리더가 이러한 기준을 가지고 순간순간 선택하고 판단하고 행동하면 정의롭다는 평가를 받게 될 것이다.

제 2 절 윤리적 리더십, 어떻게 발휘하나

1. 윤리적 인간, 윤리적 관리자

윤리적 리더는 우선 자신이 윤리적 행동을 보여야 하고 아울러 다른 사람들이 윤리적으로 행동하도록 만드는 사람이다. 이것을 "윤리적 인간, 윤리적 관리자"(moral person, moral manager)라고 요약 표현한다.[2] 리더가 자신은 윤리적이지 않으면서 부하들에게만 윤리적으로 행동하라고 요구할 수는 없다는 것이다.

2008년 미국을 비롯한 전 세계를 금융위기로 몰아넣은 리먼 브라더스(Lehman Brothers Ltd.)의 당시 CEO 리처드 풀드(Richard Fuld)는 구성원들에게 윤리적 행동을 요구하면서도 자신은 많은 비윤리적인 행동을 저질렀다. 물론 당시에는 그가 비윤리적인 선택을 하고 있다는 것을 아는 사람은 많지 않았다. 일반적으로 최고경영자가 비윤리적인 행동을 하더라도 그 시점에서 구성원들이나 외부에 잘 알려지지 않는다. 하지만 진정한 리더라면, **자기 스스로 먼저 "윤리적 인간"(moral person)이 되려는 노력을 기울여야 한다.** 자신은 뒤에서 비윤리적 만행을 저지르면서 부하들에게 윤리적 행동을 요구하는 것은 일시적으로는 먹혀들어갈지 모르지만, 장기적으로 조직이나 나라를 책임진 리더들 전체에 대한 혐오감과 좌절감

표 4-2 윤리적 인간과 윤리적 관리자의 행동특성

윤리적 인간	윤리적 관리자
리더 스스로 정직성, 진실성, 신뢰성, 개방성, 존중, 원칙이 있는 의사결정 등의 윤리적 속성을 갖추는 것	리더가 보상, 규율, 소통, 윤리의 중요성을 구성원들에게 소통하고 윤리기준을 설정하며, 그 기준에 맞춰 구성원들이 윤리적 책무감을 갖도록 관리하는 행위

* 참고: 백기복. 2016. *리더십 리뷰*. 창민사, 317쪽에서 인용.

을 확산시킨다. 2011년 "Occupy Wall Street" 운동은 그런 혐오감에서 시작된 것이다.

윤리적 인간과 윤리적 관리자의 행동특성들을 〈표 4-2〉에 제시하였다.

따라서 윤리적 리더십이란, "개인행동과 대인관계를 통해서 규범에 맞는 행동을 보이는 것, 또는 양방향 소통, 강화, 의사결정을 통해서 구성원들도 그러한 윤리적 행동을 하도록 독려하는 것"[3]이라고 정의된다.

2. 윤리적 리더십은 전염된다

윤리적 리더 밑에 윤리적 부하

조직구성원들은 리더의 행동을 보고 배운다. 이처럼 사람이 다른 사람들의 행동을 보고 배우는 것을 **'사회적 학습'(social learning)**이라고 한다. 이 논리에 따르면, 리더가 윤리적 행동을 보이면 구성원들도 그것을 따라 하고, 비윤리적 행동을 보이면 조직 전체가 비윤리적 행동을 따라한다고 추론할 수 있다. 윤리적 상사 밑에는 윤리적 부하가 자라고 비윤리적 상사 밑에서는 비윤리적 부하가 자란다. 부하는 리더를 보고 배운다. 그러므로 윤리적 리더십은 위에서부터 실행되어야 한다. 윗물이 맑아야 아랫물이 맑다는 속담은 과학적으로도 진리다.

이것을 뒤집어 보면, 조직 전체가 비윤리적 관행에 젖어 있는 조직문화 속에서 한두 리더가 윤리적 리더십을 발휘한다는 것이 얼마나 힘든가를 말해주기도 한다. 보통의 용기와 강단을 가지고서는 **"악의 소굴"**에서 선한 행동을 보이기는 너무나 어렵다. 사회가 이러한 "악마와 대항해 싸우는 전사들"을 보호해 줘야 한다. 사회의 윤리적 인간들이 힘을 모아 그들을 지원하고 도와야 전반적인 윤리적 분위기가 자리 잡을 수 있다.

아울러, 싱싱한 사과 상자 안에 **"썩은 사과"(bad apple)**가 하나 들어있으면 곧 다른 사과를 썩게 한다. 조직에서도 비윤리적 조직원 하나가 휘젓고 다니면 건전한 조직이 쉽게 썩은 조직으로 전락하게 된다.

내부고발자

이런 차원에서 조직에서도 "내부고발자"(whistle-blower; deep throat)를 보호하는 제도적 장치가 필요하다. 조직 내부에서 은밀히 진행되는 비윤리적 음모를 용기를 가지고 고발하더라도 불이익을 당하지 않도록 보호해 줘야 한다는 뜻이다. 한국에서는 "공익신고자보호법"(시행 2021. 10. 21)이 있어 내부고발자를 보호하고 있지만, 아직 많은 보완이 필요한 상황이다. 내부고발자를 보복의 대상으로 볼 것이 아니라, 보호하고 격려해주는 사회적 분위기와 조직문화의 정착이 동시에 이뤄져야 할 것이다.

〔리더십 나누기 4-2〕에는 2001년 회계조작사건으로 파산한 엔론사(Enron Corporation)의 최고경영자 케네스 레이(Kenneth Lay)의 비윤리적 행위를 용감하게 고발하여 타임지의 **"올해의 인물"**에 올랐던 셔론 왓킨스(Sherron Watkins)의 이야기를 실었다.

윤리적 리더십은 전염된다. 리더가 윤리적 행동을 하면 조직구성원들도 따라하게 된다. 하지만, 조직구성원들이 리더의 윤리적 행동만을 따라하는 것이 아니다. 비윤리적 행동도 따라한다. 어느 행동을 더 쉽게 따라할까? 외국에 나가 살 때 욕을 먼저 배우듯이 조직구성원들도 리더의 비윤리적 행동을 더 쉽게 따라한다고 봐야 할 것이다. 윤리적 행동은 고통스럽지만, 비윤리적 행동은 순간 달콤하기 때

리더십 나누기 4-2: 셔론 왓킨스의 용기

셔론 왓킨스는 엔론(Enron)에 8년간 근무한 관리자였다. 그녀는 자사의 문제점을 조목조목 들어가며 당시의 CEO Mr. Lay에게 이메일을 보내어 문제를 제기했다. 삼척동자도 엔론이 회계부정을 하고 있다는 것을 다 아는데 사내에서는 입을 막고 있으며, 도저히 이런 회사에서 일을 할 수 없다는 등의 신랄한 내용이다. 그 후 얼마 되지 않아 엔론은 파산했고 그녀는 "Time"지의 올해의 인물에 올랐다.

✠ [나누기 문제 4-2] 한국의 조직들은 내부고발자를 주로 어떻게 처리하는가?

문이다. 리더가 윤리적 행동을 해야 하는 더 큰 이유이다.

따라서 막연히 나만 잘하면 구성원들이 똑같이 따라할 것이라고 가정하는 것은 나약한 생각이다. 부하들이 윤리적 행동을 하도록 적극적으로 개입하여 썩은 사과를 조기에 솎아내는 것이 "윤리적 관리자"의 역할이다.

3. 윤리적 리더십 모델

윤리적 리더십 모델은 2000년대 초반부터 여러 학자가 다양하게 제시하였다. 본 장의 끝부분의 [나의 리더십 진단 4]에는 2005년 브라운(Brown)과 동료들이 제시한 윤리적 리더십 모델에 따른 설문을 실었다.

브라운의 윤리적 리더십 모델은 크게 두 가지 요인으로 구성된다. 윤리적 리더십이란,[4]

① **개인적 활동과 인간관계 과정에서 규범적으로 바람직한 행동을 보이는 것,**
② **양방향 커뮤니케이션, 강화(reinforcement), 의사결정을 통하여 부하들에게 그러한 행동을 촉진하는 것**이다.

요컨대, 윤리적 리더십이란 리더가 "규범적으로 바람직한 행동"을 보이고 부하들도 그러한 행동을 따라 하도록 "촉진"(promotion)하는 것이란 뜻이다. 매우 간결하면서도 핵심을 잘 짚은 모델이라고 볼 수 있다. 많은 연구에서 이 모델이 활용되었다.

한편, 유클(Yukl)과 그의 동료들도 2013년에 또 다른 윤리적 리더십 모델을 제시하였다. 그의 모델을 〈표 4-3〉에 제시하였다.

유클의 모델에 따르면, 윤리적 리더는 정직과 진실성(integrity)을 바탕으로 엄격한 윤리기준을 정착시키고 공정과 배려를 실행하는 사람이다. **정직성**과 **진실성**이란 리더이기에 앞서 윤리적 인간이 되어야 한다는 뜻이다. 그런 후, 윤리기준을 행동으

표 4-3 유클의 윤리적 리더십 모델[5]

요인 명칭	개 념
① 정직성과 진실성	• 리더가 가진 내적 가치관과 행동의 일치성
② 윤리적 기준을 전달하고 준수토록 하는 행동	• 위의 브라운 모델의 ②번과 유사한 개념. 리더가 부하들에게 윤리기준을 명확히 하고, 준수 여부를 확인함
③ 의사결정과 보상분배의 공정성	• 잘못된 행동을 보상하거나 편애하지 않는 것
④ 친절하고 자비로우며 다른 사람들의 욕구와 감정을 배려하는 행동	• 개인의 이익을 위해서 다른 사람들을 이용하거나 조작 또는 학대하지 않는 것.

로 보여주면서 부하들이 따라 하도록 만든다. 이 두 가지가 유클의 윤리적 리더십의 핵심이다.

공정한 배분과 자비/배려는 윤리적 리더십이 아니더라도 다른 리더십이론에서도 많이 거론되는 요인들이다.

4. 윤리적 리더십의 성과

윤리적 리더는 성과를 높인다

윤리적으로 행동하는 리더는 어떤 성과를 낼까? 가장 큰 논란은 윤리적인 기업의 성과가 그렇지 않은 기업의 성과에 비해 더 높은가 하는 것이다. 또한 윤리적 리더가 비윤리적 리더보다 조직에서 더 큰 보상을 받는가 하는 것이다. 반드시 그렇지는 않다. 하지만 성과만이 제일 중요하다고 볼 수는 없다. 정의롭게 산다는 것은 큰 성과를 내는 것 이상의 가치를 갖는다. 그러므로 윤리적 리더십은 성과 이전에 인간으로서 추구해야 하는 가치이다.

그럼에도 불구하고, 조직에서 윤리적 리더십을 발휘하면 성과가 높아진다는 연구결과들도 많다. 즉, 윤리적 리더에 대한 구성원들의 만족도와 리더십 효과성이 높고, 추가노력을 기울이려 하며, 문제를 봤을 때 보고하려는 의지가 강해진다. 특히 정직한 리더와 함께 일하는 사람들은 리더의 비윤리적 관행 때문에 스트레스를 받는 일이 없기 때문에 근무환경이 좋다는 평가를 하게 된다. 이 모든 결과들은 궁극적으로 직무성과와 발언행위(voice)를 높이는데 직간접적으로 기여하게 된다.

비윤리적 리더는 감정자원을 소진시킨다

비윤리적 리더십을 발휘하게 되면, 구성원들의 **감정자원**(emotional resources)이 소진되어 심리적 불안과 직무소진을 가져와 성과 하락과 이직 증가, 그리고 직무에 대한 몰입이 감소하는 결과를 가져오게 된다. 특히 욕설이나 위협, 또는 따돌림 등의 **비인격적 리더십 행위**를 보이게 되면, 구성원들의 정신적 불안증세까지 가져올 수 있기 때문에 인권 차원의 문제를 야기하기도 한다. 이에 대해서는 본서의 제14장 리더십 실패를 참조하기 바란다.

리더십 나누기 4-3: H기업 강 부사장

H기업 강 부사장은 마초(macho)스타일의 리더십을 보인다. 점심시간에 식사하면서 부하들과 폭탄주를 다섯 잔 이상 마시고 다시 사무실에 들어와 근무하는 일이 종종 있다. 5월의 어느 날 강 부사장은 강원도 사업장 출장을 가는 참에 설악산 등반을 하기로 했다. 담당자 박 과장에게 설악산 등반에 몇 시간이 걸리는지를 물었다. 박 과장은 얼떨결에 3시간이면 된다고 답했다. 그런데 막상 올라가 보니 다섯 시간이 넘게 걸리는 것이 아닌가? 강 부사장은 산을 내려오자마자 박 과장을 찾았다. 박 과장을 본 강 부사장은 이유 불문하고 박 과장의 턱을 주먹으로 갈겼다. 박 과장은 그 자리에서 실신했다. 앰뷸런스를 불러 응급실로 실려 갔다가 몇 시간 만에 의식을 찾았다. 그 해 말 승진 때가 되었다. 박 과장은 차장 승진대상자였지만, 점수가 모자라 승진대상에서 탈락했다. 이 보고서를 본 강 부사장은 박 과장을 특별 승진시키라고 특명을 내렸다. 그 후로 H사에서는 격언이 생겼다. 특별 승진을 하려면, 강 부사장에게 실신할 정도로 맞으면 된다고.

✠ [나누기 문제 4-3] 강 부사장의 리더십을 어떻게 해석해야 할까?

제 3 절 서번트리더십

서번트리더는 부하를 섬긴다

조직의 윤리적 조직문화를 정착시키는 데 있어 서번트리더십(servant leadership)이 효과가 있다는 연구결과가 있다.[4] 통상적으로 리더는 상위직급에 있으면서 하위직급의 구성원들을 이끌어간다는 원리를 가지고 리더십을 설명하지만, 서번트리더십은 상사이면서도 하인(servant)처럼 구성원들을 섬김으로써 그들의 욕구를 충족시키고 잠재력과 정의감을 발동시켜 큰 성과를 내도록 할 수 있다는 것이다.

서번트리더십에 따르면, 리더는 예수님이 손수 제자들의 발을 씻겨줬듯이 한없이 낮아져 구성원들을 섬겨야 한다고 주장한다. 이 이론은 1970년대 미국 통신회사 AT&T에 다녔던 Greenleaf라는 사람이 처음 책을 내면서 관심을 끌기 시작했다. 처음에는 학계에서 별로 주목을 받지 못하다가 지난 약 10년 동안 몇몇 학자들이 이 이론을 연구한 결과를 학술지에 발표하면서 학계에 받아들여지게 되었다.

서번트리더십의 정의

서번트리더십에서 "다른 사람들을 섬긴다"(serving others)라고 했을 때, 다른 사람들이란 꼭 조직에서 부하들을 뜻하는 것만은 아니다. 지역사회, 국가, 친구, 가족 등 누구나 섬김의 대상이 될 수 있다. 기업으로 치면 고객, 주주, 하급자, 동료, 상사, 납품업자, 회사가 있는 지역사회, 사회 등 경영에 관련되는 모든 사람이 될 수 있을 것이다. 따라서 **서번트리더십의 초점은 리더에 있지 않고 다른 사람들에 있다**. 리더가 자신이 성과를 내고 인정받기 위해서 다른 사람들을 몰아붙이고 힘들게 하는 것은 서번트의 자세가 아니다. 다른 사람들의 행복과 복리를 위해서 자신의 권리와 위계를 포기해야만 서번트가 될 수 있다.

결국 서번트리더십은 다음과 같이 정의된다.:

"서번트리더십이란 ① **타인지향**의 리더십으로, ② **부하의 욕구와 이해**를 우선순위를 정하여 **충족**시키고, ③ **조직과 지역사회**에서 그들이 자신의 이익보다 타인의 이익을 위해서 **헌신하도록 행동 방향을 바꿔주는 리더십**이다."[7]

위의 정의는 몇 가지 시사점을 던져준다. ① 서번트리더십은 타인지향의 동기(motive)가 있어야 한다. 리더가 자신의 야망을 충족시킬 목적으로 리더십을 발휘한다면 서번트리더는 될 수 없다. 좋은 리더로 인정받아 승진하려는 리더는 서번트리더가 되겠다는 말을 입에 올려서는 안 된다. 서번트리더가 되려면, 리더가 우선 리더십 동기부터 바꿔야 한다.

② 서번트리더는 부하의 성장을 돕는다. 이를 위해서 부하 개인의 필요, 관심, 욕망, 목표, 강점, 약점 등을 이해해야 한다. 서번트리더는 부하 개인이 더 좋은 자아로 성장하도록 위탁받은 사람(trustee)이다. 서번트리더십에서 부하 개발(development)을 중요시하는 이유이다.

③ 서번트리더는 성장한 부하들이 자기 자신의 삶을 더 좋게 바꿀 뿐 아니라 나아가 **지역사회와 이 세상의 문제해결을 위해서 선한 영향력을 미치도록 행동의 방향을 바꾼다**는 마인드셋(mindset)을 갖는다. 이 부분은 다른 리더십이론과 확연히 차이가 나는 부분이다.

서번트리더십의 내용

서번트리더는 관계, 윤리, 감정, 영성 등 다양한 측면에서 전방위적으로(holistic) 부하가 성장하도록 도와 그들이 조직과 사회에 이바지하도록 만드는 리더이다.

이러한 목적을 위해서 서번트리더가 보여줘야 하는 행동을 몇 가지로 요약할 수 있다. 서번트리더십의 내용을 〈표 4-4〉에 요약하였다.

〈표 4-4〉에는 개념화 스킬, 부하 우선시, 감정 힐링, 임파워먼트, 성장과 성공지원, 윤리적 행동, 지역사회 가치 창출 등 서번트리더십 일곱 가지 행동이 제시되어

표 4-4 서번트리더십[8]

서번트리더십	개 념	핵 심
1. 개념화 스킬	다른 사람들, 특히 부하들을 효과적으로 돕고 지원할 수 있도록, 조직과 직무에 관련된 지식을 소유하는 것	조직과 직무 지식 소유
2. 부하 우선시	다른 사람들, 특히 직속 부하들에게, 그들의 욕구 충족이 최우선이라는 사실을 말과 행동으로 명확하게 해주는 것(이 원칙을 적용하는 리더는 종종 자신이 하던 일을 멈추고, 부하들이 부여받은 임무를 수행하던 중 직면하게 된 문제를 해결할 수 있도록 돕는다)	부하의 욕구 충족 최우선
3. 감정 힐링	다른 사람들의 개인적 고민과 감정에 민감성을 보임	타인 감정에 민감
4. 임파워먼트	다른 사람들, 특히 직속 부하들을 격려하고 도와 문제를 찾아 해결하도록 하고, 언제 어떻게 과업을 완수할 것인지를 결정하도록 함	부하의 문제해결 지원
5. 부하들의 성장과 성공 지원	다른 사람들의 경력 성장과 개발에 진심 어린 관심을 두고 지원과 멘토링을 제공함.	부하 성장
6. 윤리적 행동	다른 사람들과 개방적이고 공정하고 정직하게 교류함	윤리 준수
7. 지역사회 가치 창출	진정성을 갖고 계획적으로 지역사회를 도움	지역사회 지원

있다.

이들 일곱 가지 행동 대부분은 다른 리더십이론에도 등장하지만, 개념화 스킬과 지역사회 가치 창출은 서번트리더십이론에 독특한 행동이다. **개념화 스킬(conceptual skill)이란 "다른 사람들, 특히 부하들을 효과적으로 돕고 지원할 수 있도록, 조직과 직무에 관련된 지식을 소유하는 것"**을 뜻한다.

이 스킬은 본래, 여러 단편적인 정보를 모아 추상적인 개념을 만들어 내는 능력을 말하는데 여기에서는 조직과 직무 지식으로 축소해 사용하고 있다. 서번트리더십의 취지에 맞춰 확대해석하면, 지역사회를 돕기 위한 아이디어를 산출하는 능력이라고 설명할 수도 있을 것이다.

지역사회 지원 또는 가치 창출은 전통적인 리더십 이론의 범주를 벗어나는 도발적인 행동요인이지만, 리더십의 영역을 조직 밖으로 확장했다는 측면에서 매우 의미 있는 선택이라고 할 수 있다. 조직을 위한 성과를 내고, 리더로서 자신이 성장하는 것도 중요하지만, **부하의 성장을 돕고, 지역사회를 위해서 공헌한다는 것은 결코 과소평가할 수 없는 중요한 특징**이다.

한편, 서번트리더의 일곱 행동을 리더 자신에 관한 요인(너 자신을 알라!), 부하 개발에 관련된 요인들, 그리고 다른 사람을 지원하는 요인으로 분류할 수 있다. 〔그림 4-1〕에 이들을 정리하였다. 각 요인의 정의 아래에 구체적 행동을 하나씩 제시하였다. 리더 자신에서 출발하여 부하 개발을 거쳐, 궁극적으로 지역사회 지원에 이른다.

서번트리더십 적용 사례들

서번트리더십을 적용하는 미국 기업들이 2010년 이후 크게 늘었다. **스타벅스**, 사우스웨스트 에어라인, 리츠칼튼, 서비스마스터, **TDIndustries**, **SAS**, **Zappos.com**, **Container Store**, **인텔**, **메리엇호텔**, **Synovus Financial** 등 많은 기업이 서번트리더십을 도입한 것으로 알려져 있다.

구체적으로 "The Container Store"라는 회사는 CEO 멜리사 레이프(Melissa Reiff)가 적극적으로 서번트리더십을 도입하였다. 그녀는 우선 재정적으로 위기에 처한 직원들을 돕기 위한 기업 내 펀드를 만들어 직원들의 웰빙을 돕는 데서 시작했다. 이 펀드가 자리를 잡자 펀드를 지역사회 주민들을 대상으로 확장했다. NGO 프로그램을 통해서 회사 아웃렛 주변 이웃들을 대상으로 상품권 카드와 상품을 나눠주면서 모금 활동을 마친 후, 재정적으로 어려운 지역주민들을 돕기 시작했다. 이러한 활동을 통해서 'The Container Store'는 회사 이미지가 좋아지고 구성원들의 자부심도 높아졌다.

아울러, 이 회사는 리더에게 윤리의식을 심어주는 교육과 조직과 직무 지식을 향상하는 훈련을 지속해서 실시한다. 리더들에게 종업원 성장과 육성 방법에 대해서도 교육한다. 서번트리더십 전반에 대한 교육/훈련과 실천 프로그램을 시행하고 있다.

하지만, **서번트리더십을 도입하고 있는 많은 기업들이 어려움을 겪고 있다.** 특

그림 4-1 서번트리더십 요인 그룹핑[9]

그룹	요인	내용
다른 사람 지원	지역사회 지원	진정성을 갖고 계획적으로 지역사회를 도움
		노력봉사와 자선활동을 통해서 지역사회에 가치를 더할 수 있는 방법을 찾도록 부하들에게 강조한다.
부하 개발	감정 힐링	다른 사람들의 개인적 고민과 감정에 민감성을 보임
		부하들과 친해지고 그들의 웰빙에 관심을 보인다.
	임파워먼트	다른 사람들, 특히 직속 부하들을 격려하고 도와 문제를 찾아 해결하도록 하고, 언제 어떻게 과업을 완수할 것인지를 결정하도록 함
		최고라고 생각하는 방법을 찾아 어려운 상황을 돌파하도록 부하들을 격려한다.
	부하들의 성장과 개발지원	다른 사람들의 경력 성장과 개발에 진심 어린 관심을 두고 지원과 멘토링을 제공함
		부하들의 경력 성장을 최우선에 둔다.
	부하 우선	다른 사람들, 특히 부하들에게 그들의 욕구충족이 최우선이라는 것을 말과 행동으로 명확히 함
		리더 자신의 이익에 앞서 부하의 이익을 먼저 생각한다.
너 자신을 알라!	개념화 능력	다른 사람들, 특히 부하들을 더 잘 효과적으로 돕고 지원할 수 있도록 조직과 직무에 관련된 지식을 소유하는 것
		직무 관련하여 뭔가 잘못되었을 때, 언제 무엇을 어떻게 해야 하는지를 이해한다.
	윤리적 행동	다른 사람들과 개방적이고 공정하며 정직하게 교류함
		성공을 쟁취하기 위해서 윤리기준을 타협하지 않는다.

표 4-5 서번트리더십에 대한 찬 · 반

찬 성	반 대
• 리더가 다른 사람들의 존경을 얻는다	• 서번트리더십 스타일에 익숙한 리더가 적다
• 종종 비전이 공유되고 신뢰가 더 커진다	• 서번트리더십을 택하면, 어려운 조직문화 변화가 필요할 수도 있다
• 구성원 의견이 반영되어 회사 의사결정이 더 좋은 결과를 산출한다	• 서번트리더십은 빠른 의사결정을 어렵게 할 수 있다
• 후원적 환경 속에서 구성원들이 발전한다	• 스텝 부서가 능력 이상의 책임을 져야 할 수도 있다

히, 지역사회 가치 창출이라는 미션을 어려워하고 있는 것으로 나타났다. 미 전역에 존재하는 276개 기업 구성원들을 대상으로 설문 조사한 결과에 따르면,[10] 48%의 실무자들이 **"지역사회 가치 창출"을 가장 실천하기 어려운 요인**이라고 응답했다. 2위 감정 힐링(13%)과 비교해 볼 때, 매우 어려워하고 있음을 알 수 있다.

한편, 서번트리더십에 대한 찬반도 팽팽하다.[11] 실무자들이 서번트리더십을 현장에 적용하려 할 때 고민하게 되는 긍정적(찬성) 또는 부정적(반대) 항목들을 〈표 4-5〉에 비교 · 정리하였다.

긍정적(찬성) 측면이 매우 강하다. 부정적(반대) 측면을 최소화할 수 있다면, 좋은 결과를 예상할 수 있을 것이다.

서번트리더십이 전부는 아니다

지금까지의 리더십 이론들이 보여준 성과주의에서 벗어나 리더의 역할을 폭넓게 해석하고 있다는 점에서 서번트리더십의 가치를 인정할 수 있다. 사는 것이 각박하고 회사에서 성과를 내지 않고는 붙어있을 수 없는 오늘날의 상황에서 구성원들을 성장시키고 지역사회를 발전시키는 노력을 기울이는 리더의 행위는 리더십의 영역을 풍부하게 해주는 단비와 같은 역할을 한다고 볼 수 있다.

그럼에도 불구하고 조직에서 **리더는 성과창출을 무시할 수 없다.** 구성원들의 선의에만 기댈 수는 없다. "리더가 모든 것을 포기하고 낮은 자세로 잘해주면 구성원들이 몰입할 것이다"라는 가정은 어쩌면 나약하게 보일 수 있다. 이 이론을 접하는 실무의 리더들이 **"간과 쓸개 다 빼놓고 잘해줬더니 나를 무시한다"**고 푸념하는 것은 서번트리더십의 한계를 보여주는 것이라고 볼 수 있다. 그렇다면, 성과를 중시하는 이익집단인 기업에서 리더가 서번트로 행동하는 것은 과연 가능할까? 다른 사람들을 위한 그러한 서비스가 과연 리더십 성과로 연결될 수 있는가? 이러한 의문점들이 많은 리더들로부터 제기되고 있다.

이것은 아마도 리더십에 대한 단편적 이해 때문에 생기는 것이라고 판단된다. 리더십이란, 특히 어떤 이론이 제시하는 관점은, 리더십의 한 측면을 제시한다. 그것이 리더십의 전부라고 오해하면 안 된다. 서번트리더십만 발휘하면 모든 것이 다 해결되는 것으로 오해해서는 안 된다는 말이다. 상황에 따라 서번트가 되기도 하고 변화를 주도하는 리더십을 발휘할 줄도 알아야 한다. 리더는 다방면의 행동을 적절히 보여줄 수 있어야 한다. 이것을 **'두름성'(versatility; 두름성=두루 여러 필요한 행동을 보일 줄 안다)**이라고 한다.

리더십 나누기 4-4: 서번트리더십에 관련된 말씀

예수의 가르침 중에 서번트리더십에 관련된 말씀이다.
"I am among you as one who serves" (Luke 22: 27).

✠ [나누기 문제 4-4] 섬김을 받는 구성원들의 자세는 어떠해야 하는가?

진성리더십, 무엇이 다른가 제 4 절

부패의 근원은 진정성 결여

앞서 우리는 윤리적 리더는 "윤리적 인간"이 먼저 돼야 한다고 배웠다. 그렇다면 "윤리적 인간"이 되는 방법은 무엇인가? 이 질문에 답을 주는 이론이 진성리더십이론(authentic leadership)이다. 진성리더십은 리더가 "윤리적 인간"이 되기 위해서 자신의 내면에 준비해야 하는 사항들을 제시하고 있다.

리더가 내면에 진정성을 가져야 한다는 주장은 소크라테스를 비롯한 철학계의 오랜 논제이기도 하다.[12] 모든 리더들이 거짓 없이, 꾸밈없이 진정성을 가지고 조직과 구성원들을 이끈다면 인간세상은 얼마나 아름다워질까? 당연히 그래야 하는 것이지만, 현실은 그렇지 못하다. 부정과 부패가 만연하고 거짓과 허영이 오히려 사회의 표준이 된 듯한 느낌을 주는 것이 오늘날의 현실이다. 힘 있는 자는 힘없는 자를 박해하고 가진 자는 못 가진 자를 배려할 줄 모른다. 틈만 보이면 갈취하고, 기회만 있으면 물불을 가리지 않고 자신의 이익을 취하는 것이 우리 사회다. 정상적인 경영실패는 용납할 수 있어도 부패에 의한 경영사기는 용납해서는 안 된다. **부패의 근원을 진성리더십에서는 리더의 진정성 결여에서 찾고 있다.**

진성리더십 4차원

진성리더십은 자아인식, 관계투명성, 균형 잡힌 정보처리, 내면화된 도덕적 신념 등 네 가지 차원으로 이뤄진 이론이다.[13] 이들이 무엇을 의미하는지를 〈표 4-6〉에 제시하였다.

진성리더는 우선 내면의 도덕적 기준이 명확하고 그 기준을 사용하여 자신을 통제할 줄 알아야 한다. 상사의 압력이나 친한 지인의 청탁에 흔들리지 않는 굳건한 윤리적, 도덕적 기준을 세우고 그 기준에 일치하는 행동을 보여주는 것이 중요

표 4-6 진성리더십의 4차원

차 원	개 념
자아인식	자신이 세상에 대해서 어떤 의미를 구축하는가에 대한 이해; 그러한 의미구축과정이 어떻게 자신을 바라보는 관점에 영향을 미치는가를 아는 것; 또한 자신의 강점과 약점들, 그리고 다면적 자아에 대한 이해. 다면적 자아란, 강/약점을 다른 사람들에게 표출하면서 알게 되는 자신에 대한 인식과 자신이 다른 사람들에게 미치는 영향에 대한 인지 등을 포함함.
관계투명성	진정한 자신의 모습(자신의 거짓된 또는 왜곡된 모습이 아니라)을 상대방에게 내보이는 행위; 공개적 정보공유, 자신의 진실된 생각과 느낌의 표현, 그리고 부적절한 감정표현의 최소화를 통해서 신뢰를 쌓으려는 행위.
균형 잡힌 정보처리	결론에 이르기 전에 모든 관련된 정보들을 객관적으로 분석하려는 자세; 자신의 오래된 신념에 대한 도전도 기꺼이 받아들이려는 태도.
내면화된 도덕적 신념	내면화되고 통합된 자기 규제; 특정 집단, 조직, 사회의 압력에도 굴하지 않고 자기 내면의 도덕적 기준과 가치관에 입각하여 지켜지는 자기 규제; 이를 통해서 내면의 가치에 일치하는 의사결정과 행동을 하게 됨.

* 자료: 백기복. 2016. *리더십 리뷰*. 창민사, 332쪽. (Neider et al., 2011에서 번역)

하다. 윤리적 기준이 엄격하더라도 남을 평가하는 데만 엄격하고 자신을 평가할 때는 느슨한 기준을 사용한다면 내면화된 도덕적 신념을 가졌다고 보기 힘들다. 많은 사람들이 남에게는 엄격하고 자기 자신에게는 한없이 너그럽다. 자기 자신을 엄격히 평가하기 위해서는 큰 용기가 필요하며 항상 깨어 있어야 한다.

진성리더는 성찰한다

문제는 많은 리더들이, 실제는 자기 자신에게 너그러우면서도, **스스로는 엄격하다고 착각하며 산다**는 데 있다. 이유 없는 무덤이 없고, 핑계 없는 죄인이 없다. '나는 조직에, 또는 나라와 국가에, 큰 기여를 했으므로, 아니면 나는 높은 자리에 있으므로, 또는 중책을 맡고 있기 때문에, 어느 정도 법이나 사회적 규범을 어길 권리를 가지고 있다'라는 무의식적인 믿음을 갖게 되는 경우가 많다. 그래서 회장이 조직구성원에게 막말을 하고, 욕설을 퍼붓고 강압적 태도를 보이는 것이다. 그래서 유명인들이 어처구니없는 비윤리적 행동을 하게 된다. 리더의 이런 특권의식을 '차별적 특권의식'(idiosyncrasy credit)이라고 한다. 자아인식이 있는 진성리더라면 이런 특권의식을 배격할 줄 알 것이다. 자기 자신의 행동이 잘못되었다는 것을 인식할 줄 알기 때문이다. 자신의 특권적 행동이 다른 사람들에게 어떤 영향을 미치는가를 안다. 인간은 누구나 완벽할 수 없다. 리더라고 해서 완벽한 인간이 되라는 말이 아니다. 중요한 것은 자신이 잘못될 수 있다는 것을 인식하고 항상 성찰하고 주의를 기울이는 진정성 있는 모습을 보여 달라는 것이다.

관계투명성은 상황맞춤형이라야

또한 진성리더십은 다른 사람들과 관계를 맺음에 있어 진실된 자신의 내면을 투명하게 내보여야 한다고 주장한다. 자신에 관련된 정보를 공개하고 생각과 느낌을 상대방에게 솔직하게 표현하며 감정표출을 자제함으로써 신뢰를 쌓을 수 있다는 것이다. 이것은 리더가 추종자들을 이끌어 가는데 있어서 뿐 아니라, 조직에서 함께 어울려 생활하는 과정에서도 말처럼 쉬운 일은 아니다. 특히 이해관계가 얽혀있든가 비밀을 요하는 회사정보를 관리해야 하는 상황에서는 더욱 그렇다. 예를 들어, 회사가 구조조정을 앞둔 상황에서 구성원들에게 정보를 투명하게 공개하기는 어렵다. 리더가 구성원들을 이끌어 가다보면 좋아하는 사람과 싫어하는 사람이 생긴다. 싫어하는 구성원에게 솔직한 느낌과 생각을 표현하는 것은 잔인한 일이다. 또한 리더는 진정성을 가지고 내면을 다 들어내 보였는데 구성원은 전혀 그럴 마음이 없는 경우도 있을 것이다. 리더가 너무 일방적으로 모든 것을 보여주려 하는 것은 우스운 꼴이 될 수 있다. **리더가 관계투명성을 추구하는 것은 구성원의 특성과 상황을 고려해가면서 하는 것이 바람직할 것이다.** 특히 온정과 감성을 중시하는 한국의 리더-추종자관계에서 관계투명성이 갖는 의미는 달리 해석될 소지가 많다.

끝으로 리더가 정보를 객관적으로 처리하고 자신에 대한 도전도 받아들여야 한다는 것은 이미 많은 이론들이 그 중요성을 지적하고 있는 내용이다. 매우 중요하다. 지난 3000여 년 동안의 공자의 가르침이 거기에 초점이 맞춰져 있었고 다른 현자들도 같은 주장을 해왔다. 하지만 그렇지 못한 사람들이 더 많다. 왜 그렇게 못하는가에 주의를 집중하는 것이 더 바람직하다.

진성리더십을 적용할 수 있는 상황은 제한적

진성리더십은 구성원들을 어떻게 리드하라고 말하기보다는 스스로 진정성 있는 행동을 보여주면, 구성원들이 보고 배워 따라할 것이라는 가정을 깔고 있다. 즉 모델행동을 리더가 보여주면 된다는 관점이다. 네 차원 모두 리더가 내면을 갈고 닦아야 하는 내용이다. 이것은 곧 앞서 제시한 **"윤리적 인간, 윤리적 관리자"의 원리**에서 윤리적 인간에 초점을 맞추고 있다는 증거이다. 이런 측면에서 진성리더십은 적극적이기보다는 소극적 이론이라고 할 수 있다. 전반적으로 진성리더십은 전쟁이나 협상이나 경쟁상황에 필요한 리더십은 아니다. 그러기에는 내용이 너무 섬세하고 낭만적이다. 특히 일부 저자들의 논문들에 데이터조작 사실이 드러나 논문들이 취소되는(retracted) 일까지 발생하여 저자들의 진정성이 훼손되는 일까지 발생하여 많은 논란을 낳았다.[14]

제5절 윤리 관련 리더십 이론 종합 비교

본 장에서는 윤리에 관련된 리더십 이론 세 편, 즉 윤리적 리더십, 서번트리더십, 진성리더십 등을 살펴봤다. 이들의 유사점과 차이점을 한눈에 알 수 있도록 〈표 4-7〉로 정리하였다.

세 이론 모두 윤리, 도덕을 포함하고 있지만, 윤리적 리더십이론이 리더의 윤리적 행동을 가장 폭넓게 포함하고 있다.

진성리더십의 4차원도 모두 윤리에 관련된다고 볼 수 있지만, 지나치게 리더 내

표 4-7 윤리적 리더십, 서번트리더십, 진성리더십 비교

윤리적 리더십이론[15]	서번트리더십이론	진성리더십이론
① 정직성과 진실성	① 개념화 스킬	① 자아 인식
② 윤리적 기준을 전달하고 준수토록 하는 행동	② 부하 우선시	② 관계 투명성
③ 의사결정과 보상배분의 공정성	③ 감정 힐링	③ 균형 잡힌 정보처리
④ 친절하고 자비로우며 다른 사람들의 욕구와 감정을 배려하는 행동	④ 임파워먼트	**④ 내면화된 도덕적 신념**
	⑤ 부하들의 성장과 성공 지원	
	⑥ 윤리적 행동	
	⑦ 지역사회 가치 창출	

면의 세계에만 초점을 맞추고 있음을 확인할 수 있다.

서번트리더십이론은 윤리적 행동을 포함하고는 있지만, 다른 요인들을 많이 포함하고 있어 차이를 느낄 수 있다.

우리는 리더의 윤리적 행동이 그 어느 때보다도 중요한 시대를 살고 있다. 앞의 3장에서 배운 "리더 정체성"도 윤리와 밀접한 관계가 있다. 어떤 이론을 적용하기 전에 "나는 윤리적 리더다"라는 정체성을 마음속에 새기는 훈련이 먼저 이뤄져야 할 것이다.

본 장의 요점

❖ ESG, DEIB가 중요시되고 있다.

❖ 윤리적 리더는 불의에 맞설 용기를 갖지만, 비윤리적 리더는 그런 용기가 없다.

❖ Paper ethic(언론공개의 원칙)이 실무에서 유용하다.

❖ 윤리적 인간이 윤리적 관리자(moral person, moral manager)의 선행조건이다.

❖ 윤리적 리더십 4요인:

- 정직성과 진실성
- 윤리기준을 전달하고 준수토록 함
- 의사결정/보상분배 공정성
- 친절하고 타인의 욕구/감정을 배려함

❖ 비윤리적 리더는 구성원의 감정을 소진시킨다.

❖ 서번트리더십 7요인:

- 개념화 스킬
- 부하 우선
- 감정 힐링
- 임파워먼트
- 부하 성장/성공 지원
- 윤리적 행동
- 지역사회 가치창출

❖ 서번트리더십에 대한 찬성(예, 리더가 존경받는다)과 반대(예, 스타일이 익숙하지 않다)가 공존한다. 서번트리더십을 넘어 두름성 확보가 중요하다.

❖ 진성리더십 4차원:

- 자아인식
- 관계투명성
- 균형 잡힌 정보처리
- 내면화된 도덕적 신념

❖ 진성리더십은 적용할 수 있는 상황이 제한적이다.

흥분되면서도 난처한 장 팀장

리더십 토론의 시간 4

건설업의 공정관리 솔루션 개발 및 판매 사업을 하는 S-Solution사의 장 팀장은 솔루션개발팀장이다. S-Solution사는 업계 2위를 달리고 있다. 1위를 하는 H-Software 사는 기술적으로 상당히 앞서 있다.

어느 날, 장 팀장은 경쟁업체 H-Software에 다닌다는 송 차장이라는 사람으로부터 은밀히 만나자는 연락을 받았다. 밤이 늦은 시각 한적한 카페에서 만나자고 하여 나가봤더니 한참 망설이다가 USB를 건네는 것이었다. 송 차장이라는 사람은 그 USB에 H-Software가 자랑하는 Solution 프로그램이 들어있으며 그것을 잘 활용하면 H-Software를 금방 쫓아갈 수 있을 것이라고 말했다.

사실 장 팀장도 H-Software사의 Solution이 탁월하다는 사실을 누구보다 잘 알고 있는 터였다. 송 차장 말처럼 이것을 잘 활용하면 영업력이 강한 S-Solution이 1위로 올라서는 것은 시간문제라는 생각이 들었다. 또한 장 팀장 자신도 임원 되는 것은 받아놓은 밥상이나 다름없게 된다. 장 팀장은 흥분됐다. 그래도 이유는 알아야 할 것 같아서, 왜 그 엄청난 비밀을 넘겨주는지, 원하는 것은 뭔지 등을 물었다. 송 차장은 "H-Software에서 기여한 만큼 처우를 못 받아 한이 맺혀서 그렇다. 회사를 망하게 하고 싶다."는 대답만을 남기고 총총히 사라졌다.

흥분도 되고 난처하기도 한 장 팀장은 어떻게 해야 할지 고민에 빠졌다.

[토론과제 4] 장 팀장이 만약 확고한 윤리적 가치를 갖고 있다면, 위의 사례에서 어떤 선택을 해야 할까?

① 빨리 상사에게 보고하고 지시를 기다린다.

② 일단 프로그램 내용을 확인하고 내용이 사실이면 보고한다.

③ 송 차장에게 곧 바로 돌려준다.

④ 동료 팀장과 상의한다.

나의 리더십 진단 4

나의 윤리적 리더십 진단[16]

❋ 아래의 설문에 대해서 주어진 응답양식을 활용하여 답하시오.

〈응답 양식〉

1	2	3	4	5
별로 동의하지 않는다		보통이다		매우 동의한다

1. 나는 다른 사람들이 말하는 것을 경청한다.
2. 나는 윤리적 기준을 어긴 사람들은 규제해야 한다고 믿는다.
3. 나는 윤리적으로 생활하고 있다.
4. 나는 리더란 구성원들에게 최선의 이익이 돌아가도록 노력해야 한다고 생각한다.
5. 나는 공정하고 균형 잡힌 의사결정을 한다.
6. 나는 믿을 수 있는 사람이다.
7. 나는 비즈니스 윤리와 가치에 대해서 다른 사람들과 토론할 수 있다.
8. 나는 윤리적 측면에서 올바른 일을 선택할 자신이 있다.
9. 나는 성공을 정의할 때 최종 결과만이 아니라 그 과정도 중시해야 한다고 믿는다.
10. 나는 의사결정을 할 때, 윤리적으로 뭐가 옳은 일인지를 생각한다.

〈진단법〉 10개 항목에 응답한 결과를 다 합하면, 최하 10점에서 최고 50점이다. 50점에 가까워질수록 윤리적 리더십의 잠재력이 높은 사람이다.

리더십 Exercise 4

윤리적 리더십의 방해요인들

※ 한국의 어느 기업 CEO는 "한국에서 기업하면서 철저히 윤리적으로 행동하는 것은 불가능하다"고 말했다. 한국의 기업 전문경영인 CEO가 기업경영을 할 때, 윤리적 리더십을 제대로 발휘할 수 없도록 방해하는 요인들을 다섯 가지 찾아보자.

전문경영인 윤리적 리더십 방해요인	내 용
1.	
2.	
3.	
4.	
5.	

리더십 나누기 사례 4: 욕쟁이 최 상무의 갑질, 어떻게 못하게 할까?

우리나라 굴지의 IT회사에서 영업담당 상무를 맡고 있는 최 상무는 소위 욕쟁이 상무로 알려져 있다. 부하가 조금만 잘못하면 비아냥거림에 언어폭력이 날아온다. 사장이 소문을 듣고 최 상무에게 코치를 붙여줬는데 코치가 인터뷰하고 와서 아연실색할 정도다.

(최 상무 인터뷰에서) "나는 '성악설'(X이론)을 믿습니다. 하급자들은 통제와 감시의 대상이며, 확실한 징벌로 다스려야 합니다."

그런데 최 상무의 성과는 눈부시게 좋다. 지금까지 몇 년째 최고의 성과를 내고 있다. 사장이 애지중지할만하다. 부하들이 고객사와 협상을 잘못하여 너무 낮은 금액에 계약을 해오면 자신이 가지고 가서 금액을 배가시켜 재계약을 해오는 정도다. 사장은 문제가 있을 때마다 최 상무를 파견하여 해결하곤 한다.

하지만 최 상무는 부하들을 갖은 욕설과 협박으로 괴롭힌다. 수시로 마음에 들지 않는 부하들을 뽑아 다른 사업부로 보내거나, 사표를 받는다. 회의 때마다 부하들에게 욕으로 시작해서 욕으로 끝난다. 참다못한 부하들이 사장에게 탄원서를 냈다. 사장은 자기도 계속 얘기하고 있고 또 코치도 붙였으니 좀 기다려보자고 탄원서에 회신해왔다. 그러나 시간이 지나도 최 상무는 전혀 바뀌지 않았다. 급기야 부하들은 그룹사 회장실에 탄원서를 냈다. 사정이 이쯤 되자 최 상무는 진짜로 바뀌겠다는 각서까지 썼다. 자기 자신도 절대로 부하들에게 욕 안 하기로 다짐했다.

그런데 다음 날, 본부 회의에 들어가 부하들의 얼굴을 보자마자 욕설이 터져 나왔다. 사장이 다시 불렀다. 사장도 더는 못 참겠다는 듯이 강하게 말했다. 최 상무는 "저도 이젠 바뀌고 싶은데 부하들 얼굴 보기만 하면 자동으로 욕이 나옵니다. 저도 저를 어떻게 할 수 없어요. 진짜 화나네요."라고 자신의 사정을 말했다. 코치도 포기했다. 자기도 진짜 바뀌고 싶은데 안 바뀌어지는 자신을 보면서 최 상무도 난감해 한다.

[나누기 사례 문제 4-1] 최 상무의 비윤리적, 비인격적 욕설행동을 어떻게 그만두도록 바꿀 수 있을까? 가능한 방법들을 정리하시오.

[나누기 사례 문제 4-2] 욕쟁이 최 상무의 예에서 볼 때, 소위 상사의 "갑질"의 원인은 무엇이라고 할 수 있을까?

:: 주

1 Zanderer, D. G. 1992. Integrity: An Essential Executive Quality. *Business Forum*, 12-16.

2 Treviño, L. K., Brown, M. E., & Hartman, L. P. 2003. A qualitative investigation of perceived executive ethical leadership: Perceptions frm inside and outside the executive suite. *Human Relations*, 56(1): 5-37.

3 Brown, M. E., Treviño, L. K., & Harrison, D. A. 2005. Ethical leadership; A social learning perspective for construct development and testing. *Organizational Performance and Human Decision Processes*, 97(2): 117-134, p.120.

4 Brown, M. E., Treviño, L. K., & Harrison, D. A. 2005. Ethical leadership: A social learning perspective for construct development and testing. *Organizational Behavior and Human Decision Processes*, 97: 117-134.

5 Yukl, G., Mahsud, R., Hassan, S., & Prussia, G. E. 2013. An improved measure of ethical leadership. *Journal of Leadership & Organizational Studies*, 20(1): 38-48.

6 Hunter, E. M., Neubert, M. J., Perrey, S. J., Witt, L. A., Penny, L. M., & Weinberger, E. 2013. Servant leaders inspire servant followers: Antecedents and outcomes for employees and the organization. *Leadership Quarterly*, 24: 316-331.

7 Eva, N., Robin, M., Sendjaya, S., Van Dierendonck, D., & Liden, R. C. 2019. Servant leadership: A systematic review and call for future research. *Leadership Quarterly*, 30: 111-132.

8 Liden, R. C., Wayne, S. J., Meuser, J. D., Hu, J., Wu, J., & Liao, C. 2015. Servant leadership: Validation of a short form of the SL-28. *Leadership Quarterly*, 26: 256-269.

9 Meuser, J. D., & Smallfield, J. 2023. Servant leadership: The missing community component. *Business Horizons*, 66: 251-264.

10 Meuser & Smallfield, 2023. 앞 논문. 253쪽.

11 Kenton, W. 2022. https://www.investopedia.com/terms/s/servant-leadership.asp.

12 윤정구. 2015. *진성리더십*. 라온북스.

13 Neider, L. L., & Shriesheim, C. A. 2011. The authentic leadership inventory (ALI): Development and empirical tests. *Leadership Quarterly*, 22(6): 583-616.

14 예, Walumbwa, F. O., Luthans, F., Avey, J. B., & Oke, A. 2011. Authentically leading groups: The mediating role of collective psychological capital and trust. *Journal of Organizational Behavior*, 32: 4-24. (Retracted Paper)

15 여기서는, Yukl et. al.(2013)의 ELQ(Ethical Leadership Questionnaire)를 사용함.

16 Brown et al.(2005)에서 발췌 후, 개인 수준에 맞춰 수정함.

제5장 리드 미(Lead me!)

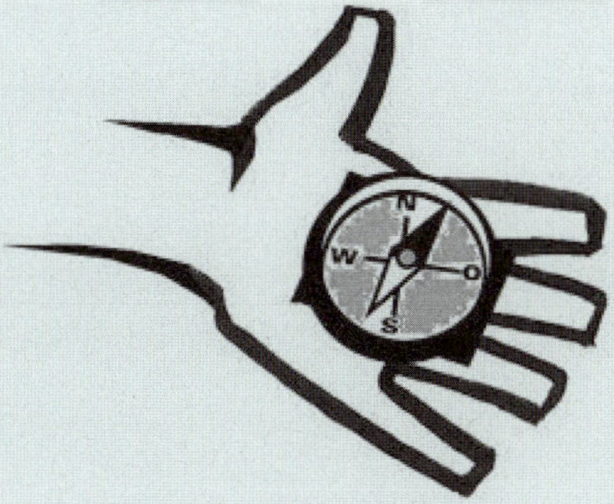

내가 나를 이끈다, 셀프리더십!
손안에 나침판 하나는 필수!

리더십 나누기 5-1: 효과적인 팔로워의 예 — AI vs. 실제

※ 〔1〕 openAI에서 "효과적인 팔로워의 예"를 들어달라고 했다. 아울러, 〔2〕 K사에 다니는 박종수 팀장에게 같은 질문을 던졌다. 두 답변을 아래의 표에 비교했다.

* openAI 질문: "Give me an example of an effective follower."

[1] openAI가 제시한 Sarah의 예	[2] 박종수 팀장이 선택한 효과적 팀원 고영진 님
① 적극적 참여	① 신속한 반응
② 독립적 사고	② 선제적 일처리
③ 지원적 태도	③ 강력한 추진력
④ 협력적 자세	④ 긍정적 태도
⑤ 목표에 대한 집념	⑤ 수용적 자세
⑥ 지속적 학습	⑥ 모나지 않은 성격

openAI의 답변은 다소 추상적, 원론적이고, 박 팀장이 말하는 고영진 팀원의 사례는 구체적이다.

✤ [나누기 문제 5-1] 위의 AI와 박 팀장의 답변에서 나타난 차이의 원인은 무엇인가?

본 장에서는 개인 중심의 이론들을 다룬다. 팔로워십이론, 셀프리더십이론, 그리고 수퍼리더십이론 등이다.

팔로워십이론은 팔로워 개인의 유형을 다루고, **셀프리더십이론**은 누구나 자기 자신을 이끌어 갈 수 있다고 가정하므로 개인 중심적이다. **수퍼리더십이론**은 개인 중심이라고 할 수는 없지만, 셀프리더십과 밀접히 관련되므로 같이 다루는 것이 바람직하다고 판단했다.

제 1 절 세상의 90%는 팔로워

세상을 이끄는 최고위 리더들은 0.1% 정도 된다.

예컨대, 우리나라에서 정부의 장 · 차관 이상, 기업의 임원급 이상, 군 장성, 대학 총학장, 교장 선생님, 스포츠팀 감독 등을 다 합치면 5,000만 인구의 0.1%인 5만 명 정도 된다. 200,000만 종업원을 가진 국내 그룹사의 임원이 약 200명 정도이므로, "0.1%의 법칙"에 대충 수렴한다.

조직에서 상 · 하의 비율을 약 1:10으로 치면, 제1팔로워(1st follower)가 500,000만 명, 그 아래의 제2팔로워는 500만 명이다. 0.1%의 최고위 리더와 그들을 떠받치고 있는 10%의 1, 2차 팔로워들이 나라와 조직을 이끌어가고 있다. 나머지 90%는 하위 팔로워들이다.

이렇게 볼 때, "세상의 90%는 팔로워"인데 왜 리더십만 중요시하느냐는 비판은 일리가 있다고 볼 수 있다.

1. 리더와 팔로워의 위상

흔히 우리는 리더는 위에 있고 팔로워는 아래에 있는 사람이라고 생각하기 쉽다. 하지만 경우에 따라 양자간의 권력관계는 매우 다양하게 나타난다. 특히 공식적 권력관계와 더불어 비공식적인 관계까지를 고려하여 양자의 관계를 분석해 보면 누가 더 큰 권력을 갖는지를 보다 뚜렷이 관찰할 수 있다.

리더와 팔로워의 위상을 세 가지로 살펴볼 수 있다. 첫째는 리더가 팔로워들에게 절대권력을 갖는 경우이다. 팔로워들은 리더의 강력한 통제를 받으며 그의 명령에 절대적으로 복종한다. 둘째는 리더와 팔로워들의 권력관계가 동등한 경우이다. 이 경우에는 서로 협상을 통해서 평화적 질서를 유지하든가 아니면 심각한 갈등으로 대치하기도 한다. 또한 서로간에 파트너십을 구축하여 공유된 목표를 추구하는 좋은 관계로 발전할 수도 있다. 셋째는 리더가 팔로워들에 의해서 통제되는 경우이다. 권력관계의 역전이라고 볼 수도 있다. 리더가 팔로워들의 눈치를 보고 자신의 생각을 원하는 대로 실현하기 힘든 상태이다.

리더와 팔로워들 간의 이러한 권력위상을 그림으로 표현하면 〔그림 5-1〕과 같이 나타낼 수 있다.

〈A〉 **리더지배형**은 아래에 기록된 '민수의 일기'에 잘 나타난다. 민수는 13살인데 어느 날 일기장에 아빠에 대해서 다음과 같이 적었다.

그림 5-1 리더-팔로워들 간의 권력위상

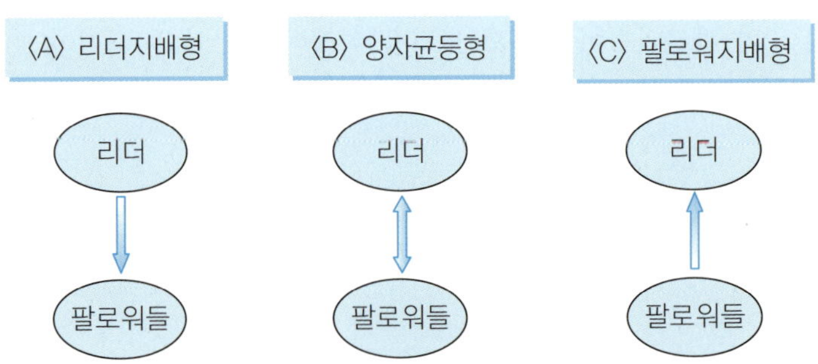

"(2023년 6월 25일 맑고 더움) 아빠가 무섭다. 무슨 일을 했는데 아빠의 마음에 들지 않으면 혼날 각오를 해야 한다. 아빠가 시키는 것은 꼭 해야 한다. 나는 사실 싫으면서도 해야 하는 일이 많다. 모든 식구들이 다 이 모양으로 산다. 엄마도 아빠에게는 꼼짝 못하신다. 아빠는 목소리가 얼마나 큰지 한번 '꽥' 하면 천장이 무너질 것 같다. 식사도 아빠가 원하는 것을 먹어야 한다. 내일 친구들과 함께 꼭 PC방에 가고 싶은데 아빠는 분명히 못 가게 할 것이다. 그래도 엄마는 내 편이니까 엄마한테 조심스럽게 졸라봐야겠다. 조금 민주적인 가족이었으면 좋겠다."

〈B〉 **양자균등형**은 서로 대치하든가, 협상을 통해서 권력을 나누든가, 아니면 파트너십을 발휘하여 공동의 목적이나 공유된 비전을 달성하기 위해서 나아갈 수도 있다. 가장 바람직한 것은 파트너십 관계일 것이다. 누가 누구를 지배하기보다는 공유된 비전이나 목표를 위해서 서로 존중해 가면서 함께 노력해 가는 관계이다. 양자균등형은 동업자를 예로 들 수 있다. 인류 최초로 비행기를 만든 라이트 형제(Wilbur and Orville Wright)나 벤&제리 아이스크림의 공동창업자 벤 코헨과 제리 그린필드(Ben Cohen and Jerry Greenfield)가 좋은 예일 것이다. 국내 기업 중에서도, 지금은 LG와 GS로 갈라선 구씨 일가와 허씨 일가의 공동창업이 좋은 예가 될 수 있다.

사실, 리더와 팔로워 간에 힘을 나누자는 것은 최근 유행처럼 인기를 끌고 있다. 이들은 다양한 리더십 이름으로 불린다.: Co-leadership, shared leadership, collective leadership, dual leadership, team leadership, distributed leadership 등. 이들의 공통점은 리더의 역할을 혼자 하도록 하지 말고 나눠서 하자는 것이다. 즉 양자균등의 사상을 가정하고 있다고 해석할 수 있다.

하지만, **양자균등의 팔로워십은 역할갈등이 발생하고, 의사결정이 지연되며, 커뮤니케이션에 문제가 생길 수 있다.** 이러한 문제를 극복할 수 있는 몇 가지 대비책을 제시한다.

• 목표를 함께 설정하라
• 지식과 정보를 자유롭게 나눠라
• 역할과 책임을 명확히 하라
• 성공한 일뿐 아니라 실패한 경험도 오픈하라

양자균등형은 권력이 어느 한쪽으로 기우는 경우에 보다 성공하기 힘들다. 그만큼 큰 노력과 훈련이 요구된다.

〈C〉 **팔로워지배형**은 팔로워가 오히려 리더를 이끌어 가는 관계이다. 이러한 관계가 좀 어색하게 느껴질 수도 있지만 현실적으로 많은 사례들을 찾아볼 수 있다. 이런 역전현상이 발생하는 것은 여러 가지 이유 때문이다. 리더가 전문성이 모자라 팔로워들에게 의지함으로써 발생하기도 하고, 리더의 비리나 부정의 증거를 팔로워들이 가지고 있으면서 리더를 협박하는 경우에 발생할 수도 있다. 아니면 이슈에 따라서는 리더가 팔로워들에게 완전히 위임해 줌으로써 팔로워들이 자유재량을 가지고 리드해 나아가는 경우도 있다.

그러나 이러한 리더와 팔로워들의 관계는 획일적으로 한 가지 유형을 띠는 것으로 규정할 수는 없다. 상황에 따라, 또 이슈에 따라 리더와 팔로워 간의 주도관계가 바뀔 수 있다. 이것은 자연스러운 현상이다.

2. 2인자 팔로워십

삼국지에 나오는 촉나라의 유비와 제갈공명, 제3공화국 시대의 박정희 대통령과 김종필 씨 등의 관계에 있어 공통점은 바로 리더와 2인자 관계라는 사실이다. 모든 인간관계에서는 리더가 있으면 2인자가 있게 마련이다. 교장과 교감, 사장과 부사장, 야구 감독과 코치, 장관과 차관 등과 같이 공식적으로 2인자의 자리가 구축되어 있는 경우도 있지만, 그렇지 않은 비공식적인 관계에서도 리더와 2인자의 관계는 어떤 형태로든지 형성되는 것이 일반적이다.

그렇다면 2인자는 어떤 자세를 가지고 어떻게 행동하는 것이 바람직할까? 사실 2인자의 자리는 쉽지 않은 자리다. 2인자가 너무 나서든가 돋보이면 리더의 이미지가 죽는다. 그렇다고 2인자가 너무 소극적이면 리더가 답답해 한다. 2인자가 조직의 하부조직을 장악하고 리더를 따돌리면 리더가 레임덕이 되기도 한다. 항해를 하는 큰 배에서 2인자가 선장에 대해서 이러한 태도를 취하면 선상반란이 된다.

여기에서는 중국 법가 사상의 대표격인 **한비자(韓非子)가 제시하는 군주와 신하의 올바른 관계 맺기**에 관한 제안을 현대식으로 바꿔 리더와 2인자 관계에 적용해본다. B.C. 250년경에 쓰여진 내용이지만 오늘날에도 충분히 교훈이 될만하다.

한비자는 추종자나 2인자들이 제대로 보필할 수 있도록 하기 위해서 리더가 갖춰야 하는 법도를 아래와 같이 7가지로 제시하였다.[1]

[법도 1] 리더(군주)는 추종자들(2인자들; 신하들)이 자유롭게 말할 수 있게 해야 한다.

((난언(難言 : 말하기 어려워하는 것) 극복 노력)

"추종자들(2인자들)은 리더에게 말하기를 어려워한다. 리더는 난언(難言)을 헤아려 그들의 말문을 열게 해야 한다. 리더는, 추종자들(2인자들)이 지나치게 유창하게 설명하면 실속이 없다고 하고, 조심하고 신중하면 서투르다고 하며, 지나치

리더십 나누기 5-2: 제2바이올린

오케스트라에서 제1바이올린을 뽑는 것보다 제2바이올린을 뽑는 것이 더 어렵다. 왜냐하면 가장 좋은 연주를 하기 위해서는 제2바이올린의 능력이 제1바이올린을 받쳐줄 수 있을 만큼 되어야 하고, 무엇보다도 실력이 비슷한 제2바이올린 연주자가 너무 앞서지 않으면서 제1바이올린을 받쳐줄 수 있는 겸손함이 있어야 하기 때문이다.

✠ [나누기 문제 5-2] 오케스트라의 제2바이올린에 관한 위의 이야기는 리더와 2인자의 관계가 어떠해야 하는지를 상징적으로 잘 보여준다. 그렇다면 잘못된 2인자의 사례를 3가지만 찾아보자.

표 5-1 (한비자) 2인자를 위해서 리더가 지켜야 할 7가지 법도

[법도 1] 리더는 2인자들이 자유롭게 말할 수 있게 해야 한다.

[법도 2] 리더는 지혜와 능력이 탁월하더라도 마음을 비우고 고요함을 유지해야 한다.

[법도 3] 리더는 형벌(刑罰)과 덕(德)의 두 개의 칼자루를 적절히 활용할 줄 알아야 한다.

[법도 4] 리더는 거울이나 저울처럼 형평을 유지해야 한다.

[법도 5] 리더와 2인자는 욕망을 같이 하면서 직분은 달리하는 사이이다.

[법도 6] 리더가 2인자의 의견을 들을 때는 실제 효용을 목표로 삼아야 한다.

[법도 7] 리더와 2인자는 교류할 때 서로 존중해야 한다.

게 간략히 얘기하면 말재주가 없다고 여긴다. 지나치게 구체적인 수치를 들면 소견이 좁다고 하고, 아름다운 어휘를 사용하면 아첨한다고 하며, 조금 추상적인 얘기를 하면 엉터리라고 하고 사실에 바탕을 두어 있는 그대로 알리면 천하다고 한다. 그러므로 추종자들(2인자들)은 리더 앞에만 서면 주눅이 드는 것이다. 리더는 그들의 개성을 헤아려 토론이 활성화되게 해야 한다."

[법도 2] 리더는 지혜와 능력이 탁월하더라도 마음을 비우고 고요함을 유지해야 한다. (허정(虛靜)의 유지)

"리더는 하고자 하는 바를 드러내지 않는다. 리더가 하고자 하는 바를 내보이면, 추종자들(2인자들)은 그 의도에 따라 잘 보이려고 스스로를 꾸밀 것이다. 리더가 좋아하고 싫어함을 드러내지 않으면, 지혜로운 자들이 자신의 지략을 모두 사용하게 되고 리더는 그에 따라 일을 결정하게 되므로 리더의 지혜는 무궁무진하다. 이렇게 하면, **현명하지 않은 리더라도 현명한 자를 거느릴 수 있고 지혜가 없더라도 지혜로운 자의 우두머리가 될 수 있다.** 그러므로 리더가 먼저 말해서는 안 되고, 추종자들(2인자들)이 충분히 자신의 의견을 말할 때까지 마음을 비우고 기다려야 한다."

[법도 3] 리더는 형벌(刑罰)과 덕(德)의 두 개의 칼자루를 적절히 활용할 줄 알아야 한다. (두 칼자루(二柄)의 활용 ; 병(柄) = 칼자루)

"추종자, 하급자들은 벌을 두려워하지만 한편으로는 포상을 바란다. 그런 까닭에 리더가 직접 형벌과 포상을 관장해야 추종자, 하급자들이 이로운 쪽으로 행동하게 된다. 리더가 형(刑)과 덕(德)을 2인자에게 주어 사용하게 하면, 리더는 2인자의 통제를 받게 된다."

[법도 4] 리더는 거울이나 저울처럼 형평을 유지해야 한다. ((형평(衡平)의 유지)

"거울은 흔들림 없이 맑은 상태를 유지해야 아름다움과 추함을 비교해 낼 수 있으며, 저울은 흔들림 없이 정확함을 유지해야 가벼움과 무거움을 그대로 잴 수 있다. 거울을 흔들면 분명하게 나타낼 수 없고, 저울을 흔들면 바르게 잴 수 없다."

[법도 5] **리더와 2인자는 욕망을 같이 하면서 직분은 달리하는 사이이다.** (일심이체(一心二體)의 정신)

"한 손으로만 박수를 치면 비록 빠르게 칠지라도 소리가 나지 않는다. 오른손으로 원을 그리고 왼손으로 사각형을 그리면 양쪽 다 이룰 수 없다. 천근 무게가 나가는 물건도 배에 실으면 뜨지만, 한 근도 안 되는 가벼운 물건도 배가 없으면 가라앉는다. 그러므로 리더는 지위가 안정되고 2인자가 같은 마음으로 함께 지켜줌으로써 존중되며, 2인자는 자신의 장점이 인정되어 능력을 전부 발휘할 때 기대 이상의 성과를 낸다."

[법도 6] 리더가 2인자의 의견을 들을 때는 실제 효용을 목표로 삼아야 한다. (실효성(實效性)의 추구)

"무릇 박이 귀한 까닭은 물건을 채울 수 있기 때문이다. 두껍지만 뚫지 못하는 박은 물건을 채우는 중요한 역할을 할 수 없고, 돌처럼 견고하면 그것을 갈라 물을 뜰 수 없다. 그런 박은 필요가 없다. 그러므로 리더는 매사에 실효성을 중시하여 무엇인가 담을 수 있는 실효성 있는 박을 생산하도록 2인자와 하급자들을 훈련시켜야 한다."

[법도 7] 리더와 2인자(추종자, 하급자)는 교류할 때 서로 존중해야 한다. (상호 존중의 태도)

"**자랑스러워 하는 것은 칭찬해주고 부끄러워 하는 부분은 감싸줘야 한다**. 개인적으로 급히 하고자 하는 일에 대해서는 그 일이 공적 타당성이 있음을 보여주어 꼭 하도록 권해야 하며, 고상한 계획이 있으나 실제로 이룰 수 없는 경우, 그 일의 허물을 들춰내고 해로움을 내보여 실행하지 않는 편이 좋다고 해야 한다. 위험하고 해로운 일이라는 것을 설명하고자 할 때는 반드시 세상의 비난이 있을 것이란 점을 알려야 하며, 상대방이 마음속으로 비천하다고 느끼지만 하지 않을 수 없는 일이 있을 때는 그 일이 아름답다고 꾸며주고 하지 않는 것이 애석한 일임을 표현해야 한다."

한비자는 나아가 리더를 위협하는 2인자들의 다섯 가지 행동들을 적고 있다. 이들은 다음의 〈표 5-2〉와 같다.

표 5-2 리더를 위협하는 2인자의 5가지 행동들

1. 2인자가 리더의 눈과 귀를 가리는 것
2. 2인자가 국가나 조직의 재정을 장악하는 것
3. 2인자가 리더의 허락 없이 마음대로 명령을 내리는 것
4. 2인자가 제멋대로 국민이나 조직의 구성원들에게 선행을 베푸는 것
5. 2인자가 개인적으로 패거리를 모으는 것

1. 켈리(Kelley)의 팔로워십 유형

켈리라는 학자는 오늘날의 사회는 필요 이상으로 리더를 숭배하는 잘못된 문화에 젖어 있다고 비판한다. 최고경영자, 엘리트 관료, 노동조합 지도자 등 숭배의 대상이 되는 리더들은 권력과 돈, 그리고 명예를 독차지할 뿐 아니라 절대권력을 행사하며 개인적 실수나 몰인격의 문제 또는 다른 사람들에게 미친 피해 등에 대해서는 은근슬쩍 피해가고 어떤 때는 오히려 그런 것들을 덕목으로 변신시키면서 신화를 지켜간다는 것이다. 그러나 조직성과에 더 크게 기여하는 것은 팔로워들이므로 리더보다는 팔로워들을 키우기 위하여 더욱 노력해야 한다는 것이 켈리의 주장이다.[2]

팔로워(follower)는 본래 '돕다, 후원하다, 공헌하다'라는 뜻의 고대 독일어 'Follaziohan'에서 유래하였다. **리더(leader)의 고대 독일어는 '참다, 고통 받다, 견디다'라는 뜻**이었다. 그러므로 팔로워는 '남의 도움을 필요로 하는 리더를 돕는 존재'라는 뜻이 된다. 이처럼 리더와 팔로워는 어원으로 볼 때 동등한 관계였다.[3] 그러다가 근대에 들어 적자생존의 논리가 사회를 지배하기 시작하면서 리더는 승

그림 5-2 팔로워와 리더

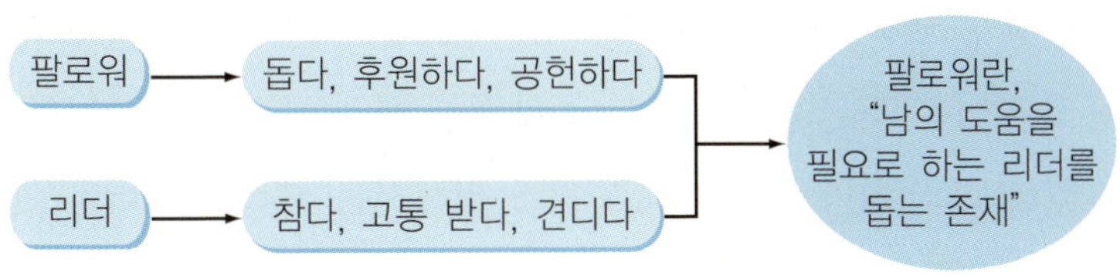

*독일어 고어에서는 리더란 '참고 고통 받는 존재였다'라는 사실이 이채롭다.

그림 5-3 켈리의 팔로워십 유형

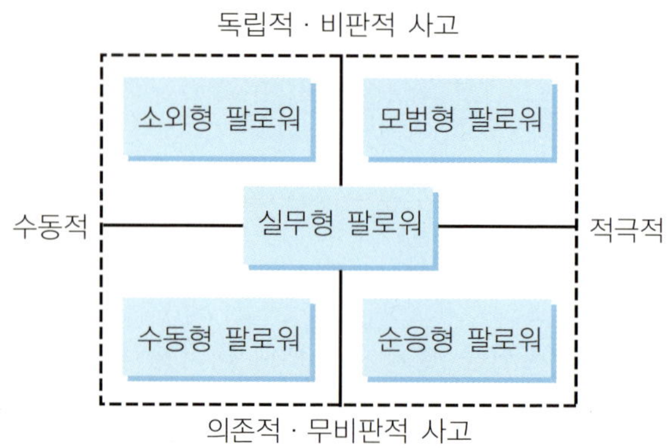

자로 위에 서고 팔로워는 패자로서 부하라는 위계질서 관념이 사람들의 머릿속에 자리잡게 되었다.

켈리는 리더와 팔로워들을 대상으로 집중면담을 실시한 뒤, 〔그림 5-3〕과 같은 팔로워십 모델을 개발하였다. 이 그림에서 X축은 팔로워의 자세가 '수동적인가 적극적인가'를 나타내는 축이며, Y축은 팔로워의 사고방식이 '의존적 무비판적인가, 독립적 비판적인가'를 나타내는 축이다.

〔그림 5-3〕은 소외형, 순응형, 실무형, 수동형, 모범형 등 다섯 가지 팔로워 유형을 제시하고 있다. 이중에서 모범형 팔로워가 되는 것이 가장 바람직하다. 이들 각각이 무엇을 의미하는지를 살펴보자.

우선, **소외형 팔로워**는 독립적이고 비판적 사고는 잘하지만 역할수행에 있어서 적극적인 태도는 보여주지 못하는 유형이다. 리더를 비판은 하면서도 스스로 노력을 하지는 않는, 불만족한 침묵으로 일관하는 모습을 보인다. 이들은 초기에는 모범형 팔로워였으나 어떤 계기로 말미암아 리더와의 관계가 악화된 경우가 많다. 소외형은 자신을 리더로부터 부당한 대우를 받는 희생자라고 규정하는 경향이 있다. 소외형이 모범형으로 되기 위해서는 자신이 리더로부터 불공정한 대우를 받는다는 인식을 극복하는 것이 선결과제이다. 독립적이고 비판적인 사고는 유지하는 것이 바람직하므로 긍정적 인식만 회복을 하면 적극적 참여와 기여가 가능해진다.

순응형은 생각은 모자라지만 착하고 열심히 참여하는 스타일이다. 이들은 독립적 사고가 부족하여 항상 리더의 판단에 지나치게 의존하려는 성향을 띤다. 가정, 학교, 직장 등 사회가 전반적으로 순응을 장려하는 분위기에 젖어 있을 때 이러한 팔로워들이 많이 산출된다. 또한 전횡적 리더들은 자신의 권력욕을 충족시키기 위해서 'Yes-Man' 스타일의 순응형 추종자들을 장려한다. 모범형이 되기 위해서는 독립적이고 비판적 사고를 기르고 그것을 사용할 수 있는 담력을 키울 필요가 있다. 대립에 대한 두려움을 벗고 리더로부터 독립할 수 있는 힘을 길러야 한다.

실무형 팔로워는 별로 비판적이지 않으며 리더의 결정에 의문을 품기는 하지만 자주 그렇지는 않다. 시키는 일은 잘 수행하지만 그 이상의 모험을 하지는 않는 스타일이다. 대립은 가급적 억제하고 실패했을 때를 대비한 해명자료를 항상 준비해 놓는다. 모범형이 되기 위해서는 우선 목표를 정하고 다른 사람들의 신뢰를 회복할 수 있도록 해야 하며 다른 사람들의 목표달성을 돕는 데서 시작하는 것이 바람직하다. 비율로 봤을 때, 실무형이 제일 숫자가 많다고 한다.

수동형 팔로워는 생각도 하지 않고 열심히 참여도 하지 않는 스타일이다. 모범형과는 정반대의 위치에 존재하는 스타일이다. 책임감이 부족하고 솔선수범하지 않으며 리더가 지시하지 않으면 움직이지 않는다. 이런 스타일은 팔로워십의 진정한 의미를 새로 배워야 한다. 스포츠게임의 관중의 자세를 버리고 선수로 참여하려는 자세가 필요한 스타일이다. 수동형이 많으면 리더십을 발휘하기도 매우 힘들어진다.

끝으로, **모범형**의 경우는 스스로 생각하고 알아서 행동할 줄 아는 스타일이다. 혁신적이고 독창적이며 건설적 비판을 내놓을 줄 아는 유형으로 잘못되었을 경우 리더와도 용감히 맞설 줄 아는 면모를 갖춘 팔로워이다. 이들은 자신이 맡은 일뿐만 아니라 모든 면에서 적극적인 자세를 보인다. 특히, 이들은 일에 대해서 헌신하고 집중하는 모습을 보이며, 일을 추진할 때는 결정적인 방법을 찾아내어 공략할 줄 아는 능력을 갖고 있다. 또한 조직에서 자신의 가치를 높일 줄 아는 지혜도 갖는다.

이상에서 살펴본 바와 같이, 조직원들이 팔로워로서 모범형의 바람직한 자세를 갖도록 하는 것은 좋은 리더십을 발휘하도록 하는 것 못지않게 중요하다. 그러나 팔로워십의 내용과 리더십의 내용이 매우 비슷하므로 팔로워십과 리더십을 같은 것으로 보려는 학자들도 많다.

2. 팔로워십을 넘어서

조직의 성과를 높이는 데 있어서 팔로워십만 중요한 것이 아니다. 팔로워들의 스타일도 중요하지만 팔로워들이 어떤 특성(성격, 가치관 등)을 가진 사람들로 구성되어 있는가도 못지않게 중요하다. 이것은 곧 **리더와 팔로워 간에 성격 등의 특성에 있어서의 적합 여부도 중요하다**는 의미이다.

팔로워들은 하나의 팀을 이루어 과업을 수행하게 된다. 이들은 서로간에 협력도 하지만 경쟁도 한다. 서로 한마음이 되어 목표와 비전을 달성하기 위해서 함께 노력하도록 만드는 것이 중요하다. 그러므로 성격적 측면이나 가치관 차원에서 조화를 이룰 수 있도록 배치하고 파괴적 경쟁의 함정에 빠지지 않고 서로 협력할 수 있도록 조직 분위기를 만들어 가는 노력이 요구된다.

무엇보다도 팔로워들은 장차 리더의 직위를 물려받을 사람들이다. 팔로워로서 바람직한 스타일을 갖추어 행동하는 연습을 해두면 리더의 직위를 맡았을 때 더 좋은 리더십을 발휘하는 데 큰 도움이 된다. 또한 자신의 성격적 특성 때문에 함정에 빠지지 않도록 자신을 잘 관찰하여 관리하는 노력도 요구되며, 진취적이고 합리적인 가치관을 갖추는 것도 장차 효과적인 리더십을 발휘하기 위해서 준비해야 하는 요소이다. 이런 관점에서 보면, 올바른 팔로워십을 발휘한다는 것은 미래를 위해서도 소홀히 할 수 없는 사항이다.

리더십 나누기 5-3: 리더를 죽이는 팔로워십

※ 팔로워임을 거부하는 팔로워

조직에서 자신이 팔로워 본연의 역할을 하기보다는 마치 리더인 양 생각하고 행동하는 사람들이 있다. 이들은 리더가 내리는 의사결정에 대해 감정적으로 반발하거나 비판하는 경우가 있다. 리더와 팔로워는 나름대로 해야 할 역할이 다른데 팔로워들이 모두 리더의 역할만을 원한다면 조직이 원활히 굴러갈 수 없다.

※ '여기는 내 땅', 텃세형 팔로워

리더의 자리에 처음 오르거나 새로운 조직을 맡게 된 병아리 리더를 대상으로 소위 '텃세'를 부리는 유형이다. 텃세형 팔로워는 병아리 리더의 실수를 감싸거나 리더가 새로운 환경에 적응할 수 있도록 도움을 주기보다는 텃세부리기와 같은 행동으로 리더가 발붙일 틈을 주지 않는다. 초기에 팔로워들이 리더를 제대로 받쳐주지 못한다면 병아리 리더는 잠재되어 있는 리더십을 채 발휘해보지도 못하고 자리에서 물러날 가능성이 높다.

※ 불평불만형 팔로워

리더에 대한 불만을 여기저기 퍼뜨려 리더의 부정적인 이미지를 형성함으로써 조직 안팎에서 리더십을 훼손하는 유형이다. 이런 팔로워들은 불만이 있을 경우, 리더와 직접 대면하여 이야기하고 건설적인 방향으로 문제를 풀려 하기보다는 주변 사람과 이야기하면서 불만을 해소하려는 경향이 있다. 이는, 리더는 물론 회사나 팔로워 자신에게도 도움이 되지 않는다.

※ 예스맨형 팔로워

리더에게 항상 듣기 좋은 말만을 하거나 리더나 회사에 대한 부정적인 정보를 의도적으로 차단함으로써 리더를 현실로부터 괴리시키는 유형이다. 이러한 유형은 리더의 바른 생각과 합리적 경영을 가로막거나 자신의 이익만을 챙긴다. 또한 조직 내에서 파벌을 만들어 팀워크를 저해하는 경우도 있다.

※ 시키는 것만 하는 팔로워

자신에게 주어진 일은 나름대로 성실하게 수행하나, 그 이상의 창의적인 생각이나 적극적인 행동은 하지 않는 유형이다. 이들은 충분한 역량을 가지고 있으면서도 조직에 대한 주인의식이나 리더에 대한 애착이 부족하다. 회사를 위한 적극적인 의견 개진 또는 개선활동이나 자신의 업무영역을 넘어서는 추가적인 노력이 드는 일에는 소극적인 태도를 보인다.

〈출처: '주간경제, 818-9호. 2005년 2월 7일. 한상엽'에서 발췌〉

✖ [나누기 문제 5-3] 위의 리더를 죽이는 팔로워 유형 각각에 대해서 리더는 어떻게 대처하는 것이 바람직할까?

제 3 절 셀프리더십과 수퍼리더십

셀프리더십(Self-Leadership)이란 세상이 나를 지배하도록 방치하는 것이 아니라, 내가 내 스스로를 통제해 나아가도록 하는 것이다. 셀프리더십은 '개인이 자기 자신에게 영향을 미치는 지속적인 과정'이라고 정의된다. 반면에 수퍼리더십(SuperLeadership)이란 다른 사람들을 셀프리더로 만드는 리더이다. 리더육성에 초점을 맞춘 이론이라고 볼 수 있다. 이렇듯, 셀프리더십과 수퍼리더십은 불가분의 관계에 있다. 이들이 구체적으로 무엇을 뜻하는지를 알아보자.

1. 셀프리더십의 개념

리더는 다른 사람들을 이끌려 하기 전에 자기 스스로부터 제대로 이끌 줄 알아야 한다는 것이 셀프리더십이론이 주장하는 주요 내용이다. 만즈(Manz)는 셀프리더십의 내용을 다음의 몇 가지로 요약 제시하고 있다(〈표 5-3〉 참고).[4]

〈1〉 **자기관찰**이란 '언제, 왜, 어떤 상황에서 내가 특정한 행동을 보이는가'를 알아보는 것이다. 예컨대, 하루 종일 하는 일없이 시간만 낭비하면서 지낸다고 느

표 5-3 셀프리더십 6요인

〈1〉 자기관찰	〈2〉 힌트전략	〈3〉 자기목표설정
〈4〉 자기보상	〈5〉 자기벌칙	〈6〉 연습

껴지면 '나의 나태함'에 대해서 언제부터, 왜, 어떤 경우에 나의 나태함이 나타나는지를 연구하여 스스로를 바로잡는 것이다.

효과적 자기관찰과 변화의 포인트를 찾아내는 일은 '자기관찰기록'을 통해서 이루어질 수 있다. 작은 카드나 패드를 사용하여 자신의 행동을 상세하게 기록해 보자. 자기 관찰기록에 기초하여 다양한 변화전략을 개발해낼 수 있다. 〈표 5-4〉

표 5-4 자기행동관찰기록의 예

〈김찬호 과장의 자기관찰기록표〉

[구호: "나는 나의 유일한 리더다!!!"] 〈2023년 6월 첫 주: 6/1-6/6〉

행동의 내용	발생 일자 및 시간	왜(외부적, 내부적 이유)	문제점, 장점과 강화방안
1. 과도한 음주 (소주 5병, 6시간)	6/3일 저녁 7시-새벽 2시까지; 3차까지 감.	팀 회식; 팀장이 술이 고래라서 빠져 나오기 힘듦.	1. 술을 너무 좋아한다. 2. 술로는 질 수 없다는 오기를 부리지 말자. 3. 팀 분위기 바꿀 수 없을까?
2. 순발력 있는 대응 (상무가 불시에 조직개편의 대안을 물음; 아무도 말 못할 때 대안 제시해 칭찬받음)	6/4일 오후 3시; 상무의 팀 순방 회의에서.	평소에 조직체제에 대해 많이 연구해 둠. '기업경영연구회'에 꾸준히 참가한 결과.	1. 다른 주제들에 대해서도 폭넓게 연구하자. 2. 현실적으로 중요한 연구주제 선정이 필요. 3. 업무가 바빠 요즘 소홀한 것 반성.
3. 성진우 과장과의 갈등(성 과장의 이기적 행동을 직접 나무랐다가 반발로 언쟁함)	6/5일 오전 11시; 팀월례 회의에서, 팀장이 중재했지만 아직도 앙금 있음.	성 과장은 항상 남 생각을 안 한다. 다른 팀과의 조율이 안 끝난 이슈를 밀어붙이면 나중에 반드시 탈날 텐데.	1. 그렇더라도 직설적으로, 공개적으로 성 과장을 공격한 것은 너무 했다. 2. 평소에 별로 소통이 없었기 때문. 3. 유연하면서도 스마트하게 일을 처리하는 방법 습득해야겠다.

* 주별로 작성하든가, 일별, 월별로 할 수도 있다.

와 같은 표를 사용하면 도움이 많이 될 것이다. 각자 자신의 처지와 습관에 맞는 자기행동관찰기록법을 개발하여 활용하는 것이 바람직하다.

〈2〉 **힌트전략**이란 중요한 것을 잘 기억해 내고 관심을 집중하기 위해 포스트잇이나 점검표와 같은 물리적 도우미를 활용하는 전략이다. 어떤 사람은 중요한 것을 잊지 않고 연상하기 위해서 손가락에 고무줄이나 실을 묶어 둔다고 한다. 하지만 가장 많이 쓰는 방법은 "할 일 목록"(To-do list)을 만들어 사용하는 것이다. 이것은 기억촉진과 관심집중의 역할을 한다. 공장에서 사용하는 안전기록표, 역할모델의 사진 부착, 화장실의 청결점검표 등은 우리에게 무엇이 중요한지를 알려주고 관심을 집중하도록 하는 힌트전략의 예에 해당한다.

〈3〉 **자기목표설정**은 우리를 안전한 곳, 바람직한 곳으로 인도하는 역할을 한다. 열심히 앞만 보고 달려갔는데 끝에 벼랑이라고 생각해보자. 명백하고 구체적인 목표 없이 달려가다 보면 위험한 곳, 원하지 않는 곳에 이를 수도 있다. 또한 필요하지 않은 행동, 비효율적인 방법을 따르는 결과를 가져오기도 한다.

〈4〉 **자기보상**이란 자신이 일을 잘했다고 판단될 때 스스로에게 보상을 주는 것을 뜻한다. 자기보상은 자기 자신을 새로운 성취, 새로운 목표로 이끄는 데 있어 가장 강력한 방법이다. 자신의 바람직한 행동에 대해서 스스로 긍정적인 물질적, 정신적 보상을 부여함으로써 다음 행동에 영향을 미치게 된다. 자동차 판매원 김달수 씨는 큰 계약을 치를 때마다 스스로 멋진 저녁식사를 즐긴다고 한다.

〈5〉 셀프리더십을 통해서 자신을 바람직한 방향으로 이끌어 가는데 있어 효과적인 방법 중 하나가 **자기벌칙**을 활용하는 것이다. 하지만, 사람들이 자기벌칙을 너무 많이 사용하여 습관적 죄의식과 불필요한 자기비판의 함정에 빠지곤 한다. 이것은 결국 동기유발과 창의성에 부정적 결과를 가져온다. 그러므로 파괴적 자기벌칙이 아니라 건설적 자기벌칙을 활용할 줄 알아야 한다. 자기보상이 바람직한 행동을 강화시키는 것이라면 자기벌칙은 부정적 행동을 감소시키는 것이다.

〈6〉 **연습**은 자기 자신을 실질적으로 변화시키는 전략이다. 2016년 작고한 전설적인 세계 프로복싱 챔피언이었던 무하마드 알리(Muhammad Ali)는 연습의 중요성을 다음과 같이 말한 바 있다.

> “**경기의 승부는 눈에 보이지 않는 데서 결정 난다.** 조명 아래서 내가 춤추기 전(알리는 링에서 춤추듯 스텝을 밟는 아웃복서로 유명했다. ‘나비처럼 날아서 벌처럼 쏘겠다’는 유명한 말을 남겼다), 이미 링 밖에서, 체육관에서, 그리고 로드 훈련에서….”[5]

이상에서 우리는 셀프리더십의 6가지 핵심 요인들을 살펴보았다. 매우 현실성이 있고 적용하기 쉽기 때문에 누구나 시도해 볼만한 내용이다. 리더는 다른 사람을 이끌려 하기 전에 자신을 이끄는 셀프리더가 되어야 한다는 관점이 많은 사람들에게 매력적인 주장으로 받아들여지고 있다.

2. 수퍼리더의 역할

수퍼리더십이론은 추종자들이 자기 자신을 리드할 수 있는 역량과 기술을 갖도록 하는 리더십(즉 하급자를 셀프리더로 만드는 것)을 의미한다.[6] 적어도 개념적으로는 수퍼리더는 추종자들의 셀프리더십을 완성하는 순간 리더로서의 역할이 끝난다. 하급자를 셀프리더로 만드는 것이 수퍼리더의 유일한 역할이기 때문이다. 배스(Bass)라는 리더십 학자도 **수퍼리더십은 “대체하기 위해서 필요한 리더십”**이라고 주장하였다.[7]

수퍼리더십이론을 제시한 만즈와 심즈(Manz & Sims, Jr.)는 수퍼리더에 이르는 7단계를 〔그림 5-4〕와 같이 제시하였다.[8]

수퍼리더가 되는 **〈제1단계〉**는 우선 수퍼리더가 되려는 사람 자신이 셀프리더가 되는 것이다. 다른 사람을 이끌기 전에 자기 자신을 이끌 줄 알아야 한다. 앞에서 우리는 셀프리더가 되는 6가지 행동법칙을 학습하였다. 이러한 행동법칙을 상시화하기 위해서는 일 자체로부터 보람을 느낄 수 있도록, 즉 일로부터 내재적 보상을 받을 수 있도록 스스로 직무를 재구성할 필요가 있다. 또한 사고방식의 변화를 통해서 자신에 대한 믿음과 자아개념을 긍정적이고 건설적인 방향으로 바꿔 나아가야 한다.

그림 5-4 수퍼리더십 모델

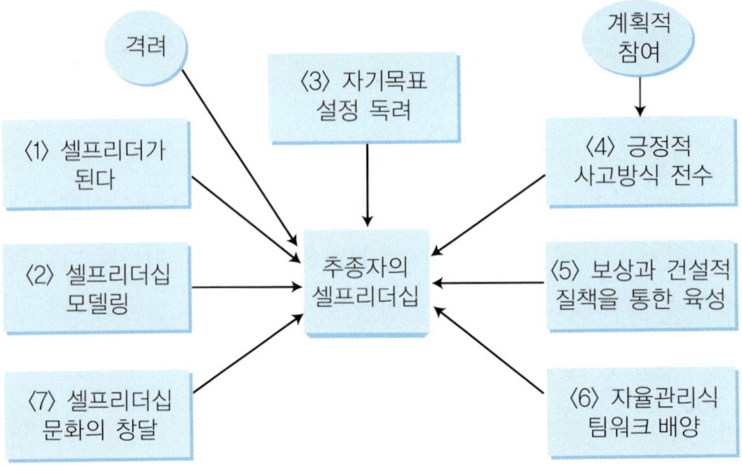

〈제2단계〉는 이러한 셀프리더의 모습을 하급자들에게 보여줌으로써 그들이 모델로 삼도록 하는 단계이다. 미국의 지미 카터 전 대통령은 퇴임 후 노숙자들을 위해서 집을 지어주는(해비타트, Habitat) 모습을 꾸준히 보여준 결과 지금은 미국인들뿐 아니라 세계의 많은 사람들이 그의 행동을 본받아 집 지어주기 운동에 참여하고 있다. 그는 대통령 재직시에 이룩했던 것보다 더 큰 업적을 자그마한 셀프리더십 행위를 통해서 이룩하고 있다는 평가를 받고 있다. 이처럼 특정인의 셀프리더십 행동을 보면서 다른 사람들(조직에서는 하급자들)도 따라 하도록 하는 것이 2단계이다.

〈제3단계〉는 수퍼리더가 하급자에게 도전적 자기목표를 설정하는 기법을 가르쳐 주는 단계이다. 직접적인 설득이나 앞 단계에서 했던 모델링방법 또는 코칭기법을 활용할 수 있다.

〈제4단계〉에서 수퍼리더는 하급자에게 긍정적 사고방식을 전수해줘야 한다. 이 과정은 매우 어렵고 시간도 많이 걸린다. 이를 위해서 수퍼리더는 일상적인 대화나 교류과정에서 하급자의 역량이 뛰어나다는 암시를 자주 던져줄 필요가 있다. 하급자의 역량에 대한 믿음의 표현은 그들에게 커다란 자신감과 기대감을 불어넣는 결과를 가져오게 된다. 계획적 참여는 긍정적 사고방식을 전수하는 데 유효한 수단이 될 수 있다.

〈제5단계〉는 보상과 질책의 단계이다. 수퍼리더는 외적인 보상보다는 직무 자체로부터 보상받는 법(내적 보상)을 가르쳐야 한다. 내적 보상이란 직무를 수행하면서 얻는 보람과 즐거움, 그리고 성취감을 말한다. 이를 위해서는 하급자들을 배치할 때 그들의 욕구나 욕망과 직무의 특성이 일치하도록 배려해줘야 한다. 한편 벌을 내리는 일에 있어서는 주의가 필요하다. 질책은 곧 개인의 자존심과 자신감을 깎아내릴 수 있기 때문에 학습효과를 극대화해주는 범위에서 건설적으로 이루어져야 한다.

〈제6단계〉에서는 팀워크를 통해서 셀프리더십을 배양하는 단계이다. 팀원들 각자가 셀프리더가 되도록 함으로써 팀 자체가 자율관리팀의 성격을 띠게 되어 더 이상 팀장(즉 수퍼리더)에게 의존하지 않고 스스로 판단하고 결정하고 행동하게 된다.

마지막으로 **〈제7단계〉**는 셀프리더십의 조직문화를 창달하는 단계이다. 이러한 문화를 만들기 위해서는 최고경영자의 역할과 지원이 절대적으로 필요하다. 조직 전체가 셀프리더십의 가치를 받아들여 실천에 옮길 때 커다란 성과가 얻어지게 된다. 이 전 과정을 통해서 수퍼리더는 하급자들을 격려해주고 안내해줘야 한다. 적어도 팀워크와 조직문화가 제대로 정착할 때까지는 관심과 지원을 아끼지 말아야 한다.

이러한 단계를 밟아 많은 조직원들이 셀프리더십을 갖게 되면 조직몰입, 동기유발, 역량의 향상 등의 결과가 얻어져 조직성과가 높아지고 조직혁신이 이루어진다. 그만큼 셀프리더가 다시 수퍼리더가 될 가능성도 커지게 된다.

본 장의 요점

※ 본 장에서는 팔로워십, 셀프리더십, 수퍼리더십을 다뤘다.

※ 리더-팔로워 위상을 〈A〉 리더지배형, 〈B〉 양자균등형, 〈C〉 팔로워지배형으로 나눴다.

※ 2인자 팔로워십에서는 한비자의 "2인자를 위한 리더의 7법도"와 "리더를 위협하는 2인자의 행동 5가지"를 학습했다.

- 7법도는 난언 극복, 허정 유지, 이병(二柄) 활용, 형평 유지, 일심이체, 실효 추구, 상호존중이다.
- 리더를 위협하는 5행동은 리더의 눈과 귀 가림, 재정장악, 무단명령, 선행 배품. 패거리 구성 등이다.

※ 켈리의 팔로워십 5유형: 소외형, 순응형, 실무형, 수동형, 모범형

※ 셀프리더십

- 자기관찰
- 힌트전략
- 자기목표설정
- 자기보상
- 자기벌칙
- 연습

※ 수퍼리더십 7단계

① 셀프리더 되기
② 셀프리더십 모델링
③ 자기목표설정 독려
④ 긍정사고 전수
⑤ 보상/질책 통한 육성
⑥ 자율관리식 팀워크 배양
⑦ 셀프리더십 조직문화 창달

성공한 리더들의 공통점

❈ 아래 사진에 나온 리더들의 공통점은 무엇일까?

* 공통점은 이들이 모두 셀프리더(self-leader)였다는 사실이다. 한결같이 모두 불우한 어린 시절을 보냈지만, 철저한 자기 관리로 자기 자신을 이끌어 큰 성공을 거둔 리더들이다.

- 일론 머스크는 어린 시절 한때 부유했지만, 부모가 이혼하면서 큰 어려움을 겪었다.
- 제프 베조스는 17세 어머니와 19세 아버지에게서 태어났다. 아버지는 알코올 중독자에다 재정파산자였다. 어머니는 그가 17개월 되던 해 이혼하고 떠나버렸다.
- 오프라 윈프리의 어머니도 십 대였다. 2006년 유전자 검사까지 했는데도 아버지가 누군지 아직도 모른다.
- 스티브 잡스는 태어나서 얼마 안 되어 다른 부모에게로 입양되어 갔다.

[토론과제 5] 셀프리더십은 역경을 이겨내는 데 큰 도움이 된다. 그렇다면, 좋은 가정에서 태어난 사람들에게는 셀프리더십이 필요 없을까?

나의 리더십 진단 5

셀프리더십

※ 다음은 셀프리더십 설문(SLQ: Self-Leadership Questionnaire)이다. 아래의 〈응답 양식〉을 활용하여 응답하고 진단해보자.

〈응답 양식〉

1	2	3	4	5
나를 전혀 설명하지 못한다	나를 잘 설명하지 못한다	나를 어느 정도 설명한다	나를 잘 설명한다	나를 매우 잘 설명한다

질문 항목	1	2	3	4	5
1. 나는 작업 중 내가 하는 일의 방식을 지키고자 노력한다.					
2. 나는 가끔 필요할 때 찾아볼 수 있도록 기억을 돕는 보조수단들(예, 포스트잇)을 사용하고 있다.					
3. 내 스스로 정한 구체적 목적을 위해 일하고 싶다.					
4. 나는 일을 잘 끝내면 나 자신에게 호감이 생긴다.					
5. 나는 제대로 일을 수행하지 못하면 스스로 위축된다.					
6. 나는 실제로 중요한 일을 하기 전에 가끔 연습을 한다.					
7. 나는 보통 어떻게 해야 하는지를 알고 있다.					
8. 나는 일에 집중할 수 있도록 주변을 정돈하고자 노력한다.					
9. 나는 나 자신만의 개인적 목적이 있다.					
10. 나는 일을 성공리에 끝내면 내가 좋아하는 무엇인가로 스스로를 보상한다.					
11. 나는 일을 제대로 수행하지 못하면, 나 자신에게 가혹하게 구는 경향이 있다.					
12. 나는 중요한 행동을 실제로 하기 전에 반복해 보는 것을 좋아한다.					
13. 나는 내가 일하고 있는 프로젝트의 진도를 지킨다.					

질문 항목	1	2	3	4	5
14. 나는 바람직한 행동을 가져올 사물과 사람들을 내 주변에 가까이 두고자 노력한다.					
15. 나는 일을 위해 목표를 세우는 편이다.					
16. 내게 주어진 일을 할 때, 그중에서 특히 스스로 내가 즐길 수 있는 부분이 있다면 그 자체가 보상이라고 생각한다.					
17. 나는 나의 실패와 관련하여 가끔 나 자신을 비판한다.					
18. 나는 실제로 도전에 직면하기 전에 가끔 미리 연습을 해 본다.					

〈진단법〉

※ 다음의 지시에 따라 점수를 계산해 보자.

A. 자기관찰 (1, 7, 13번 응답점수의 합) ________

B. 힌트전략 (2, 8, 14번 응답점수의 합) ________

C. 자기목표설정 (3, 9, 15번 응답점수의 합) ________

D. 자기보상 (4, 10, 16번 응답점수의 합) ________

E. 자기벌칙 (5, 11, 17번 응답점수의 합) ________

F. 연습 (6, 12, 18번 응답점수의 합) ________

X. E를 뺀 나머지의 총점 ________

※ A~F까지 각 영역의 점수에 대한 평가(A~F 각각은 3점~15점까지의 숫자를 갖는다)

- 3~4점: 매우 낮음
- 5~7점: 낮음
- 8~10점: 중간 수준
- 11~13점: 높음
- 14 - 15점: 매우 높음

※ 총점 X(여기서 X는 E. 자기벌칙을 뺀 나머지 영역의 합)에 대한 평가(총점 X는 15~75점을 갖는다. E를 빼는 것은 자기벌칙은 부정적 요인이므로 이것이 들어가면 전체 해석이 어렵기 때문임)

- 15~22점: 전체적으로 매우 낮음
- 23~37점: 전체적으로 낮음
- 38~52점: 전체적으로 보통
- 53~67점: 전체적으로 높음
- 68~75점: 전체적으로 매우 높음

리더십 Exercise 5 트로피 남편

※ 아래의 주어진 성공한 아내와 '트로피 남편'의 사례를 읽고 리더를 성공한 아내로, 팔로워를 '트로피 남편'으로 가정하여 주어진 활동들을 진행해보자.

① 각자 '트로피 남편'의 사례를 읽는다.

'트로피 남편'(성공한 아내 대신 가사와 육아를 책임지는 남편을 일컫는 용어)

트로피 남편(trophy husband)은 트로피 아내(trophy wife)에서 유래한 것으로, 1980년대 말 미국의 격주간 종합 경제지인 〈포춘〉(Fortune)이 보도하면서 널리 알려졌다. 트로피 아내란 성공한 중장년 남성들이 조강지처와 이혼한 뒤 몇 차례의 결혼 끝에 마치 부상(副賞)으로 받는 트로피처럼 얻은 젊고 아름다운 아내를 일컫는 용어다.

2000년을 전후해 여성의 사회진출이 활발해지면서 성공하는 여성들이 많아졌다. 이에 따라 성공한 아내를 위해 가사와 육아를 분담하는 남편들이 늘고, 심지어는 가사와 육아를 전담하는 전업남편도 생겨났는데 이러한 남편을 '트로피 남편'이라 부르게 되었다.

'트로피 남편'은 아침이면 아내의 기상시간에 맞추어 아침식사를 준비하고 출근준비를 도우며, 저녁에는 퇴근 시간에 맞추어 저녁식사를 준비한다. 집안청소와 빨래는 물론, 아이의 유치원 등 하교를 챙기거나 주말 계획을 짜기도 한다. 최근 리더의 위치에 있는 성공한 여성이 많아지면서 트로피 남편도 증가하고 있다.

〈출처: 강형철 등. 2005. 여성리더십의 재발견, 숙명여대 출판부. 122쪽〉

② 팔로워인 '트로피 남편'은 본문에 제시한 켈리(Kelley)의 다섯 가지 팔로워 유형 각각의 경우에 일상생활에서 어떤 행동을 보일지를 상상하여 세 가지씩 주어진 양식에 적어보자(학습 동반자들끼리 토론해도 좋을 것).

트로피 남편의 유형	트로피 남편이 보일 수 있는 행동
(트로피 남편이…) 모범형 팔로워인 경우	
순응형 팔로워인 경우	
수동형 팔로워인 경우	
소외형 팔로워인 경우	
실무형 팔로워인 경우	

③ 동반학습팀별로 앞에 나와 발표하고 서로 평가해 본다.

④ 시간이 주어지면, 성공한 아내(리더)역과 '트로피 남편'(팔로워)역을 정하여 앞에 나와 역할 연기를 하도록 한다. 이때 위의 유형들 중 하나를 가정하여 대응하도록 한다.

상황: 〔아내는 밤 9시가 되어 저녁도 못 먹고 파김치가 되어 귀가했다. 남편이 만들어놓은 불고기가 질기고 짜다. 세탁실 앞에는 빨래감이 산처럼 쌓여 있다. 중학교 1학년인 아이는 컴퓨터 게임에 매달려 있다. 오늘따라 남편은 컨디션이 안 좋아 하루 종일 누워서 헤맸다. 아내가 남편이 해놓은 불고기 반찬을 한 점 입에 넣고 나서 한 마디 한다.〕

아내: “아직도 간 맞출 줄 몰라?”

남편: “______________________________________”

(대화를 계속 이어가 보자.)

⑤ 미래에는 아내와 남편의 관계에 있어 어떤 리더십이 요구될지를 같이 얘기해 본다.

리더십 나누기 사례 5: J항공사의 최 과장 모범적 팔로워 만들기

“내가 약 3년 동안 지방공항에서 팀장으로 재직할 때 팀원이었던 최모 과장의 이야기다. 최 과장은 첫인상은 평범하였으나 현장에서의 업무수행이 고참 과장으로서 기대에 못 미친다는 평이어서 여러 가지로 알아보았다. 그는 이전에 여러 부서를 옮겨 다녔는데 자기만의 주장이 강하고 조직에 어울리지 못하며 또한 업무성과도 좋지 못하여 상사들이 좋아하지 않았기 때문이라고 한다. 그리고 현재의 공항 업무는 처음이었다.

다른 팀원들의 평가에 따르면, 이곳에서도 잘 적응하지 못하고 있었다. 오히려 직원들간의 분위기를 망치고 있으며, 쓸데없는 곳에 신경 쓴다고 했다. 직원들과 회사방침 등에 불만이 많으며 그 불만을 시도 때도 없이 표출한다는 것이었다. 직원들은 그와 같은 조에 배치되는 것을 싫어했다. 그것은 업무능력이 떨어져 승객을 처리하는 속도도 늦고 모르는 것이 많아 옆에 있는 직원들에게 자신의 문제를 해결해주기를 요청하는 빈도가 높아 다른 직원들의 업무를 가중시키기 때문이었다.

지방공항은 그 공항만의 개성이나 특성이 강하다. 구성원들도 지역적인 제약으로 자주 바뀌지 않고 연고가 있는 직원들이 계속적으로 오래 근무하기 때문에 그들만의 문화가 있었다. 그래서 나는 처음 보임하자마자 짧은 시간 내에 내 자신의 뜻을 펼치기보다는 현재의 문화를 존중하면서 점차 스며들어 서서히 문제점들을 풀어나가는 장기적인 계획을 나름대로 갖고 있었다.

나는 특히 기존의 팀원들의 평가로 인해 특정한 인물에 대해서 편견을 가지고 싶지 않았다. 오해로 인해 잘못 판단할 소지가 있다고 판단하였다. 그래서 최 과장을 직접 지켜보기로 했다. 실제 근무현장에서 근무하는 모습과 업무 전후 결과 브리핑시에 지켜보고 근무 외 시간에도 주의 깊게 지켜보았다. 관찰결과에 따르면, 최 과장은 직원들간에 회자되고 있는 대로 어딘지 모르게 아웃사이

더처럼 보였다.

그 다음에는 직접 면담을 하기로 했다. 면담을 위해 나와 마주 앉은 최 과장은 심히 경계하는 모습을 보였다. 또한 면담 내내 불안한 태도를 보였다. 나는 우선 그를 안심시켜야겠다고 생각하여 다른 팀원들과도 한 사람씩 다 면담을 할 계획이며 특별한 이유가 있어서 최 과장과 특별히 면담을 하는 것이 아니라고 강조하였다. 그러자 최 과장은 조금씩 긴장을 풀고 말문을 열기 시작했다.

최 과장은 자신은 줄곧 제대로 평가 받지 못해왔으며 새로운 업무에 적응하기 힘들어 하는 데도 도와주는 사람이 한 사람도 없다고 심한 불만을 토로하였다. 자신이 제안하는 사안마다 거절당하고 자신의 행동마다 제지를 한다고 했다. 또한 공항업무가 처음이고 이전에 경험했던 업무와는 전혀 다른 업무여서 나름대로 열심히 공부하고 잘 해보려고 노력하고 있으나 동료들이 전혀 도움을 주고 있지 않다고 했다. 그는 능력은 있으나 피해의식이 심하여 남을 믿지 않으며 업무를 완벽하게 해내어 싫은 소리를 듣지 않으려는 자존심과 강박관념을 동시에 갖고 있는 것으로 판단되었다.

면담이 끝난 후, 나는 최 과장을 모범형 팔로워로 만들어 보기로 결심하였다. 그 후 자주 그를 만나 얘기를 나눴다. 우선은 나도 오랫동안 진급에서 누락되었었다는 점과 전혀 다른 조직으로 전출되어 힘든 시절을 보냈던 경험, 그리고 새로운 조직에서 인정받고 진급하기까지의 경험들을 들려주면서 최 과장이 현재 처해있는 상황이 하기 따라서는 극복할 수 있고 더 잘될 수도 있다는 얘기를 해주었다. 이렇게 하여 팀장급의 간부들에 대한 이질감이나 적대심을 풀어주려 노력하였다. 또한 내가 그와 같은 편이고 어떡하든지 그를 도와주려고 하는 사람이라는 인상을 심어주려 하였다.

이런 초기의 노력이 성공하여 최 과장은 조금씩 마음 문을 열기 시작하였다. 이제 최 과장 사람 만들기가 본격적으로 시작되었다. 나는 우선 그가 근무현장에서 승객 한 명 한 명을 처리하는 과정을 잘 지켜보았다가 시정이 급히 필요할 때는 그 자리에서, 아니면 근무 전후의 공식/비공식적인 자리에서 잘한 점은 칭찬해주고 아쉬운 점은 지적하고 대안을 제시해주기 시작하였다.

그리고 그가 다른 직원들에게 어떻게 행동하고 무슨 말을 해야 하는지에 대해서 코칭을 해주었다. 무엇보다도, 다른 직원들이 그와 같이 근무하는 것에 부담을 느끼고 있으므로 기회가 있을 때마다 함께 근무하는 직원들에게 자신을 도와줘서 고맙다는 표현을 직간접적으로 자주 하도록 충고하였다. 또한 언젠가는 거꾸로 최 과장이 그들을 도와줄 날이 있을 것이라는 뉘앙스를 주는 것도 잊지 말라고 하였다. 아울러 나는 이 공항에 오래 근무하고 있는 고참 과장들을 일일이 만나 최 과장에게 또 한번의 기회를 주어보자고 하며 함께 도와주자고 설득하였다.

최 과장은 조금씩 업무에 익숙해지기 시작하였고 그에 따라 회사에 대한 불만도 점차 줄어들고 있는 것 같았다. 하지만 뭔가 2% 모자란다고 느꼈다. 40을 넘긴 사람이 그동안의 행동을 바꾼다는 것은 쉽지 않아 보였다. 뭔가 전기를 마련해야겠다고 생각한 끝에 최 과장에게 일반 직원들이 다하는 현장 업무만 주지 말고 고참 과장으로서의 역할을 할 수 있는 기회를 주어 보기로 했다. 물론 공항 업무가 능통하지 않아 일반적인 지원 업무를 맡기기로 했다.

지점장에게 보고하여 새로운 직무를 만들었는데 그것은 교육장 운영 업무였다. 교육장 기본 정리에서부터 교육 열기를 높일 수 있도록 분위기를 조성하는 업무다. 최 과장은 인정을 받았다고 느꼈는지 나름대로 열심히 업무에 임했다. 또한 자신의 독자적 아이디어도 조금씩 발휘되기 시작했다. 교육장 내외부에 여러 가지 안내판도 걸고 장식도 추가하면서 교육장 분위기 조성에 노력하였다. 그는 또한 전직원들에게 도서를 증정받아 그 것을 교육장 내에 비치하여 누구나 빌려볼 수 있도록 하였다. 그러자 직원들의 호응이 모아지기 시작했다. 아울러 교육 기자재들도 하나씩 갖춰나가기 시작했고 회사에서도 그러한 최 과장의 노력을 적극 지원해주었다. 교육장의 모습은 놀라울 정도로 변하였다. 그에 따라 직원들의 최 과장에 대한 부정적인 평가도 점차 줄어들었다.

공항 현장의 직원들은 외국어 능력 향상이 늘 숙제다. 회사에서 현장직원 외국어능력 향상방안을 만들어 보고하라는 요청이 있었다. 고민 끝에, 가장 사용 빈도수가 많은 영어와 일본어를 팀 내에서 자체 교육을 실시하기로 하였다. 그런데 강사 선정과 교육내용이 문제였다. 팀원들과 상의한 결과 영어강사로 최 과장이 추천되었다. 나도 이전 면담시 캐나다에서 1년을 살다 온 경험이 있다는 얘기를 들었었고 사내 영어등급도 좋은 편이서 흔쾌히 동의해 주었다.

최 과장을 불러 이러한 사실을 알려주고 열심히 해보라고 했더니 오래전부터 강사가 되어보고 싶었다고 하면서 한번 해보겠다고 했다. 최 과장은 교육 프로그램으로는 실무 고사를 위해 토익 강의를 마련했고 현장에서의 활용도를 높이기 위해서 실제표현 중심의 강의내용을 구성하였으며 흥미를 돋우기 위해서 영어 영화를 보는 시간도 마련했다. 특히 최 과장은 영화를 상영하기 위해 여러 장의 DVD와 스피커를 자비로 구입했다. 다른 프로그램보다 영화 상영 시간의 반응이 무척 좋았다.

그러던 어느 날 지점의 인사이동이 있게 되었다. 나는 지점장에게 최 과장을 지점 교육담당으로 추천했으며, 지점장이 받아들여 최 과장은 현장 근무에서 지점 교육담당으로 발령이 났다. 그에게 지점 교육담당을 잘 해낼 수 있을 것이라고 의욕을 북돋아 주었으며, 한편으로는 지원팀은 현장과는 달리 계속적으로 소수의 직원들이 한정된 공간에서 함께 근무를 해야 되기 때문에 직원간의 융화가 현장보다 더 중요하다는 점을 자세히 설명해주었다. 또한 자신의 주장만을 세우지 말고 다른 사람의 얘기도 듣는 지혜가 필요하다는 점을 명심하라고 강조했다. 최 과장은 이제야 인정을 받게 되었다고 좋아했으며, 열심히 하겠다고 다짐했다.

그 후 얼마 오래지 않아 나는 서울 본사로 올라오게 되었다. 그리고 지난 주 나는 기쁜 전화를 받았다. 최 과장이 드디어 차장으로 승진했다는 소식이었다. 교육담당으로서 과거 누구보다도 혁혁한 성과를 이룩했다는 자랑스런 소식과 함께."

✠ [나누기 사례 문제 5] 최 과장이 모범형 팔로워 또는 셀프리더로 다시 태어나게 된 과정을 정리해 보시오.

:: 주

1 "한비. (김원중 옮김, 2003). *한비자*. 현암사." 에서 요약.

2 백기복. 2005. *리더십 리뷰*, 창민사.

3 Kelley, R. E. 1994. *The Power of Followership*. New York: Doubleday.

4 Manz, C. C., & Neck, C. P. (이은숙 옮김, 백기복 감수). 2001. *바보들은 항상 최선을 다했다고 말한다*. (원제: *Mastering Self-Leadership*). 한 · 언출판사. 47쪽에서 인용.

5 위의 책. 89쪽에서 인용.

6 Manz, C., & Sims, Jr., H. 1989. *Superleadership: Leading Others to Lead Themselves*. New York: Prentice-Hall.; Manz, C., & Sims, Jr., H. 1991. Superleadership: Beyond the Myth of Heroic Leadership. *Organizational Dynamics*, 19-4: 18-35.

7 Bass, B. M. 1990. *Bass & Stogdill's Handbook of Leadership*. New York: Free Press.

8 백기복. 2006. *조직행동연구*. 창민사.

제Ⅲ부

리더는 변화를 두려워하지 않는다

제6장 카리스마리더는 비전을 먹고 산다

Thomas Carlyle

"영웅은 항상 천국의 불꽃과 같고 그를 기다리는 사람들은 연료와 같아서 곧 불타오른다."
토마스 칼라일, 그가 살았던 영웅시대(1795-1881)의 관점을 잘 드러내는 말이다

리더십 나누기 6-1: 살만 칸의 비전

- 1988년 살만 칸(Sal Khan)은 22세의 나이에 MIT대학을 수학학사, 컴퓨터공학 학사, 엔지니어링 석사 등 세 개의 학위를 동시에 따면서 졸업했다.[1] (이게 말이 되나?) 그리고 25세에 Harvard Business School MBA 과정에 입학했다.

- 그는 2006년 "Khan Academy"(비영리학원; not-for-profit academy)를 개설했다. 2004년 조카 가정교사를 하다가 자신의 강의를 비디오로 찍어 저소득층 학생들에게 무료로 제공해주면 좋겠다는 생각에서 출발했다.

- Sal Khan의 비전: "누구든지, 어디서든지 월드클래스(world-class) 교육을 공짜로 받을 수 있게 한다."

- 2023년 2월, YouTube의 Khan Academy 채널의 구독자는 7백 7십 4만 명이고, Khan Academy 비디오 열람 횟수는 20억 회에 이른다.

- Google, MS, Tesla 등 여러 기업이 후원하고 있다.

- 아버지는 방글라데시 출신이고 어머니는 인도 출신인데, Sal Khan은 미국의 루이지애나에서 태어났다.

✠ **[나누기 문제 6-1]** Sal Khan 비전의 특징은 무엇인가?

카리스마란 무엇인가 제 1 절

본 장에서는 카리스마리더십, 변혁적 리더십, 영성리더십 등 "비전"(vision)과 관련된 리더십 이론을 다룬다. 비전과 이념과 영성은 사람을 이끄는 강력한 수단이다.

1. 카리스마의 개념

'카리스마(charisma)'라는 단어는 그리스어로 **'신이 주신 재능'(endowed gift)**이라는 뜻이다. 성경의 로마서 12장 6절-8절과 고린도 전서 12장 4절에, 사람들마다 달리 갖고 있는 다양한 은사(恩賜)에 대한 성령의 역할을 묘사하면서 사용되었다. 카리스마에는 예언의 능력, 가르치는 재능, 치유의 은사, 다스림과 섬김의 능력 등이 포함된다.[2]

종교적 의미의 카리스마를 사회과학으로 끌어들인 학자는 독일의 막스 웨버(Max Weber)였다. 그는 사람을 움직이는 권한에 세 가지가 있다고 주장하였다. 즉, **법적 권한**, **전통적 권한**, 그리고 **카리스마적 권한** 등 세 가지다. 사람들이 사회나 조직이 만든 법이나 규율을 지키려고 노력하면 법적 권한이 발생한 것이다. 과거의 전통이나 관행을 가지고 사람들을 통제하려는 것은 전통적 권한을 가지고 영향력을 행사하는 예이다. 그리고 카리스마적 권한은 특정인이 갖고 있는 **속성**을 믿고 그에 복종하기 때문에 발생하는 권한이다. 그러므로 특정인이 초인적, 초자연적 능력을 가지고 있다고 믿어지면 사람들은 그를 따르고 일체화하며 본받으려고 노력한다. 웨버는 이러한 비범한 속성을 가진 사람이 '리더'로 인정받는다고 주장하였다. 막스 웨버가 '경제와 사회(Economy and Society)'라는 책에서 주장하고 있는 카리스마에 대한 몇 가지 핵심 사항들을 〈표 6-1〉에 정리하였다.[3]

첫째, 카리스마리더는 항상 **숭고한 사명(mission)**을 내세우며 다른 사람들로 하

표 6-1 막스 웨버의 카리스마 개념

핵심 사항	개 념
1. 리더가 제시하는 사명을 믿고 따르게 한다	• 리더가 숭고한 사명을 내세워 추종자들이 믿고 따르게 한다; 그들이 간절히 원하는 꿈과 욕구를 사명으로 제시하여 그의 달성을 위해서 함께 희생하자고 한다.
2. 카리스마를 지속해서 입증한다	• 비범한 성과나 상징적 사건, 전설적 이야기를 적절히 제시하여 사명에 대한 믿음이 유지되도록 한다.
3. 카리스마 집단을 형성한다	• 열렬 지지층 중에서 "카리스마 집단"(charisma community)을 형성하여 이들도 리더에 준하는 카리스마를 갖게 한다.
4. 카리스마 일상화로 카리스마를 대체한다	• 시간이 지나면서 카리스마리더의 신비감은 사라지고, 추종자들은 일상생활에서 그가 남긴 규칙, 문화, 이념, 상징물 등을 따르면서 추종을 이어간다. 이를 카리스마의 일상화라고 한다.
5. 카리스마는 가치 중립적이다	• "가치 중립적"(value-free)이란 카리스마가 긍정적일 수도 있고 부정적일 수도 있다는 말이다. 케네디처럼 좋은 카리스마도 있고, 히틀러처럼 나쁜 카리스마도 있다.

여금 그를 믿도록 하는 능력이 뛰어나다. 자신이 내세우는 사명과 자신의 운명을 동일시하며 사람들로 하여금 고귀한 사명의 달성을 위해서 자신에 복종하고 따르도록 요구한다. 흔히, 리더의 사명은 조직원들이 간절히 바라는 욕구와 꿈을 내용으로 하고 있는 경우가 많다. 웨버에 따르면, 카리스마를 가진 리더는 이러한 사명을 최우선시하여 기존의 관행, 법, 그리고 전통 등의 모든 가치체계를 쉽게 무력화시킨다.

둘째, 리더는 **비범한 성과**나 사건을 만들어냄으로써 자신의 카리스마를 추종자들에게 수시로 입증해야 한다. 카리스마리더십은 추종자들의 인식의 틀 속에서 실제보다 상당히 부풀려진 상태로 존재하는 리더에 대한 이미지다. 그러므로 그들의 능력과 힘에 대한 인식이 소멸하면, 카리스마도 자연스럽게 수명을 다하게 된다. 기적이나 마술에 해당하는 전설적 사건과 이야기들을 적절한 시기에 공급해줌으로써 그러한 인식을 유지할 수 있게 된다. 뿐만 아니라, 추종자들은 사명을 추구함으로써 얻는 혜택이 있어야 카리스마에 대한 신뢰를 유지한다.

셋째, 웨버에 따르면, 카리스마리더가 이끄는 집단의 추종자들 중 몇몇은 그들의 리더에 준하는 카리스마를 갖게 된다고 한다. 결국, 이 경우 종교집단 내의 계층처럼, 카리스마리더를 정점으로 나름대로의 질서를 가지게 되며, 이를 웨버는 **'카리스마 집단'**(charismatic community)이라고 칭하고 있다. 이러한 관점은 카리스마를 한 개인의 속성으로 보는, 웨버 자신의 또 다른 관점과 대치되는 관점이어서 주목된다.

넷째, 카리스마리더의 영향력은 시간이 지나면서 **'카리스마의 일상화'**(routinization of charisma)를 통해서 대체된다. 시간이 흐름에 따라, 신비스런 리더의 존재를 둘러쌌던 집단적 흥분은 하루하루의 일상적 과업 속으로 침전하기 시작한다. 예를 들어, 카리스마리더가 이끌던 집단이 리더 승계문제에 직면하게 되었을 때, 이상을 추구하던 추종자들의 관심은 다시 현실로 돌아오게 된다. 사전에 정해진 기준에 의해서 후계자를 선발하든가, 리더가 후계자를 지명하든가, 아니면 카리스마리더가 가졌던 직위를 성역화한 뒤 특정한 의례를 통하여 이 상징적 직위를 승계하도록 하기도 한다. 어떤 경우든, 이 과정 속에서 카리스마는 더 이상 특정인에 소속된 특수한 역량이 아니다. 이것을 카리스마의 비인격화라고 웨버는 부르고 있다. 이제 카리스마리더가 남겨 놓은 규칙과 문화와 이념과 직위를 추종자들은 일상적 조직생활을 통하여 살아가게 되는 것이다. 물론, 이러한 일상화는 승계가 일어나기 훨씬 전부터 발생하며 결국 관료주의로 연결된다.

다섯째, 카리스마는 **가치 중립적**이다. 즉, 웨버에 따르면, 카리스마의 결과는 긍정적일 수도 있고 부정적일 수도 있다. 따라서 간디, 알렉산더, 케네디 등과 같이 히틀러, 무솔리니도 카리스마리더의 범주에 포함시키고 있다. 뒤에 자세히 설명하겠지만, 카리스마 학자들은 카리스마리더가 가져오는 이러한 어두운 면을 구체적으로 지적하고 있다.

2. 카리스마와 리더십

리더가 카리스마를 갖게 되는 것은 세 가지 차원에서 이해할 수 있다. 첫째는 리더가 카리스마 특성을 갖고 있기 때문이며, 둘째는 리더와 추종자 간에 특수관계가 형성되기 때문이고, 그리고 셋째는 리더가 추종자들에게 카리스마적 행동을 보여주는 경우이다. 카리스마 특성과 관계와 행동을 통해서 리더는 추종자들로부터 카리스마가 있다는 평가를 받게 된다. 이 세 가지 카리스마 형성요인들에 대해서 자세히 알아보자.

특성으로서의 카리스마

리더가 갖는 카리스마 특성에는 심리적, 신체적 또는 성격적 특성들이 포함된다. 예컨대, 카리스마리더는 다른 사람들보다 강력한 자신감을 갖는다. 또한 뛰어난 웅변력을 보여주며 지칠 줄 모르는 열정과 에너지를 갖는 경우가 많다. 대부분의 카리스마리더들은 기본적으로 열정적이고 활발하고 적극적이다. 또한 성격적으로는 지배성향이 강한 면모를 보여준다. 토론을 할 때도 쉽게 무너지지 않으며 자기 주장이 강하고 지기 싫어하는 특성을 보인다. 아울러 **외모도 사람들을 끌어들이는 흡인력, 매력, 위용** 등을 보여준다.

어떤 학자들은 눈빛과 목소리를 카리스마의 특성으로 내세우기도 한다. 린드홈(Lindholm)이라는 학자는 많은 신도들이 집단으로 자살하게 만든 사이비 종교 교주들을 분석한 결과, 그들이 카리스마를 갖게 된 원인으로 **'최면적 눈빛'**을 들었다. 어떤 사람들은 우리가 눈을 똑바로 바라보기가 힘들 정도로 강력한 최면력을 보인다. 또한 다른 카리스마리더들을 분석하여 이들의 눈에는 '타는 듯한 응시력'이나 '자석과 같은 흡인력'이 있다고 결론지었다. 한편, 윌너(Willner)라는 학자는 쿠바의 리더 카스트로의 눈빛을 '강렬한 최면력'을 가지고 있다고 하였다.

카리스마리더들은 매력적인 목소리를 갖는 경우도 많다. 내용 불문하고 듣기만 해도 마음을 움직이는 마력의 목소리는 카리스마리더들을 뛰어난 웅변가로 만든다. 마틴 루터 킹 목사는 역사에 남는 웅변으로 자신의 카리스마 이미지를 확고

표 6-2 카리스마리더들의 특성

신체적 특성	심리적/행동적 특성
• 매력적 외모(handsome) • 강렬한 눈빛 • 매혹적인 목소리 • 위용(presence)	• 에너지 • 자신감 • 지구력 • 지배 성향 • 권력 욕구 • 추종자들의 욕구를 감지하는 직관 • 자신의 생각이 옳다는 데 대한 강한 확신 • 고도의 커뮤니케이션 기술

히 했다. 미국의 한 장난감 회사의 폴 아이첸이라는 회장은 클래식 음악보다 더 **매혹적인 목소리**로 사람들의 마음을 사로잡는 것으로 잘 알려져 있다.

카리스마리더들의 특성을 〈표 6-2〉에 정리하였다.

충성스런 추종자

리더가 카리스마를 가지려면 추종자들이 그(녀)의 비범함을 인정하고 신비롭게 인식해줘야 한다. 흔히 우리에게 잘 알려진 카리스마리더들도 두 부류의 사람들로부터는 평범한 사람으로밖에는 인정받지 못한다고 한다. 즉, 자신의 배우자와 비서이다. 이들은 카리스마리더의 자질구레한 개인적 습관이나 이상한 일상적 행동들을 매일 같이 옆에서 보고 체험한다. 어느 누군들 흠잡을 습관이나 행동이 없겠는가? 박정희 전 대통령 같은 **카리스마리더도 주변의 친구들이나 지인들에게는 그저 평범하고 고집 센 할아버지**로 느껴졌을 수도 있다.

요컨대, 충성스런 추종자들이 없으면 리더의 카리스마는 형성되지 않는다. BTS가 그의 일거수일투족이 뉴스거리가 될 정도의 카리스마를 갖게 된 것은 그에게 강력히 몰입하고 있는 충성스런 "아미"들이 있기 때문이다. 악마의 리더 히틀러의 주변에도 항상 그에게 열광하는 열렬 추종자들이 있었다. 간디의 주변에는 그와 고귀한 사명을 함께 하는 열광적인 추종자들이 몰려들었다. 킹 목사의 주변

표 6-3 카리스마리더의 추종자들의 특징

- 리더에 대한 높은 존경심
- 리더에 대한 충성과 헌신
- 리더에 대한 애정
- 고도의 성과 기대감
- 무조건적인 복종

에도 제시 젝슨, 앤드류 영 등이 항상 지켜 서 있었다. 추종자들은 자신들끼리 강력한 유대관계를 형성하게 된다. 아울러 그들은 리더의 행동을 모방하고 말투를 따라 하든가 비슷한 옷을 입기도 한다. **리더의 가치와 태도를 내면화하여 일체감을 갖게 된다**. 이렇게 되면 리더는 자신을 따르는 추종자들을 위한 대표 선수로서의 삶을 살아야 하는 것이다. 리더와 추종자들 간에 특수관계가 형성된 것이다.

카리스마리더를 따르는 추종자들의 특징을 〈표 6-3〉에 요약하였다.

행동으로서의 카리스마

한편 리더가 보여주는 특정한 행동 때문에 카리스마가 형성되기도 한다. 리더십을 행동으로 본다는 것은 훈련과 진단과 변화가 가능하다는 뜻이다. 이글거리는

그림 6-1 카리스마 형성의 3요인

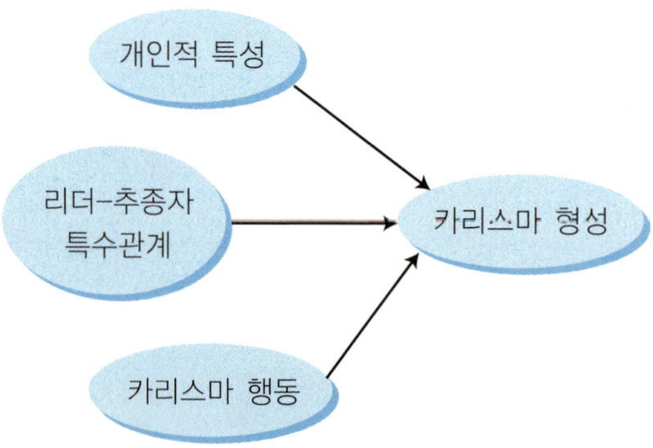

리더십 나누기 6-2: 카리스마 형성하기

※ 카리스마를 형성하는 데 있어 외적으로 보여지는 리더의 모습은 큰 역할을 한다. 카리스마를 형성하는 구체적 방안으로 다음과 같은 전략을 제시하기도 한다.

〈1〉 물건(物, **물**): 나만의 상징물을 활용하라.

(예, 맥아더 장군의 담배 파이프)

〈2〉 얼굴(顔, **안**): 옆모습을 세일즈 하라.

(예, 앞면 사진보다는 옆면 사진이 카리스마 있게 비춰진다. 배우 로버트 드니로의 옆얼굴 사진)

〈3〉 말(言, **언**): 어미를 확실히 발음하라.

(예, 마틴 루터 킹의 연설; 또박또박, 그리고 느낌표 찍듯이 발음)

〈4〉 눈(眼, **안**): 맑은 눈으로 응시하라.

(예, 닛산 자동차의 카를로스 곤; 비전을 제시하면서 눈으로 자신감을 표시)

〈5〉 손(手, **수**): 제스처를 활용하자.

(예, 존 에프 케네디의 검지 손가락으로 지적하면서 말하는 모습)

(자료: 동아일보. 2002. 3. 20에서 요약)

✠ **[나누기 문제 6-2]** 표정이나 제스처 이외에 카리스마를 형성하는 데 도움이 되는 다른 방법들을 3가지 이상 찾아보자.

눈과 매혹적인 목소리를 타고나서 카리스마를 형성하는 리더도 있고 추종자들 잘 만나서 카리스마리더가 되는 경우도 있다. 하지만 보다 보편적인 경우는 리더가 카리스마적 행동을 보임으로써 카리스마를 형성하는 것이다. 다음 절에서 어떤 행동이 카리스마 형성에 기여하는지를 알아보자.

제2절 카리스마와 비전

카리스마를 행동차원에서 말할 때 빼놓을 수 없는 것이 비전(vision)이다. 카리스마리더는 비전을 제시하고 이를 전파하고 실행하는 행동을 본업으로 한다. 이것은 매혹적인 목소리와 최면적 눈빛을 가지고 추종자들을 매료시키는 것과는 다른 일이다. 리더가 추종자들과 특수관계를 발전시켜 카리스마를 형성해 나아가는 것과도 다르다.

행동차원의 카리스마는 개인적 특성에 관계없이 누구나 가질 수 있다. 자신이 속한 조직이나 단체에 무엇이 문제이고 무엇이 필요하며 어디로 가야 하는지를 찾아내어 설득력 있게 다른 사람들에게 제시하고 실행하면 된다. 이러한 행동은 조직에 대해서 잘 알고 애정을 가지고 있는 사람이라면 누구나 할 수 있다. 또한 그러한 예는 우리 주변에서 쉽게 찾아볼 수 있다.

1. 비전의 개념과 활용

그렇다면 비전이란 무엇인가? 그 개념부터 이해해야 카리스마리더십과 비전의 관계를 제대로 파악할 수 있을 것이다.

비전이란 흔히 **'성취하고 싶은 미래의 이상적인 상태'라고** 정의된다. 하지만

이 이외에도 다양한 정의가 존재한다. 어떤 학자는 '어떤 상품, 서비스 또는 조직을 대상으로 리더가 달성하고 싶은 머릿속의 이미지'라고 정의한다. 또 다른 사람은 비전을 '조직이 추구하는 이상으로 조직의 공유가치를 반영하는 것'이라고 제시하였다. 이처럼 비전이란 무엇을 대상으로 하는가에 따라 다양하게 정의되지만 그 안에서 공통적인 면도 찾아볼 수 있다. 즉, 미래를 말하고, 이상적인 모습을 의미하며, 리더가 달성하고 싶어한다는 것 등은 어떤 정의를 택하든지 공통적으로 들어가는 비전의 핵심요인들이다.

아마도 비유를 들어 설명하는 것이 더 쉬울 것이다. 길을 가는데 벽돌을 쌓는 두 사람을 만났다. 첫째 사람에게 '무엇을 하십니까?'라고 물었더니 그는 '벽돌을 쌓습니다'라고 대답하였다. 둘째 사람에게 똑같이 '무엇을 하십니까?'라고 물었더니 이번에는 '교회를 짓는 중입니다'라는 대답이 돌아왔다. 이와 같이 똑같은 일을 하더라도 어떤 사람은 매우 현실적 인식을 가지고 벽돌을 쌓기만 하는가 하면 다른 사람들은 완성하고 싶은 교회의 모습이나 이미지를 머릿속에 그리면서 벽돌을 쌓는다. 누가 더 벽돌을 잘 쌓았을지는 눈으로 직접 보지 않았어도 명백하다. 이처럼 **비전이란 '추구하는 미래의 이상적 이미지'**라고 정의할 수 있을 것이다.

비전과 목표(goal)는 어떤 차이가 있을까? 비전은 이념적이고 이상적 성격을 띠지만, 목표는 실용성과 현실성을 반영한다. 또한 비전은 구성원들의 마음 깊숙히 자리잡고 있는 가치의 반영이지만 목표는 가치보다는 실용적 이익을 반영한다. 하지만 종종 비전과 목표가 혼동되어 사용되기도 한다.

비전에 있어 중요한 것은 비전의 속성, 내용, 그리고 전달 방법의 세 가지이다. **비전의 속성**이란 비전의 내용이 어떤 성격을 띠는가를 말한다. 조직에서 흔히 사용되는 비전문(文)의 내용을 살펴보면 어떤 비전문은 간결한 몇 마디이지만 어떤 비전문은 한 쪽짜리 긴 문장들로 이루어져 있다. 이것은 비전 속성의 차이이다.

비전의 속성은 일반적으로 일곱 가지 기준으로 평가한다. 즉, 간결성, 명확성, 구체성, 도전성, 미래지향성, 진취성, 그리고 동기유발 정도 등을 비전 속성을 평가하는 기준으로 사용할 수 있다.

개인의 비전은 우리들의 삶에 커다란 의미를 부여한다. 회사의 비전도 그것이

그림 6-2 비전 속성 평가기준

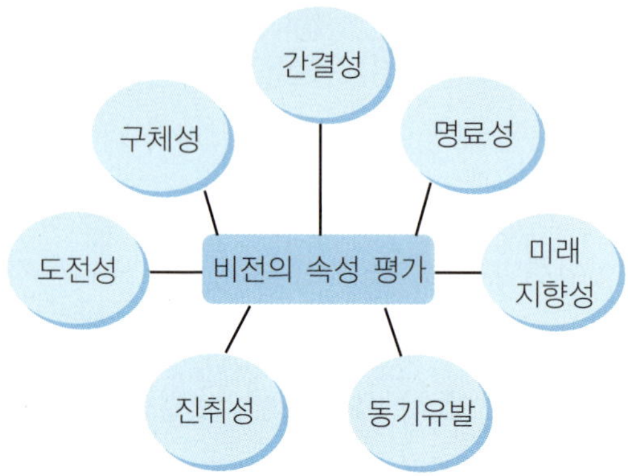

나에게 어떤 의미가 있는지를 말해줄 수 있어야 한다. 즉 조직의 비전과 개인의 비전이 일치되어야 동기가 유발되어 열심히 일하게 된다.

개인의 비전은 우리가 바라고 원하는 미래의 이상적 상태를 뜻한다. 개인의 비전은 두 가지로 결정된다. '무엇이 되고 싶다'와 '무엇을 하고 싶다'가 개인비전의 결정요인들이다. 한국인들은 일반적으로 '되고 싶다' 쪽에 무게를 더 두는 것이 현실이다. 박사가 되고 싶고 의사나 변호사가 되는 것을 개인비전으로 갖고 산다. 돈을 많이 벌어 부자가 되고 싶어 하고 권세를 부릴 수 있는 고위관료가 되고 싶어 하기도 한다.

하지만 멋진 인생을 사는 리더들은 무엇을 하면서 살 것인가에 더 큰 초점을 둔다. 즉, 무엇이 되었는가보다는 무엇을 했는가를 더 중요시한다. 장관이 되어서도 제대로 할 일을 못하는 사람은 장관이 되지 말았어야 했던 사람이다. 요컨대, 무엇이 될 것인가보다는 **무엇을 하면서 어떻게 살 것인가**를 개인비전의 밑거름으로 삼아야 한다.

우리나라에는 다른 사람들에게 한없이 베푸는 것을 인생의 비전으로 여기고 사는 아름다운 리더들이 있는가 하면, 사회적으로 힘없고 약한 사람들을 보호하기 위해서 스스로를 희생해가면서 헌신하는 것을 비전으로 받들고 사는 리더들도 있다. 리더는 이처럼 우리 사회에서 1등을 하고 권세를 누리기 위해서 사는 사람들이 아니라 사회의 구석구석에 빛을 비추어 사회를 더 밝고 더 아름답게 하는 것을 비전으로 삼고 사는 사람들이다.

2. 비전과 미션

본 장에서 말하는 비전은 리더 개인이 제시하는 비전이지만, 기업마다 공식적 비전을 갖는다. 여기에서는 조직의 공식적 비전이 어떻게 제시되는지를 사례를 통해서 알아보도록 한다.

주의할 것은, 리더는 기업이나 조직의 비전을 전파하고 구현하는 임무를 맡지만, 구성원들이 가진 비전과 조직의 비전이 일치하지 않는 경우도 많다는 점이다. 조직과 구성원의 비전을 일치시키는 것이 리더의 또 다른 임무이기도 하다.

비전과 미션의 개념

리더십 측면에서는 비전을 많이 얘기하지만, 조직경영 측면에서는 비전과 미션이 함께 제시된다. 그 차이를 간략히 알아보자.

미션과 비전의 정의는 아래와 같다.:

- 미션: 기업의 목적(purpose), 핵심가치(core value), 기본적 추구를 제시하는 것으로 **기업경영의 나침판** 역할을 한다.
- 비전: 조직의 열망(aspirations), 전략적 목표, 미래를 위한 계획 등을 기술한 것으로 조직 성공을 위한 **행동지표**의 역할을 한다.

미션은 기업의 존재 이유를 기술한 것이고, 비전은 미션을 구현하는 열망과 방향을 제시하므로 비전이 미션보다 구체적이다.

미션과 비전의 예

실제 미션과 비전이 어떻게 쓰이는지를 보면 도움이 될 것이다. 스타벅스, 테슬라, 나이키의 미션과 비전을 비교해보자.

[스타벅스]

- 미션: "인간 영혼을 깨우고 양육한다—한 번에 한 사람, 한 컵, 그리고 한 이웃."
  "To inspire and nurture the human spirit—one person, one cup and one neighborhood at a time."
- 비전: "세계 최고의 프레미엄급 커피 공급사의 위상을 정립하고, 성장하면서도 우리의 타협할 수 없는 원칙을 유지하는 회사가 된다."
  "To establish Starbucks as the premier purveyor of the finest coffee in the world while maintaining our uncompromising principles while we grow."

[테슬라]

- 미션: "세계가 지속 가능한 에너지로 이전하는 것을 가속화시킨다."
  "To accelerate the world's transition to sustainable energy."
- 비전: "세계의 전기차 이전을 가속화시킴으로써, 21세기에 가장 경쟁력 있는 자동차회사를 만든다."
  "To create the most compelling car company of the 21st century by driving the world's transition to electric vehicles."

[나이키]

- 미션: "세상의 모든 체육인들에게 영감과 혁신을 제공한다. "육체가 있는 사람은 모두 체육인이다"
  "To bring inspiration and innovation to every athlete in the world. *If you have a body, you are an athlete."*
- 비전: "가장 진정성 있고, 모든 것이 연결된, 탁월한 브랜드로 남는다."
  "To remain the most authentic, connected, and distinctive brand."

이상에서 살펴본 바와 같이, 미션은 좀 더 포괄적이고 비전은 다소 구체적임을 알 수 있다. 하지만, 이들 구분이 명확한 것은 아니다.

특히, 리더가 제시하는 비전이란 추종자들을 동기부여시킬 수 있는 내용이면, 포괄적이든 구체적이든 별문제가 되지 않는다. 중요한 것은 리더가 제시하는 비전이 추종자들의 마음을 움직일 만큼 감동적인가에 있다. 물론 CEO 등 권한이 큰 리더가 제시하는 비전은 조직의 공식 비전으로 채택되는 경우도 많다.

리더 개인이 제시하는 비전을 예로 들면, 트럼프 전 미국 대통령이 제시한 "미국을 다시 위대하게 만들자"라든가, 박정희 전 대통령의 "잘살아보세", 중국 시진핑 주석의 "중국몽", 케네디 대통령의 "10년 안에 인류를 달에 보낸다" 등을 들 수 있다. 이들 중 상당 부분은 정부의 정책으로 구현되었다.

3. 카리스마리더십 이론

카리스마리더십 이론은 비전을 가장 중요시한다. 카리스마리더들은 〔그림 6-3〕에 나타난 것과 같은 몇 가지 특징적 행동을 보인다.

카리스마리더들은 현상에 만족하지 못하는 사람들이다. 오늘에 만족하고 현상을 그대로 받아들이는 사람들은 카리스마리더와는 거리가 멀다. 하지만 불만을 토로하는 것에 그치지 않고 현상태에 대한 대안으로서 미래의 더 나은 상태인 비전

그림 6-3 카리스마리더십 행동

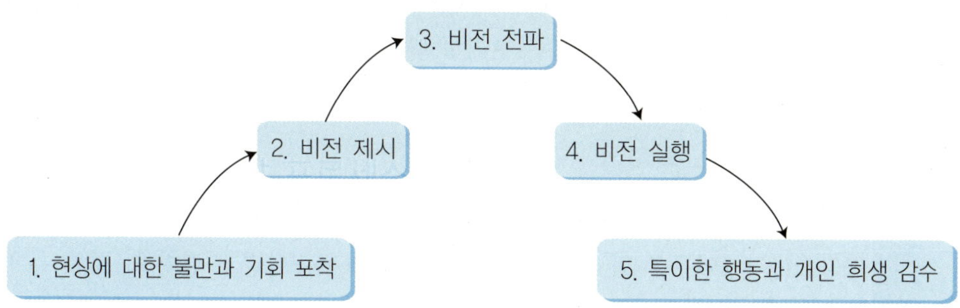

을 제시하고 그의 전파와 실천에 몰입한다. 카리스마리더는 그 과정에서 눈에 띄는 행동, 특이한 행동들을 종종 보여준다. 또한 위험을 감수하고 개인적 희생을 마다하지 않는다.

1960년대 초, 박정희 전 대통령은 당시 **한국 상황에 대해서 불만이 많았다.** 전쟁을 치른지 얼마 안된 상황이어서 그럴 수도 있었겠지만 정부는 무능했고 사회는 정파주의로 심한 갈등을 빚고 있었다. 나라에는 비전이 없었고 먹고사는 문제도 막연했다. 경제는 아프리카 국가들보다도 못한 수준이었고 국가의 시스템은 제대로 갖춰져 있지 않았다. 부정부패가 만연해 있었으며 소위 뒷배경이 있어야 출세할 수 있는 부조리한 사회였다.

그는 정권을 잡은 후 경제발전에 대한 비전을 제시하면서 자신의 카리스마를 형성해 가기 시작했다. 경제발전 5개년 계획을 수립하여 잘사는 나라를 만들겠다는 비전을 제시하였으며, 그러한 비전이 국민들에게 공유되도록 하기 위해서 언론홍보를 통해서, 제도와 정책을 통해서, 그리고 직접적인 국민 계도를 통해서 비전 전파 노력을 강력히 실행하였다. 그리고 해를 거듭하면서 비전 달성의 중간실적을 제시하였다. 우리의 경제가 얼마나 좋아졌으며 앞으로 몇 년이 지나면 어느 수준까지 발전할 것이다라는 구체적 실천성과를 공유하기 위해 노력했다. 아울러 "잘 살아보세", "하면 된다", "재건의 일터", "새마을운동" 등과 같은 간결한 구호가 매일 같이 언론을 통해서, 학교 교단에서, 그리고 군 집회에서 전국에 울려 퍼졌다. 이러한 그의 노력은 국민들의 마음을 움직였다.

국민들은 깊은 패배주의에서 다시 일어서기 시작하였으며 시간이 지나면서 국가에 대한 자긍심과 강한 자존의식도 갖게 되었다. 작지만 당차 보이는 그의 특이한 외모와 카랑카랑한 목소리, 그리고 어딘가 외로운 듯하면서도 힘이 들어간 눈빛은 많은 국민들의 마음속에 예전의 지도자들에게서는 느껴보지 못한 야릇한 카리스마를 느끼도록 하기에 충분했다.

하지만 카리스마가 강력할수록 그에 따르는 부작용도 있게 마련이다. 이것을 카리스마의 **'어두운 면'**(The dark side of charisma)이라고 한다.[4] 〈표 6-4〉에 카리스마리더십의 어두운 면, 즉 부작용들을 정리하였다.

표 6-4 카리스마리더십의 어두운 면

1. 카리스마리더의 추종자들이 맹목적으로 추종하므로 카리스마리더가 잘못되었을 때 제어할 수 있는 방법이 없다. 히틀러의 독일이 좋은 예이다.
2. 카리스마리더는 추종자들을 자신의 야망을 성취하는 데 단순히 수단으로 남용할 수 있다. 조직이나 집단의 비전만을 지나치게 강조하여 추종자들의 경력과 개인적 미래에 대해서 무관심하는 경우가 있다.
3. 카리스마리더는 비판에 귀를 기울이지 않고 자기 주장만을 고집하다가 파국을 맞을 수 있다. 휴브리스(교만) 위험
4. 카리스마리더 아래에서는 2인자가 성장하기 힘들다. 카리스마의 그늘에는 수동적이고 맹종하는 나약한 추종자들만 자라기 쉽다. 자신을 대체할 수 있는 후계자 육성에 소홀한 것이 카리스마리더의 일반적 약점이다. 그러므로 박정희 전 대통령의 경우처럼 카리스마리더가 갑자기 사라진 경우 큰 혼란을 야기하게 된다.
5. 리더의 카리스마가 강할수록 그에 반대하는 반카리스마 세력도 그만큼 강하게 자란다. 예를 들어, 박정희 전 대통령의 카리스마는 민주화를 외치는 강력한 저항세력을 키웠다. 이것이 오늘날까지 한국 사회의 커다란 갈등의 원인으로 작용하고 있다.

4. 카리스마리더십, 21세기의 평가

카리스마 또는 카리스마리더십은 많은 역사적 리더들을 평가하는 데 활용되어 왔다. 강하고 터프하고 독단적이면서 한계를 뛰어넘은 큰 성과를 낸 리더들에게 카리스마리더라는 명성을 부여해 왔다. 사람들에게는 다른 것은 몰라도 놀라운 성과를 낸 리더에게 카리스마리더라는 명패를 붙이는 성향이 생겼다. 성과를 아직 확인할 수 없는 경우에는 생긴 것이나 말투가 큰일을 해낼 것 같다는 느낌이 드는 사람에게도 그러한 명칭을 붙인다.

그런데 이러한 **카리스마리더십 스타일이 21세기의 시대적 속성에 맞는가** 하는 의문이 제기되고 있다. 몇 가지 이유 때문이다.

첫째는 비전의 효용가치가 절하되었다고 보기 때문이다. 오늘날의 세계는 너무 빨리 변하고 있기 때문에 장기적 비전을 정해도 그대로 이루기 힘들다. 예컨대

이동통신회사에서는 단기, 중기, 장기를 1주일, 1개월, 3개월로 본다. 3개월짜리 비전을 세워놓고 나가다 보면 상황이 완전히 바뀌어 다른 이슈가 더 중요해진다. 그러므로 비전 중심의 카리스마리더십보다는 현실의 문제와 기회를 포착하여 해결함으로써 현상황을 조금이나마 발전시켜 나가는 실용적 리더십(pragmatic leadership)이 더 바람직하지 않느냐는 것이다.

둘째는 **사회적 네트워크시대에 카리스마리더가 필요로 하는 신비감을 유지하기 힘들다**는 점이다. 오늘날은 리더의 말 한마디도 실시간으로 전 세계로 전파될 수 있는 시대이다. 물론 이것은 카리스마리더의 비범한 성과와 특별한 행동들을 널리 전파하기에 보다 수월해져 글로벌 카리스마리더의 탄생에 오히려 유리할 것이라고 해석될 수도 있다. 하지만 우리가 조직이라는 영역을 한정해 놓고 평가해 보면 시시콜콜 밝혀지기 쉬워졌다는 쪽에 더 무게를 둘 수 있을 것이다.

셋째는 SNS시대의 특징으로 **공유리더십(shared leadership)이 더 설득력이 있다**는 주장이다. 조직에서 리더가 혼자서 리더십 역할을 독점하기보다는 구성원들과 역할을 나눠서 수행할 때 더 효과적일 것이라는 평가다.

넷째는 카리스마리더가 갖는 문제점들 때문이다. 앞서 '카리스마의 어두운 면'에서 살펴봤지만, 카리스마리더는 갑질의 위험이 크고 남의 말을 안 듣기 때문에 조직을 위험에 처하게 할 가능성이 크다. 또한 후계자가 성장할 기회를 박탈한다는 것은 치명적 약점이라고 볼 수 있다는 것이다. 리더십을 공유하면 이런 문제점들을 극복할 수 있다.

카리스마리더를 필요로 하는 상황이 있을 것으로 판단된다. 카리스마리더십은 구성원들이 리더에게 크게 의존하게 만든다. 카리스마리더 마음대로 선택할 수 있게 된다. 의사결정이 빨라진다. 위기나 급한 상황, 또는 불확실한 상황에서 바람직할 것이다. 갈등이 심하여 조직이 찢어져 있는 상황을 돌파하는 데도 유효할 것이다. 공유리더십이 가능한 상황에서는 그것을 발휘하고 실용적 리더십이 필요하면 그것을 또 발휘할 줄 아는 유연성이 필요하다.

5. 카리스마리더십 vs. 공유리더십

카리스마리더십은 리더가 모든 힘을 갖는 것을 전제로 한다. 그 정반대 지점에 있는 이론이 공유리더십이론(shared leadership theory)이다. 공유리더십은 리더의 역할을 구성원들(예, 팀원들)이 나누어 행사하도록 하는 것이다. 이런 의미에서 공유리더십을 팀 리더십, 또는 분산된 리더십(distributed leadership)이라고도 부른다. 〈표 6-5〉에 공유리더십의 핵심을 요약하였다.

공유리더십에서 팀원들이 나누어 행사하게 되는 리더십 행동은 ① **지시적 리더십,** ② **거래적 리더십,** ③ **변혁적 리더십,** ④ **임파워링리더십** 등으로 요약된다.

예를 들어, 팀원 동료들끼리 지시적 리더십을 발휘한다는 것은, 경험 있는 팀원이 경험이 부족한 팀원에게 일하는 방법과 기술을 전수해 주는 것이다. 아울러, 동료들 간의 대화에서 작업방법, 과업의 책임, 갈등 해결방법 등을 서로 확인하고 테스트하는 방법으로 지시적 리더십이 공유되기도 한다.

거래적 리더십은 팀원들끼리 서로 잘한 것을 칭찬해주고 보상해주는 것을 뜻하며, 변혁적 리더십이란 고차원 욕구를 자극하여 강한 정서적 몰입을 끌어냄으로써

표 6-5 공유리더십의 핵심[5]

팀원들이 상호 간에 발휘하는 리더십 행동		공유리더십하에서 공식적 팀장의 역할	
팀원의 리더십 행동	요 점	역 할	요 점
① 지시적 리더십	• 경험 있는 팀원이 없는 팀원에게 지시/전수, 팀원 간 상호 테스트, 대화로 전수	① 팀 구성	• 팀원 배치, 업무 부여 등
② 거래적 리더십	• 상호 칭찬, 격려	② 대외적인 문제 관리	• 상사의 지시 대응 등
③ 변혁적 리더십	• 혁신적 아이디어 제시 서로 격려	③ 팀원 지원	• 팀원의 필요 충족
④ 임파워링리더십	• 자기 동기부여 상호 지원	④ 팀원들이 행사하는 공유리더십 유지	• 공유리더십의 중요성 지속적 강조 등

기대 이상의 성과를 내는 것이다(본 장 제3절 참조). 공유리더십에서는 팀원들끼리 상대방이 잘했을 때 서로 칭찬해주고 축하해주도록 함으로써 거래적 리더의 역할을 대신한다. 아울러, 팀원 서로가 기대를 뛰어넘는 혁신적 아이디어나 제품에 대한 아이디어를 주고받으면서 변혁적 리더십을 구현한다.

또한, 공유리더십에서는 팀원들끼리 서로 자기 목표 설정, 자기평가, 자기보상, 자기개발을 하도록 돕고 지원함으로써 임파워링리더십을 발휘하도록 한다.

요컨대, **리더가 팀원들에게 지시하고 칭찬하고, 혁신적 아이디어를 내도록 하고, 임파워링시키지 않더라도, 팀원들 서로 간에 이러한 임무를 스스로 수행하게 하는 것이 공유리더십이다.**

공유리더십에서 공식적 리더의 역할은 ① 팀 구성, ② 대외적인 문제 관리, ③ 팀원 지원, ④ 팀원들이 행사하는 공유리더십 유지 등 네 가지로 제한된다. 즉, 팀을 만들고, 외부의 요구에 대응하며, 팀원들이 필요로 할 때 돕고, 서로 필요한 리더행동을 수행하도록 유지하는 것이다.

6. CIP 모델

카리스마리더십이론은 세계에 널리 알려진 리더십이론이지만, 그 특징을 정확히 이해하려면 다른 이론들과 비교해보는 것이 중요하다.

CIP 리더십 모델은 카리스마리더십(C=Charismatic Leadership)을 이념적 리더십(I=Ideological Leadership) 및 실용적 리더십(P=Pragmatic Leadership)과 비교 · 설명하고 있는 모델이다.

CIP 모델의 핵심은 C. I. P 리더는 "맨틀 모델"(Mental Model)이 확연히 다르다는 점이다. 예컨대, 카리스마리더(C)는 미래를 중시하지만, 이념적 리더(I)는 과거를 중시하고, 실용적 리더(P)는 현재를 중시한다.

맨틀 모델이란 "세상을 바라보는 사고의 틀"이다. 밖을 내다보는 마음의 창이라고 볼 수도 있다. 사각형 창을 통해서 보면 세상이 온통 사각형으로 보이고, 둥근 창

표 6-6 CIP 리더의 맨틀 모델 차이[6]

차이 기준	카리스마리더	이념적 리더	실용적 리더
시간관(time frame)	미래 지향	과거 지향	현재 지향
사용하는 경험유형	긍정적 경험	부정적 경험	양쪽
추구하는 결과 특징	긍정적 결과	초월적 결과	유연하게 선택
추구하는 결과 숫자	다 수	소 수	그때그때 다름
맨틀 모델의 초점	외 부	내 부	외 부
인과관계 인식	사람 때문(사람귀인)	상황 때문(상황귀인)	사람과 상황 상호작용
원인통제 가능성	높 음	낮 음	선택적

을 통해서 보면 세상이 둥글게 보인다. 사람의 정신세계도 마찬가지다.

맨틀 모델은 리더의 생각과 행동에 결정적인 영향을 미친다. 따라서 리더의 맨틀 모델의 특징을 알면 리더의 행동을 예측할 수 있다. CIP 모델의 맨틀 모델 차이를 〈표 6-6〉에 비교 · 제시하였다.

박정희 전 대통령은 대표적인 카리스마리더에 해당한다. 그는 항상 "잘살아보세"와 같은 미래 지향적인 시간관을 보여줬으며, 이순신 장군 등 우리 민족의 영웅, 즉 긍정적 경험을 내세웠다. 또한 "하면 된다"라는 긍정적 결과에 대한 희망을 심었으며, 경제부흥, 국가안보, 과학기술 발전, 핵 보유, 베트남 참전, 국토건설, 대외 국가위상 제고 등 다수의 결과를 추구했다. 유달리 "국위 선양"을 많이 강조한 것은 그의 맨틀 모델이 외부지향이었음을 암시한다. "유비무환"처럼 '우리'가 운명의 주체라는 인과관계 인식이 있었으며, 모든 일을 자신이 통제할 수 있다는 믿음을 갖고 있어 반체제 인사를 통제하고 탄압하는 일이 벌어지기도 했다.

문재인 전 대통령은 이념적 리더에 해당한다. 그는 과거의 잘못을 바로잡기 위한 "적폐청산"을 강조했다(과거 지향 시간관). 또한, 그는 "2030년까지 온실가스를 40%까지 줄이는 목표량을 전 세계에 약속했는데, 원래 산업부가 제시한 28%를 훨씬 초월하는," 매우 달성하기 힘든 목표였다.[7] 중국 중시, 친북 정책, 반일, 친노동/반기업, 탈원전 등 이념적 성향이 뚜렷한 소수의 목표에 집중했다. **문재인 전 대통령의 맨틀 모델은 이념적 동지를 중시하는 내부지향적**이었다. 그리고 일이 잘못됐을 때는 자기 자신이나 사람보다는 상황을 탓하는 성향이 강했으며, 문제의 원인을 항상 과거에서 찾기 때문에 통제하기 힘든 경우가 많았다.

세종대왕은 실용적 리더의 좋은 본보기이다. 그는 항상 피하지 않고 현실문제를 직시하고, 그의 해결을 위해서 온몸을 던졌다. "밥은 백성의 하늘이다."라는 그의 말이 현재 지향의 시간관을 대변한다. 그는 긍정적 경험과 부정적 경험을, 때에 따라 적절히 사용하면서 의사결정을 했으며, 추구하는 결과도 보통의 긍정적 결과와 초월적 결과를 유연하게 선택했다. 추구하는 결과의 많고 적음도 사안의 특성에 따라 통제했다. 맨틀 모델의 초점은 항상 외부, 즉 백성에게 뒀다. 일이 잘못됐을 때는, 그 원인이 사람이든 상황이든 선입관 없이 철저히 분석하여 근본 원인을 찾아 해결했다. 따라서 원인통제 가능성은 문제의 성격에 따라 달라질 수밖에 없었다.

C. I. P. 중 어느 스타일이 바람직한가는 상황에 따라 결정된다. 가령 일제 강점기처럼 어두운 시대에는 저항이 필요하므로, 우리 편을 저항의 이념으로 한데 묶어 이끌어가는 이념적 리더가 적합하며, 도약이 필요한 시대에는 카리스마리더가 미래 비전을 앞세워 이끌어가는 것이 효과적이다. 저항의 필요가 없는 시대에는 실용적 리더가 쓰임새가 있다. 하지만, **저항의 시대에 실용적 리더는 개인 이익을 위해 변절하는 경우가 많다**. 예컨대, 일제 강점기 같은 어두운 시기에 실용적 맨틀 모델을 가진 리더는 "상황이 어쩔 수 없지 않으냐"는 등의 편리한 이유를 내세워 압제자의 편에 서서 실용적 이득을 취하는 매국노가 되기 쉽다.

변혁적 리더십, 무엇이 다른가 제3절

카리스마와 관련된 리더십 이론들은 하나가 아니다. 여러 유사한 이론들이 존재한다. 그중에서 변혁적 리더십과 영감적 리더십, 두 가지만 간략히 소개하고자 한다.

변혁적 리더십의 영어 이름은 'Transformational Leadership'이다. 영어 단어 Transform이라는 말은 우리가 일반적으로 쓰는 Change라는 말과 약간의 차이가 있다. 둘 다 변화를 의미하지만 Change가 일반적 외형적 변화를 더 강조한다면 Transform이라는 단어는 깊은 내면의 변화를 의미한다. 그래서 변화라는 말 대신 변혁이라는 말을 써서 변혁적 리더십이라고 칭하고 있다.[8]

그렇다면 무엇을 깊이 있게 바꾼다는 말인가? 변혁적 리더십의 기본 관점은 리더는 추종자들의 내면의 욕구체계와 가치관을 **저차원 욕구에서 고차원 욕구**로 바꿔주는 사람이라는 것이다. 사람의 욕구는 두 가지로 대별된다. 저차원 욕구와 고차원 욕구가 그들이다.

심리학자 매슬로우(Maslow)에 따르면 인간의 욕구체계는 다섯 가지로 구성되어 있다고 한다. 이들을 〔그림 6-4〕에 제시하였다.[9]

우리는 대부분 하루하루를 현실적 필요를 충족시키기 위해서 살아간다. 배가 고파 먹고 친구를 만나고 직장에서 혹시라도 잘리지 않을까 걱정하면서 살아가는 것이 보통 사람들의 생활모습이다. 즉 우리는 대부분 이와 같이 먹고 만나고 생활을 걱정하는 저차원 욕구에 의해서 살아간다는 것이다. 변혁적 리더십의 저자들은 리더란 이와 같이 저차원 욕구에 의해서 살아가는 사람들을 미래의 비전과 원대한 목적을 가지고 살아가도록, 즉 고차원 욕구에 의해서 살아가도록 만드는 사람이라고 주장한다. 변혁적 리더는 추종자들이 다음 달의 급여를 위해서 살아가는 것이 아니라 10년 뒤의 원대한 꿈과 비전을 위해서 살아가도록 만드는 사람이다. 이것은 곧 **추종자들의 욕구체계를 저차원에서 고차원으로 변혁시키는 작업**이다.

그림 6-4 매슬로우의 욕구 5단계설

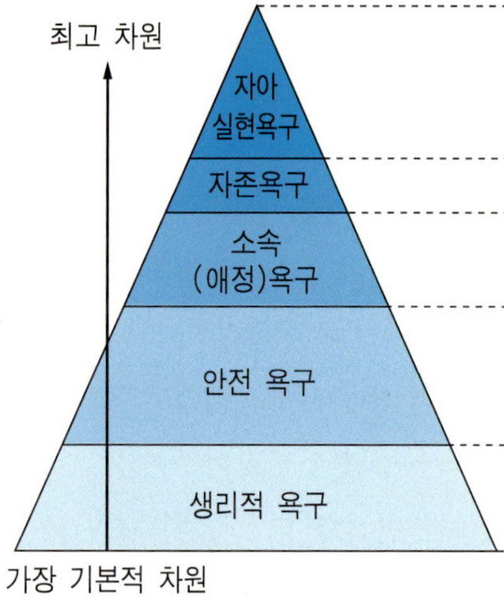

- 자아실현욕구: 자신의 잠재적 역량을 최고로 발휘하여 자신의 일에서 최고가 되고 싶은 욕구(예: 피아니스트가 완벽한 연주를 하고 싶은 욕구)
- 자존욕구: 명성, 명예, 그리고 타인으로부터 인정받고 싶은 욕구
- 소속(애정)욕구: 어디엔가 소속하여 타인들과 사귀고 사랑하고 사랑받고 싶은 욕구
- 안전 욕구: 외부로부터 자신을 보호, 보장 받고 싶은 욕구, 신체적·심리적 위험, 사회적 지위에 대한 위험에서 벗어나고 싶은 욕구
- 생리적 욕구: 음식, 공기, 물, 섹스, 주거 등과 같이 생존에 필수적인 것들을 충분히 취하고 싶은 욕구

* [저차원 욕구] 생리적 욕구, 안전 욕구

** [고차원 욕구] 소속 욕구, 자존 욕구, 자아실현 욕구

그렇다면 리더는 어떻게 추종자들을 변혁시킬 수 있을까? 그 방법으로서 변혁적 리더십이론가들은 세 가지를 지목한다. 즉, **카리스마**, 지적 자극, 그리고 개별적 배려 등의 행동을 추종자들에게 보여줌으로써 그들 내면의 가치체계를 고차원화할 수 있다고 말하고 있다. 카리스마란 위에서 말한 내용과 유사하다. 비전을 통한 영감적 동기부여, 이상적 역할모델을 내용으로 한다. 또한 추종자들에게 지적인 자극을 주어 스스로 새로운 것을 찾아내는 훈련을 시켜야 한다. 그리고 리더는 추종자들 한 사람 한 사람에 대해서 그 사람의 입장과 처지를 고려한 개별화된 배려를 해줄 필요가 있다. 〈표 6-7〉에 요점을 제시하였다.

한편, 변혁적 리더십의 반대 개념은 거래적(Transactional) 리더십이다. 이것은 리더가 추종자들에게 혜택과 이익을 베풀면 추종자들은 그 보답으로 리더에게 더 충성을 바치는 등과 같이 리더와 추종자들 간의 거래현상을 지칭한다. 거래적 리더십의 구체적 내용은 바로 리더의 **조건적 보상행위**와 예외적 관리행위이다. 즉, 리더는 추종자들에게 필요한 일을 주고 보상을 내건다. 예를 들어, 상반기 6개월

표 6-7 변혁적/거래적 리더십의 요인들

리더십유형	요인 이름		의 미
변혁적 리더십	카리스마	영감적 동기부여	비전 제시, 긍정과 열정의 비전과 높은 기대 전파
		이상적 역할모델	집단이익 강조, 엄격한 윤리규범, 모범행동
	지적 자극		현상에 대해서 새로운 관점을 갖도록 자극
	개별적 배려		구성원 욕구파악, 임파워먼트, 역량개발
거래적 리더십	조건적 보상		임무의 만족스런 수행에 보상제공
	예외관리	능동적 예외관리	과업명시, 과정관찰, 수시 개입
		수동적 예외관리	과업명시, 문제발생시 개입

동안 내 말을 잘 들으면 전반기 인사고과에서 좋은 평가를 주겠다는 식이다. 말로 표현하지 않더라도 리더와 추종자들 간에는 이와 비슷한 거래가 많이 일어난다. 예외적 관리라는 것은 일을 주고 내버려뒀다가 하급자가 문제가 생겼을 때만 리더가 관여하는 현상을 일컫는다. 평소에는 전혀 관심 안 갖고 있던 리더가 문제가 터지면 모든 권한을 회수하고 잘못했음을 시인하게 하고 벌을 가하곤 한다.

은행 지점장의 변혁적 리더십 예이다.

한국 K은행의 우모 지점장은 성과가 제일 낮은 H지점으로 새롭게 발령을 받았다. 워낙 성과가 안 좋아 모두가 꺼리는 지점이었다. 전임 지점장과 그 앞의 지점장 모두 성과를 못 내어 각각 2~3년 만에 은행을 떠나야 했다. 우 지점장은 처음 H지점 발령통보를 받았을 때 기분이 착잡했다. 축하한다는 동료보다는 참 안 되었다는 위로의 인사를 하는 동료들이 더 많았다. 소위 막장 지점이라는 별명이 붙은 H지점이기에 30년 은행생활을 마무리할 때가 되었구나 하는 생각으로 잠을 이룰 수가 없었다.

지점에 도착해보니 듣던 대로 엉망이었다. 직원들의 사기는 땅에 떨어져 있었고 서비스 수준도 형편없었다. 고객과 말다툼을 하는 창구 직원도 눈에 띄었다. 사무실 인테리어도 10년 전 그대로인 듯 했으며 구석구석에 먼지가 수북이 쌓여 있는 모습도 보였다. 무엇 하나 제대로인 것이 없었다.

우 지점장은 출근 첫날부터 소매를 걷어붙이고 뛰기 시작했다. 직원 한 사람씩 불러 직접 면담을 하고 "우리가 왜 이렇게 살아야 하는가?"라고 설득하기 시작했다. 회식을 하면서 속마음을 이야기하기도 하고 주말을 이용하여 MT를 가서 한마음을 이루기 위한 다양한 활동도 하였다. 그리고 2년 안에 최우수 지점을 만든다는 용감한(?) 비전을 만들어 설득하기 시작했다. 모두가 코웃음을 쳤다. 다른 지점장들도 처음엔 다 그랬다는 식이었다. 우 지점장은 오기가 발동하였다. 지고 싶지 않았다.

우선 화가인 친구에게 부탁을 하여 지점 내부를 겔러리 비슷하게 꾸몄다. 여기저기 내걸린 현란한 그림들은 고객들의 이목을 집중시키기에 충분하였다. 판공비며 지점장이 쓸 수 있는 모든 예산을 끌어모아 인테리어를 확 바꿔버렸다. 직원들 서비스 향상을 위해서 주 1회 유명강사를 초빙하여 서비스 교육도 강화하였다. 그리고 매일 아침 지점장이 제일 먼저 출근하여 출입구에 서서 출근하는 직원 한 사람 한 사람을 마음으로부터 정중하게 맞았다.

지점장은 사무실에 붙어 있기보다는 주요 고객들을 찾아 다니면서 대부분의 시간을 보냈다. 중간에 잠깐씩 지점에 들러 직원들과 일일 성과점검을 한 뒤 다시 고객을 찾아 뛰어다녔다. 어떤 때는 밤늦게까지 고객을 만나기 위해서 기다리기도 하였다.

지점원들이 새 지점장을 달리 보기 시작하였다. 꼴찌 지점을 최우수 지점으로 만들 수만 있다면 그것은 인생의 가장 보람 있는 추억으로 남을 것이라는 재미있는 생각이 들기 시작했다. 무엇보다도 지점장이 저렇게 진정성을 가지고 뛰어다니고 있으니 자신들만 동참을 하면 뭔가 달라질 수 있을 것이라는 막연한 생각이 지점원들의 마음에 솟아나기 시작하였다.

고객을 찾아 뛰어다니는 지점원들이 하나 둘 늘어났다. 지점장은 이 기회를 놓칠 수 없었다. 첫 분기에 희망을 보여줘야 한다는 생각이 들었다. 한 달 동안을 혼신의 노력을 다했다. 첫 분기가 끝났다. 성과는 멋있게 상승곡선을 그리며 치고 올라가는 모습을 보였다. 첫 번째 긍정적인 신호였다. 지점원들도 희망을 보았다.

리더십 나누기 6-3: 아라비아의 로렌스 — 사람을 사로잡는 힘!

피터 오툴(Peter O'Toole) 주연의 '아라비아의 로렌스'라는 영화를 통해서 우리들에게도 잘 알려진 토머스 에드워드 로렌스는 20세기 초 영국 사람이었다. 1차 대전 중 이집트를 지배하고 있던 영국은 수에즈운하를 사이에 두고 독일의 동맹국이며 이스라엘, 이란, 이라크, 레바논 등을 지배하고 있었던 터키군과 대치하게 된다. 1918년 영국 정부는, 터키로부터 독립을 추진하던 중동지역 아랍 부족인 베드윈족의 지원을 받아 내어 터키를 협공하기 위해서 정보장교였던 T. E. 로렌스를 아랍지역으로 파견한다.

그런데 그는 영국 정부가 바라던 것 이상으로 아랍의 지도자들을 사로잡고 아랍의 독립을 위해 열심히 싸워 분열된 아랍민족을 통합하고 시리아의 수도 다마스커스를 점령하여 아랍민족으로부터 '아라비아의 로렌스'라는 영웅적인 칭호를 받게 된다.

하지만 아라비아 독립국을 설립하기 위한 아랍회의는 통합국가를 원치 않던 영국의 반대와 부족간의 갈등으로 무산되고 그는 마침내 영국 정부의 소환을 받고 런던으로 돌아오지만 사막으로 돌아가길 원하다가 끝내 교통사고로 숨진다.

그의 자서전 〈지혜의 일곱 기둥〉은 한 사람의 리더가 어떻게 그처럼 색다르고 다양한 아랍 부족들을 통합하고 이끌어갈 수 있었을까 하는 의문에 대해서 해답을 준다. 1937년 스털링이 쓴 〈친구들이 본 로렌스〉에는 그를 이렇게 묘사하고 있다.:

> "그의 두드러진 특성은 명확한 비전과 불필요한 모든 것을 그의 생각에서 떨쳐버리는 힘, 그리고 다른 사람들이 생각하고 행동하는 것에 대한 초인적인 인지력이었다."[10]

✠ [나누기 문제 6-3] 영화 '아라비아의 로렌스'(1998년 개봉)를 보고 그의 사람들을 사로잡는 힘은 어디에서 왔을지를 정리하여 보자.

모두들 뭐엔가 홀린듯한 몰입형 인간으로 변했다. 부정적이고 냉소적인 태도는 긍정적이고 열정적으로 변했다. 뒤로 한 발 물러서 있으려는 소극적인 자세는 내가 해내겠다는 적극적인 자세로 바뀌었다.

연말이 되었다. 우 지점장의 H지점은 우수지점 평가를 받았다. 지점원들은 벅찬 가슴에 눈물을 흘리기까지 하였다. 지난 1년 무엇엔가 홀리어 미친 듯이 뛰었고 그 결과가 이렇게 좋게 나온 것에 대해서 감격을 느꼈다. 이제 자신감이 붙었다. 다음 1년은 정말로 행복한 한 해였다. 여느 때보다 3~4배는 더 열심히 일했다. 하지만 그 속에 진정한 행복이 있다는 것을 지점원들은 느꼈다. 자발적으로, 한마음으로, 그리고 하나의 비전을 향하여 함께 나아갈 수 있는 것만큼 행복한 것은 없다. **다음 해 연말, 우 지점장의 H지점은 드디어 최우수 지점으로 평가받았다. 비전이 달성되는 순간이었다.**

우 지점장의 사례는 실제 있었던 사례이다. 이처럼 리더십은 사람들의 가치관을 바꾸고 욕구의 수준을 바꾼다. 그리고 그 변화된 자세가 기대 이상의 성과를 내게 하는 것이다. 변혁적 리더십이론은 바로 이러한 리더십 현상에 초점을 맞춰 설명하고 있다.

제4절 리더의 지성, 감성, 그리고 영성

사람에게는 지성, 감성, 그리고 영성의 3성이 있다. 이 3성이 잘 보존되고 발달한 사람을 전인(全人)이라고 불러도 될 것이다. 지적으로 거리낌이 없고 감성적으로 메마르지 않으며, 영적 본성을 잃지 않은 균형 잡힌 사람을 뜻한다.

하지만 현대인들은 조직생활을 하는 과정에서 전인의 균형을 지키기 힘들다. 물불을 가리지 않는 성과압박은 감성을 고갈시키며, 함께 일하는 사람들과의 경쟁과 갈등은 우리의 지성을 가시나무처럼 불편하게 만든다. 아울러 **매일 같이 반복되는 사무실이나 공장의 일상은 시시각각 우리의 영혼을 사막처럼 피폐하게 만든다.** 어디 그뿐이겠는가? 직장을 구하기 위해서 남보다 먼저 뛰어야 하고 직장을 잃지 않기 위해서 남들보다 멀리 달려야 한다. 이 과정에서 인간을 인간답게 만드는 지성은 촌각의 요령에 의해 지배당하고 우리를 아름답게 꾸며주는 감성은 폭발

직전의 성질로 대체된다. 영혼을 판 것이 어디 한두 번인가. 더 이상 팔 영혼도 남아있지 않다! 나의 직장, 나의 돈을 위해서!

리더는 직장인의 3성을 회복하는 사람이어야 한다. 물론 스스로 3성을 갖춰야 한다. 특히 메말라버린 영성을 회복하는 것이 시급하다. 이것이 영성리더십(spiritual leadership)의 출발점이다. 영성리더십이론은 인간을 신체, 정신(mind: 이성), 가슴(heart: 감정), 그리고 영혼(spirit)을 가진 존재로 인식하고 이들을 아우르는 통합적 리더십(holistic leadership), 즉 전인적 리더십이 필요하다는 관점이다.[11] 우리가 얘기하는 3성에 신체를 더했다.

영성리더십은 〈표 6-8〉에서와 같이 다섯 요인들로 구성된다. 소명의식, 소속감, 비전, 이타적 사랑, 그리고 희망/믿음 등이 그들이다.

소명의식은 초월적 경험을 의미한다. 다른 사람들을 섬김으로써 삶의 의미와 목적을 새롭게 느끼는 것이다. 직장에서 자기가 하는 일을 천직으로 여기며 만나는 사람들을 지극정성으로 모심으로써 자신이 이 시대에, 이 땅에 살게 된 목적과 의미를 느낄 수 있어야 한다는 것이다.

소속감은 집단의 일원이라는 것을 감사하게 여기고 구성원들을 이해하는 자세를 말한다. 사실 직장생활을 하는 사람들은 집의 가족들과 보내는 시간보다 직장 동료들과 보내는 시간이 더 많은 경우가 많다. 인생을 동료들과 더 가까운 관계로 살아가고 있는 것이다. 이들과 불화하면 인생이 슬퍼진다.

비전은 함께 생활하는 구성원들과 나아가는 미래의 방향을 공유함으로써 오늘 내가 하고 있는 노력의 가치를 고양하는 행위이다. 왜 밤샘하며 고생을 하는지, 왜 난관을 극복해 나아가야 하는지, 그리고 왜 우리는 긴장해야 하는지에 대한 목적과 의미를 제공한다.

이타적 사랑은 집단생활에 윤활유를 쳐 부드럽게 돌아가도록 하는 역할을 한다. 조화와 감사와 용서와 믿음으로 조직생활을 아름답게 만드는 행위이다. 갈등과 불신과 따돌림과 이기적 편가름은 자신을 포함한 모두를 힘들게 하고 영혼을 황폐화시킨다. 이타적 사랑은 조직을 인간답게 만드는 비밀병기이다.

끝으로, **희망과 믿음**이 비전에 확신을 더하는 행위이다. 희망의 리더, 믿음의

표 6-8 영성리더십의 5차원

변 수	정 의
소명의식 (calling)	초월성(transcendence) 경험; 개인이 다른 사람들을 섬김으로써 세상을 더 좋게 변화시키며, 그 과정에서 삶의 의미와 목적을 느끼게 되는 것; 따라서 직장에서 리더의 역할은 구성원들이 직무몰입과 목표추구를 통해서 소명의식을 느끼도록 만드는 것.
소속감 (membership)	구성원들을 이해해주고 감사를 표시함으로써(being understood and being appreciated) 조직이나 집단의 일원이라는 것을 느끼도록 하는 것; 그러므로 리더는 자율, 임파워먼트, 존중, 인정, 신뢰를 구성원들에게 제공하고 기도/명상/독서/저널링(journaling) 등의 영성유지 행동을 독려함으로써 소속감을 제고할 수 있음.
비전(vision)	사람들이 갈망하는, 명시적 또는 암묵적으로 표현된, 미래의 그림; 리더는 구성원들에게 비전을 제시함으로써, 노력의 방향을 명확히 해주며, 수많은 의사결정을 하는데 있어 기준을 제공함으로써 단순화의 효과를 거둘 수 있고, 많은 구성원들의 행동을 신속하고 효율적으로 조정할 수 있게 함.
이타적 사랑 (altruistic love)	자신과 타인들에 대한 보살핌, 관심, 감사를 통해서 얻어지는 전체감(sense of wholeness), 조화감, 그리고 웰빙 느낌; 이는 인내, 친절함, 샘내지 않음, 용서, 겸손, 이기적이지 않음, 자기절제, 신뢰, 충성심, 믿음직함 등의 가치에 기초함; 이타적 사랑을 통해서 리더는 구성원들의 심리적 두려움을 없애주고, 평화와 안정과 차분함의 힐링분위기를 제공할 수 있어야 함.
희망/믿음 (hope/faith)	희망이란 충족의 기대이며, 믿음이란 그러한 희망에 확신을 더하는 것; 특히 믿음은 보이지 않고 증거가 없는 것에 대한 확신을 의미함; 희망/믿음을 갖는 사람은 어디로 가며 어떻게 갈 것인가에 대한 비전을 가지게 되며, 조직의 비전/목적/미션이 이뤄질 것이라는 확신을 갖게 하는 원천임; 따라서 리더가 구성원들에게 희망/믿음을 준다는 것은 비전성취의 확신을 심어주는 것.

* Fry(2003)에서 정리.

리더만이 비전을 끝까지 성취해낼 수 있다. **비전에 동력을 잃지 않도록 하는 것이 희망과 믿음**이라고 볼 수 있다.

한국의 어느 사회학자는 오늘날 물건을 생산하는 공장을 '교회'에 비유한 적이 있다. 종업원들이 매일 출근하여 교회의식을 행하듯이 물건생산의 의식을 행한다고 본 것이다. 회사란 이익을 내고 성장하고 생존하는 것을 목적으로 하지만, 그것을 가능케 하기 위해서 매일 공장에 출근하여 한치의 오차도 없이 일정한 행동을 반복하는 종업원들은 정해진 시간에 교회에 나가 주기도문을 외고 찬송가를 부르고 목사님 말씀을 듣는 예배의식과 무엇이 다르냐는 주장이다.

그렇다면 **공장에도 교회처럼 영성이 깃들어야 하는 것은 당연한 이치**가 된다. 그렇게만 된다면, 우리의 직장생활은 얼마나 풍요로울까! 경영자 리더들이 직장을 그렇게 만들어야 할 책임이 있는 것이 아닐까? 그들이 영성리더십을 통해서 피폐한 현대인의 영성을 회복해주기를 기대한다.

본 장의 요점

❖ 본 장에서는 카리스마리더십, 공유리더십, 변혁적 리더십, 거래적 리더십, 영성리더십 등을 다뤘다.

❖ 카리스마

- 카리스마=신이 주신 재능(endowed gift)
- 특성으로서의 카리스마: 강렬한 눈빛, 매력적인 목소리
- 충성스런 추종자: 무조건적 복종
- 행동으로서의 카리스마: 비전 제시(비전=추구하는 이상적 이미지)

❖ 카리스마리더십이론

- 현상 불만/기회 포착
- 비전 제시
- 비전 전파
- 비전 실행
- 특이한 행동, 개인 희생

❖ 카리스마리더십의 어두운 면: 맹목적 추종의 부작용, 휴브리스 등

❖ 공유리더십: 추종자가 리더의 행동(지시, 거래, 변혁, 임파워링)을 나눠 한다.

❖ CIP모델: C=미래 지향, I=과거 지향, P=현재 지향의 맨틀 모델을 갖는다.

❖ 변혁적 리더십: 저차원 욕구의 추종자가 고차원 욕구를 갖도록 하는 리더의 행동

- 카리스마 행동(영감적 동기부여, 이상적 역할모델)
- 지적 자극
- 개별적 배려

❖ 거래적 리더십

- 조건적 보상
- 예외관리(능동적, 수동적)

❖ 영성리더십: 지성, 감성, 영성의 균형

- 소명의식
- 소속감
- 비전
- 이타적 사랑
- 희망/믿음

자기희생적 리더십과 카리스마

※ 자기희생적 리더십이라는 이론이 있다.[12] 리더는 세 가지 차원에서 자기 희생행동을 보여줄 수 있다. 첫째, 어렵고 힘든 일을 자진해서 맡아 주는 행위(노동분할 희생), 둘째, 리더 자신에게 주어지는 보상을 추종자들에게 양보하는 희생(보상분배 희생), 셋째, 리더가 갖고 있는 권한이나 권력의 사용을 자제하든가 포기하는 희생(권력행사 희생) 등이다. 다음은 각각의 간략한 예를 설명한 것이다.

〈1〉 노동분할 희생: 팀장이 업무가 너무 많아 고생하는 팀원들을 위해서 휴일에 함께 나와 일해주는 것.

〈2〉 보상분배 희생: 2002년 월드컵 4강 때 선수들이 받은 보너스를 팀 성공에 기여한 정도를 무시하고 후보 선수까지 똑같이 나눠 가지자고 제안하여 받아들여 지게 한 홍명보 선수의 행동.

〈3〉 권력행사 희생: 제네시스를 타도록 되어 있는 회사규정에도 불구하고 스스로 작은 승용차를 몰고 출근하던가 지하철을 이용해서 출근하는 CEO.

그동안의 연구에 따르면, 카리스마리더십이나 변혁적 리더십을 발휘할 때 리더의 자기희생은 리더십의 효과를 더욱 크게 상승시켜 준다고 한다. 이처럼 리더십을 발휘할 때 큰 역할을 하는 자기희생적 리더십에 대해서 아래의 질문을 가지고 함께 토론하여 결론을 도출해보자.

[토론과제 6-1] 대통령의 자기희생의 예를 위의 〈1〉, 〈2〉, 〈3〉 각각으로 나누어 찾아보자.

[토론과제 6-2] 자기희생이 오히려 부정적인 결과를 가져오는 예를 찾아보자.

[토론과제 6-3] 자기희생이 가져올 수 있는 효과들을 정리해 보자.

나의 리더십 진단 6-1

나의 카리스마리더십 진단[13]

※ 귀하의 카리스마리더십 진단을 위한 질문지이다. 아래의 〈응답 양식〉을 활용하여 각 질문에 응답하고 결과를 알아보자.

〈응답 양식〉

1	2	3	4
결코 그렇지 않다	가끔 그렇지 않다	자주 그렇다	항상 그렇다

1. 나는 높은 수준의 자신감을 보여준다. ( )
2. 나는 나의 아이디어에 대해서 절대 의심하는 태도를 보이지 않는다. ( )
3. 나는 명확하고 잘 정리된 비전을 가지고 있다. ( )
4. 나는 에너지 수준이 높다. ( )
5. 나는 해야 할 일에 대해서 많은 열정을 보인다. ( )
6. 나는 감정적인 표현을 잘한다. ( )
7. 나는 나의 아이디어를 매우 잘 표현한다. ( )
8. 나는 또박또박 말한다. ( )
9. 나는 내가 다른 사람들에게 요구하는 것은 내 자신도 스스로 다 한다. ( )
10. 나는 바람직한 행동에 있어 솔선수범하며 언행이 일치하도록 행동한다. ( )

〈진단법〉 위의 10가지 항목의 응답을 모두 합하자. 최고 40점이다. 점수가 높을수록 귀하는 카리스마리더이다. 일반적으로 30점 이상이면 매우 카리스마리더십을 가시고 있는 것으로 평가된다. 25점~30점 사이이면 비교적 카리스마적이라고 표현할 수 있다. 그리고 25점 미만이면 카리스마와는 거리가 있는 것이라고 봐야 한다.

나의 리더는 카리스마리더인가?

나의 리더십 진단 6-2

※ 우선 리더를 한 사람 정하자. 가족 중에서 아버지, 어머니도 좋고 직장의 상사나 CEO, 아니면 팀프로젝트의 팀장도 좋다. 아니면 강의를 하시는 교수님을 선택해도 된다. 남자친구나 여자친구를 생각하면서 응답해도 좋다.

〈응답 양식〉

1	2	3	4
결코 그렇지 않다	가끔 그렇지 않다	자주 그렇다	항상 그렇다

1. 추종자들(나를 포함한)은 그 리더를 존경한다. (　　)
2. 추종자들은 리더에 대해서 자긍심을 갖는다. (　　)
3. 추종자들은 리더에게 충성하며 헌신적이다. (　　)
4. 추종자들은 리더를 좋아한다. (　　)
5. 추종자들은 자신들이 예외적인 성과를 낼 수 있는 능력이 있다고 믿는다. (　　)
6. 추종자들은 일을 성취하는 데 있어 열정적이다. (　　)
7. 추종자들은 리더의 지시를 열심히 따른다. (　　)

〈진단법〉 일곱 항목들 다 합하면 최고 28점이다. 합이 높을수록 귀하가 선택한 리더는 카리스마적이라는 뜻이다. 일반적으로 21점 이상이면 높은 카리스마리더이다. 17.5~20까지면 비교적 카리스마리더이다. 하지만 그 미만이면 귀하가 위에서 선택한 리더는 카리스마와 거리가 있는 리더이다.

리더십 Exercise 6

나의 비전, 나의 꿈

❋ 비전은 우리 인생에 방향을 정해준다. 나의 비전은 무엇인지를 생각하고 구체화하는 시간을 갖자. 아래에 비전의 내용을 적고 비전문(文), 슬로건, 실행계획 등을 세워보자. 이 시간 이후, 비전을 위해서 살아가기로 결심하자.

1. 당신의 비전을 기술한다. 차분히 인생에 가장 이루고 싶은 것들을 정리해보자.

2. 비전문을 만들어 보자. 두 줄 이하로 하되 간결하면서도 핵심내용을 담아야 한다. 영역이 명확하고 이루려는 수준이 분명해야 하며 뜻이 명료해야 한다.

3. 비전 슬로건을 만들어 보자. 짧은 한두 마디로 위의 비전문의 내용을 대표할 수 있도록 인상적으로 표현해야 한다.

4. 실행계획이 있어야 한다. 언제까지 무엇을, 어떻게 이루려 하는지를 명확하고 구체적으로 아래에 계획하여 적어보자.

5. 위에 당신이 작성한 비전문과 슬로건을 다른 사람들과 공유하여 보자. 다른 사람들과는 어떤 차이가 있는가? 그 차이는 어디에서 오는 것일까? 당신의 비전문에 수정할 내용이 있으면 수정하고 실행계획도 조정하자.

리더십 나누기 사례 6: 밀레니엄 리더 징기즈칸

– 조직에 강력한 활력을 불어 넣는 탁월한 카리스마 –

요점

- 1995년 워싱턴 포스트가 뽑은 서기 1000년대 밀레니엄 최고의 리더 징기즈칸!
- 22년 동안 정복한 땅넓이 777만 평방 킬로미터, 헝가리와 모스크바에서 중국과 사우디아라비아에 이르는 대 정복! 알렉산더가 정복한 348만 평방 킬로미터의 2.2배, 나폴레옹이 정복한 115만, 히틀러의 219만 평방 킬로미터의 각각 6.7배와 4배에 이르는 지구의 절반을 당시 몽골의 인구 100만, 그리고 기병 10만으로 토벌!!
- 징기스칸을 통해서 치열한 생사의 경쟁에 직면한 21세기 한국 조직경영의 성공비법을 배울 수 있다. 그의 열정적 카리스마는 어디로부터 왔는가?
- 우리는 여기에서 징기즈칸의 리더십 3원칙을 발견하게 된다. 즉, 〈원칙 1〉 끊임없이 새로운 비전과 아이디어를 추구하라! 〈원칙 2〉 한마음으로 움직여라! 〈원칙 3〉 실행시스템의 효율을 극대화하라!
- 현대적으로 해석된 징기즈칸 리더십 3원칙은 시공을 뛰어넘어 오늘날의 경영자와 관리자들이 필수적으로 갖춰야 하는 정신적 무기를 제공한다.

〈징기스칸 이야기〉

1162년에 오논 강 수원지대에서 태어난 징기스칸은 65세로 눈을 감을 때까지 40여 개 국을 정벌해 나가는 과정에서 카리스마리더로서의 남다른 면모를 보여주었다. 1995년 12월 31일 미국의 워싱턴포스트지는 과거 1천년 동안 인류사에 가장 큰 영향을 미친 인물로 징기스칸을 선정하였다. 카리스마리더로서의 징기스칸의 실체는 무엇인가?

징기스칸의 꿈

어렸을 적부터 징기스칸의 꿈은 분명하였다. 부족들을 통일하여 초원에 평화를 가져오는 것. 그는 죽을 때까지 글을 읽을 줄도 쓸 줄도 모르고 살았지만 원하는 비전이 무엇인지는 머릿속에 확고히 각인하고 있었으며 그것을 어떻게 달성할 수 있는지에 대해서 끊임없이 고민하고 탐구하였다. 그는 규칙을 중시하는 성품과 지략을 겸비하고 있었으며 이민족에 대해서도 개방적 자세를 보여줬다.

당시 몽골 초원은 부족들끼리 서로를 먹고 먹히는 야생적 생존경쟁의 현장이었다. 그의 아버지 예수게이가 다른 부족에게 독살당했고 그의 할아버지도 금나라에게 살해당했었다. 아버지 없이 어린 시절을 보내면서 다른 부족들의 공격으로부터 가족을 지켜 살아남기 위한 처절한 노력이 시작되었다. 스스로 힘을 기르고 전쟁의 논리를 터득해 나아갔는가 하면, 비록 몰락했지만, 뼈대 있는 부족장의 후예로서 초원평정이라는 높은 뜻을 실현시키기 위한 노력을 차분히 이어 나아갔다.

성 과

징기스칸의 성과는 놀라운 것이었다. 호라즘(사우디아라비아)과 헝가리에서 중국의 금에 이르기까지를 정복하는 데 불과 20년밖에 걸리지 않았으며 병사도 몽골군은 기병 10만이 고작이었고 나머지 필요한 병사들은 잡힌 자나 투항해 오는 자들을 활용하였다. 당시 몽골의 인구가 100만 정도였으며 금나라의 인구는 약 6,000만에 병사는 100만이 넘었다고 한다. 징기스칸과 그의 손자들이 정복한 세계의 인구가 약 1억 명에 달했다. 몽골의 기병 10만은 1당 100의 전사들이었다. 말타기에 무척 능하여 전장에서는 그들의 스피드를 당할 자가 없었으며 징기스칸에 대한 충성심은 가히 절대적이었다. 징기스칸의 명령에는 조건을 달 수가 없었다. 장수들은 도망간 적장을 끝까지 추적하여 목을 베어오는 것은 물론이었고 전장에서 지고서는 돌아올 생각을 하지 않았다.

규 율

그들은 또한 규칙과 규율을 철저히 지켰으며 이를 어겼을 시에는 벌을 두려워하지 않았다. 징기스칸의 장손인 바투가 동유럽을 정벌할 때였다. 하루는 병사가 장막(겔)으로 뛰어들어 오더니 자기를 죽여달라고 애원하는 것이었다. 이유는 자기가 보초를 서다가 졸았다는 것이다. 그런데 그가 조는 것을 본 사람은 아무도 없었다. 바투는 규칙대로 이 병사의 목을 베어 높이 메달아 근무태만을 경고한다. 그리고 그의 가족들에 대해서는 몇 대를 먹고 살 수 있을 정도의 보상을 해주었다. 또한 징기스칸은 의리를 중시하여 적장의 부하가 자신이 섬기던 적장의 목을 베어와서 항복하면 아무리 그가 출중하다고 하더라도 반드시 그 투항한 자를 처참하게 죽였다. 그러나 잡혀온 자가 끝까지 자신의 군주를 섬기고 목숨을 버리겠다고 하면 다양한 회유책을 써 그를 자신의 사람으로 만들곤 하였다.

이러한 강력한 규율은 징기스칸이 구축한 강력한 시스템과 맞물려 커다란 힘을 발휘한다. 즉, 그는 전군을 100호, 1000호 등으로 조직하고 각각에 리더격인 장을 두어 이끌도록 하였다. 각 호는 철저한 규칙에 근거하여 운영되었다. 또한 징기스칸은 호장의 아들을 하나씩 뽑아 '케시크테'라는 자신의 친위대를 결성하였는데 이것은 각 호의 장들에게 자부심을 부여함과 아울러 일종의 볼모를 확보하기 위한 것이었다. 당시에는 내부 반란이 끊일 날이 없었던 때라 호장들의 반란을 경계하지 않을 수 없었다. 뿐만 아니라 호장으로의 승진은 철저히 능력 위주로 이루어졌다. 능력이 없는 호장은 장 자리에서 면하고 전장에서의 성과가 높고 충성심이 있는 사람 위주로 임명하였다. 징기스칸은 평생을 함께 한 동지 여덟을 사구(四狗)와 사마(四馬)로 임명하여 군 조직체계를 완성하였다.

징기스칸은 능력 위주로 등용했을 뿐 아니라 전리품들을 모든 병사들에게 공평하게 나누어주었다. 약탈을 하면 개인이 갖는 것이 아니라 다 한군데에 모아 똑같이 나누어 갖는다. 이 과정에는 위아래나 민족이나 출신상의 차별이 없었다. 이와 같은 공평무사한 제도는 많은 이민족 병사들에게 커다란 인센티브로 작용하였으며 몽골군의 정복에 대한 몰입도 날로 확고해져 갔다. 징기스칸 자신도 평생을 다른 병사들과 똑같이 겔에서 생활을 하고 똑같은 음식을 먹으며 동고동락했다. 재미있게도, 그의 규정집에는 병사들이 절대로 혼자서 밥을 먹지 못하게 하는 조항도 나온다.

신무기 개발

또한 징기스칸 군(軍)은 끊임없이 새로운 무기를 개발하고 전쟁에서 승리할 수 있는 새로운 전술들을 개발해냈다. 무기개발에 전념하는 부대를 따로 두었으며, 성이나 나라를 정복했을 때, 다른 사람들은 다 죽였어도 기술자들만은 반드시 잡아다가 자신의 사람으로 만들었다. 성을 공격할 때면, 창을 쏘는 기계, 화살을 쏘는 노포, 석유에 불을 붙여 던지는 장치, 커다란 돌을 날려 성문을 부시는 기계 등 다양한 무기들이 활용되었고 또 끊임없이 새로운 무기들을 만들어 내었다. 전술에 있어서도 적과 전면전을 벌여 쓰러뜨린 경우보다는 내분으로 스스로 무너지게 하든가 자신들에게 유리하게 초원으로 유인하여 기동력을 활용하여 몰살시키든가 하였으며 무엇보다도 항상 적진에 상인이나 성직자를 가장한 첩자를 두고 충분한 정보를 얻어 철저히 분석한 뒤 상대방의 약점을 공략해 들어가는 방식을 사용하였다. 학자들 중에는 징기스칸은 싸워서 정복한 경우보다 싸우지 않고 정복한 경우가 더 많다고 주장하는 사람들도 있을 정도이다. 또한 그는 사방을 잇는 역참제도를 두어 자신의 명령이 광대한 영토의 구석구석까지 신속하게 스며들 수 있도록 하였다. 사실 징기스칸 시대의 전쟁에서 스피드의 문제는 더없이 중요한 요소였다. 그의 군대는 유목민의 특성상 모두 기병이었으며 장기간의 이동을 위해서 한 병사당 말을 두세 필씩 가지고 다녔다. 또한 양이나 소고기를 말려 분말을 만들어 소의 오줌보에 넣고 다니다가 물에 타 마실 수 있도록 하여 보급도 상당부분 줄일 수 있었다.

계획경제 전쟁

징기스칸의 전쟁사는 크게 두 갈래로 나뉜다. 하나는 1206년에 끝난 몽골 초원 통일전쟁이었고 다른 하나는 세계정복을 위한 전쟁이었다. 두 번째의 세계정복 전쟁은 그 목적이 경제적인 데 있었던 것으로 학자들은 보고 있다. 물론, 유목민족의 타고난 정복욕, 주변 강대국에 시달려온 데 대한 복수심, 주기적인 자연재해로부터의 탈출, 죽이지 않으면 죽는다는 약육강식의 국제정치논리 등 다양한 동기가 작용했던 것으로 볼 수 있지만, 정복의 경제적 동기를 부인할 수 없다는 것이 역사학자들간의 중론이다. 여러 학자들이 이점에 대해서 지지하고 있다. "유목경제는 가축을 방목해 젖과 고기, 그리고 가죽을 얻는다는 단순한 생산과정의 반복이므로 다른 물자들은 전쟁을 통해서만 획득 가능하였다." "몽골 경제부흥이 시급했던 징기스칸은 단순한 약탈전이 아닌 계획경제전쟁을 결단한 것이다." "몽골 유목민들이 스스로 만들 수 있었던 것은 무기류를 제외하면 간단한 일상용품 정도였다. 따라서 수렵유목민들도 교역규모는 작았지만 생필품구입을 위해 결국 국제무역의 가운데로 말려 들어가지 않을 수 없었다."

징기스칸은 상인들을 중시하여 관리로 등용하기도 하고 '상인은 누구도 공격할 수 없다'는 칙령을 내리기도 하였다. 이러한 배경 위에 유럽과 아랍권과 중국권을 엮는 거대한 교역공동체가 탄생하게 되었으며 그 전 과정을 징기스칸의 군대가 지켜주고 있었던 것이다.

✤ [나누기 사례 문제 6] 징기스칸 카리스마의 특징은 무엇인가?

:: 주

1 https://www.google.com/search?. "Sal Khan education" 참조.

2 Conger, J. A. 1989. *The Charismatic Leader: Behind the Mystique of Exceptional Leadership*. San Francisco: Jossey-Bass.

3 백기복. 2005. *리더십 리뷰*. 창민사.

4 Bryman, A. 1992. *Charisma and Leadership in Organizations*. London, UK.: Sage.

5 Pearce, C. L., & Conger, J. A. 2003. *Shared leadership: Reframing the hows and whys of leadership*. Sage.

6 Mumford, M. D., & Van Doorn, J. R. 2001. The leadership of pragmatism: Reconsidering Franklin in the age of charisma. *Leadership Quarterly*, 12(3): 279-309.

7 https://www.fnnews.com/news/202306220822218192.

8 Bass, B. M. 1985. *Leadership and Performance Beyond Expectations*. New York: Free Press.

9 백기복. 2007. *조직행동연구*. 창민사.

10 존 어데어 지음. (이윤성 역). 2006. *리더의 탄생*. 미래의 창. 333쪽에서 인용.

11 Fry, L. W. 2003. Toward a theory of spiritual leadership. *Leadership Quarterly*, 14(6): 693-727.

12 Choi, Y. 1995. A Theory of Self-Sacrificial Leadership. Doctoral Dissertation, The University of Kansas.

13 Nahavandi, A. 2000. *The Art and Science of Leadership*. Prentice Hall.

제7장 이슈리더십은 실용적 리더십이다

이슈를 만들면 리더가 된다

제1절 차이를 만드는 리더십

제2절 이슈리더십과 실용적 리더십

제3절 이슈리더십의 세 요인

제4절 이슈리더가 되는 길

리더십 나누기 7-1: 이슈리더 앤디 그로브

"조직의 전 부문에서 결정적인 이슈들을 찾아내어 용기를 가지고 실현시킬 줄 아는 리더들이 필요하다." _앤디 그로브, 전 인텔 회장

❈ 위의 말은 인텔(Intel)의 앤디 그로브(Andy Grove) 전 회장이 늘 강조하던 경영철학이다. 그는 반도체 엔지니어 출신이지만, 경영의 대가(guru)로 널리 알려져 있다.

❈ 앤디 그로브(1936~2016):

- 헝가리 태생의 유대인, 1957년 20세 때, 공산혁명을 피해 미국 이주
- 1968년, Intel 창업하는 날 입사, 사원 번호 3번, 제3대 CEO
- CEO로 재직한 11년 동안(1987~1998), 인텔의 시가총액 4,500% 증가($40억에서 $1970억으로)

❈ 앤디 그로브의 경영용어

- **"편집광만이 살아남는다"**: 성공은 나태를 부르고 나태는 실패를 잉태한다. 그러므로 오직 성공에 집착하는 편집광만이 살아남는다(only the paranoid survive).
- **"전략적 변곡점"**: 경영환경 변화에 따라 핵심전략이 변화해야 하는 결정적 시점; 시장의 요구와 회사의 전략이 불일치하면, "전략 부조화"(strategic dissonance)가 발생. 이를 빨리 해결하지 않으면, 위기에 봉착. (strategic inflection point)

❈ **"도우미 카산드라"**: 적극적으로 이슈를 제기하는 회사의 리더들. 그리스 신화의 예언자 카산드라처럼, 문제가 커지기 전에 적극적으로 문제를 찾아내어 이슈화하는 역할; 이슈 리더와 일맥상통함. (Helpful Cassandras)

❈ **"건설적 대립"**: 거리낌 없이 의견을 내는 것. 이런 조직문화가 정착돼야 경쟁력을 가질 수 있음. (constructive confrontation)

❈ **"악마는 디테일에 있다"**: 디테일에 신경을 쓰지 않으면 인텔도 하루아침에 무너질 수 있다고 강조. (the devil is in the details)

❈ **"OKR의 아버지"**: 측정과 검증을 할 수 있는 핵심결과에 초점을 맞춘 OKR 기법에 집착하여 "OKR 기법의 아버지"라 불림(OKR: Objectives and Key Results; 일종의 목표관리 시스템).

❈ [나누기 문제 7-1] 앤디 그로브는 **"좋은 두려움"**(good fear)과 **"나쁜 두려움"**(bad fear)을 구분하여 "좋은 두려움"을 가지라고 주문한다. 무슨 뜻인가?[1]

차이를 만드는 리더십 제 1 절

하버드대학을 비롯하여 많은 리더육성 기관들이 한 가지 공통적으로 추구하는 것이 있는데 그것은 바로 리더란 **'차이를 만드는 사람들'**이라는 기본 개념이다. 오늘보다 더 나은 인류의 내일을 만들어낼 수 있는 리더를 키우는 것을 이들 대학이나 기관들은 목표로 하고 있다.

인류와 사회와 국가에 '차이를 만들어 낼 수 있는 리더(make a difference)'를 육성한다는 것은 단순히 누가 더 똑똑한지를 가려낸다거나 누가 주어진 문제에 대해서 답을 더 빨리 찾아내는가를 골라내기에 여념이 없는 우리 교육의 실태를 반성하게 한다. 주어진 문제를 풀어 답을 찾게 하는 교육방식을 가지고는 경쟁력 있는 리더를 육성할 수 없다.

"1등보다 리더로 키우자!"

1등을 키울 때는 교육의 초점을 문제를 주고 답을 얼마나 빨리 찾아내는가에 두면 된다. 하지만 리더를 키울 때는 무엇이 문제인지, 즉 문제 자체를 제대로 찾아내는 훈련을 해야 한다. 남들이 아직 문제를 인식하지 못할 때 먼저 작은 증후를 보고 문제를 예견해 내는 능력을 리더는 갖춰야 한다. 1등은 남들이 만들어 놓은 지식을 빨리 받아들이는 데 선수다. 하지만 리더는 남의 지식을 받아들이기만 하는 것이 아니라 그것을 활용해서 우리의 미래를 설계해낼 수 있는 능력을 갖춘 인재이다.

인류와 사회와 국가에 **차이를 만드는 것은 1등이 아니라 리더들이다**.

1. 터닝포인트(Turning Point!) 리더십

하버드는 터닝포인트리더를 키운다!

"Turning Point!"라는 말은 2008년 말, 미국의 새 대통령으로 흑인인 버락 오바마가 당선되었을 때 그를 키워낸 하버드대학이 홈페이지의 1면에 내걸었던 구호이다. 마침내 미국 역사에 대 전환점을 만들어냈다는 뜻일 것이다.

미국은 1960년대만 해도 공공장소에 백인들이 쓰는 화장실과 흑인들이 쓰는 화장실이 따로 있던 시절이었다. 물론 학교는 말할 것도 없었다. 백인 학교와 흑인 학교가 구분되어 있었고 심지어 버스를 타도 앞에서 일곱 좌석은 백인 전용이었고 흑인들은 모두 뒤쪽에 앉아 가도록 되어 있었다. 이것이 불과 50년 전의 미국의 모습이다. 그런데 반세기만에 그토록 차별받던 흑인이 압도적 다수인 백인 유권자들의 지지를 받아 대통령이 되었다는 것은 그야말로 역사의 대전환점이 아닐 수 없는 것이다.

그러나 하버드는 또 다른 의미에서 오바마의 당선에 축배를 들고 있었다. 그것은 바로 '**차이를 만드는 리더 육성**'을 목표로 교육해온 자신들의 교육방식이 옳았다는 것에 대한 축배였다. 공부만 잘하는 1등은 그 사나운 백인들의 무리 속에 자신을 내 던질 용기와 도전정신을 갖지 못한다. 하버드가 머리 좋은 1등만을 선호하는 대학이었다면 오바마와 같은 리더는 나오지 못했을 것이다.

역사를 바꾸는 터닝포인트리더

조직에서도 마찬가지이다. 차이를 만들지 못하는 관리자나 임원 또는 CEO는 리더의 자격이 없다. 옛날 같으면 큰 사고 없이 임기 동안 직무를 수행하면 잘한 것으로 쳤다. 그래서 초, 중, 고등학교에서 교장 선생님이 다른 곳으로 이임을 할 때면 그의 치적을 낭독하곤 했었는데, 그때마다 나오는 관용구가 "김 교장선생님은 지난 4년 동안 대과(大過) 없이 우리 학교를 이끌어 오셨고…"라는 말이었다. 2008년 2월에 이임을 했던 김모 국방장관도 이임인사에서 "대과 없이 떠나게 되어 참 행복하다"며 큰 문제가 없었음을 하나의 성과를 이룬 것처럼 강조했다.

하지만 그 정도를 가지고 큰 리더로 평가받을 수는 없다. 무엇을 문제로 보고 어떤 차이를 만들었는지를 따져봐야 한다. 물론 리더도 그런 자세를 가져야 한다. 더 좋은 조직, 더 행복한 나라를 만드는 데 있어 기여할 것이 무엇인지를 끊임없이 찾아가는 자세를 가져야 한다. '문제야 터지지 마라'는 식으로 조심 또 조심, 도장만 찍으면서 임기를 채우는 것보다는 뭔가를 하다가 실패하는 것이 더 리더다운 자세이다. 역사를 바꾸는 **"터닝포인트(turning point) 리더"**를 키워야 한다. 초격차를 만드는 리더를 육성해야 한다.

앞의 〔리더십 나누기 7-1〕에 나온 인텔사의 전 CEO 앤디 그로브는 바로 이점을 나무라면서 차이를 만들기 위한 보다 적극적인 노력(paranoid, 카산드라)이 필요하다는 것을 강조하였다.

리더십 나누기 7-2: 1등과 리더

❋ 아래에 1등과 리더의 특징 차이를 정리하였다.

1등의 특징	리더의 특징
① 주어진 문제의 답을 잘 찾는다.	ⓐ 남들보다 먼저 문제를 찾아낸다.
② 기억력이 좋다.	ⓑ 상상력이 좋다.
③ 자신의 이익을 추구한다.	ⓒ 모두의 이익을 추구한다.
④	ⓓ

✤ [나누기 문제 7-2] ④와 ⓓ에 들어갈 말을 찾아 보자.

2. 이슈리더들의 차이 만들기

이슈리더는 차이를 만들기 위해서 지속적으로 변화의 이슈를 개발해내고 실행하여 성과를 창출하는 사람들이다. 주어진 문제나 위에서 시키는 문제에만 매달리는 것이 아니라 스스로 무엇이 문제인지, 무엇이 기회인지를 끊임없이 찾아내고 실행하여 차이를 만들어내는 사람들이다.

그러므로 이슈리더는 새로운 아이디어를 찾는 노력을 게을리하지 않으며 나타나는 현상의 밑바닥에 깔려 있는 문제의 근원을 파악하기 위한 사유와 토론의 기회를 많이 갖는다. 주어진 과업을 수행하는 데에만 머무르지 않고 스스로 문제와 기회를 포착하려는 열린 사고의 틀을 구축한다. 그러므로 다른 리더들과는 달리 이슈리더는 적극적이고 분석적이며, 새로운 관점에서 현상을 보려는 자세를 보인다.

사람의 운명은 **무엇을 선택하느냐**에 따라 달라진다. 조직이나 나라의 경우도 마찬가지다. 리더가 무엇을 문제로 보는가, 무엇을 기회로 보는가에 따라 자원의 배분이 달라지고 조직이나 나라의 성과와 운명이 달라진다. 그러므로 리더는 문제의 핵심을 보는 날카로운 눈과 남보다 먼저 기회를 포착하는 강한 집념을 갖춰야 한다. 이러한 날카로움과 집념을 갖춘 리더를 '이슈인식'을 갖춘 리더라고 부른다. 이슈인식을 갖추는 것은 이슈리더로 성장하기 위한 첫 단계이다.

이슈인식

이슈인식을 갖춘 리더는 현상을 상식적으로 보지 않고 비판적이고 분석적으로 본다. 다른 사람들이 갖고 있는 답을 그대로 받아들이기보다는 다양한 상황과 변수를 상정하여 새롭고 창의적인 대안을 찾아내려고 노력한다. 문제와 기회의 단서를 포착하기 위한 토론과 논쟁을 좋아하고 항상 **상식에 대해서 의문을 제기**하는 성향을 갖는다.

이슈인식을 갖추면, 일상적으로 담당하고 있는 업무도 다르게 보인다. 항상 문제의식을 갖고 보기 때문에 해오던 방식대로 하기보다는 새로운 방식과 더 나은 기회를 찾는다. 목표설정 및 추구, 보고서 작성, 업무협조, 조직원 관리, 인간관계 등 조직생활이나 경영에 관련되어 수행되는 모든 행위와 절차와 상태에 이슈인식을 갖고 더 나은 방법을 찾으려고 노력한다. 이러한 노력의 결과로 문제나 기회가 구체적으로 설정된 것을 '이슈포착'이라고 말한다.

이슈포착

이슈포착은 조직이나 나라처럼 거창한 단위에서만 일어나는 것이 아니다. 개인차원에서의 이슈포착이 리더십차원에서 더욱 중요하다. 자신의 리더십에 대해서 문제는 없는지, 새로운 기회가 무엇인지를 찾아내는 것도 중요한 이슈포착 행위의 일부다. 자신에게 부족한 능력, 가족과 관련된 문제, 미래와 관련된 기회, 어려운 현실을 보다 근본적인 관점에서 재구축하는 것 등 개인적 이슈포착의 대상은 매우 다양하다. 특히 인생의 근본적인 문제를 생각하면서 어디에 나머지 인생을 투자해야 하며 어떤 태도로 살아가야 하는가를 진지하게 생각하여 스스로를 조정해 나아가기 위해서 만들어내는 이슈들이야말로 개인차원에서 가장 중요한 이슈포착행위가 된다.

이슈기술

이슈가 포착되었다고 하는 것은 문제나 기회가 무엇인지가 적어도 머릿속에서는 구체적으로 정의되었음을 뜻한다. 그 다음 단계에서는 '**이슈기술(記述)**'을 해야 한다. 이것은 이슈설정의 마지막 단계이다. 내가 무엇을 추구할 것인지를 명확화한 것이다. 문제라고 제시한 사안이 어떤 성격이며 그것을 해결하기 위해서는 어떤 노력이 필요하고 또 그것을 해결했을 때의 기대효과는 무엇인지가 명쾌하게 설명되어야 한다. 기회의 경우도 똑같다. 왜 그것이 기회이며, 얼마나 소중하고 중요한 기회인지가 쉽게 설명될 수 있도록 이슈가 기술되어야 한다. 물론 어떤 노력과 경비가 필요한지도 정리되어야 할 것이다.

케말 파샤

이런 과정을 거쳐서 문제나 기회가 하나의 이슈로 정립되게 된다. 〔그림 7-1〕에 이슈정립과정을 그림으로 요약하였다.

박정희 전 대통령이 본받고 싶었던 사람들 중 한 사람이 튀르키예의 영웅 케말 파샤였다. 그의 원래 이름은 무스타파 케말 아타투르크이다. 튀르키예어로 파샤라는 단어는 장군이라는 뜻이고 아타투르크라의 뜻은 '아버지(국부: 國父)'라는 뜻이다.

그림 7-1 이슈정립과정

이슈인식 → 이슈포착 → 이슈기술

- 이슈인식: 자신, 경영, 과업, 목표 등 모든 활동을 문제와 기회 차원에서 분석적으로 보려는 자세.
- 이슈포착: 문제나 기회의 영역이나 분야가 구체적으로 선정된 상태.
- 이슈기술: 무엇을 바꾸고 어떤 노력을 해야 하는지가 명확히 정리된 상태. 즉, 문제와 기회를 구체적으로 적어 놓은 것.

케말 파샤는 튀르키예에서 절대적 영웅이다. 튀르키예인들이 그를 따르고 기리는 것은 우리들의 상상을 초월한다. 무엇보다도 그는 이슈인식이 확실했다. 당시 혼란스러웠던 튀르키예를 위해서 **무엇이 중요한지, 무엇이 기회인지를 명확히 꿰뚫어 봤다.** 술탄제도를 폐지하고 튀르키예공화국의 초대 대통령이 되어 민법개정, 태양력과 미터법의 채택, 문자의 도입 등 굵직한 이슈들에 도전하여 해결해냈다. 또한 이슬람 여인들이 쓰고 다니는 히잡을 자유화하는 등, 여성들의 인권을 크게 신장시켰다. 자신을 나라에 완전히 바치기 위해서 부인과 이혼을 하였으며 자식도 없었고 재산은 아무 것도 소유하지 않았다. 그는 튀르키예에 진정한 차이를 만든 이슈리더였다.

이슈 찾는 훈련 필요

나라의 리더가 무엇을 중요시하고 **무엇을 이슈로 보는가**는 나라와 국민들 입장에서 결정적인 문제이다. 우리는 항상 리더를 선출할 때 후보들의 이슈인식을 보고 결정해야 한다. 지역적인 배경이나 다른 불합리한 기준으로 선택을 하면 나라의 미래는 보장할 수 없게 된다. 후보자들도 정책개발을 위해서 다양한 자문을 구하고 많은 전문가들로부터 의견을 듣는다. 하지만 그들을 소화하고 무엇이 문제이고 기회인가를 포착해내는 것은 리더의 몫이다.

그렇다면 과연 우리가 평소에 관심을 가지고 개발하여 활용해야 하는 이슈에는 어떤 예들을 찾아볼 수 있을까? 〈표 7-1〉에 그 예를 정리해 봤다.

표 7-1 이슈의 예

리 더	기술된 이슈의 예
1. 한국 대통령	① 국가 위기에 효과적 대응을 위한 "조기경보체계" 구축 ② 세계 지배력 배가(double) 프로젝트
2. 구매팀 박 팀장	① 공급선 다양화로 의존성을 탈피하면서 원료의 품질을 최고로 유지할 수 있는 방안 ② 직원을 구매에 너무 오래 근무하게 하면 부정부패의 소지가 있고 너무 자주 바꾸면 축적된 노하우를 활용하지 못하게 된다. 그 균형점은 어디인가?
3. H건설 공정관리팀	① 선진국 건설사들과 비교하여 프로젝트 관리기술이 부족한데 관리기술 확보의 가장 빠르고 효율적인 방법 ② 미국의 벡텔사를 능가하는 것은 가능한가?
4. 대학 2학년 정찬주 군	① 생각은 많은데 한곳에 몰입하지 못하는 개인성향을 어떻게 바로 잡을 것인가? ② 창업의 관점에서 모든 현상을 분석적으로 바라보는 습관을 어떻게 형성할 것인가?
5. 중학교 교장 선생님	① 모든 교과목 속에 미래를 바라보는 눈을 키울 수 있도록 내용이나 수업방향 재구성 ② "한국 교육의 모든 문제는 Class Room에서 해결될 수 있다"는 신념을 구현하기 위해서 어떻게 해야 할 것인가?

이들 이외에도 더 참신하고 혁신적인 이슈들을 개발할 수 있을 것이다. 한 사람의 리더가 다루는 이슈의 숫자도 많은 차이를 보일 수 있다. 중요한 것은 이러한 이슈들을 개인차원, 팀차원, 조직차원, 나라차원, 인류차원 등으로 나누어 계속 개발하고 해결을 위해 노력하는 습관을 길러야 한다는 것이다. 이슈리더십의 핵심은 한 가지로 요약될 수 있다.

"답을 찾는 훈련보다 문제와 기회를 먼저 찾아내는 훈련을 해야 한다."

제2절 이슈리더십과 실용적 리더십

리더십은 여러 각도에서 설명된다. 리더가 갖춰야 하는 조건들을 가지고 설명하기도 하고 리더-추종자의 관계로 설명하기도 하며, 스타일로 설명하는 경우도 있다. 이들 중에서 가장 각광을 받아온 관점이 카리스마리더십과 이념적 리더십이다.[2] 이들은 공히 리더가 제시하는 비전을 중심으로 구성원들을 이끌어가는 속성을 갖는다. 비전을 통한 리더십은 1980년대 중반 이후 약 30여 년 동안 리더십의 정수처럼 인식되어 왔다. 리더는 비전을 제시해야 한다는 주장은 이제 세계 어디를 가더라도 통하는 보편적 진리가 되어 있다(본서 제6장 참조).

벤저민 프랭클린, 실용적 실더십

하지만, 멈포드(Mumford) 교수를 비롯한 일군의 학자들이 2000년 이후 비전 중심의 리더십에 이의를 제기하기 시작했다. 미래의 비전을 추구한다는 것이 과연 현실의 문제해결과 기회활용을 보장해주는가의 문제인 것이다. 우리가 사는 사회, 우리가 속한 조직에는 해결해야 하는 문제들이 무수히 많다. 또한 발전을 위해서 바로 행동을 취해야 하는 기회도 많다. 먼 미래의 비전만 강조한다면, 이들 현실에 존재하는 문제와 기회는 누가, 어떻게 해결하느냐는 것이다. 리더십이라는 것이 오늘의 고통 받는 사람들에게 비전이라는 이름의 마취제를 주는 것으로 소임을 다했다고 할 수 있는 것일까? 제6장에서 배웠듯이 멈포드 교수의 실용적 리더십은 이러한 문제의식에서 출발한다.

가령, 우리가 본 장 말미의 〔리더십 토론의 시간 7〕에서 살펴볼 미국의 벤저민 프랭클린(Benjamin Franklin)의 예를 들어보자. 미국인들에게 가장 존경받는 역사적 리더 중 한 명인 그는 탁월한 성과를 내는 과정에서 카리스마나 이념적 리더십을 발휘한 것일까? 천만의 말씀이다. 벤저민은 미국인들이 가장 자랑스럽게 여기는 독립선언서와 미연방헌법 초안 두 곳에 사인한 유일한 인물이다. 미국 대통령을 한 적이 없으면서도 백악관에 그의 초상화가 걸려 있다. 그의 존영은 $100 지폐에 등장한다.

그가 이룬 수많은 업적들은 오늘날 미국의 기초를 이뤘다. 필라델피아 행정관으로 있을 때 그는 종이돈을 유통시켰으며, 대출식 도서관을 만들었고, 소방서를 만들어 화재에 대비했으며, 가로등과 도로 포장을 처음으로 실시했다. 경찰과 필라델피아 의용군을 창설했으며, 오늘날 명문 유펜(UPenn: the University of Pennsylvania)으로 알려진 펜실베니아 대학을 만들어 인재를 육성했다. 조약을 맺어 인디언과의 갈등을 해결했으며, **영국으로부터의 독립을 위해 하나의 미국 건설을 주도했다.** 영국 대사로 있을 때는 새로운 영어 알파벳을 창안하기도 하였다.

리더로서의 벤저민 프랭클린의 이 모든 위대한 업적을 어떤 리더십이론으로 설명할 것인가? 거기에 무슨 카리스마가 있고 무슨 이념이 있었는가? 멈포드 교수와 그의 동료들은 벤저민이 탁월한 성과를 내는 과정을 면밀히 분석하였다.[3] 그 결과, 실용적 리더십(pragmatic leadership) 개념을 정립하였다.

벤저민 프랭클린은 새로운 아이디어를 구하기 위해서 **준토(Junto)**라는 소수의 엘리트그룹을 측근에 두고 현실의 이슈들을 지속적으로 발굴하는 자유로운 토론을 실시하였으며, 보통의 시민들이 공유하고 있는 현실적 가치를 구현하기 위해서 노력하였다. 또한 그는 치열한 소통을 통해서 여러 이해관계자들을 설득하고 때로는 협상하면서 문제해결과 새로운 아이디어 발굴 및 실행에 임했다. 아울러 그는 혁신적 아이디어를 구현하기 위해서 기업가 정신을 발휘하였다. 현실의 문제(problems at hand)나 기회에는 과학적, 분석적으로 접근하였으며, 그 과정에서 전문성을 가진 추종자들을 중용하였다. 일을 추진함에 있어서는 합의(consensus)를 이루기 위한 노력도 게을리하지 않았다.

탁월한 성과를 내는 과정에서 벤저민 플랭클린이 보여준 이러한 리더로서의 행동은 카리스마나 이념적 리더십으로는 설명이 불가능하다. 따라서 현실의 문제해결과 기회활용에 초점을 두고 보통 사람들의 삶의 복리증진을 위해서 끊임없이 토론하면서 과학적으로 혁신을 이끌어내는 리더의 행동을 "**실용적 리더십**"이라고 명명하였다.

세종대왕, 실용적 리더

이러한 벤저민의 실용적 리더십은 우리나라의 세종대왕에게서도 매우 유사하게 발견된다.[4] 세종대왕도 집현전이라는 엘리트집단을 활용했으며, 혁신적 아이디어를 지속적으로 추구하였고, 끊임없이 토론하고 소통하였다. 그도 기아, 질병, 국방, 표준설정, 복리증진 등의 현실적 문제와 기회를 해결하는 데 전심전력했음을 많은 사례들이 보여준다. 350여 년의 시차와 동서양이라는 문화적 차이에도 불구하고 두 탁월한 리더들이 보여준 실용적 리더십은 국민과 백성과 보통 사람들의 **복리증진**을 위한 리더의 행동이 어떤 모습을 띠어야 하는지를 극명하게 보여준다. 그것은 카리스마나 이념적 리더십과 같이 특정 개인이나 사상에 매달려 다수 추종자들의 현실적 삶을 희생시키는 모습이 아니다. 그것은 비전이라는 허울 아래 현실의 희생을 유도하는 교묘한 마키아벨리즘도 아니다. 대중의 삶에 파고들어 현실을 직시하고 과학적, 분석적으로 집요하게 실용적 해법을 제시함으로써 국민의 복리증진을 이루는 현실적 리더십이다. 이런 차원에서 실용적 리더십의 결과는 나라나 조직뿐 아니라 추종자 전체에게 혜택을 주며, 그 혜택은 역사적으로 오래 지속되는 속성을 갖는다.

이슈리더=실용적 리더

이슈리더십은 실용적 리더십의 속성을 그대로 갖고 있다. 이슈리더는 카리스마로 군림하는 존재가 아니며, 이념을 가지고 현실적 문제인식을 마비시키는 존재도 아니다. 이슈리더는 실용적 아이디어, 즉 이슈에 초점을 맞춘다. 리더 혼자 이끌어가는 것이 아니라 **오디언스**(audience; 상하좌우의 관련자)들과 함께 토론하고 합의하여 현상을 발전시켜 나아간다. 이슈를 제안하는 사람 누구나가 리더가 될 수 있다. 결과는 모든 사람들의 행복을 증진시키는 혁신으로 나타난다. 하나의 비전에 매달리는 것이 아니라 생각할 수 있는 모든 아이디어 또는 이슈가 리더십의 대상이 된다.

다수의, 다수에 의한, 그리고 다수를 위한 리더십이 이슈리더십이다. 그 결과로 현실의 문제가 신속히 해결되고 깊이 숨어 있던 기회들이 들어나 성과로 연결된다. 역사는 이런 리더들이 만들어 온 것이다.

이슈리더십의 세 요인 제3절

그렇다면 이슈리더십이란 무엇인가? 이슈리더십은 이슈를 창안하고 그것을 성과로 연결시키는 과정에서 필요한 리더십 행동이다. 여기에는 세 가지 행동이 관련된다. 즉, 이슈를 만드는 행위(이것을 'Head'라고 하자), 선정된 이슈에 다른 사람들의 지지와 동참을 끌러내는 행위(이것을 'Heart'라고 하자), 그리고 이슈의 효율적인 실행에 필요한 행위들(이것을 'Hand'라고 하자)이다.

예를 하나 들어보자. 새 팀장이 온지 6개월이 지났는데 아직 팀원들과 서먹하다. 10명의 팀원들이 있는데 이들도 뭔가 팀장과 껄끄러운 면이 많았다. 팀원들 중 김 과장이 이런 부자연스런 현상을 타파하기 위해서 팀원들의 의견을 모았다. 대부분의 팀원들이 불편해 하면서도 그냥 넘어가고 있었다. 팀장도 마찬가지였다. 하지만 아무도 이것을 공론화하고 해결하려고 나선적은 없었다.

김 과장이 의견을 모은 후 아이디어를 냈다. 주말에 함께 1박 2일로 래프팅을 가자는 것이었다. 여러 가지를 고려해봤지만 스킨십을 통해서 함께 체험하면서 나중에 이야깃거리를 많이 만들어 낼 수 있는 것은 래프팅이 제일 좋다고 판단했다. 구체적인 안을 만들기 전에 팀장과 다른 팀원들에게 의견을 묻기로 했다. 이렇게 해서 래프팅 이슈는 설정되었다. 이 과정을 **Head**라고 할 수 있다.

그 다음에는 리더와 팀원들을 설득하는 작업이다. 우선 팀장이 좋다고 해야 성립이 되므로 팀장에게 먼저 물었다. 처음에는 주저하다가, 취지며 다른 대안들보다 래프팅이 여러 가지 측면에서 가장 좋다는 점을 체계적으로 설명하였더니 흔쾌히 찬성하였다. 팀원들을 설득하는 것은 어렵지 않았다. 이미 팀장이 오케이한 상태이기 때문에 특별한 일이 있는 팀원이 아니면 거절할 이유가 없다고 판단했다. 다 의견을 물었더니 날짜를 잘 잡으라며 대 찬성이었다. 이렇게 하여 'Heart'가 완성되었다.

끝으로 언제, 어디로 갈 것인가를 결정하고 준비를 위한 역할분담을 하는 것이다. 가장 많은 팀원들이 갈 수 있는 날짜를 잡기 위해서 이메일로 달력을 만들어 뿌렸더니 모두가 갈 수 있는 날짜를 잡을 수가 없었다. 팀장과 상의를 해서 가장 많은 9명의 팀원들이 갈 수 있는 날짜로 잡았다. 어디로 갈 것인지를 결정하는 것은 어렵지 않았다. 그리고 다른 준비는 역할분담을 하여 준비토록 하였다. 8월 14, 15일 동강으로 예약을 했다. 팀원들이 모두 기대하고 있다. 팀장도 은근히 기대가 큰 모양이다. 이번 일을 통해서 우리가 한 팀으로서 마음을 완전히 트고 하나될 수 있기를 기대한다. 'Hand'의 과정을 설명한 것이다.

이것은 매우 평범한 이슈리더십의 예에 해당하지만 어려운 이슈들에 대해서도 똑같은 프로세스를 통해서 성과를 낼 수 있다. 중요한 것은 이러한 과정을 계속적으로 밟아 나아가면서 많은 변화를 이루고 리더십을 확고히 하려는 노력이다.

1. 3H

그렇다면 Head, Heart, Hand 각각은 구체적으로 어떤 의미를 갖는 것일까? 여기에서는 이들에 대해서 좀더 구체적으로 알아보도록 하자.[5]

1) Head

H건설 사례

필자는 수년 전 겨울방학을 이용하여 H건설의 관리자와 임원들을 대상으로 면담을 실시한 적이 있었다. 현장 소장들과 각 부서의 부서장들을 비롯하여, 임원들

그림 7-2 이슈리더십 3H

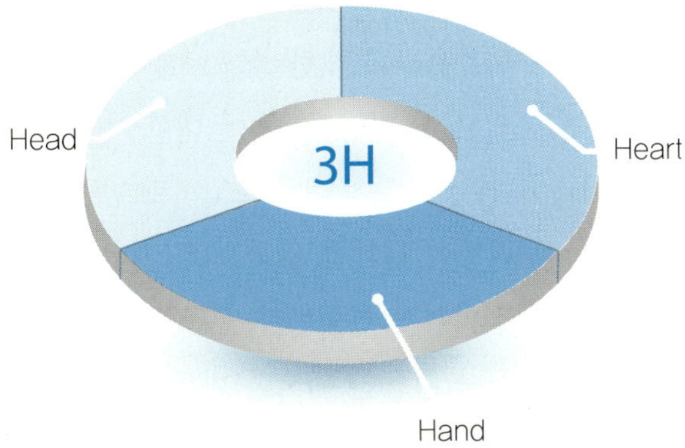

몇 명을 대상으로 바람직한 리더상에 대한 각자의 견해를 조사했었다. 이 면담에서 필자는 두 가지 중요한 사실을 발견하였다. 하나는 현장 소장들의 리더십에 대한 견해였다. 그들에 따르면, 현장에서의 바람직한 리더십 행위는 '술을 통하여 하급자들의 심리적 몰입을 확보하는 것'과 '일이 벽에 부닥쳤을 때 요령으로 극복할 줄 아는 것' 등 두 가지로 요약될 수 있었다. 조직생활을 해본 한국인이라면 아마도 이에 쉽게 동의할 것이다. '요령이 없다'는 것은 곧 우둔하다는 의미로 통하고 '술 한잔 하자'는 제의는 마음을 터놓고 얘기해 보자는 뜻이다. 술이 있어야 갈등이 풀리고 요령이 있어야 일이 진행된다. 한국 기업의 문화를 가장 잘 대변하고 있는 두 행동일 것이다.

두 번째는 H건설의 공정관리부의 사례로부터 **이슈리더의 전형**을 발견했다는 점이다. 인터뷰를 위해서 부서에 들어섰을 때, 필자는 분위기부터 다르다는 것을 느꼈다. 부서원이 약 50명 정도 되는데 누구와 대화를 해보아도 자신의 업무에 대해서는 물론 건설업 전체에 대해서 상당한 지식과 정보를 갖고 있었으며 자신감이 넘치고 상호간에 매우 활발한 교류가 이루어지고 있었다. 부서장에 대해서도 단순한 상급자로서가 아니라 이슈활동의 동반자요 안내자라는 태도를 보였다. 부서원 전체를 4~5명씩의 소집단으로 묶어 나름대로 이슈를 개발하여 함께 추진하도록 한다. 그렇게 하여 얻어진 결과에 대해서는 분기에 한 번씩 발표회도 갖는다. 부원들은 모두 PMI(Project Management Institute)라는 학회에 가입하여 끊임없이 새로운 정보와 아이디어를 수혈받고 있었다. 이러한 이슈활동을 통하여 얻어진 결과도 상당하였다. 프로젝트 관리에 대한 소프트웨어를 만들어 특허를 출원해 놓고 있었으며 일본과 미국의 유수 건설회사들에 대한 사례조사를 기반으로 한국 건설업이 앞으로 나아가야 하는 방향에 대한 보고서도 만들어 제출한 상태였다.

이처럼, 이슈활동을 통한 리더십 발휘는 비전이나 카리스마처럼 거창한 것도 아니고 지나치게 추상적이어서 현실성이 별로 없는 그런 내용도 아니다. 누구나, 어느 조직, 어느 팀에서나 마음만 먹으면 바로 실시할 수 있는 매우 구체적이며 **실현가능성이 높은 기법**이다. 단지, 이를 지속적이고 체계적으로 실시하기 위해서 인사제도와 연계시키고 전사적으로 계획을 하여 추진하는 것이 보다 바람직하다고 보는 것이다.

창의는 자본주의 핵심

창의와 이니셔티브(initiative)는 자본주의의 핵심이다. 동 · 서독 통합 후 두 지역 주민들의 창의성과 이니셔티브 성향을 비교 · 조사한 연구가 있었다. 예측했던 대로, 동독 조직원들의 창의와 이니셔티브가 서독 사람들에 비해서 현저히 떨어진다는 결과를 얻었다. 비서란 사람들이, 바로 옆 사람에게 물어봐도 알 수 있는 데도, 명부에 나와있는 전화번호가 틀린다고 급히 연락해야 하는 문제에 대하여 아무런 조치를 취하지 않는 경우가 허다하다. 기계공들은 관리자가 와서 지시할 때까지 고장난 기계 옆에 가만히 앉아 있다.

유사한 연구가 러시아 공장근로자들을 대상으로도 이루어진 적이 있다. 러시아 공장을 인수한 한 미국 기업이 미국인을 공장장으로 파견하면서 소위 참여 위주의 미국식 경영을 선언하고 나섰다. 그러나 몇 달 후 이 공장에서는 예기치 못했던 사건이 발생했다. 근로자들이 작업을 거부하기 시작한 것이다. 러시아 근로자들은 참여나 제안 등의 활동을 자신들이 맡은 일 이외의 **"부가적 작업"(extra work)**으로 생각했다. 태어나면서부터 분배 위주의 공산주의 사고방식에 젖어 있는 이들에게는 이니셔티브나 이슈를 찾아가는 활동 등은 전혀 이해할 수 없는 행동이었던 것이다. 주어진 것을 하라는 대로 하는 것이 이들에게는 정상적인 '일'의 개념이다.

사실, 자본주의 체제에 근간을 두고 있는 기업들에서도 이와 유사한 사례는 어렵지 않게 찾아볼 수 있다. 노동분할론이나 관료주의 신봉자들은 개인에게 그가 해야 하는 일과 일하는 방식까지도 일일이 정해주고 그어준 선을 넘어서지 않도록 감시해야 한다고 주장한다. 많은 기업들이 과학적 방식이라는 이름하에 이러한 방법을 추종해왔다. 일의 과정을 표준화하고 구체적 단계를 기록하여 그것을 기계적으로 따라하도록 요구해왔다. 그러나 불행하게도 이러한 관행은 결국 개인의 인식을 일상적 이슈에 고정시키는 결과를 가져오고야 말았다. 분할과 제도에 의존하는 한, 창의적 이슈가 끼어들 여지가 없어지게 된다. 창의와 이니셔티브는 21세기 디지털시대의 논리라고 할 수 있다.

이슈유형

이슈에는 여러 유형이 있다. 중요한 것과 사소한 것, 추상적인 것과 구체적인 것, 현실적(또는 과거지향적)인 것과 미래지향적인 것, 창안된 이슈와 주어진 이슈 등 다양한 이슈의 유형들이 존재한다. 중요하면서도 미래지향적인 이슈를 우리는 비전이라고 할 수 있을 것이다. 그러나 비전은 너무 거창하고 추상적인 속성을 갖는다. 이슈는, 조직 전체에 영향을 미치는 비전과 같이 커다란 영역을 가질 수도 있고, 팀장이나 파트장의 경우처럼 소집단을 대상으로 하는 작은 영역을 가질 수도 있다. 사실, 팀원들에게 조직 전체의 비전을 공유하고 그에 따라 변화하도록 이끌어 가는 데에는 한계가 있다. 조직원들 개인에게는 현업이 있고 단기적으로 달성해야 하는 목표가 있으며, 더욱이 자기 자신의 말 못할 포부와 욕망이 있는 것이 사실이다. 이처럼, 다양하고 복합적인 현상을 비전이라는 추상적이고 거리가 먼 개념을 가지고 한 방향으로 엮어 나아가기에는 너무나 변수가 많다.

이슈는 리더의 인지구조 속에서 발아되든가 다른 조직원들의 제안을 받아들여 창안된다. 이슈는 그것이 어떤 깊이와 넓이를 갖느냐에 따라 그 참신성과 중요성이 결정된다. 리더의 인지구조가 잘못 형성되어 있든가 수용적 자세를 갖고 있지 않으면, 리더가 다룰 수 있는 이슈영역 자체가 제한될 뿐 아니라 이슈의 선택도 잘못될 수밖에 없다. 콜럼버스는 자신의 지도를 가지고 결코 인도에 갈 수 없었다. 부산시의 지도를 가지고 서울의 명동을 찾아갈 수 없는 것과 같은 이치이다.

2) Heart

조직에서 리더가 만든 이슈를 혼자서 실천에 옮길 수 있는 경우는 조직의 속성상 많지 않다. 팀원들을 끌어들이고 동료들로부터 지원을 약속 받고 조직의 윗사람들과도 **공감대를 형성해야 한다**. 이슈 중심의 조직이 좀더 발전하면, 직급에 상관없이 이슈에 관심 있는 사람들이 이슈활동에 관련자나 동참자로 참여하게 된다. 그러나 이슈를 개발했다고 해서 사람들이 자동적으로 몰려드는 것은 아니다. 이슈리더는 적극적으로 동참자 확보에 나서야 한다. 누가 이슈에 관련되는가를 파악하여 찾아가 필요성을 설득하고 참여를 유도해야 한다. 이러한 행동을 '이슈판매'(Issue-selling)라고 부른다. 이슈를 팔 수 있도록 적절히 포장도 하고 성취했을 때의 보상이나 혜택 등도 구체화해야 한다. 추진과정에서의 일의 분담도 명확히 밝힐 필요가 있다. 조직차원의 지원은 이 과정에서 필수요소이다.

이슈판매

일반적으로 이슈참여의 결과로 얻어지는 보상이 크고 제시되는 이슈에 대한 관련자의 관심이 높을 때 수용 가능성도 높아진다. 또한 관련자가 주어진 이슈를 해결할 수 있는 능력이 있다고 스스로 믿을 때 이슈활동에 동참할 가능성이 커진다. 이슈를 제안하는 사람의 전문성도 중요하다. 제안하는 이슈에 대한 리더의 전문성이 인정되지 않으면 판매과정에서 많은 어려움을 겪게 된다. 즉, 프렌치와 레이븐(French & Raven)의 권력분류 중에서 전문적 권력이 관련자들의 이슈수용과정에 영향을 미칠 수 있다고 보고 있다.

한편, 이슈리더는 판매과정에서 제안된 이슈에 대한 관련자들의 **책임의식**을 고취시킬 필요가 있다. 책임의식이나 이슈에 대한 의무감은 이슈에 따르는 보상

못지않게 관련자들의 참여동기를 높여줄 수 있다. 또한, 이슈리더는 관련자들에게 이슈를 제시할 때, 감성적 어조로 참신한 정보를 활용하여 전달하는 것이 보다 효과적이다. 리더 자신의 이슈에 대한 몰입의 정도를 오디언스들에게 보여줄 필요가 있기 때문이다. 그러므로 이슈의 중요성에 대한 결정적 증거와 자료를 사전에 충실히 준비한 후 판매에 들어가는 것이 바람직하다.

전달하는 **메시지는 비교적 간결하게 포장**하는 것이 좋다. 지나치게 복잡하면 참신성이 떨어져 관련자와 동참자의 관심을 사기가 힘들어진다. 예를 들어, '1등보다 리더로 키우자'라는 이슈포장은 간결하면서도 정곡을 찌르는 표현이라고 보여진다.

아울러, 이슈의 장 · 단점을 모두 제시하는 것이 바람직하다. 일방적 제안은 관련자들의 의심을 사기 쉽다. 또한 다른 이슈들과의 연계도 중요하다. 기존의 중요한 이슈와 보완적 관계임을 보여줄 필요가 있다. 끝으로, 리더는 이슈판매에 있어 공식채널을 사용하는 것이 더 바람직하다. 이것은 곧 이슈활동을 공식적으로 인정하고 적절한 체계를 갖춰야 한다는 것을 의미한다.

3) Hand

이슈가 제대로 실천되기 위해서는 실천시스템이 효율적으로 갖춰져 있어야 한다. 세부적인 실천계획은 물론, 필요한 자원의 공급과 획득전략이 구체화되어야 하고, 특히 실천담당자들의 기술적 수준이나 실천과정에 대한 깊이 있는 이해가 이슈의 성공적 실천에 결정적인 영향을 미치게 된다.

규칙과 규율이 불필요하게 많고 조직이 다단계이며 결제시간이 긴 조직의 경우에는 좋은 이슈를 바르게 제안하여 적기에 실천에 옮기기가 힘들어진다. 리더는 우선 이러한 조직차원의 방해물들을 극복하는 데 많은 시간을 보낼 수밖에 없기 때문이다. 조직이 복잡하고 관료적이면 그만큼 방해요인들도 많아진다. 많은 기업들이 고객이나 제품 등과 같이 조직의 성과에 보다 직접적인 영향을 미치는 이슈에 역량을 집중하지 못하고 **조직상의 방해요인들을 극복하는 데 대부분의 에너지**

를 낭비하곤 한다. 조직원들의 주된 관심이 어디에 집중되어 있는가를 분석해보면, 그 조직의 힘과 경쟁력이 어느 수준인지를 어렵지 않게 파악해 낼 수 있다.

실천시스템

요컨대, 시스템은 이슈리더십을 펴는 데 있어 장애가 되기도 하고 도움이 되기도 한다. 징기스칸은 다양한 출신의 병사들을 천호장, 백호장, 십호장 등으로 시스템화하고 철저히 능력 위주의 인사관리를 함으로써 20년이라는 짧은 기간 안에 단 10만의 병사로 중국에서 동유럽에 이르는 거대한 영토를 정복할 수 있었다. 진시황제의 경우도 법에 의한 시스템을 정착시켜 역사상 최초로 중국대륙을 통일할 수 있었다. 이처럼, 경영자들은 효과적인 이슈실천이 가능하도록 **시스템 효율화**에 항상 많은 노력을 기울여야 한다. 시스템 효율화와 같이 이슈리더들이 번창할 수 있는 여건을 조성해주는 것이 경영자의 가장 큰 임무이다.

이슈의 한 유형인 비전이 시스템의 비효율 때문에 사장되는 경우를 우리는 어렵지 않게 찾아볼 수 있다. 실패하는 기업이나 조직들 대부분은 시스템 비효율과의 싸움에서 패배한 경우들이다. 시스템의 관성은 쉽게 모든 것들을 삼켜버린다. 카터가 대통령으로 있던 시절에 백악관 천장에 숨어든 쥐 한 마리를 잡는 데 수많은 복잡한 절차를 거쳐야 했다는 일화가 이를 입증해 준다.

2. 이슈리더의 유형들

이들 3H 이슈리더십 행동을 함께 모아 짜면 8가지 유형의 이슈리더십이 생겨난다. 이들을 〈표 7-2〉에 표시하였다.

표에서 보듯이, Head, Heart, Hand 셋 다 가지고 있는 이슈리더는 **이상형**이다. 즉, 이슈인식이 뛰어나 이슈를 잘 개발하고 그것을 오디언스들에게 잘 판매할 줄 알며, 실행도 효율적으로 시킬 줄 아는 리더이다. 조사에 따르면 이러한 이상형은 일반적으로 전체의 약 4% 정도 되는 것으로 나타났다.[6] 하지만 조직에 따라 편차는 컸다.

표 7-2 이슈리더 8유형

명 칭	3H			비 고
	Head	Heart	Hand	
3H Style	YES	YES	YES	이상형
2H Style	NO	YES	YES	전통적 관리자형
	YES	NO	YES	나 홀로 추진형
	YES	YES	NO	새가슴형
1H Style	YES	NO	NO	립서비스형
	NO	YES	NO	골목대장형
	NO	NO	YES	지시대기형
0H Style	NO	NO	NO	혼수상태형

한국의 관리자나 임원들 중에서 비교적 많은 유형은 '나홀로 추진형'과 '지시대기형'이었다. 아이디어가 있으면 그것을 관련자들에게 이해시키려고 하기보다는 윗사람들과 얘기가 어느 정도 되면 아랫사람들의 의견은 무시한 채 밀어붙이기식으로 실행하는 것으로 나타났다. 아니면 극히 수동적으로 변한다. 아이디어도 없고 신뢰를 바탕으로 한 Heart도 확보되지 않은 상태에서 윗사람의 지시만 기다리는 스타일이다.

3H가 하나도 없는 **'혼수상태형'**은 일반적으로 행동이 매우 정치적이 된다. 일이 잘되는 것 같으면 끼어달라고 하고 안될 것 같으면 슬며시 빠지는 스타일이다. 그러면서 온갖 정보는 다 갖고 있다. 인사에 관한 정보며 윗사람의 성향이나 역학관계 등 매우 민감한 반응을 보이는 것이 혼수상태형이다.

제4절 이슈리더가 되는 길

여기에서는 이슈리더가 되기 위한 몇 가지 팁을 제시한다. 본 장의 앞에 제시한 앤디 그로브의 예가 좋은 가이드 역할을 한다.

첫째, 3H에서 자신의 위치를 정확히 진단하는 것이 먼저다. 본 장의 끝에 나온 〔나의 리더십 진단 7〕 "나의 이슈리더십 진단"을 사용하여 Head, Heart, Hand 중 어디가 강점이고 어디가 약점인지를 확인해보기를 권한다. 강점은 강점대로 더욱 키워나가고 약점은 보완할 방법을 찾아야 할 것이다. 진단을 받고 난 후에는 코칭, 멘토링 등을 받는 것이 최근의 추세이다.

둘째, 자기 학습과 노력이 중요하다. 예컨대, 공장에서 생산을 책임진 엔니지어는 기술지식은 많지만, 비용(cost) 등 경영 관련 지식(Head)은 부족할 수 있다. 비용의식을 가지고 생산관리를 하면 훨씬 더 의미 있는 실적을 낼 수 있다. 회사가 요구하기 전에 스스로 재무제표 읽는 법부터 배워나가는 것이 Head를 채우는 가장 좋은 방법이다. 필요한 지식을 끊임없이 흡수하고, 그를 바탕으로 **"검증적 사고"(critical thinking)**를 함으로써 좋은 이슈를 생산하는 것이 Head의 핵심이다.

다른 예를 들면, R&D 연구소에서만 오래 근무한 리더는 시장개념이 부족할 수 있다. 좋은 제품을 연구소에서 만들어도 시장에 제품으로 출시하려면 마케팅 등 다른 부서의 협조가 불가피하다. 관련 부서들과 네트워킹을 통해서 친분을 쌓아두는 것은 Heart 향상전략에 해당한다고 볼 수 있다.

아울러, 구매부서에서 새로운 구매 소프트웨어를 구입하여 활용하면 구매 프로세스를 획기적으로 개선할 수 있는데, 지금까지 구매팀장을 비롯하여 누구도 이 문제를 이슈화하지 않다가 최근에 경력으로 입사한 박치수 차장이 이슈화하여 구매하는 데 성공했다. 하지만, 막상 사용하려고 했더니, 현장 구매직원들의 저항이 심하다. 이들을 설득하여 사용하도록 하는 것은 Hand 전략이다.

이러한 3H 향상전략은 리더가 자신의 노력으로 터득해야 하는 행동방식이다. 팀이나 조직 차원에서 전문가들의 조언이나 도움을 받아가면서 구현하는 것도 좋은 대안이다.

셋째, 자신이 개발한 이슈는 다른 사람에게 **"외적 타당성" 검증**을 받아야 한다. 내가 생각하는 이슈를 말했을 때 상대방이 어떤 반응을 보이는가를 확인하는 것이다. 이때 될 수 있으면 여러 사람의 의견을 듣는 것이 좋다. 하지만, 중요한 것은 다른 사람들의 의견이 아니라 자신의 확신이다. 다른 사람들의 의견이 꼭 정답은 아니지만, 묻고 답하는 과정에서 많은 정보를 얻게 되고 제안한 이슈의 성격을 더 잘 이해하게 된다.

넷째, 조직 차원에서, 이슈리더들이 마음 놓고 자신이 발견한 이슈를 제안할 수 있는 조직문화 정착이 필요하다. **심리적 안전감(psychological safety)**은 이슈리더가 살아갈 수 있는 중요한 서식조건이다. 일방적이고 지시적인 조직문화에서는 이슈리더가 생존하기 힘들다. 물론, '조직문화혁신'을 이슈로 내걸고 바꿔 갈 수는 있지만, 시간과 노력이 너무 많이 든다. 본 장의 앞에서 인텔의 앤디 그로브가 **"건설적 대립"(constructive confrontation)**을 얘기한 것은 이슈리더의 서식조건을 말한 것으로 해석할 수 있다. 조직문화는 이슈리더들의 에코시스템(ecosystem)에서 가장 중요한 변수이다.

이상에서 살펴본 바와 같이, 이슈리더십은 실용적 리더십이며, 중요한 혁신 수단이라고 할 수 있다.

본 장의 요점

❖ 리더십 기본 개념은 "차이를 만드는 것", "터닝포인트를 만드는 것" 이다.

❖ "1등보다는 리더로 키우자"

❖ 이슈 정립과정: 이슈인식 → 이슈포착 → 이슈기술

❖ "답을 찾는 훈련보다는 문제나 기회를 먼저 찾아내는 훈련을 해야 한다"

❖ 이슈리더=실용적 리더

- 벤저민 프랭클린과 세종대왕이 대표적 실용적 리더

❖ 이슈리더십

- Head(이슈창안)
- Heard(공감형성)
- Hand(효율적 실행)

❖ 이슈리더 8유형

- 이상형
- 전통적 관리자형
- 나 홀로 추진형
- 새가슴형
- 립서비스형
- 골목대장형
- 지시대기형
- 혼수상태형

❖ 이슈리더가 되려면 "검증적 사고력"(critical thinking)을 키워야 한다.

세종대왕 vs. 벤저민 프랭클린

※ 벤저민 프랭클린(Benjamin Franklin; 1706~1790)과 세종대왕(1397~1450)은 약 350년 시차를 두고 멀리 떨어져 존재했던 리더였지만, 매우 유사한 리더십스타일을 보였다. 아래 표에 이들의 유사한 업적들을 비교하였다.

[벤저민 프랭클린과 세종대왕 유사점 비교]

주 제	벤저민 프랭클린	세종대왕
엘리트 활용	Junto(준토, 소수 엘리트 집단) 활용	집현전 활용
글자 창안	알파벳 8자 새로 창안(안 쓰임)	훈민정음 창제
책에 대한 열정	일반 대출형 도서관 설립	집현전에 도서관 기능 부여
공공안전	Union Fire Company 설립(사설 소방대)	금화도감(禁火都監) 설립; 소방서
경 제	종이돈 달러 유통	동전(조선통보, 朝鮮通寶)과 종이돈(저화, 楮貨) 유통
공공복지	도로포장, 가로등 설치	역참제도 혁신, 기아구휼
질병 퇴치	필라델피아 종합병원(Philadelphia General Hospital) 설립	혜민국(惠民局), 제민원(濟民院) 등 병원설립; 건순각(健順閣)이라는 여성 전용 병원설립
갈등해결	인디언 조약 체결	북쪽의 야인들과 대마도 왜인들 성공적 관리
교육기관 강화	펜실베이니아대학, Wharton School 설립	성균관과 향교 강화
국 방	펜실베이니아 의용군 설립	육군과 해군 강화
독립추구	The Albany Plan of Union 설계	명나라로부터 독립적으로 다양한 기준 마련(글자, 달력, 각종 제도)

[토론과제 7] 벤저민 프랭클린과 세종대왕의 스타일이 비슷한 이유는 무엇인가?

나의 리더십 진단 7

나의 이슈리더십 진단

※ 아래의 각 항목에 동의하는 정도를 〈응답 양식〉을 참고하여 답해보자.

〈응답 양식〉

1	2	3	4	5	6	7
전혀 그렇지 않다	그렇지 않다	그렇지 않은 편이다	보통 이다	그런 편이다	그렇다	매우 그렇다

1. 나는 성과를 높이기 위해서 새롭고 실제적인 이슈를 제안한다. (　　　)
2. 나는 생산성 향상을 가져올 수 있는 새로운 기술, 절차, 기법, 아이디어 등을 찾는다. (　　　)
3. 나는 업무의 질을 높일 수 있는 새로운 방법을 주장한다. (　　　)
4. 나는 창의적 이슈를 구축, 제안할 수 있는 좋은 자료원을 가지고 있다. (　　　)
5. 나는 주어질 기회에 대비해서 직무에 대한 새로운 이슈들을 찾아 준비한다. (　　　)
6. 나는 새로운 이슈가 포착되면 그의 완성을 위해서 적절한 계획을 세운다. (　　　)
7. 나는 문제를 창의적으로 해결할 수 있는 아이디어를 잘 제시한다. (　　　)
8. 나는 과업수행의 새로운 방법을 제시한다. (　　　)
9. 나는 새로운 이슈들과 관련된 회의나 커뮤니케이션을 자주 갖는다. (　　　)
10. 나는 조직원들을 잘 설득하여 이슈실행에 잘 참여하도록 한다. (　　　)
11. 나는 이슈를 실행함에 있어 기존의 직책이나 직급 등에 상관없이 수행하도록 한다. (　　　)
12. 나는 새로운 이슈를 달성하였을 때 얻을 수 있는 기업의 성과나 위상을 구체적으로 제시함으로써 참여자의 지지를 구한다. (　　　)
13. 나는 이슈 실행과 관련된 의사결정 과정에 관련자들을 되도록 많이 포함시킨다. (　　　)

14. 나는 이슈 실행에 필요하다면 조직의 전통적 질서에서 벗어난 의사결정을 할 수 있다. ( )

15. 나는 이슈 실행에 필요한 인적자원을 다양한 방법으로 획득할 수 있다. ( )

16. 나는 이슈 실행에 필요한 물적 자원을 여러 원천을 활용하여 후원받을 수 있다. ( )

17. 나는 이슈 실행에 필요한 재정적 자원을 확보할 수 있다. ( )

18. 나는 이슈 실행을 통해 얻을 수 있는 개인적 보상이나 지식을 참여자들이 공유할 수 있게 한다. ( )

〈진단법〉 다음의 채점기준을 활용하여 Head, Heart, Hand 별로 각각 Yes/No를 판단한 뒤, 앞서 제시한 〈표 7-2〉를 활용하여 나는 어느 유형에 속하는지 진단하여 보자.

- Head: 항목 1~8의 합이 40점 또는 그 이상이면 Yes.
- Heart: 항목 9~14까지의 합이 30점 또는 그 이상이면 Yes.
- Hand: 항목 15~18까지의 합이 20점 또는 그 이상이면 Yes.

이슈 만들기 연습

리더십 Exercise 7

※ 다음 각 영역에 대하여 개인별로 이슈를 만들고 다른 사람들과 공유하여 보자.

〈1〉 나의 이슈

〈2〉 내가 속한 집단이나 조직의 이슈

〈3〉 국가의 이슈

리더십 나누기 사례 7: 매그나칩스의 황 부사장의 이슈리더십

청주에 위치한 매그나칩스(MagnaChips Ltd.)의 황모 부사장은 벌써 수년째 이슈중심의 경영을 해 오고 있다. 자신은 물론, 사장에서 말단 사원에 이르기까지 모두가 자신이 창안한 여러 이슈들을 조직원들과 더불어 추진하는 것이 일상화되어 있다. 직원들마다 업무에 관련된 이슈들을 자발적으로 창안하여 공유한다. 어떤 조직원은 다섯 개의 이슈를 동시에 추진하고 또 다른 사람들은 일곱 개, 열 개의 이슈를 추진하기도 한다. 사장은 아홉 개의 장기적인 이슈들을 설정하여 공유하고 있다. 이 기업의 이슈활동은 몇 가지 특징을 갖는다.

첫째는 누구나가 이슈를 창안한다.

둘째는 사내 정보망을 통해서 전임직원이 동시에 이슈들을 공유한다.

셋째는 다른 사람이 제시한 이슈에 대해서 모든 종업원들이 관심을 가지고 도우려 한다. 인터넷을 통해서 주고받는 정보의 양이 엄청나다.

넷째는 이슈 추진의 과정과 성과가 실시간으로 공개된다.

누군가가 이슈를 제안하면 그에 도움을 줄 수 있는 사람들이 순식간에 인터넷을 통해 모인다. 그리고 그 이슈제안자는 성과를 낼 때까지 어떻게 이슈를 실천하고 있는지를 기회 있을 때마다 간단한 메모로 다른 사람들에게 알린다. 이들이 제안하는 이슈들은 작은 것에서 큰 것까지 다양하지만 주로 업무에 관련된 것들이다. 예컨대, 영업 프로세스 개선에 관련된 이슈, 고객정보 공유에 관한 이슈, 기술적 문제 해결에 관한 이슈, 회사의 장기적 비전 등뿐 아니라, 모든 결제서류나 보고서의 마무리에는 반드시 보고내용 중의 핵심이슈들을 정리하여 달도록 되어 있다.

이러한 활동은 여러 가지 긍정적인 성과를 가져오고 있다. 우선 종업원들의 업무와 회사에 대한 몰입도가 매우 높아졌다. 그것은 곧 조직원 각자가 지속적으로 자신의 업무를 색다른 각도에서 바라보고 창의적인 아이디어를 만들어내게 되는 결과를 가져왔다. 뿐만 아니라, 임직원들간의 관계가 다른 어떤 기업에 비해서도 유연하고 생산적이다. 부사장이나 사장이 복도에서 만나는 직원들과 자신들이 추진하고 있는 이슈들에 대해서 스스럼없이 이야기하는 모습을 자주 발견하게 된다. 그러다 보니 노사관계도 안정되고 생산성이나 품질과 같은 기업의 성과도 크게 향상되었다. 무엇보다도 조직원들이 생각을 많이 하게 되었다는 것이 큰 수확이다. 생각을 공유한다는 것은 물론 더 중요한 변화이다.

전통적인 조직에서는 윗사람이 아랫사람들이 도대체 하루 종일 무엇을 하는지, 또는 무슨 생각을 하는지를 자세히 알려고도 안 하고 알 도리도 없었다. 하지만 황 부사장이 수년째 이슈리더로서의 역할을 충실히 해온 결과, 이 회사에서는 가만히 있어도 다른 사람의 생각과 이슈를 알게 되고 자기도 모르게 자신의 생각을 나눌 수 밖에 없게 되어 있다. 또 하나의 부수적인 성과라면 임원이나 사장이 자기 시간이 많아졌다는 점이다. 실무자들과 실시간으로 이슈에 대한 생각을 나누고 나면 나머지들은 이슈를 창안한 이슈리더가 책임을 지고 실천하되, 도움이 필요하면 언제든지 누구에게나 요청할 수 있다. 또 요청을 하지 않아도 필요한 정보가 있으면 쉽게 정보를 나눈다.

황 부사장은 처음 이슈활동을 시작할 때는 무척 힘들었다고 한다. 특히 첫 1년 동안은 개념공유가 되어있지 않고, 모두가 전통적인 top-down식의 일방적 관리방식에 젖어 있어 시행착오도 많이 겪었다. 하지만 일년 내내 스스로 실천하면서 설득한 결과 이제는 확실한 새로운 경영방식으로 자리를 잡았다.

✜ [나누기 사례 문제 7] 황 부사장이 이슈리더십 개념을 조직원들에게 확고히 심어줄 수 있었던 성공요인들은 무엇인가? 토론을 통하여 정리해보자.

:: 주

1 https://www.ft.com/content/4c84d2e8-fa5f-11e5-8f41-df5bda8beb40.

2 Mumford, M. D., & Van Doorn, J. R. 2001. The leadership of pragmatism: Reconsidering Franklin in the age of charisma. *Leadership Quarterly*, 12: 274–309.

3 Mumford, M. D. (Ed.) 2006. *Pathways to outstanding leadership: A comparative analysis of charismatic, ideological and pragmatic leaders.* Mahwah, NJ: Erbaum.

4 Baik, K., Mumford, M. A., Kim, K., Atwater, L., & Choi, J. 2016. A Style of Two Leaders: How the 18th century Benjamin Franklin o f America and the 15th century King Sejong of Joseon (AncientKorea) share similar pragmatic leadership. Working Paper.

5 백기복. 2005. *리더십 리뷰*. 창민사.

6 필자가 그동안 이슈리더십을 입증하기 위해서 수집한 개인적인 데이터에 입각한 분석임. 데이터가 약 3,000명 정도임.

제8장 전략적 리더십의 비밀

전략적 리더에게 필요한 것은 나침판!

제1절 CEO, TMT, BOD

제2절 전략적 리더십

제3절 효과적인 CEO의 조건

리더십 나누기 8-1: 블루오션 vs. 레드오션 전략

❊ 2015년, 컨설팅회사 PwC가 수행한 시니어 임원 6,000명 대상의 설문조사에 따르면, 응답자 중 약 8%만이 전략적 리더의 역량을 가진 것으로 나타났다.[1] 이들 8% 전략적 리더들이 가진 개인적 특성은 다음과 같았다.:

① 상대방을 화나게 하든가 냉소적이지 않으면서, 지배적 의견에 도전할 줄 안다.

② 큰 그림(비전 제시 등)과 작은 그림(현장문제 해결 등)을 동시에 그린다.

③ 자신이 선택한 방향이 틀렸을 때, 방향을 바꿀 줄 안다.

④ 동조하기보다 문제 제기로, 지시하기보다 공감 형성으로 이끈다.

⑤ 항상 겸손하고 타인 존중이 몸에 배 있다.

❊ 한동안 유행했던 전략유형 중에 "레드오션"(red ocean) 전략과 "블루오션"(blue ocean) 전략이 있다.[2] "레드오션 전략"은 경쟁이 심한 기존 시장에 집착하여 큰 이익을 내지 못하는 것을 뜻하고, "블루오션 전략"이란 경쟁이 별로 없는 미개척 시장을 찾아 투자함으로써 큰 이익을 보는 것을 말한다.

- 예컨대, 호텔산업에서 4성급 호텔은 5성급 호텔 대비 5분의 4 가격으로 팔고, 3성급은 4성급의 4분의 3 가격에, 1성급은 2성급의 1/2 가격에 판매한다. 지나친 가격경쟁으로 산업 전체가 매력을 잃게 된다. 레드오션 전략의 예이다.
- 블루오션 전략은 기존 시장에서 경쟁사들과 싸워 이기려 하기보다, 새로운 수요를 창출하고 경쟁에서 이기려 하기보다 경쟁을 무의미하게 만든다. 차별화 전략과 비용 최소화 전략을 동시에 추구한다.
- **레드오션 전략은 내부 조직 논리로 전략을 세우고(Strategy follows structure), 블루오션 전략은 환경변화에 맞춰 전략을 세운 후 그에 맞는 조직을 설계한다(Structure follows strategy).**

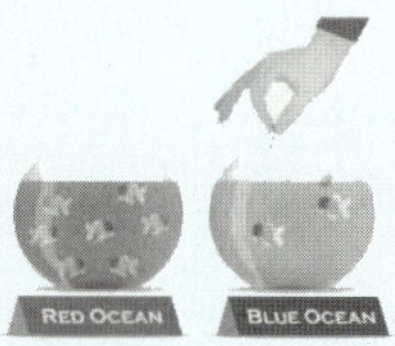

✤ [나누기 문제 8-1] 기업의 전략가들이 왜 레드오션 전략에서 빠져나오지 못하는 것일까? 위의 8% 전략적 리더의 특징을 가지고 분석해보자.

CEO, TMT, BOD 제1절

CEO는 회사의 최고경영자를 일컫는 말이다. 우리말로는 대표이사라고 한다. 회사경영의 전반에 대해서 법적, 실질적 책임을 지는 사람이므로 기업의 최고 책임자라고 할 수 있다. 원어는 Chief Executive Officer라고 한다. 흔히 사장이나 회장이라고 불리는 사람들이 CEO를 맡는 경우가 많지만 밑에 직급의 임원이 대표이사를 맡는 경우도 있다.

대표이사 CEO는 법적으로 회사의 최고 책임자로 등록이 되므로 매우 비중이 있는 자리이다. 사람을 뽑고 배치하는 일에서 자금을 은행에서 빌려오거나 주식시장에서 조달하는 일, 제품의 생산과 공장의 가동, 광고 내용을 결정하거나 모델을 쓰는 일에 이르기까지 제반 사항에 대해서 최종 결정권을 가진다.

CEO 밑에는 **최고경영자팀**(TMT: Top Management Team)이라고 불리는 임원들이 있다. 임원에는 부사장, 전무, 상무 등의 이름을 갖은 경영자들이 포함된다. 흔히 신입사원에서 부장까지를 직원이라고 부르고 상무 이상은 임원이라고 한다. 임원은 대개 1~3년 정도의 임기를 가지며 임기가 끝나면 연임되든가 그만두게 되어 있다. 부장에서 임원으로 승진할 때는 회사에 사표를 내고 퇴직금까지 다 받는다. 직원 신분에서 임기를 갖는 임원이 된다는 것은 **"관리자"(과장, 차장, 부장)에서 "경영자"(임원, CEO)로 신분이 달라진다**는 의미이다.

CEO가 된다는 것은 커다란 영광이자 막중한 책임을 지게 되는 일이다. 연봉도 몇 억대에서 수십 억대에 이르기까지 다양하다. 물론 구체적인 처우는 회사의 형편이나 경영철학에 따라 달라진다. 일반적으로 고급 승용차와 운전기사, 회사 신용카드, 전용비서 등의 혜택이 주어지며 연봉에 따르는 세금을 회사가 대신 내주는 경우도 있다. 하지만 경영이 잘못되어 문제가 생기면 때로는 개인적으로 책임을 져야 하는 경우도 있으며 TV에서 보듯이 불법경영으로 감옥에 갇히는 사람들도 있다.

전략적 리더십이란 다름 아니라 CEO와 임원 등 경영층을 대상으로 한다. 막중한 책임을 지는 이들이 어떤 리더십을 보여줄 때 보다 효과적인가를 설명하려는 것이다. 사실 본서에서 논의하는 많은 리더십 이론들 중에는 특별히 조직의 상부계층에 초점을 맞춰 설명한 이론이 별로 없다. 하지만 전략적 리더십은 조직의 경영층 또는 경영전략을 책임지는 조직상층부에 초점을 맞춰 설명한다는 측면에서 다른 리더십 이론들과 차이를 보인다.

한편, CEO는 TMT와 더불어 회사를 책임지지만, 이들이 회사의 주인은 아니다. 회사의 주인은 주주(shareholder)이다. 주주들이 CEO와 TMT에게 경영을 위임한 것이다. 주주들은 이들이 제대로 경영을 하는지를 감독할 필요가 있다. 그래서 주주들을 위해서 CEO와 TMT가 경영을 제대로 하는지를 대신 감시, 감독하도록 만든 것이 BOD(Board of Directors: 이사회; 의장=chairman)이다.

이사회는 경영층이 제대로 경영을 못할 경우 그들을 평가하여 교체하는 권한을 갖는다. CEO와 경영진의 연봉도 BOD에서 결정한다. 많은 경우 문제가 되는 것은 CEO와 TMT가 회사의 주인인 주주들의 이익을 극대화하기 위해서 경영하지 않고 자신들이 더 많은 혜택을 보는 쪽으로 결정하고 선택하는 것이다. 이것을 **"대리인문제"(agency problem)**이라고 한다. 즉, CEO와 TMT는 주주를 대신하여 경영하는 대리인(agent)인데 주인의 이익보다 자신의 이익을 극대화하려 할 때 대리인문제가 발생한다. 이익 좀 남았다고 경영자들이 회사돈으로 경치 좋은 곳에 초호화 휴양시설 지어 놓고 임직원들 가족까지 무료로 이용하는 것은 주주에게 돌아가야 할 이익을 자신들의 복지를 위해서 전용한 것이라고 보는 것이다. 이런 잘못된 행동을 하면 경영진이 **"도덕적 해이"(moral hazard)**에 빠졌다고 한다. BOD는 이러한 문제를 감시, 감독하기 위해서 만들어진 기구이다. 하지만 현실적으로는 BOD가 제대로 감시, 감독 기능을 수행하지 않는 경우가 많아 문제가 된다. 그래서 회사 밖의 인사를 "사외이사"로 선임하여 감시의 독립성을 확보하려고 노력한다. 이사회 이사는 주주총회에서 선임한다.

리더십 나누기 8-2: CEO 유사용어 정리

❊ 기업에는 CEO 말고도 다른 비슷한 용어들을 많이 사용한다. 아래에 몇 가지 예를 적었다.

- CEO = Chief Executive Officer
- CFO = (   )
- COO = (   )
- CHRO = (   )
- CIO = (   )
- CTO = (   )

✤ [나누기 문제 8-2] 위의 괄호에 들어갈 말을 적고 무엇을 책임지는 직책들인지 알아보자.

전략적 리더십은 CEO와 TMT 구성원들이 주주와 BOD의 감시 하에서 어떻게 회사의 성과를 극대화해 나가는가에 초점을 맞춘다.

1. 낮은 직급 리더와 높은 직급 리더

낮은 직급이란 임원 아래에 있는 과장, 차장, 부장 등이 맡게 되는 팀이나 그 이하의 소집단을 책임진 리더들을 뜻한다. 반면에 높은 직급 리더는 사업부장, 본부장, 실장 등과 같이 비교적 큰 조직을 맡는 임원들이나 회사 전체를 책임지는 CEO나 그룹 회장을 일컫는 말이다.

10명의 구성원들을 맡는 팀장의 리더십과 300명의 부하들을 이끌어야 하는 부문장 전무의 리더십은 달라야 한다. 특히 임원이 되면 자기가 맡고 있는 조직뿐 아니라 회사 전체의 경영에 대해서 어느 정도의 공동책임을 지게 된다. 아울러 낮은 직급의 리더는 팀원들을 잘 관리하는 것으로 만족할 수 있지만 임원 등의 높은 직급의 리더는 조직 외부의 문제에 더 많은 관심과 주의를 기울여야 한다. 이것을 우리는 낮은 직급과 높은 직급의 리더들의 리더십 역할이 다르다고 표현한다. 물론

표 8-1 낮은 직급 리더십과 높은 직급 리더십의 차이[3]

구 분	낮은 직급 리더십	높은 직급 리더십
리더	팀, 부서, 그 아래 소집단의 장	CEO나 임원 등의 경영층
리더십 범위	팀, 부, 팀 내의 파트 또는 유닛(unit), 소집단	회사 전체, 사업부, 부문 본부
지향성	내부 지향	외부 지향
성과평가기준	생산성, 품질, 구성원 만족, 이직률 등의 내부 기준	주가, 시장점유율, 수익률, 매출 증가율 등의 외부 기준
의사결정	혼자 또는 팀원들과 함께	외부 이해관계자, 임원진, 이사회와 함께

리더십의 기본적 원리는 같을 수 있다. 하지만 리더십의 대상과 규모가 다르고 주어진 과업과 역할이 다르기 때문에 원리의 적용에 있어 차이를 보일 수 밖에 없다.

이것은 마치 군대에서 중대장이 보여주는 리더십과 사단장이 보여주는 리더십이 원리는 같지만 적용에 있어서는 크게 다를 수밖에 없는 것과 같은 이치이다. 마찬가지로 강남구청장의 리더십과 대통령이 보여주게 되는 리더십은 같을 수 없다. 외교와 국방과 같은 분야는 강남구청장의 역할 밖의 과업이다.

낮은 직급의 리더십과 높은 직급의 리더십의 차이를 아래의 〈표 8-1〉에 서로 비교하여 정리하였다.

2. CEO의 역할

그렇다면, 높은 직급 리더십의 대표격인 CEO는 어떤 역할을 하도록 되어 있는가? 조직 전체를 책임진다는 것은 무슨 말인가? 이것을 이해하면 높은 직급의 리더십이 왜 차이를 보이게 되는지를 알 수 있게 된다. 여기에서는 이러한 주제에 대해서 알아보도록 하자.

CEO들은 다양한 수단을 통해서 조직의 각 분야에 영향을 미친다. 가장 직접적인 것은 아마도 CEO가 내리는 각종의 **의사결정**일 것이다. 새로운 기술이나 제품을 도입하든가 새로운 시장을 공략하기로 결정할 수도 있다. 다른 회사와의 제휴를 추진하든가 사회적 기여를 위해서 특별한 사회공헌 프로그램에 자금지원을 결정할 수도 있다. 이러한 큼직한 결정을 비롯하여 조직의 하부에서부터 올라오는 크고 작은 다양한 이슈들에 대해서 허락을 하든가 유보를 시키는 등의 다양한 결정을 최고경영자는 하루에도 여러 건을 하게 된다. CEO의 결정은 조직의 다양한 분야에 영향을 미쳐 차이를 만들어 간다. 물론 M&A나 큰 투자 같은 중요한 결정은 CEO가 BOD의 승인을 받아 최종 확정한다.

대통령의 경우는 더욱 책임 있는 결정을 하게 된다. 경제정책을 결정하여 실행함으로써 국민들의 경제활동에 큰 영향을 미치게 되며, 국가의 안위와 관련된 국방정책의 결정이나 외교적 결정은 나라의 운명을 좌우할 수 있는 중대한 사안들이다. 대통령의 경우는 워낙 다루는 예산의 규모가 크고 그에 영향을 받는 국민들의 숫자도 엄청나기 때문에 의사결정의 역할이 무엇보다도 중요하다.

또한 대통령을 비롯한 최고경영자들은 자원을 분배하며 보상과 벌을 시행한다. 조직 하부의 리더들을 선발하고 배치, 승진, 육성하는 역할도 최고경영자 리더의 몫이다. 아울러 최고경영자 CEO는 다른 많은 조직 내외의 관련자들에게 주목의 대상이 되며 **역할 모델**로서의 노력도 소홀히 하지 말아야 한다.

CEO의 이러한 결정과 행동은 결국 조직과 조직을 둘러싼 환경에 영향을 미치게 된다. 조직을 둘러싼 환경이란 조직의 경영에 영향을 미치는 정부의 정책, 시장 변화, 주주, 사회의 변화 등을 종합적으로 일컫는 말이다.

CEO의 결정과 행동은 그 이외에도 조직의 전략, 조직문화, 조직구조, 기술, 그리고 리더십 인식 등에 영향을 미친다. 이들을 요약하면 [그림 8-1]과 같다.

리더의 권한이 커질수록 그가 내리는 결정이나 행동의 영향은 커진다. 대통령의 결정이나 행동이 장관이나 기업 CEO의 그것보다 더 큰 영향을 미친다. 대통령에게 주어진 권한이 크기 때문이다.

CEO나 대통령의 권한은 상황에 따라 다르다. 옛날 중국의 황제들의 경우나 조선시대 임금들도 권한이 강한 사람이 있었는가 하면 권한을 가지고 있는 것처럼 보이지만 실제로는 주어진 권한을 행사할 수 없는 경우도 많았다.

예를 들어 중국의 명나라의 마지막 황제(17대)였던 숭정제는 황제이기는 했지

그림 8-1 CEO의 영향[4]

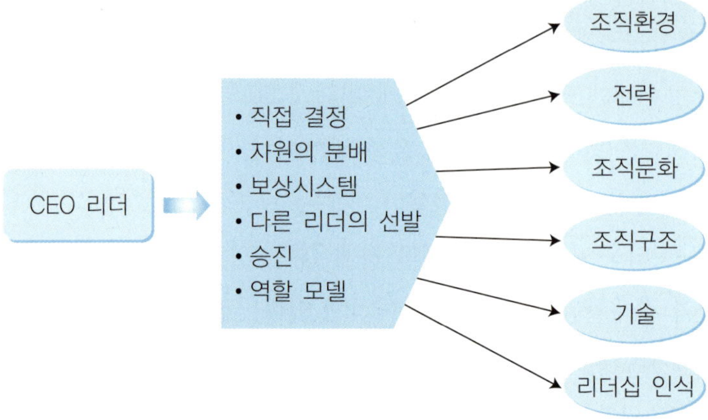

만 여러 당파들이 황제를 견제하고 있는 상황이어서 자신의 권한을 마음대로 행사할 수 없었다. 조정은 부패할 대로 부패했었고 환관들의 횡포는 극에 달해 있었으며 많은 백성들이 더 이상 명 황제를 하늘의 사람, **천자(天子)**로 여기지 않는 지경에 이르렀다. 만주족들이 농민반란을 일으켜 공격했을 때 이를 감당할 역량이 없었다.

하지만 **숭정제**는 매우 명석하고 심성이 착한 인물이었다. 당시 세계는 과학기술 혁명의 시대였다. 유럽의 선교사 아담 샬(Adam Schall)을 통해서 서구문물을 받아들여 신무기로 군을 무장시켜 조정을 혁신하고 나라의 운명을 바꾸려고 애썼다. 그러나 그를 둘러싼 환관들이 황제의 권한을 무력화시켰다. 또한 백성들은 지나친 전비 차출에 크게 반항하고 있는 상황이었다. 마침내 명(明)은 이자성이 이끄는 농민 반란군에 무너지게 되었고 숭정제는 자금성의 뒷산에 올라가 자신의 잘못에 대해서 용서를 비는 유서를 남기고 자살하기에 이른다. 오늘날에도 CEO나 대통령 등과 같은 최고경영자들이 권한은 크게 갖고 있지만 반드시 그것을 있는 그대로 다 발휘하지 못하는 경우가 많다.

권한을 다 발휘하지 못하는 이유에는 여러 가지가 있다. 숭정제의 경우처럼,

환관과 같은 리더의 주변 사람들이 정보를 차단하고 자기들 멋대로 의사결정을 좌지우지하는 **인(人)의 장막** 때문일 수도 있고 리더가 성격이 너무 인자하여 강하게 권한행사를 하지 않는 경우도 있다.

중요한 것은 CEO 리더는 자신의 권한을 필요할 때 적절히 사용할 수 있는 역량을 길러야 한다는 점이다. 하지만 이것은 매우 힘든 일이다. 지금까지의 많은 연구결과에 의하면 CEO는 처음 부임했을 때는 대부분 열린 자세를 갖는다고 한다. 많은 사람들의 의견도 듣는다. 하지만 시간이 지나면서 관점이 고착되고 자신의 주장도 점점 강력해지면서 주변에는 자신의 의견에 동조하는 부하들만을 두게 된다고 한다. 이러한 현상을 **최고경영자의 5-계절 모델**이라고 부른다. 〈표 8-2〉에 5-계절 각각에 따라 최고경영자 리더가 변화해 가는 모습을 정리하였다.[5]

표 8-2 CEO의 5-계절 모델

CEO 특성	제1단계 소명기	제2단계 실험기	제3단계 주제선정기	제4단계 고착기	제5단계 역기능
패러다임에의 몰입	강한편	강 또는 약	강한편	강하며 상승하는 경향	매우 강함
정보의 다양성	다양한 정보 원천; 여과 안함	다양한 정보 원천; 점차 여과함	정보원천의 감소; 보통 수준의 여과	소수의 정보 원천; 상당히 여과함	극소수의 정보원천; 상당히 여과함
과업에 대한 관심	높음	높음	높은 수준	높은 수준에 하락세	낮은 편에 하락세
권력	약하나 증가세	중간 정도이나 증가세	중간 정도이나 증가세	강하며 증가세	매우 강하며 증가세
전반적 성향	• 정당성 구축 • 배경과 소명에 따른 강력한 행동 성향	• 전략적 대안의 확장노력 • 정치적 성향 • 새로운 방식 시도	• 시도된 것들 중 최선의 대안 선택 • 전단계로의 회귀 가능	• 선택된 주제에 모든 활동 집중 • 근본적으로 점진적 변화	• 상대적으로 활동 거의 없음 • 대외적 활동에의 관심 증가
일반적 소요기간	1~2년	1~2년	1~2년	3~5년	남아 있는 전 기간

3. CEO가 되기 전에 해봐야 하는 경험 세트

CEO의 책임은 막중하므로 어떤 사람을 그 자리에 앉혀야 하는지에 대해서 많은 연구가 이뤄졌다. 한국에서는 물론 소유주 마음대로 하는 경우가 많다. 하지만 소유주들도 어떤 사람이 자기 회사의 주식 가치를 높여줄지 고민을 많이 한다. 자기가 직접 CEO를 하기도 하지만, 계열사가 많아지면, 다른 사람을 CEO로 앉히지 않을 수 없다.

CEO 성공에 영향을 미치는 요인들이 많지만, CEO 후보를 검증할 때 빼놓을 수 없는 요인이 **경험**이다. CEO가 되기 전에 어떤 경험을 해봐야 CEO가 되었을 때 성공할 수 있을까? 이에 대해서는 모간 맥콜(Morgan McCall) 교수의 인터뷰 연구결과가 도움이 된다.[6]

〈표 8-3〉에 나타난 것처럼, CEO가 되기 전에 해봐야 하는 경험들은 크게 **직무이동 관련 경험**, **직무특성 관련 경험**, 그리고 **난관 극복 경험** 등 세 부류로 나뉜다. 우선, CEO가 되려면 튀는 직무나 생소한 직무를 수행해 본 경험이 있어야 한다. 이것은 곧 HR, 마케팅, 생산 등 한 가지 직군만 경험하는 것은 좋지 않다는 것을 시사한다. HR 담당으로 상무까지 올라온 임원이라면, 전문성이 없는 마케팅, 생산 등 생소한 직무 경험을 해보는 것이 중요하다.

또한, 구조조정과 같은 변화주도 경험도 필요하고, 외부 압력이 있을 때 이를 효과적으로 극복해본 고차원적인 책임수행 경험도 도움이 된다. 아울러, 안 되는 사업을 맡아 역전시켰던 경험이나 상사의 지원이 없는 상황에서 직무를 수행하여 성공해낸 경험도 CEO가 되었을 때 큰 도움이 된다.

〈표 8-3〉은 잘 정리된 경험 세트지만, 해석할 때, 자료가 25년이 넘었고 특히 미국 기업의 임원, CEO들을 대상으로 얻어진 내용이라는 점을 고려해야 한다. 오늘날과 같은 디지털 시대에는 다른 경험들이 더 중요할 수 있다. 또한, 이러한 경험을 하지 않고도 큰 성과를 낸 CEO들이 많다는 점은 경험만이 CEO의 성과를 결정하는 것이 아니라는 것을 말해준다.

표 8-3 CEO가 되기 전에 해봐야 하는 경험 세트

<table>
<tr><td rowspan="2">직무이동 관련 경험</td><td>생소한 직무수행</td><td>1. 예전보다 새롭고 색다르며 광범위한 직무를 수행했던 경험</td></tr>
<tr><td>튀는 직무수행</td><td>2. 다른 사람들에게 리더로서 자신이 해낼 수 있다는 것을 입증해야 해서 가중된 스트레스를 받았던 직무수행 경험</td></tr>
<tr><td rowspan="9">직무특성 관련 경험</td><td rowspan="4">변화주도</td><td>3. 새로운 방향 전환: 전략적 변화나 환경변화에 시급히 대응해야 하는 책임수행 경험</td></tr>
<tr><td>4. 물려받은 문제해결: 전임자나 다른 사람으로부터 떠넘겨진 난제를 해결했던 경험</td></tr>
<tr><td>5. 구조조정 경험: 사업부 폐쇄나 인력 구조조정을 해본 경험</td></tr>
<tr><td>6. 문제조직원 관리: 능력이 없든가 경험이 없는 또는 저항적인 문제조직원을 다뤄본 경험</td></tr>
<tr><td rowspan="4">고차원 책임수행</td><td>7. 중책 수행: 최고경영자가 주시하고 성패에 따른 책임이 걸려 있으며 마감이 급박한 중책 수행 경험</td></tr>
<tr><td>8. 다양성 관리: 직무의 영역이 넓어서 여러 기능, 집단, 제품, 고객 또는 시장을 동시에 관리한 경험</td></tr>
<tr><td>9. 직무과중: 과중한 시간과 에너지를 요구하는 직무수행 경험</td></tr>
<tr><td>10. 외부 압력 대처: 정보, 노조, 해외 또는 지역사회와 관련된 문제들을 다뤄본 경험</td></tr>
<tr><td>비공식 권한 행사</td><td>11. 동료, 최고경영층, 외부 집단, 또는 직접 영향을 미칠 수 있는 권한이 없는 사람들을 이끌어 일해냈던 경험</td></tr>
<tr><td rowspan="4">난관 극복 경험</td><td>어려운 사업여건 돌파</td><td>12. 단위 사업부나 제품이 재정적 문제나 경제적으로 어려운 상황에 놓여 있을 때의 그 상황을 극복해본 경험</td></tr>
<tr><td>최고경영층의 지원 부재 극복</td><td>13. 최고경영층이 내가 하는 일이나 프로젝트에 대해서 방향, 지원, 자문 등을 제공하지 않는 상황을 극복해본 경험</td></tr>
<tr><td>타인의 지원 부재</td><td>14. 핵심 네트워크로부터 배제되고 다른 사람들로부터 지원이나 격려를 못 받으면서 일을 해내야 했던 경험</td></tr>
<tr><td>어려운 보스 극복</td><td>15. 상사가 결정적 결함을 갖고 있어 자주 충돌했던 상황을 극복했던 경험</td></tr>
</table>

제2절 전략적 리더십

CEO를 비롯한 전략적 리더들의 스타일은 두 가지 차원에서 구분이 가능하다. 하나는 구성원들을 어떻게 다루는가 하는 것이고 다른 하나는 일을 추진하는 스타일이 어떤가 하는 것이다.

물론 사람을 다루는 것과 일을 추진하는 것이 전혀 관계가 없는 것은 아니다. 하지만 대체적으로 이 두 가지 축을 가지고 CEO들의 전략적 리더십을 이해할 수가 있다. 여기에서는 이들을 좀더 구체적으로 정의하고 전략적 리더십의 유형을 구분해 보도록 한다.

1. 전략적 리더십 유형

전략적 리더십 스타일을 구분하는 두 개의 축은 CEO의 **통제의지**와 **도전추구**이다. 통제의지는 사람을 리드할 때 얼마나 통제하려 하는가를 뜻하며, 도전추구는 일에 있어 얼마나 새롭고 도전적인 자세를 갖는가를 말한다.

통제의지가 강한 CEO는 임원이나 팀장들의 일에 대해서 일일이 간섭하려 들 것이다. 반면에 통제의지가 약한 CEO는 권한을 위임해주고 자율적으로 결정할 수 있게 할 것이다.

도전추구 정신이 강한 CEO는 계속 새로운 기회를 찾을 것이다. 새로운 경영기법도 도입하고 새로운 사업에 진출하기 위해서 기회도 열심히 찾을 것이다. 하지만 도전추구 정신이 약한 CEO는 현재 하고 있는 사업을 지키는 데 힘을 기울일 것이다. 축구로 말하자면 공격보다는 수비에 치중한다는 뜻이다.

이상에서 설명한 통제의지의 고·저와 도전추구의 고·저를 가지고 교차시키면 아래의 〔그림 8-2〕와 같은 네 가지 전략적 리더십 유형이 나온다.

그림 8-2 전략적 리더십 유형[7]

도전추구 \ 통제의지	고	저
고	고통제 혁신추구형 (HCI형)	참여적 혁신추구형 (PI형)
저	현상수호형 (SQG형)	과정관리형 (PM형)

〔그림 8-2〕에 나타난 것처럼, 전략적 리더십의 네 유형은 (1) 고통제 혁신추구형(HCI형: High Control Innovator), (2) 참여적 혁신추구형(PI형: Participative Innovator), (3) 현상수호형(SQG형: Status Quo Guardian), 그리고 (4) 과정관리형(PM형: Process Manager) 등이다.

고통제 혁신추구(HCI)형은 조직원들을 이끌 때는 강력히 통제하지만 전략을 추진할 때는 도전적인 스타일이다. 즉 CEO가 모든 권한을 움켜쥐고 강력히 이끌어 나가지만 전략적으로는 새로운 시장에 적극적으로 진출하는 등 적극적 모습을 보인다.

참여적 혁신추구(PI)형은 도전적 전략을 추구하지만 위에서처럼 CEO가 직접 모든 것을 지휘하면서 나아가는 것이 아니라 조직원들을 많이 참여시키면서 도전하는 스타일이다. 조직구성원들의 의견을 많이 듣고 참여시키며 좋은 아이디어는 전략에 반영한다.

현상수호(SQG)형은 내부적으로 CEO가 조직원들을 강력히 통제하지만 새로운 것에는 별로 도전하지 않는 스타일이다. 하고 있는 사업을 지키는 것이 목적이며 잘 지키려는 마음에서 조직원들의 행동이나 태도를 강력히 통제하는 스타일이다.

그리고 **과정관리(PM)형**은 조직 내적으로는 통제보다는 참여적 방식을 채택하지만 외적으로는 현상유지 전략을 중시하는 경우이다. 참여는 시키되 새로운 것은 하지 않는 스타일이다.

이들 네 가지 스타일 중에서 어느 스타일은 옳고 어느 스타일은 틀렸다라고 말할 수는 없다. 상황에 따라 좋을 수도 있고 나쁠 수도 있다. 예컨대, HCI형은 조직을 크게 성장시킬 수 있지만 잘못하면 회사를 망하게 할 수도 있다. 도전하는 과정에서 위험한 선택을 많이 하게 되기 때문이다. 반면에 **SQG형이 꼭 나쁜 것도 아니다.** 효율성과 저비용을 강조하다 보면 재무구조가 탄탄해져서 나중에 더 큰 기회를 잡을 수 있기 때문이다.

2. 유형별 전략적 리더들 사례

전략적 리더십의 네 유형 각각에 대한 사례는 어렵지 않게 찾을 수 있다. 여기에서는 각 유형의 실제 사례를 찾아보기로 한다.

고통제 혁신추구형(HCI)의 예

여러 가지 예가 많지만, 우리가 잘 아는 브랜드인 갭(The Gap)이라는 의류업체의 전임 CEO **미키 드렉슬러(Mickey Drexler)**를 들 수 있다. 그는 갭을 19년 동안 맡으면서 $145억의 대기업으로 키운 장본인이었다. 비싸지 않으면서 쉽게 입을 수 있는 진, 카키, 티 등을 소개하면서 스타일이 있는 캐주얼 룩(look)을 연출하는 혁명적 성과를 냈다.

그는 조직원들을 엄격히 통제했다. 매장의 인테리어에서 제품의 바느질 상태며 단추와 컬러에 이르기까지 그는 아주 세세한 데까지 일일이 간섭하였다. 직원들은 그를 "매우 어려운 사람, 매우 요구사항이 많은 사람"으로 설명한다. 심지어 어떤 직원은 "그는 한대 칠 듯이 압박했다"라고 회고한다. 모든 것은 그가 직접 통제하도록 되어 있었다. 하지만 그는 항상 변화를 주문했다. 새로운 아이디어를 찾아 매장에서 고객들과 이야기도 많이 했고 창의와 도전을 조직원들에게 주문했다.

2002년 5월, 경쟁이 치열해지자 드렉슬러는 제품 디자인 개념을 베이식 룩에서 벗어나 브리트니 스피어스식의 트렌드 쪽으로 획기적으로 바꿨다. 이것이 결정적 실수였다. 이후 29개월 동안 갭은 큰 슬럼프에 빠지게 되었다. 참다 못한 갭의 이사회에서는 전설의 CEO 드렉슬러를 해고하는 결정을 내렸다. 이사회는 해고 통보를 하면서 **"24시간 안에 사무실을 비워줄 것"**을 요구하는 감정적 해프닝까지 있었다. 대변인의 성명이다. "드렉슬러는 매우 훌륭한 파트너였다. 하지만 이제 우리에게는 다른 리더십 스타일을 가진 CEO가 필요한 상황이다."[8]

그런데 인생이란 참 재미있는 것이다. 갭에서 해고된 바로 다음해 미키 드렉슬러는 또 다른 패션 디자인업체인 크루(J. Crew)사에 의해서 CEO 겸 이사회 의장으로 채용된다. 그의 스타일은 새 회사에 와서도 그대로였다. 항상 새로운 것을 찾지만 모든 것을 자신이 통제해야 하는 리더십 스타일이 다시 작동하기 시작하였다. 크루의 직원들은 **"드렉슬러가 3,000마일이나 떨어져 있어도 우리의 모든 행동을 일일이 다 보고 있다"**고 말할 정도로 그의 디테일에 대한 통제는 변함이 없었다.

드렉슬러는 이번에도 혁명적 성과창출에 성공하였다. 크루는 드렉슬러의 통제하에 그가 취임한 2년 만인 2005년에 이르러 5년 만에 최초로 흑자로 돌아섰다. 특히 매출이 급증하여 2006년에는 21%가 넘는 매출증가율을 기록하였고 4천억 달러 이상의 이익도 기록하였다. 그는 2017년 경영악화로 CEO에서 물러났다.[9]

그림 8-3 전략적 리더십의 각 유형별 예

고통제 혁신추구형(HCI) →	미키 드렉슬러(갭)
참여적 혁신추구형(PI) →	로버트 하스(리바이스)
현상수호형(SQG) →	엘렌 & 멜빈 고든(투시롤)
과정관리형(PM) →	루 거스트너(IBM)

이처럼 HCI 리더십 스타일은 모든 것을 CEO 혼자서 결정하고 지시하기 때문에 결정이 한번 잘못되면 큰 문제를 야기한다. 하지만 문제가 있는 조직을 혁신하여 새로운 모습으로 성장시킬 수 있는 것도 바로 HCI 리더십이다. 결정적 사안에 대해서는 누군가 제어할 수 있는 장치를 마련해두면 큰 성과를 낼 수 있다.

빌 게이츠, 스티브 잡스, **일론 머스크** 등도 HCI형에 속한다.

참여적 혁신추구형(PI)의 예

이 스타일의 대표적인 예는 리바이스(Levi's)사의 전 CEO **로버트 하스(Robert Haas)**일 것이다. 그는 1984년에서 1999년까지 리바이스의 CEO를 맡았었다. 본래 리바이스는 윤리적 경영으로 유명한 회사다. 1930년대 미국이 대공황에 빠져 있을 때에도 당시 CEO 월터 하스(로버트 하스의 아버지)는 파산의 위험을 무릅쓰고 잉여인력을 해고하지 않고 유지하여 종업원들과 언론으로부터 커다란 각광을 받았었다. 또한 인종차별이 공공연하게 행해지고 있던 당시에 백인들의 많은 비난을 무릅쓰고 미국 남부에 공장을 지어 흑인들에게 고용기회를 확대하기 위해서 노력했던 회사다.

로버트 하스도 이러한 전통을 이어받아 CEO가 되면서 회사의 윤리기준을 강화하기 시작하였다. 종업원들 누구도 소외되어서는 안 된다는 생각에 그는 "**리바이스 윤리행동 강령**"을 만들어 공표하고 여러 가지 원칙들을 지키도록 하였다. 이 강령 안에는 다양성, 청렴, 그리고 리더십의 원칙들이 들어있는데 각자 자신의 성취수준을 정하도록 되어 있었다. 특히 리더십 측면에서는 모든 종업원들이 참여하는 참여적 결정을 강조하였다. 모든 종업원들이 공정하고 정중하게 대우받아야 한다는 가정하에 참여적 의사결정을 윤리강령에 포함시킨 것이다. 급기야 종업원들의 참여와 협동을 평가제도에 반영하기에 이르렀다. **동료평가를 통해서 서로의 협동과 참여의 정도를 평가하여 인사에 반영**하는 것이었다.

로버트 하스는 비즈니스 차원에서 매우 과감한 혁신을 감행하였다. 공개되어 있던 주식을 자사주 매입으로 사들여 종업원 기업화해 버렸으며, 모든 역량을 진바지에 몰입하여 세계 최대의 진바지 의류전문업체로 키워냈다. 그가 취임하던

1984년 대비 1996년에 리바이스의 주가는 105배나 증가하는 기록을 세웠다.

하지만 1997년에 접어들면서 회사에 난리가 났다. 의사결정은 느려지고 약속된 제품은 제때 공급되지 않았다. 리바이스를 파는 백화점들은 자사 진을 만들겠다고 나섰고 소매점에서도 주문한 물건이 늦게 공급되는 것에 대해서 매우 당황하는 모습이었다. 경쟁사들은 해외에서 편하게 제조하여 리바이스의 시장을 잠식해 들어왔다. 매출이 떨어지고 비용은 산더미처럼 늘어났다. 급기야 1997년 11월, 로버트 하스의 리바이스는 18,000명을 해고하는 결정을 하기에 이른다.

리바이스의 실무관리자들은 더 이상 관리를 못하겠다고 난리였다. 모든 결정에 대해서 모든 사람들과 합의를 해야 한다는 **팀 중심의 참여원칙** 때문에 모든 결정이 늦어지고 효율은 떨어졌으며 비용은 치솟았다. 1999년, 로버트 하스의 참여적 혁신경영은 자신이 CEO직에서 사임함으로써 막을 내리게 되었다.[10]

지나친 참여주의가 가져온 부작용이었다. PI는 많은 사람들이 선호하는 리더십 형태이다. 함께 무엇인가를 바꾸어 나아간다는 아름다운 행동양식을 기본으로 하고 있기 때문이다. 하지만 참여 그 자체가 목적이 되어서는 곤란하다. 참여를 통해서 무엇을 이루는가에 초점이 두어져야 한다.

한국 SK의 최태원 회장도 합의를 중시하는 PI형에 속한다.

현상수호형(SQG)의 예

여기에 해당하는 예로는 투시롤(Tootsie Roll)사의 **엘렌 고든과 그의 남편 멜빈 고든(Ellen & Melvin Gordon)**의 스타일을 들 수 있다. 잘 알려진 대로 투시롤은 캔디를 만드는 회사이다. 미국의 시카고에 본사를 둔 이 회사는 1896년 뉴욕의 한 가게에 캔디 제품을 선보이면서 작게 시작하였다. 그 이후 투시롤의 캔디는 폭발적 인기를 끌기 시작하여 오늘날에는 매출 약 5억 달러에 4천억 달러 이상의 이익을 내는 건실한 기업으로 성장하였다.

투시롤의 성장 이면에는 엘렌 고든과 멜빈 고든 부부가 있었다. 이들은 다른 곳을 쳐다보지 않고 끊임없이 한 우물만 팠다. 비용을 철저히 통제하여 생산비를 줄이고 캔디 시장 이외의 사업에는 한눈을 팔지 않았다. 캔디 산업 내에서는 전망이 있고 자사의 기존 사업에 시너지를 줄 수 있는 작은 사업체들을 하나씩 사 모았다.

이 부부는 자선사업도 많이 하고 남에게 많은 것들을 베풀지만 기업을 경영하는 데 있어서는 매우 보수적이다. 통제중심의 비교적 엄격한 스타일을 유지하고 있는 것으로 알려져 있으며 크게 무리하지 않고 자신들이 잘하는 캔디 만드는 데에 집중하는 리더십 스타일을 발휘해 왔다. 경제가 좋으나 나쁘나 사탕은 팔린다. 이 회사 제품은 **1센트, 3센트, 5센트, 10센트, 25센트, 50센트짜리**와 같이 어린 아이들이 부담 없이 하나씩 들고 빨아먹을 수 있도록 가격대를 다양하게 늘어놓았다는 특징이 있는데 이것은 엘런 고든의 아이디어였다고 한다.

경기에 관련 없이 항상 사랑받을 수 있는 하나의 비즈니스에 집중하고 비용을 줄이면 사업이 안될 리가 없다. 투시롤은 이제 하나의 역사가 되어 있다. 케네디의 부인 재클린 여사가 애용했다고 하고 프랭크 시나트라도 투시롤 애호가였다고 한다. 한번은 어느 가게에 강도가 들어 종업원을 위협하고 돈을 훔쳐갔는데 투시롤 캔디 한 봉지를 같이 가지고 갔다고 한다. 그런데 이 강도가 달아나면서 계속 캔디를 하나씩 먹었던 모양이다. 경찰이 캔디 포장 떨어진 것을 따라 갔더니 강도가 그때까지도 골목 구석에 앉아 캔디를 까먹고 있다가 잡혔다는 일화가 있다.

하지만 멜빈 고든은 2015년 95세의 나이에 별세하였다. 가족이 회사를 통제하고 있기 때문에 CEO 승계문제가 중요한 현안이 되고 있다. 그들의 SQG 리더십 스타일은 업의 특징을 고려할 때 적합한 스타일이다.

SQG는 충성된 고객이 지속적으로 상품이나 서비스를 지지해 줄 때 효과적이다. Ben&Jerry's 아이스크림, Baskin Robbins 등도 여기에 속한다.

과정관리형(PM)의 예

대표적인 예는 과거 1990년대 수렁에 빠졌던 IBM을 재건해 낸 전임 CEO **루 거스트너(Lou Gerstner)**를 들 수 있다. 그는 "변화란 안정과 조화를 이루지 못하면 절대 성공할 수 없다"는 철학을 가지고 있다.[11] 따라서 그는 천천히, 그러나 조직 구성원들의 참여하에 확실하게 비교적 오랜 시간에 걸쳐 IBM을 혁신하는 데 성공하였다. 시간은 오래 걸렸지만 하드웨어 컴퓨터 제조업에서 오늘날과 같은 컨설팅 업으로의 대변신은 그의 리더십이 아니었다면 불가능했을 것이라고 평가하는 사람들이 많다.

그는 1993년 처음 IBM의 CEO로 부임해 왔을 때 내부 프로세스부터 살폈다. 비즈니스 추진과정에 문제가 있는 것부터 하나씩 바꿔 나아갔다. 그가 부임했을 때 IBM 기존 경영층은 회사를 사업부별로 분할하기로 결정을 한 상태였다. 대형 컴퓨터는 더 이상 수요가 없었으며 개인용 PC도 이미 경쟁사들에게 밀려 있었다.

거스트너는 이 결정부터 번복하였다. 회사를 나누어 여러 개의 작은 회사로 만들기보다는 하나의 IBM을 유지하는 상태에서 사업재편을 하는 것이 시너지를 더 창출할 수 있다는 생각에서였다. 그는 이 중요한 결정을 한 뒤, 사업재편 작업에 들어가 컨설팅 사업과 인터넷 사업을 중심으로 사업구조를 바꿨다. 그리고 첫 2년 동안 종신고용하에 있었던 100,000명을 해고하였다. 이후부터 사업은 천천히 회복되기 시작했다. 한꺼번에 다 해치우고 다시 시작하기보다는 한 가지씩 필요한 것을 차분히 수행하여 결국은 커다란 성과를 낸 것이다.

2002년 그가 IBM을 떠날 때 이 회사는 탄탄한 반석 위에 올려져 있었다. 그는 퇴임 후 10년간 매해 200만 달러의 컨설팅 용역비를 받기로 IBM측과 계약을 체결하였다. 일 년에 한 달만 자문을 해준다는 조건이었다. 그리고 사무실, 비서, 젯트기, 차량 등 모든 부가혜택을 그대로 누릴 수 있게 회사측이 배려해줬다.

대규모의 요란스런 변화만이 리더십의 정석은 아니다. 거스트너처럼 조용하면서 적당한 시간을 두고 차분히 변화하여 성공한 PM리더십의 사례도 어렵지 않게 찾아볼 수 있다.

제약회사 **존슨&존슨**도 PM형에 속한다.

제 3 절 효과적인 CEO의 조건

지금까지 우리는 CEO를 비롯한 최고경영자의 리더십이 조직이나 나라의 경영에 얼마나 중요한가를 학습하였다. 한 사람의 결정이 조직이나 나라에 큰 해를 끼칠 수도 있고 커다란 이익을 가져올 수도 있다. 역사는 이들이 보여준 폐해와 성장의 예로 가득 차 있다.

특히 최고경영자 등의 높은 직급의 리더들이 보여주는 전략적 리더십 스타일은 각각 성공의 사례도 많고 실패의 사례도 많다. 문제는 CEO 리더가 어떤 조건을 갖춰야 제대로 성과를 낼 수 있는가 하는 것이다. 이것을 우리는 효과적인 CEO의 조건이라고 이름하였다.

효과적인 CEO, 성공하는 최고경영자가 되기 위해서는 몇 가지 준비를 해야 한다. 주요한 준비사항을 정리하면 **경험**, **자신에 대한 이해**, **정기적 훈련**, **상황에 맞는 스타일의 사용**, **업에 대한 이해**, **현상에 대한 분석습관** 등이다.

경 험

제일 중요한 것이 경험인 것 같다. 무엇을 해보았는가는 그 사람의 생각과 행동을 결정한다. 하지만 경험 그 자체가 중요한 것은 아닌 것 같다. 어떤 경험을 했더라도 그로부터 무엇을 학습하였는가 하는 것이 더 중요하다. 많은 경험을 했는데 그로부터 아무런 교훈도 얻지 못하였다면 별 소용이 없다.

앞에서 우리는 CEO가 되기 전에 경험해야 하는 항목들 15가지를 학습했다. 한마디로 어려운 상황을 극복해본 경험을 CEO는 꼭 가져야 한다는 내용이다. 말도 안 되는 주장을 하는 강성 노동조합과 싸워보기도 해야 하고 엉뚱한 상사도 모셔봐야 한다고 주장한다. 전혀 무엇인지 모르는 임무를 부여받아 도전했던 경험도 중요하고 새로운 시장에서 고군분투하여 살아남았던 경험도 요구된다.

자기성찰

다음은 자기자신에 대한 이해가 있어야 한다. 리더는 스스로 자신의 문제를 진단하여 수정하는 반추역량을 가져야 한다. 조직의 많은 문제들은 조직구성원들 때문에 생기는 것이 아니라 최고경영자 때문에 생긴다. 그러므로 CEO가 되기 위해서는 자신을 돌아보고 스스로 조정할 수 있는 기본 역량을 갖추는 것이 중요하다. 그렇지 않은 경우 다른 사람을 이끌어 가는 것은 고사하고 조직원들을 괴롭게 하고 문제를 야기할 따름이다.

정기적 훈련

또한 CEO는 정기적으로 리더십 훈련을 필요로 한다. 우리나라의 CEO들은 훈련은 하급자들만 받는 것이라는 잘못된 생각을 갖고 있다. 하지만 최고경영자일수록 배우고 고민하는 모습을 보여주는 것이 조직원들에게 큰 영향을 준다. 이것이 솔선수범의 예에 해당한다.

유연한 스타일

스타일이 유연해야 한다. CEO는 자신의 스타일이 상황에 맞는지를 제대로 파악하여 맞춰 나아가려는 노력이 요구된다. 거스트너가 느린 스타일로 혁신을 성공했다고 해서 모든 상황에서 그러한 스타일이 바람직하다라고 말할 수는 없다. 앞서의 갭의 드렉셀 전임 회장의 예에서 **성공과 실패는 의사결정 하나 차이**라는 것을 보았다. 변화하는 상황을 제대로 못 읽게 되면 이처럼 순식간에 천당과 지옥을 오갈 수 있다.

업(業)의 이해

위와 연관된 내용이지만, 리더는 자신의 업이나 주어진 직무에 대해서 깊이 이해하고 있어야 한다. 이해가 깊어지면 어떤 역할과 행동을 해야 하는지도 자연스럽게 드러나게 되어 있다. 그러므로 CEO가 되려는 사람은 업에 대해서 남다른 식견과 나름대로의 견해를 갖고 있어야 한다.

분석적 습관

그리고 무엇보다도 매사에 분석적인 습관(검증적 사고, critical thinking)을 가져야 한다. CEO가 된다는 것은 누리는 혜택보다 짊어져야 하는 책임이 더 무거운 자리이다. 섣불리 결정을 하고 행동이 가벼워서는 잘못된 결정을 내리기 쉽다.

본 장의 요점

❖ '레드오션'(red ocean) 사업을 버리고 '블루오션'(blue ocean) 사업을 해야 한다.

❖ CEO와 TMT는 회사 경영을 책임지고 BOD는 주주를 대표하여 이들을 감시 · 감독한다.

❖ CEO와 TMT는 '대리인 문제'(agency problem), 또는 '도덕적 해이'(moral hazard)의 문제가 있다. BOD가 견제해야 한다.

❖ 낮은 직급 리더와 높은 직급 리더는 역할과 책임에 있어 차이가 있다. CEO, TMT 등 높은 직급 리더의 전략적 리더십을 학습할 필요가 있다.

❖ CEO는 자원배분, 보상, 선발, 역할모델 등 다양한 분야의 의사결정을 통해서 환경, 조직, 프로세스 등에 영향을 미친다.

❖ CEO 5-계절 모델에 따르면, CEO는 부임하고 3~5년이 되면 고착기(제4계절)에 이르게 되며 이때부터는 다른 사람 말을 안 듣게 된다.

❖ CEO가 되기 전에 직무나 난관극복 경험 등 15가지 경험을 해봐야 한다.

❖ 전략적 리더는 '통제의지'와 도전추구'를 두 축으로 고통제 혁신추구형(HCI), 참여적 혁신추구형(PI), 현상수호형(SQG), 과정관리형(PM) 등으로 나뉜다.

❖ 효과적인 CEO는 경험, 자기성찰, 정기적 훈련, 유연한 스타일, 업의 이해, 분석적 습관을 갖춰야 한다.

리더십 토론의 시간 8

HCI 통제형 리더십과 서번트리더십

한국의 CEO 중에는 통제형 스타일이 많다. 큰 문제에서 작은 일에 이르기까지 일일이 간섭하고 하급자들이 자신의 지시에 따라 착착 움직이는 것을 봐야 마음이 편한 CEO들이다. 자신의 주장이 강하고 확신이 있어 다른 사람의 말을 듣기는 하지만 웬만해서는 자신의 주장을 바꾸지 않는다. 이런 경우 CEO들은 사실 오랜 경험이나 전문성을 가지고 있기 때문에 조직원들이 리더의 생각이나 예지를 따라가지 못하여 자연스럽게 통제 중심이 되는 경우도 많다. 조직원들이 CEO의 전문성을 높이 사게 되고 그에게 점점 의존하다 보니 어느 순간 그의 지시가 없으면 움직이기 쉽지 않은 조직이 되고 만다.

한편, 우리는 서번트리더십(제4장)을 배웠다. 어떤 최고경영자는 자신은 서번트리더십을 실천하고 있다고 주장하기도 한다. 이것은 다른 사람을 극진히 위하고 키워주는 스타일의 리더십을 말한다. 리더가 앞에서 통제하며 이끌어 가는 것이 아니라 예수님처럼 뒤에서 밀어주는 서번트의 역할을 수행하는 것을 뜻한다. 이것은 고통제혁신추구형(HCI) 리더십과는 정반대되는 개념이라고 본다.

이 상반된 두 리더십 개념을 가지고 토론하여 보자.

[토론과제 8-1] 추종자들은 HCI 통제형과 서번트형 리더십 중에서 어느 쪽을 더 선호할까?

[토론과제 8-2] 서번트리더십은 추종자들의 마음은 행복하게 해줄지 모르지만 성과를 내는 데는 무력하다는 비판이 있다. 이에 대해서 어떻게 생각하는가?

[토론과제 8-3] 근본적으로 CEO가 종업원들의 서번트(하인)가 된다는 것이 과연 바람직한 것인가? 어떤 장점과 어떤 문제점이 있겠는가?

나의 리더십 진단 8

나의 전략적 리더십 스타일

※ 아래의 설문은 귀하의 전략적 리더십 스타일을 알아보기 위한 것이다. 주어진 〈응답 양식〉을 이용하여 진단해 보자. 다른 사람을 진단하고 싶으면 주어를 바꾸어 응답하면 된다.

〈응답 양식〉

0	1	2	3
결코 그렇지 않다	가끔 그렇다	자주 그렇다	항상 그렇다

1. 나는 판에 박힌 일을 하는 것을 즐긴다. (　　)
2. 나는 일을 하는 새로운 방식을 찾고 있다. (　　)
3. 나는 내 하급자(또는 다른 사람)들에게 과업을 위임하는 것을 힘들어 한다. (　　)
4. 나는 내 하급자(또는 다른 사람)들이 같은 가치와 신념을 공유하도록 하고 싶다. (　　)
5. 변화는 나를 불편하게 만든다. (　　)
6. 나는 내 하급자(또는 다른 사람)들이 의사결정에 참여하도록 격려한다. (　　)
7. 나는, 여러 가지 상반되는 의견들이 존재할 경우, 일을 처리하기 힘들어 한다. (　　)
8. 나는 새로운 직무를 수행하는 것을 즐긴다. (　　)
9. 나는 내 하급자(또는 다른 사람)들에게 권력을 나눠주는 것에 대해서 편안함을 느낀다. (　　)
10. 나는 내 스스로를 위험을 감수하는 사람이라고 생각한다. (　　)

〈진단법〉 〔우선 위의 열 개 항목들 중, 1, 5, 6, 7, 9번 항목들에 대해서 귀하가 응답한 결과를 거꾸로 바꿔야 한다. 예를 들어, 0이라고 응답했으면 3으로 바꾸고 3이라고 응답했으면 0으로, 1 = 2, 2 = 1로 바꾸는 것이다. 다 바꿨으면 채점준비가 끝난 것이다. 아래와 같이 해보자.〕

〔도전추구 점수〕 = (항목1) + (항목2) + (항목5) + (항목8) + (항목10)
= (도전총합 　　　　　　　)

〔통제욕구 점수〕 = (항목3) + (항목4) + (항목6) + (항목7) + (항목9)
= (통제총합 　　　　　　　)

❈ 아래의 좌표에 도전추구와 통제욕구 점수를 찍어 보자. 도전 총합 점수는 Y축에 찍고, 통제 총합 점수는 X축에 찍어 보자. 귀하의 점수는 어느 분면에 속하는가? 귀하는 어떤 전략적 리더십 스타일인가?

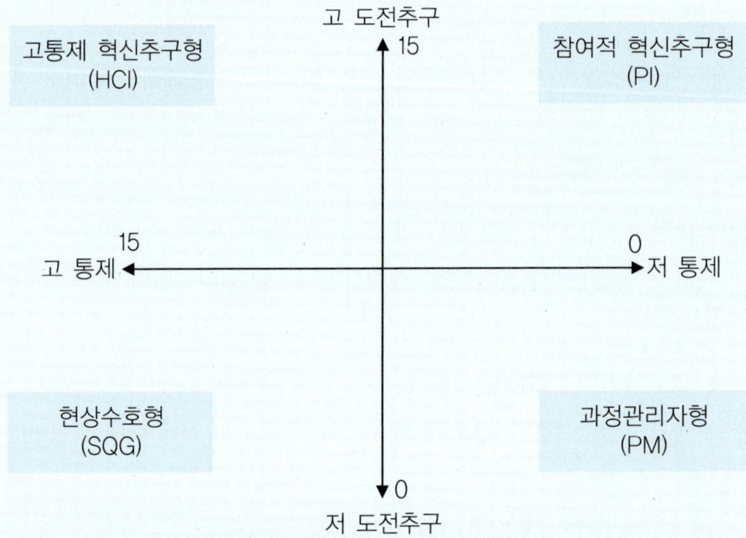

〔귀하의 점수를 각 좌표에 찍고 스타일을 확인해 보자.〕

내가 CEO가 된다면!

리더십 Exercise 8

❋ 〈내가 CEO가 된다면〉은 귀하가 나중에 CEO가 되었을 때 어떤 식으로 조직을 이끌어갈 것인지를 미리 고민해보는 것이다.

❋ 조직이나 나라를 이끌어 가는 것은 종업원이나 국민에게 잘 해주기만 해서 되는 것이 아니다. 때로는 그들에게 불가피하게 희생을 요구해야 할 때도 있고 싫어 하는 정책을 펴야 하는 경우도 있다.

❋ 이런 여러 가지를 고려하여, 귀하가 CEO가 된다면 조직을 어떻게 경영하여 어떤 성과를 내고 싶은지 아래에 계획해 보자.

〔회사 이름:___________________〕 〔CEO의 이름:___________________〕

경영원칙	
추구하는 목표	
인력운영방식	
고객관계	
사회기여	
경쟁력 확보방안	

* 귀하의 표에서 회사 이름을 정하고 귀하의 이름을 CEO 이름 칸에 적으시오.

* 완성된 표를 다른 사람과 비교하고 서로의 생각을 알아보자.

리더십 나누기 사례 8: CEO 연봉 세계 Top 10

❊ Bloomberg가 제공한 세계적 기업 CEO들의 연봉을 보면, 놀라움을 금할 수 없다. 〈표 8-4〉에 2021년 기준 "CEO 연봉, 세계 Top 10"을 정리하였다.[12]

〈표 8-4〉 CEO 연봉, 세계 Top 10

순위(이름/회사)	연 봉	순위(이름/회사)	연 봉
1. 일론 머스크(Elon Musk; 전기차 테슬라, SpaceX, 트위터)	$10.1 billion	6. 수 나비(Sue Nabi; Beauty Company Coty)	$283 million
2. 로버트 스카린지(Robert Scaringe-전기차; Rivian Automotive)	$2.3 billion	7. 조우 배(Joe Bae; 공동 CEO, 투자회사 KKR), 3살 때 미국 이민 간 한국계 미국인, 하버드대 출신	$279 million
3. 팀 쿡(Tim Cook; 애플)	$853 million	8. 토머 와인가튼(Tomer Weingarten; 사이버 보안회사 SentinelOne)	$275 million
4. 피터 로린선(Peter Rawlinson-전기차; Lucid Motors)	$575 million	9. 알렉스 카프(Alex Karp; 빅데이터 회사 Palantir Technologies)	$264 million
5. 톰 씨이벨(Tom Siebel; C3.ai)	$343 million	10. 시드 시즈브랜디즈(Sid Sijbrandij; 소프트웨어 개발 플랫폼 GitLab)	$263 million

* 스톡옵션을 포함한 연 소득. 일론 머스크는 100억 달러 이상을 번다. 환율을 ₩1,300으로 계산하면, 1년에 "13조 1천 3백억 원"을 벌었다. ㅋ

- CEO의 연 소득은 전략적 리더십의 가격이다. 많이 받은 사람은 그만큼 큰 성과를 냈다는 뜻이다.
- 열심히 일한 데 대한 보상이 아니라, 투자를 잘하고 경영을 잘한 것에 대한 보상이다.
- 7위에 이름을 올린 한국계 미국인 조우 배 씨는 $2억 7천 9백만을 벌었다. ₩3,627억이다. KKR의 아시아 진출을 도와 큰 성과를 냈기 때문이다.
- 성과가 있는 곳에 확실한 보상이 있어야 유능한 전략적 리더들이 많이 생겨나고, 또 그들을 유지할 수 있다.

✤ [나누기 사례 문제 8] 위의 표를 보고 어떤 특징이 있는지를 적어보자.

:: 주

1 https://www.strategy-business.com/article/10-Principles-of-Strategic-Leadership.

2 https://www.blueoceanstrategy.com/blog/red-ocean-strategy/ . Red Ocean, Blue Ocean 은 Chan Kim & Ren?e Mauborgne이 만든 용어.

3 Nahavandi, A. 2000. *The Art and Science of Leadership.* Prentice Hall. 200쪽에서 인용.

4 Nahavandi, A. 2000. 위의 책. 214쪽에서 인용.

5 Finkelstein, S., & Hambrick, D. 1996. *Strategic Leadership: Top Executives and Their Effects on Organizations.* West Publishing Company.

6 McCall, M. W., Jr., Lombardo, M. M., & Morrison, A. 1988. *The lessons of experience. Lexington,* MA.: Lexington Books.

7 Nahavandi, A., & Malekzadeh, A. R. 1993. Leader Style in Strategic and Organizational Performance: An Integrative Framework. *Journal of Management Studies,* 30-3. 405-435.

8 *New York Magazine.* November 22, 2004. Mickey Drexler's Redemption.

9 *Time Magazine.* May 15, 2007. A Whole New Crew.

10 *Answers.com.* 2006. Robert Haas.

11 Rogers, A. 1994. Is He Too Cautious to Save IBM? *Fortune,* 130-7, 78-88.

12 https://businesschief.com/leadership-and-strategy/top-10-highest-paid-ceos.

제9장 리더십, 소통이 문제다

왜 우리는 질문을 못할까? “한국 기자, 질문 제~~발 해주세요”

리더십 나누기 9-1: 측은지심, 동정, 공감, 연민

- 소통에서 중요한 것이 상대방의 마음을 이해하고, 슬플 때 함께 아파해 주고 기쁠 때 함께 기뻐해 주는 것이다.

- 하지만 마음은 참으로 복잡한 것이어서, 상대방을 이해하고 돕겠다는 행동 의지를 느낄 때까지 여러 단계를 거친다. 이를 〔그림 9-1〕과 같이 요약하였다.[1]

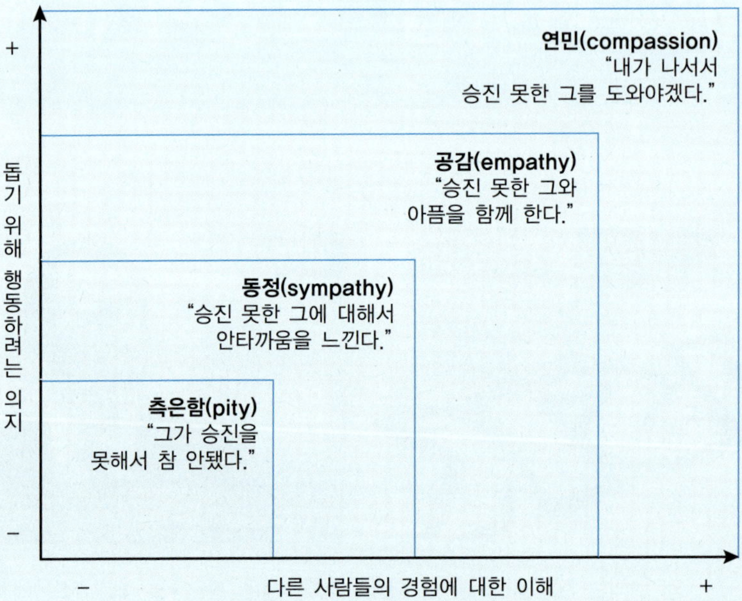

[그림 9-1] 연민에 이르는 단계

- 측은함(pity)은 불행을 겪은 상대방에 대해서 슬픈 느낌, 안 됐다는 생각을 하는 것이다. 그 이면에는 승진 못한 그에 대한 나의 우월감이 곁들여질 수도 있다.

- 동정(sympathy)은 곤경에 처한 상대방의 아픔을 이해하고 지지해주는 능력이다. 다른 사람의 행복에 대해서 진심으로 염려하는 마음이 담겨있다.

- 공감(empathy)이란 상대방의 아픔을 나의 아픔으로 함께 느껴주는 것을 의미한다. 역지사지하여 상대방의 관점에서 아픔을 느낀다. 공감은 곤경에 처한 상대방에게 큰 위로가 된다.

• 연민(compassion)은 상대방의 아픔을 줄여주겠다는 행동 의지가 반영된 공감이다. 승진 못한 친구를 위해서 새로운 직장을 알아봐 주든가 자신의 인맥을 동원해서 승진탈락의 이유를 알아봐 주는 등의 행동 의지를 내포한다. 연민은 리더의 가장 기본적인 준비요건 중 하나이다. 부하를 배려하고 돕는 행동은 연민으로부터 나온다.

✽ [나누기 문제 9-1] 연민의 리더가 부하들에게 자주 쓰는 용어들은 어떤 것들이 있을까?

커뮤니케이션이란 무엇인가 제 1 절

디지털 시대가 되면서, 소통의 수단과 방법이 크게 확장됐다. 각종 SNS(social network service)가 우리 삶을 지배한다.

한국인들이 '카톡'을 못하게 되면 매우 불편해하듯이, 미국인들에게는 'facebook'이, 일본인들에게는 'LINE'이, 그리고 중국인들은 'WeChat'이 없으면 몹시 불편해한다. 지리적 거리를 뛰어넘어 세계 어디에 있는, 누구와도 실시간 대화가 가능한 시대가 되었다. 불과 20년 전과 비교해도 혁명적 변화라고 할 만하다.

미국인들이 하루에 SNS를 사용하는 시간은 2시간 30분이지만,[2] 한국인들은 평균 4시간 정도 사용한다고 한다.[3] 세계에서 하루에 SNS를 가장 긴 시간 사용하는 민족이 3시간 53분으로 필리핀 사람들이라고 하는데,[4] 한국이 이를 뛰어넘었다.

커뮤니케이션의 전통적 의미는 '**상징교환**'이다. 커뮤니케이션 학자인 댄스(Dance)는 "커뮤니케이션이란 사람들이 의미를 창조할 수 있도록 상징(symbols)을 교류하는 것"이라고 정의했다.[5] 상징이란 사람들이 마음속의 뜻을 전달하기 위해서 사용하는 온갖 언어적, 비언어적 수단들을 총칭하는 말이다. 상징은 사람들이 어울려 사회를 이루고 살아가면서 편의상 사람, 사물, 현상 등에 붙이는 이름들이다. 사람에게 이름을 붙이듯이 사물과 자연현상 하나하나마다 사람들은 이름을 붙여 소통한다. 한국 사람들은 나무나 쇠를 엮어 물이 스며들지 않게 한 후, 강이나 바다 위를 오가며 사람이나 물건을 실어 나를 수 있도록 띄우는 것을 '배'라고 이름 붙였다.

리더와 부하들은 교류하면서 함께 언어를 만들어간다. 리더의 한마디에 부하들은 귀를 기울이게 되고 그 뜻과 배경을 추론하여 대응한다. 리더는 부하들이 원하는 단어나 어휘를 선택하여 소통함으로써 마음을 하나로 모으기도 한다.

SNS시대가 도래하면서 리더와 부하들이 소통할 수 있는 수단은 매우 다양해졌다. 정보나 자료를 공유하는 것도 아주 편리하다. **그런데도 리더-부하 간에 소통이 제대로 안 되는 경우가 많다.** 방법의 문제가 아니라 사람 문제일 가능성이 더 커졌다.

1. 커뮤니케이션 프로세스

나의 생각을 특정한 상징으로 바꿔 다른 사람에게 전달하는 것을 커뮤니케이션의 과정이라고 부른다. 커뮤니케이션에는 의미를 전달하는 사람이 있고 그것을 받는 사람이 있으며 중간에는 전달 수단인 매체가 있다. 우리는 요즘, 핸드폰을 사용하든가, 이메일이나 블로그 등을 통해서 다른 사람들과 소통한다.

〔그림 9-2〕에 커뮤니케이션의 과정을 정리하였다. 그림에서 볼 수 있듯이, 커뮤니케이션의 과정은 발신자에서 시작하여 매체를 통하여 수신자에게 전달되는 과정을 거치지만, 이 과정에서 수 많은 문제가 발생할 수 있다. 이 과정에 작용하여 커뮤니케이션의 효과를 떨어뜨리도록 만드는 장애요인들을 **'노이즈'(Noise)**, 즉 잡음이라고 부른다. 전화기가 불통되면 잡음이 생긴 것이다. 버튼을 잘못 눌러 보내려던 문자가 날라갔다면 역시 노이즈에 의한 불통이라고 말할 수 있을 것이다. 노이즈 없이 제대로 소통되었을 때 수신자는 발신자에게 응답을 할 것이다. 이것을 피드백이라고 한다.

그림 9-2 커뮤니케이션의 과정

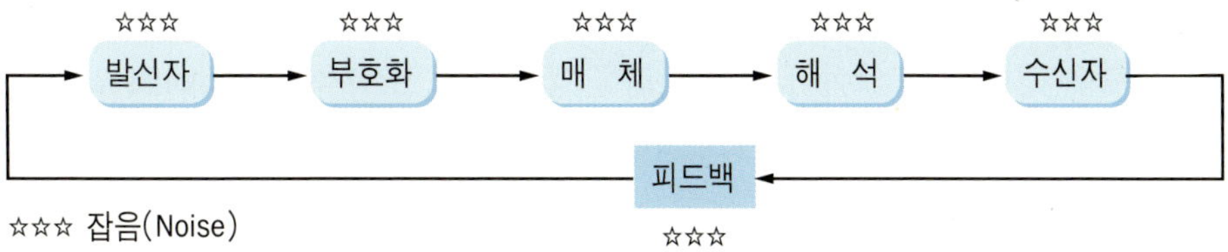

커뮤니케이션의 과정은 그림으로는 간단하게 묘사될 수 있으나 실제에 있어서는 매우 복잡한 요인들이 많이 개입된다. 무엇보다도 커뮤니케이션이란 단순히 정보를 전달하는 것이 아니다. 커뮤니케이션을 통해서 전달되는 것은 사람 자체이다. 그 사람의 인격과 매력과 됨됨이 자체가 전달되고 인상지어지는 것이 바로 커뮤니케이션이다. 특히 **리더의 커뮤니케이션 스타일은 리더로서의 이미지를 형성하는 데 있어 결정적으로 중요한 역할**을 한다.

2. 커뮤니케이션의 기능

리더십을 발휘할 때 커뮤니케이션은 어떤 기능을 하는가? 여기에서는 커뮤니케이션의 기능에 대해서 알아본다. 커뮤니케이션의 기능을 정확히 이해하면 리더십을 발휘할 때 어디에 문제가 있는지를 보다 분명히 확인할 수 있다. 그럼으로써 보다 효과적인 리더십 개발이 가능해진다.[6]

댄스와 라슨(Dance & Larson)은 리더십과 관련한 커뮤니케이션의 기능을 세 가지로 요약하고 있다.[7] 첫째, 커뮤니케이션은 사람과 다른 사람들, 그리고 사람과 환경(외부 세계)을 연결시켜 준다. 리더와 하급자 간의 대화를 통해서, 비공식적인 회식자리에서의 교류를 통해서, 그리고 TV 프로그램을 통해서 사람과 사람, 사람과 외부 세계를 이어주는 역할을 하는 것이 커뮤니케이션이다.

리더가 하급자들과 제대로 연결하려면 자기 자신은 물론, 하급자들을 비롯한 다른 사람들, 그리고 환경적 요인들에 민감해야 한다. 이들에 자그마한 변화가 있을 때 리더는 그 단서를 포착하여 자기 자신, 하급자, 그리고 환경에 필요한 조치를 취할 줄 알아야 한다. 변화의 단서를 조기에 포착하기 위해서는 다른 사람들의 말을 경청할 줄 알아야 하며 신뢰를 쌓기 위한 노력을 게을리하지 말아야 한다.

둘째, 상징을 사용하다 보면 정신작용이 발달하게 된다. 언어의 사용은 인간의 **정신활동을 활발하게 한다**. 애매하게 머릿속에 남아있던 내용이 다른 사람과 대화를 하다 보면 보다 뚜렷하게 개념의 틀이 잡히는 것을 누구나 경험했을 것이다. 뿐만 아니라, 커뮤니케이션은 논리성을 향상시킨다. 머릿속으로만 생각했을 때보다는 대화나 토론을 통해서 다른 사람들과 소통을 하다 보면 자신의 논리가 어디에 허점이 있는지를 쉽게 발견하게 된다.

다른 사람들과의 커뮤니케이션 과정에서 얻어지는 정보들을 잘 활용하여 새롭게 나아갈 방향을 개념화하는 리더의 자세가 요구된다. 현상과 미래의 단서를 분석하여 비전을 제시하는 것은 커뮤니케이션을 통해서 개념의 틀을 명확히 하고 논리성을 증진시키는 예라고 할 수 있다.

셋째, 커뮤니케이션은 말하는 사람이나 듣는 사람들의 **행동을 규제하는 기능**을 한다. 우리는 행동을 규제하기 위해서 제안을 하기도 하고, 탄원을 하든가 설득 또는 명령을 하게 되는데, 이들은 모두 커뮤니케이션의 다양한 수단에 속한다. 어떤 일을 '제발 하게 해달라'고 애원하든가 내년도의 목표를 그렇게 높게 잡을 수밖에 없었다는 것을 하급자들에게 이해시키려 노력하는 것 등은 '행동 규제'의 예에 해당한다.

자신과 다른 사람들의 행동을 보다 적절히 규제하기 위해서 리더는 신뢰성을

그림 9-3 리더십 커뮤니케이션의 기능

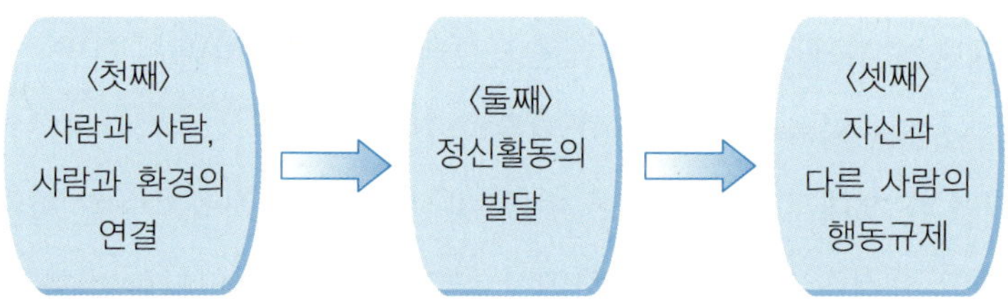

높이고, 권력기반을 확대하며, 새로운 창의적 아이디어를 권장하고 하급자들을 임파워먼트시키려는 리더의 노력이 필요하다. 리더가 셀프리더십을 발휘한다든가 개인의 다양성을 이해하려는 노력도 요구된다.

3. 효과적인 듣기와 말하기

리더십에 있어 가장 기본적이면서 중요한 것은 효과적인 듣기와 말하기이다. 일반적으로 리더들은 하고 싶은 말은 많이 하는데 듣기는 잘못한다는 비판을 받는다. 물론 말도 잘하는 것은 아니다. 하고 싶은 말을 자기 성격대로 하기는 하지만 그것이 과연 효과적인가는 의문을 갖게 하는 경우가 많다. 효과적인 듣기와 말하기는 아래에 설명한 몇 가지를 실천하면 크게 개선될 수 있다.

우선 **잘 듣는 습관**이 형성되어야 한다. 대부분의 사람들은 다른 사람들의 말을 잘 들으려 하지 않는다. 잘 듣지 않는다는 것은 상대방이 전달하려는 내용의 진실과 상관없이 자기 마음대로 해석하고 편리하게 결론을 내려버린다는 뜻이다. 만일 리더가 보고하는 하급자의 말이 채 끝나기도 전에 말을 자르고 나름대로 상상하여 결론을 내려, 지시한다면 좋아할 하급자가 한 사람도 없을 것이다. 리더의 지시가 맞을 확률도 낮다. 그러므로 리더는 우선 끝까지 듣고 대응하는 기본적 자세를 가지는 것이 중요하다. 〈표 9-1〉에 리더가 지켜야 할 효과적인 **〈경청 10조〉**를 제시하였다.

결국 잘 듣는다는 것은 리더 본인을 위한 것이다. 잘 들으면서 자신의 판단을 점검하고 지식을 쌓아가면 말을 하는 부하들도 신이 나서 더 많은 말을 하게 되고 이것이 결국 리더와 하급자들 간에 커뮤니케이션을 활성화시키는 원동력이 된다. 이런 의미에서 보면, 위의 〈경청 10조〉는 리더가 효과적으로 커뮤니케이션을 하는데 중요한 단초가 될 수 있을 것이다.

잘 들었으면, 그 다음에는 잘 말하는 것이 중요하다. 말을 잘한다는 것은 매우 힘든 일이다. 의도적으로 말을 잘하려고 노력한다는 것은 매우 스트레스를 쌓이게 하는 귀찮은 일이다. 하지만 리더십을 발휘한다는 것은 하고 싶은 대로 하는 것이

표 9-1 효과적인 경청 10조

효과적 경청의 핵심	들을 줄 모르는 사람의 행동(예)	잘 듣는 사람의 행동(예)
1. 생각속도를 따라간다.	들으면서 딴 생각하는 성향	화자에 집중하여 하는 말을 요약하고 의중을 파악하며 듣는다.
2. 아이디어 위주로 듣는다.	사실위주로 듣는다.	전체, 또는 핵심 아이디어 위주로 듣는다.
3. 관심영역을 찾는다.	화자나 주제가 재미없으면 포기한다.	유용한 정보를 찾으려 노력한다.
4. 전달방식이 아니라 내용을 판단한다.	전달방식이 단조롭든가 흥미 없으면 돌아선다.	전체 내용을 듣고 나서 판단한다.
5. 감정을 자제한다.	화자의 말을 감정적으로 받아들이고 논쟁하려 한다.	완전히 이해할 때까지 평가하지 않는다.
6. 애써 듣는다.	잘 듣기 위해 에너지를 소비하지 않으려 한다.	화자에 몰입한다.
7. 주의산만을 극복한다.	쉽게 주의가 산만해진다.	주의를 산만하게 하는 요인을 극복하고 화자에 집중한다.
8. 주어지는 대로 듣는다.	마음에 안 드는 정보는 무시하려 한다.	좋건 나쁘건 일단 다 듣는다.
9. 자신에 도전하다.	어려운 내용이 나오면 들으려 하지 않는다.	복잡한 내용도 끈기 있게 이해하려 한다.
10. 유인물 등의 보조 자료를 잘 살핀다.	보조 자료를 무시하고 관심을 갖지 않는다.	노트도 하고 보조 자료도 적극 활용하여 이해를 돕는다.

아니다. 하고 싶지 않아도 할 줄 알아야 하고, 하고 싶어도 하지 말아야 하는 것이 효과적 리더십 발휘에 있어 매우 중요한 기본적 자세이다.

효과적인 말하기에 있어 가장 먼저 고려할 점은, 리더는 말이나 글로 자신의 생각을 전달하려 하지만 듣는 하급자들은 말이나 글에 포함된 내용만을 받아들이지 않는다는 사실이다. 리더의 말과 글의 내용도 중요하지만, 받아들이는 하급자들은 그 **주변 정보**들도 못지않게 중시한다. 예를 들어, 사용된 단어의 특징, 말을 할 때의 표정이나 목소리 톤, 글의 표현방식, 의사전달의 타이밍, 전달 매체의 특성 등을 다 종합하여 **내용의 중요성**, **긴급성**, **강조점** 등을 하급자들은 판단한다.

CEO가 자기 회사의 인사부에 있는 김모 과장에게 직접 전화를 해서 격앙된 목소리로 구매팀 박 팀장의 인사자료를 가져오라고 했다면 이것은 보통 일이 아닐 것이다. CEO가 실무과장에게 전화라는 매체를 사용하여 의사전달을 했다는 것과 비서를 거치지 않고 직접 했다는 점, 그리고 격앙된 목소리였다는 점과 다른 정보가 아니라 인사정보를 원했다는 점 등은 박 팀장에게 뭔가 문제가 있었으며 그에 따른 부정적 조치가 취해질 것임을 예측하게 한다.

그러므로 리더는 커뮤니케이션의 내용에만 신경을 쓸 것이 아니라 **형식에 대해서도 주의를 기울여야** 한다. 사실 대통령이나 CEO처럼 중요한 위치에 있는 리더들은 누구를 만났는지 자체가 큰 의미를 갖는다. 만남, 그 자체가 사람들에게 어떤 의미를 전달하기 때문이다. 대통령이 주로 누구를 만나는가는 무엇을 중요시하는가의 가치를 대변한다. 어렵고 힘든 사람들을 자주 만나 위로하면 '서민 대통령'이라는 이름이 붙고, 경제 대통령이라는 이름이 붙기 위해서는 경제인들을 자주 만나려 할 것이다. 김정은을 만나겠다는 것은 북한과의 화합을 중시하겠다는 의미로 받아들여진다. 이처럼 리더가 선택하는 커뮤니케이션의 형식은 그 자체로서 의사나 가치전달의 수단이 된다.

요컨대, 〔그림 9-4〕에 나타난 것처럼 커뮤니케이션의 효과는 내용과 형식에 의해서 결정된다.

그림 9-4 커뮤니케이션 효과 결정요인들

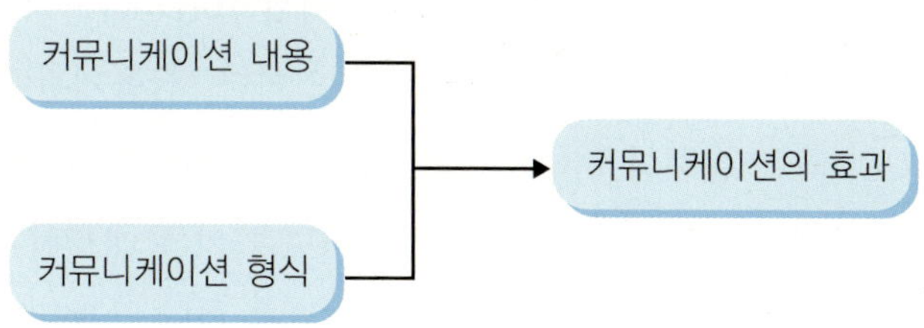

제2절 리더의 이미지 커뮤니케이션

리더는 하급자나 주변 사람들에게 특정한 이미지로 머릿속에 남게 된다. 좋은 이미지를 가진 리더는 그만큼 큰 일을 하기 쉬워지지만 이미지가 나쁜 리더는 신뢰를 쌓는 노력이 더 시급한 과제가 될 것이다. 특히 요즘은 SNS 등 매체의 발달로 리더에 대한 평가와 이미지 정보가 퍼져 나가는 속도와 방향을 예측할 수 없는 수준이다. 그렇다면 리더는 어떻게 원하는 이미지 구축을 위한 커뮤니케이션을 해 나가야 하는가? 본 절에서는 리더의 이미지 커뮤니케이션에 대해서 자세히 살펴보기로 한다.

1. 리더십 브랜드

과자라고 하면 떠오르는 '새우깡'이나 빵집 하면 떠오르는 '파리크라상'처럼 리더도 브랜드를 갖는다. 혁신이라는 단어로 대표되는 리더는 아마도 Apple의 전임 CEO 스티브 잡스일 것이다. 청렴이라는 특성을 대변하는 리더는 태국의 전임 방콕 시장 '잠 롱'을 들 것이다. 우리는 이처럼 **리더를 어떤 특정한 자질과 연결시켜 동일시하려는 성향**이 있는데 이것을 **리더십 브랜드**라고 한다.

리더십 브랜드도 조직 경쟁력의 한 요인이다. 금융기관에서 돈을 꿔줄 때 그 회사의 CEO나 소유주의 리더로서의 브랜드 가치에 따라 액수가 달라진다. 도널드 트럼프는 대통령이 되기 전 자신의 브랜드 가치를 내세워 금융기관으로부터 막대한 자금을 차입하여 전세계에 부동산 투자를 할 수 있었다. 이렇게 볼 때, 많은 사람들로부터 존경 받는 리더를 CEO로 갖는다는 것은 조직원들의 입장에서는 매우 자랑스런 일이 아닐 수 없다. 마찬가지로 국민들은 자랑스러워 할만한 브랜드를 갖은 리더를 대통령으로 갖고 싶어 한다.

누구나 자신의 리더십 브랜드를 갖는다. 하지만 리더십 브랜드는 리더 스스로 규정하는 것이 아니라 주변에 있는 사람들, 특히 추종자들에 의해서 결정된다. 물론 근거 없이 막연히 결정되는 것은 아니다. 과거의 다양한 경험이나 일처리 방식을 보면서 자연스럽게 규정되는 것이 리더십 브랜드이다. 그러므로 우리는 좀더 가치 있는 리더십 브랜드를 가지기 위해서 스스로를 관리할 줄 알아야 한다.

리더십 브랜드 가치는 세 가지 법칙에 의해서 결정된다. 즉, 특이성의 법칙, 관계성의 법칙, 그리고 일관성의 법칙이 그들이다.[8]

특이성의 법칙이란 리더가 대표하는 가치가 얼마나 뚜렷한가를 의미한다. 어떤 가치를 얼마나 인상 깊게 대변하는가에 따라 리더십 브랜드의 강도가 정해진다.

관계성의 법칙이란 리더가 대표하는 가치가 다른 사람들이 바라는 것과 얼마나 밀접하게 관계되는가를 뜻한다. 관계가 강하다는 것은 잠재적 추종자들이 바라고 원하고 갈구하는 것을 해결하는 데 필요한 자격을 리더가 갖고 있다는 것을 말한다.

그리고 **일관성의 법칙**은 리더가 자신의 가치를 대변하는 행동을 얼마나 일관성 있게 추종자들에게 보여주는가 하는 것이다. 추종자들이 원하는 것을 적절히 다룰 수 있는 자격을 리더가 갖고 있다고 하더라도 필요할 때 적절한 행동을 보여주지 못하고 말과 행동에 일관성이 없으면 추종자들은 리더의 역할에 대해서 의심을 품게 된다. 리더십 브랜드 가치가 그만큼 손상을 입게 되는 것이라고 볼 수 있다.

그림 9-5 리더십 브랜드의 3법칙

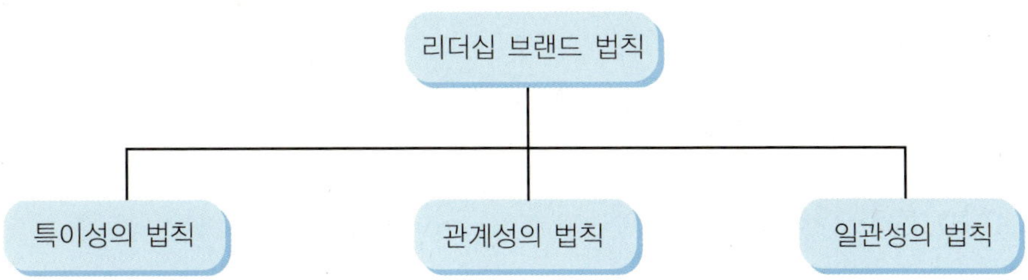

박정희 전 대통령은 '경제발전'이라는 뚜렷한 가치를 대표하는 리더십 브랜드를 창출하였다(특이성의 법칙). 이것은 우리나라뿐 아니라 외국에서도 다 인정하는 브랜드가 되었다. 한국인들이 원하고 기대했던 '잘먹고 잘사는 나라'를 달성하는 데 그의 경제발전 주장은 밀접히 관련되었다(관계성의 법칙). 그리고 그는 18년 재임기간 동안 꾸준히 일관성 있게 경제발전의 가치를 실천해왔다(일관성의 법칙). 그 결과 그의 리더십 브랜드는 **'박정희 = 경제발전'이라는 공식**으로 자리잡게 되었다.

리더십 나누기 9-2: 리더십 브랜드

❋ 다음의 가치를 대변하는 리더는 누구인지 국내와 해외로 나누어 찾아보자.

	국내	해외
1. 자유 ————	[ ],	[ ]
2. 성취 ————	[ ],	[ ]
3. 희생 ————	[ ],	[ ]
4. 독재 ————	[ ],	[ ]

❋ 다음의 리더들은 어떤 브랜드 가치를 대변하는지 적어보자.

1. 이순신 ———— (　　　)
2. 정주영 ———— (　　　)
3. 손흥민 ———— (　　　)
4. B T S ———— (　　　)

✠ [나누기 문제 9-2]　위의 각 괄호 안에 적절한 말을 넣으시오.

2. 리더의 인상관리

리더십 브랜드를 제대로 유지하고 강화시키기 위해서 리더는 다른 사람들에게 보여지는 인상을 관리해야 한다. 인상관리(Impression Management)에 있어서의 핵심은 부정적 인상을 회피하고 긍정적 인상을 강화하는 것이다.[9] 서구문화권에서는 일반적으로 부정적 인상회피를 위해서는 다음과 같은 전략이 사용된다. 그러나 한국 등의 동양권에서는 지나치게 의도적으로 책임을 회피하려는 행동을 하는 것은 바람직하지 않은 것으로 인식된다는 점을 명심해야 한다.

(1) 일이 부정적인 결과를 가져왔을 때, 외부 환경 등 다른 핑계를 댄다.
(2) 잘못을 인정하고 솔직히 사과한다.
(3) 자신과는 관계가 없음을 항변한다.

마찬가지로 서구문화권에서는 긍정적 인상을 강화하기 위해서 정반대 태도를 보이는 것이 바람직하다고 주문한다. 예컨대, 다음과 같은 네 가지가 인상강화에 많이 쓰이는 전략이다.

(1) 일이 잘 되었을 때, 자신도 기여했음을 은근히 알린다.
(2) 실제보다 부풀려 이야기한다.
(3) 큰 어려움이 있었음에도 성취했음을 강조한다.
(4) 중요한 사람들과 연결되어 있음을 넌지시 알도록 한다.

한국 문화에서 리더는 이러한 전략들을 활용하여 자신의 리더십을 어느 정도 유지 · 강화시킬 수는 있겠지만, 보다 중요한 것은 **리더의 진정성을 추종자들이 느끼도록 해주는 것**이다. 진정성이 결여된 꾸며진 행동은 추종자들에게 다 들어나게 되어 있다. 동양적 가치로 봤을 때 자신을 내세운다는 것은 리더의 바람직한 태도가 아니다. 그러므로 진솔한 마음으로 항상 대의(大義)와 조직과 다른 사람들을 위해서 선택하고 행동한다는 인상을 추종자들에게 심어주는 노력이 인상관리에 있어서 더 중요하다고 할 수 있다.

3. 비유와 상징, 그리고 의식

사람마다 말하는 방식이나 감각이 다르다. 리더십을 발휘하는 입장에서는 보다 인상적으로 자신의 생각을 추종자들에게 전달할 줄 아는 능력이 큰 도움이 된다. 이것은 리더 자신의 브랜드를 구축하는 데 있어서도 결정적으로 중요한 역할을 한다. 브랜드를 강화하고 보다 효과적으로 자신의 생각을 전달하기 위해서 리더들은 비유(metaphor), 상징(symbols), 그리고 의식(ritual) 등을 많이 사용한다. 이러한 자기 표현법은 리더의 존재에 대한 품위를 높여주고 리더가 원하는 것이 무엇인지를 쉽게 추종자들에게 이해시키는 결과를 가져오며, 아울러 추종자들의 마음을 하나로 묶는 데 있어서도 매우 효과적이다.

비유는 스토리로 표현된다. 어느 조직에서 구성원들이 이야기하는 자기 회사에 대한 스토리를 들어보면 그 회사 내면의 개념체계를 알 수 있다. 리더에 대한 스토리도 마찬가지이다. 그것은 꼭 사실일 필요는 없다. 그 리더의 브랜드 이미지를 비유를 통해서 나타낼 수 있는 내용이라면 때로는 있지도 않은 스토리가 만들어져 돌아다니기도 한다. 경외스런 리더일수록 스토리는 극적인 내용으로 구성된다. 예컨대, 존 에프 케네디 전 미국 대통령이 암살당하지 않고 어디에 아직 살아 있다는 이야기나, 팝의 황제 마이클 잭슨이나 엘비스 프레슬리가 사망했을 때 나돌았

그림 9-6 리더십 커뮤니케이션의 또 다른 양식

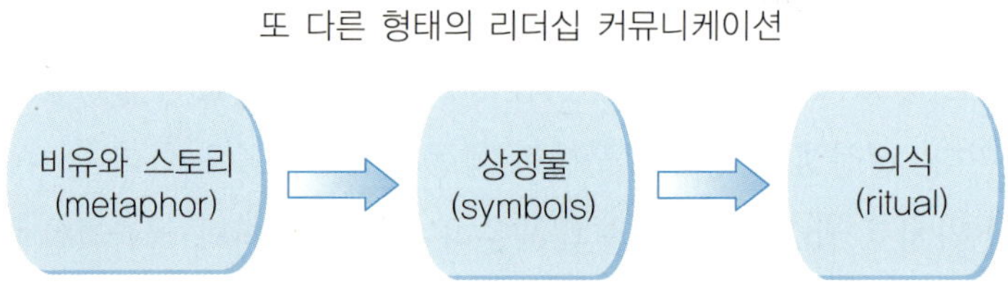

던 각종의 신비스런 이야기들도 같은 맥락에서 이해할 수 있다.

리더는 하급자나 다른 사람들에게 말을 할 때 직설적으로 말해야 할 때도 있지만, 적절한 비유나 짤막한 슬로건을 사용하여 설득하는 것이 더 나은 효과를 거둘 때가 많다. 특히 CEO들은 종종 자신의 경영방침을 비유나 축약된 몇 마디로 말하는 경향이 있다. 예컨대, 아마존 창업자 제프 베조스는 **"nil sine labore"(nothing without hardwork)**을 강조한다. 항상 '초일류'를 강조하면서 '마누라와 자식 빼고 다 바꿔라'라는 메시지를 내걸고 대대적 혁신을 감행했던 삼성그룹 고(故) 이건희 회장이나 'Love'를 가지고 모든 경영에 반영했던 미국 Southwest 항공사의 허버트 켈러허 전 회장, 자사의 경영조직을 '아메바'에 비유했던 일본 교세라의 이나모리 전 회장 등은 비유를 가지고 자신의 생각을 적절히 표현했던 경영자 리더에 속한다.

리더들은 또한 상징물을 활용하여 자신의 메시지가 쉽게 기억되도록 한다. 대통령 후보들이 자신만의 손가락 사인을 만들어 유권자들을 만날 때마다 보여주는 것이나 한동안 유행했던 국회의원 시계, 스티브 잡스의 청바지와 티셔츠, 국빈 환영행사에서 대통령이 소개될 때 항상 흘러나오는 팡파레 등은 리더를 위한 상징이다. 회사와 같은 조직에서 팀 단위에서도 이런 상징을 얼마든지 만들어 활용할 수 있다. 물론 개인적으로도 자신만의 트레이드마크를 활용하여 리더로서의 독특한 이미지를 보다 강력하게 다른 사람들의 기억 속에 심어줄 수 있다. 리더의 상징물에는 가시적인 물건이나 제스처만이 포함되는 것이 아니다. 특징적인 말투나 자주 사용하는 말이나 어휘 등과 같이 눈에 보이지 않는 것들도 포함된다. 이처럼 **상징을 활용하는 것은 또 다른 형태의 효과적인 커뮤니케이션 수단**이 된다.

한편 리더들은 구성원들의 마음을 하나로 통일하기 위해서 의식과 비공식적인 모임 등을 자주 활용한다. 특히 한국문화에서는 각종의 이름이 붙은 행사도 많고 회식도 흔하고 팀별 MT며 워크숍이며 세미나도 자주 한다. 아마도 팀 회식비가 제일 많은 나라가 우리나라일 것이다. 회식이 없어 회사 다닐 맛 안 난다고 하는 사람도 있다. 물론 회식은 단순히 식사로 끝나지 않는다. 술도 있고 노래방으로 이어지는 경우도 많다. 과거 우리는 2차, 3차를 하고 난 후 누구의 집으로 **'쳐들어**

가는' 의식을 행하는 것이 서로의 마음 문을 확실히 여는 한국문화의 의식(ritual) 행위였다.

리더십 나누기 9-3: 유명한 리더 따라하기

※ 우리가 자주 접하는 리더들은 나름대로 독특한 말투나 제스처를 가지고 있다. 각자 커뮤니케이션할 때 보여주는 습관도 다르다. 익숙한 리더 3명을 선정하여 아래의 문장을 그들의 말투로 읽어보자. 제스처를 곁들여도 좋다.

〈리더 1〉 ______________________________

〈리더 2〉 ______________________________

〈리더 3〉 ______________________________

※※ "나는 어릴 때 매우 불우했습니다. 식구는 많고 수입은 없었습니다. 아버지는 매일 술만 마셨고 생계는 어머니와 중학생이었던 어린 형이 시골 장터에 나가 허드렛일을 도와주고 얻어오는 좁쌀 한두 바가지를 가지고 연명을 해야 했습니다. 그나마 5일에 한 번 서는 오일장이라 굶는 것이 습관이 될 정도였습니다. 아버지는 단 한번도 가족 걱정을 한 적이 없었습니다. 우리에게 따뜻한 말 한마디 해준 적이 없었습니다. 매일 술 마시고 진달래 동산에 올라 우는 것이 전부였습니다.

그러던 중 아버지가 술병으로 돌아가셨습니다. 거적 떼기에 둘둘 말아 동네 어귀의 모래산, 진달래밭에 대충 묻었습니다. 다른 식구들이나 아버지 당신을 위해서도 차라리 잘된 일이라는 생각이 들더군요. 하지만 지난 50년 동안 진달래 피는 봄마다 아버지를 사무치게 그리워했던 것은 무슨 이유 때문일까요? 몹쓸 자식이었습니다. 아버지의 그 고통을 이제 알 것 같습니다. 아버지 죄송합니다."

✜ [나누기 문제 9-3] 위와 같이 슬픈 이야기를 할 때 가장 어울리는 리더는 누구일까? 왜 어울리는 걸까?

리더의 목적 지향의 리더십 커뮤니케이션

리더의 지위에 있는 사람들은 좋든 싫든 간에 필요한 커뮤니케이션을 해야 하는 경우가 많다. 리더의 역할에 요구되는 커뮤니케이션은 공공을 대상으로 연설(스피치)을 하든가, CEO나 기관의 장으로서 미래의 비전이나 기대를 감동적으로 전파하든가, 노동조합을 상대로 설득하고 협상해야 하든가, 하급자들에게 평가결과를 피드백해주고 코칭해주는 등을 포함한다. 이들 각각을 수행함에 있어 유의할 점은 무엇일까?

1. 공공 스피치(Public Speech)

어떤 CEO는 직원들 수백 명 앞에 서서 연설을 할 때마다 무슨 말을 어떻게 해야 할지를 몰라 스트레스를 받는다고 한다. 훈련을 받은 적도 없고 경험도 별로 없다. 무엇보다도 체격이 왜소하고 목소리가 가늘고 작다는 것이 자신감이 없게 만드는 요인이다. 사실 직원들도 별로 반가워 하지 않는다. 목소리가 작다는 것도 그렇지만 그보다 더 짜증나게 만드는 것은 그의 말투가 만연체라는 점이다. 별 내용도 없는 말을 너무 지루하게 중언부언 해나간다는 것이다. 다른 순서가 기다리고 있는데 계속 시간을 까먹어 버린다. 재미도 없는 내용이다.

스피치할 때 가장 기본적인 것은 청중을 적으로 보지 않는 것이다. 청중이 적으로 보이면 리더는 긴장하게 된다. 긴장하면 말이 제대로 나오질 않고 분위기도 얼음처럼 차가워지게 마련이다. 거기에다 본래 재미 있게 말할 줄 모르는 리더라면 그날의 스피치 결과는 보지 않아도 뻔한 실패로 끝날 것이다. 그러므로 공공 **스피치도 연습과 훈련과 체계적 계획**이 필요하다.

공직을 얻기 위해서 선거에 출마한 후보들도 어떤 형태로든지 스피치 훈련을 받은 경우와 받지 못한 경우는 큰 차이를 보인다. 누군가 전문가로부터 옆에서 코치 형태의 훈련이라도 받는 것이 공직에 나가는 사람들의 기본 자세이다.

공공 스피치를 잘하려면, 다음의 여섯 가지를 잘해야 한다.[10]

사전 계획

공공 스피치를 할 때는 세 가지 경우가 있다. 첫째는 사전에 준비된 원고가 전혀 없이 즉흥적으로 해야 하는 연설이다. 이런 때는 말을 너무 길게 하려고 해서는 안 된다. 특히 청중들이 무엇을 바라는지, 무엇 때문에 모인 청중들인지를 염두에 두고 차분히 말을 이어가야 한다. 특히 **즉흥적 스피치**에서는 분위기를 부드럽고 유연하게 이끌어 가는 것만으로도 성공할 수 있다. 내용에 크게 기대를 걸지 말고 핵심을 짧게 말한 뒤에는 주변적 이야기를 하면서 분위기를 좋게 하여 마무리하는 것이 바람직하다.

둘째, 즉흥적 연설도 아니고 원고를 읽는 것도 아닌 경우도 있다. 대충 요점을 적어 사전에 생각해둔 대로 살을 붙이면서 스피치하는 것이다. 자세히 적은 원고를 읽는 수준은 아니더라도 사전에 무엇을 이야기할지를 머릿속에 잘 정리해 두는 것이 중요하다.

셋째는 원고를 읽는 스피치이다. 외교적으로 중요한 스피치를 해야 하는 대통령의 경우 사전 준비된 원고를 읽는다. 정해진 시간에 내용을 정확히 전달해야 할 경우 사전에 원고를 준비하는 것이 낫다.

어떤 형태의 스피치를 하든지 간에 청중의 속성을 잘 이해해 두는 것이 중요하다. **청중의 수준**도 알아야 하고 정치적 취향이나 스피치의 목적과 배경에 대해서도 사전에 철저히 파악한 후 스피치에 임하는 것이 효과적이다.

내용구성

스피치의 생명은 전달하려는 정보와 지식과 아이디어를 체계적이고 논리적으로 구성하는 것이다. 주제를 명확히 하고 필요한 데이터를 가지고 주장을 강화해야 한다. 논리적 근거를 제시하고 목적을 중심으로 하나하나의 작은 주제들이 체계적으로 잘 연결되도록 구성하는 것이 중요하다.

언어의 사용

명확하고 구체적인 단어를 사용하고 청중 수준에서 쉽게 이해할 수 있도록, 눈높이에 맞는 어휘를 구사해야 한다. 누군가를 공격하는 어휘는 될 수 있으면 피하도록 하는 것이 바람직하다. 특히 **저질스런 용어**를 사용하는 것은 스피치의 성과를 떨어뜨릴 뿐 아니라 사람 자체에 대한 품격도 떨어뜨린다.

리허설

연습이 스피치를 완벽하게 만든다. 시간이 없더라도 여러 각도에서 스피치의 내용과 형식에 대해서 많은 생각을 한 후에 임해야 한다. 준비된 스피치와 준비 안된 스피치는 청중들이 더 잘 안다. 청중을 버리고 싶지 않다면 **사전 리허설**은 청중에 대한 최소한의 예의이다.

스피치 실행

스피치의 생명은 자연스러움이다. 긴장되고 굳어 있는 연사를 좋아할 청중은 없다. 제스처나 눈 접촉을 유연하게 하고 목소리도 떨림 없이 청중의 규모에 따라 맞춰져야 한다. 한두 마디 시작할 때의 유머는 **아이스브레이킹**(Ice-breaking; 연설 초기의 어색함을 깨는 것)을 위해서 바람직하다.

질문에 답하기

스피치 후에 질의응답 시간이 주어지는 경우가 있고 일방적인 스피치로 끝나는 경우가 있다. 질의응답 시간을 스피치 중에 자세히 설명하지 못한 것이나 오해의 소지가 있는 내용을 명확히 하는 기회로 활용하는 것이 좋다. 질문에는 성실하고 상대방을 존중하는 자세로 응답하는 것이 바람직하다. 존중 받는 것을 싫어하는 사람은 없다.

질문을 사전에 예측하여 준비하는 자세도 필요하다. 질문하는 사람의 이해관

그림 9-7 공공 스피치 준비 과정

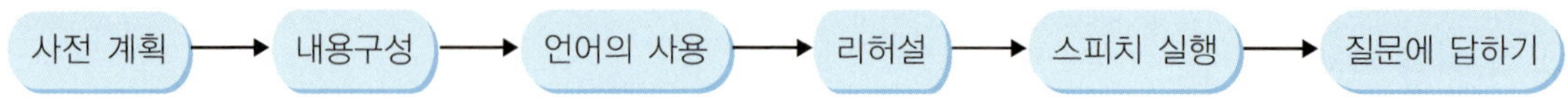

계나 감정적 측면을 헤아리면서 질문을 처리하려는 노력이 필요하다.

이 프로세스를 〔그림 9-7〕에 요약하였다.

2. 기대와 비전의 전파

리더가 하급자나 추종자들에게 기대를 전할 때는 다소 과장을 해도 좋다. 리더는 하급자들에게 미래의 기대를 말하기 전에, 그들이 그동안에 잘했던 것, 성취한 것, 능력의 증거가 되는 것, 즐거웠던 일 등을 먼저 이야기하는 것이 바람직하다. **긍정적인 이야기**를 들을 때 사람들은 다른 의견을 받아들일 심리적 준비가 된다. 부정적인 이야기를 들으면 자기 방어적이 된다. 그러므로 좋은 이야기, 아름다운 추억, 잘했던 일 등을 먼저 제시한 후에 앞으로 더 잘해보자는 기대를 이야기하는 것이 수용도를 높여준다.

비전을 제시하는 것 또한 마찬가지다. 과거에 얼마나 훌륭한 취지와 배경을 가지고 조직이 시작되었는지를 먼저 말하는 것이 좋다. 그리고 나서 그 취지와 목적이 제대로 달성되기 위해서는 오늘의 수준을 탈피하고 더 원대한 비전이 필요하다는 것을 역설해야 한다. 비전을 전파할 때야말로 리더의 개인적 역량이 가장 빛나는 때이다.

스스로 비전에 몰입한 모습을 보여야 하며 구성원들이 왜 이 비전을 자신의 비전으로 해야 하는지를 감동적으로 설파할 줄 알아야 한다. 리더는 비전을 다른 사람이 정해준 것처럼 말하듯가 전파해서는 안 된다. 자신의 것으로 만든 후에 비전을 전파하려고 노력하는 것이 바람직하다.

제6장에서 카리스마를 이야기할 때 비전에 대해서 자세히 설명하였다. 추종자

들을 한마음이 되어 한 방향을 향해서 나아갈 수 있도록 하는 데 있어 가장 효과적인 것이 바로 리더의 비전이다. 비전을 설정하고 전파하고 실행하는 프로세스를 체질화하는 것은 리더십 커뮤니케이션에 있어 매우 중요한 요인이다.

리더가 비전을 커뮤니케이션할 때는 ① 조직구성원들의 귀에 못이 박히도록 자주 이야기해야 하며, ② 비전의 절박한 필요성을 강조해야 하고, ③ 리더가 자신의 말과 진정성을 가지고 해야 하며, ④ 실행되어 성취되는 과정에서 가시적인 중간결과를 자주 보여줘야 한다.

CEO가 비전이라고 선포만 해놓고 더 이상 신경을 쓰지 않으면 비전이 제구실을 하지 못한다. 또한 리더가 비전을 남의 나라 이야기하듯이 미지근하게 전달해서는 구성원들이 따라오지 않는다. 리더가 비전의 필요성과 긴급성을 진정으로 믿는다면 진정성을 가지고 **열정 어린 모습**으로 말할 수 있어야 한다.

현업에 바쁘다 보면 비전을 말할 기회조차 갖기 힘든 것이 사실이다. 리더의 역할은 바로 이러한 각박한 현실에서 구성원들을 끄집어 내어 잠깐씩이라도 미래를 바라보고 생각할 수 있는 여유를 구성원들에게 제공하는 것이다.

3. 설득과 협상

리더는 하급자들에게 비전을 제시하고 배려를 통하여 마음을 끌어들이는 등과 같은 일방적인 노력 이외에 하급자와 추종자들과 의견이 다를 때 설득하여 마음을 바꾸게 하든가 아니면 협상을 통해서 서로 양보해 가면서 합의점을 찾아 일을 처리해 나아가야 한다. 리더가 옳다고 생각하는 방식을 하급자/추종자들이 항상 마음에 들어 하지는 않는다. 특히 리더와 하급자들 간에 이해관계가 얽힐 때나 하급자들이 싫어하는 일을 조직이나 팀의 목적을 위해서 하도록 만들어야 하는 경우 리더는 설득력과 협상능력을 발휘하여 그들을 필요한 방향으로 인도할 수 있어야 한다.

리더의 설득은 대략 다섯 가지 전략을 활용할 수 있다. 첫째는 리더가 지지하는 안이 옳다는 것을 보여주는 구체적인 추가 증거를 제시하는 것이다. 데이터를 활용

그림 9-8 설득의 5원칙

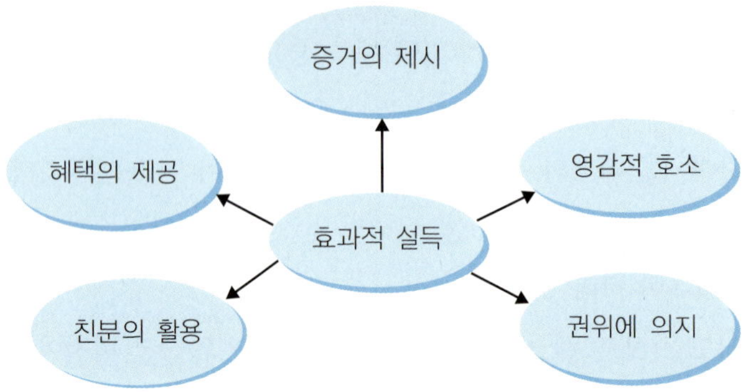

하는 경우도 있고 과거의 예나 다른 유사한 사례에서 처리했던 관행을 증거로 제시할 수 있을 것이다. 증거를 제시하는 것은 합리적 설득의 가장 중요한 방편이다.

특히 '**사회적 증거의 법칙**'이라는 것이 있다. 어느 식당에 가서 저녁을 먹을까를 가지고 리더와 하급자들이 대립해 있다고 해보자. 리더는 사람이 많은 집에 가는 것이 실수할 가능성을 줄일 수 있다는 점을 증거로 제시할 수 있다. 다른 사람들도 많이 하니까 우리도 하자는 식으로 설득하는 것을 사회적 증거의 법칙을 활용한 설득이라고 한다.

둘째는 대의와 이념 등의 리더와 하급자들이 공유하고 있는 신념체계를 내세워 **영감적 호소**(Inspirational appeal)를 활용하는 것이다. 가슴에 감동이 올 수 있도록, 그래서 자신의 생각을 바꿀 수 있도록 비전, 이념, 가치, 이상, 철학 등 동원 가능한 모든 신념체계를 사용하여 마음에 감동을 자아내어 설득하는 것이다.

셋째는 혜택의 제공을 들 수 있다. 생각을 바꿔 따라와 주면 모종의 혜택을 제공하겠다는 것을 직 · 간접적으로 약속하는 것이다. 인사고과 때 좋은 점수를 준다든가 휴가를 제공하든가, 아니면 인센티브를 더 많이 배당하는 등의 혜택이 예가 될 수 있다.

넷째, 개인적 친분의 활용이다. 특히 한국에서는 리더와 추종자들이 '정(情)'으로 하나되는 경우가 많다. '당신이 옳을지도 모르지만 상황이 그러니 이번만큼은 내 말을 들어달라'는 식으로 인정에 호소하는 것이다. 리더와 하급자가 '내(內)집단' 관계인 경우에는 말이 잘 통할 수 있지만 그렇지 않을 경우 리더는 큰 부담을 안게 될 수도 있다.

다섯째, 권위 있는 사람이나 기관의 견해를 활용하는 것이다. 한국기업들은 새로운 제도를 도입할 때 선진 일류기업들도 도입한 제도라고 하면 많은 CEO들이 내용을 잘 살펴보지도 않고 도입하라고 했던 시절이 있었다. 회장님 말씀이라면 실무자들이 별 이견을 달지 않고 그대로 실행하는 관행도 같은 부류에 속한다.

협상을 할 때에도 리더는 몇 가지 원칙을 활용할 수 있다. 일반적으로 네 가지 원칙을 준수하는 것이 리더가 **성공적인 협상**을 이룩할 수 있는 방법이다. 이들을 제시하면 아래와 같다.

(1) 사람과 문제를 분리하라. 문제는 문제이고 사람은 사람이라는 가정을 공유토록 해야 성공적 협상을 이끌 수 있다. 협상에서 양보하는 것이 마치 약한 것으로 보여지든가 패배하는 것으로 인식하기 시작하면 합의점을 찾기 힘들어진다. 서로 자신의 자존심을 지키는 것이 실제 현안의 문제를 해결하는 것보다 더 중요하게 인식이 되고, 이렇게 되면 문제를 못 푸는 한이 있더라고 자존심은 꼭 지키고 싶어하게 되기 때문이다.

(2) 협상의 초점이 주장에 있는 것이 아니라 이해획득에 있음을 알게 해야 한다. 예컨대, "나는 연봉 5,000만원을 꼭 받아야 한다는 것이 나의 입장입니다"라고 말하는 하급자가 있다면, 연봉 5,000만원이라는 주장과 입장이 중요한 것이 아니라 어떤 형태로든지 그만한 가치가 있는 혜택, 즉 이득을 얻으면 된다는 쪽으로 생각을 바꾸도록 유도해야 한다. 자신의 주장을 하급자가 받아들일 것인가 안 받아들일 것인가로 문제를 좁게 가져가면 리더는 하급자들과의 협상에서 실패할 수 밖에 없다.

(3) **서로 윈-윈(Win-Win)할 수 있는 대안**을 마련하라. 협상에서 상대방에게 완전한 패배를 안겼다는 것은 사실 협상을 잘한 것이 아니다. 협상의 기본

원칙은 서로 만족할 수 있도록 같이 노력하는 것이다. 그러므로 협상의 당사자들이 모두 만족할 수 있는 대안을 찾아내는 노력을 경주해야 한다.

(4) 객관적 기준의 적용을 끝까지 준수하라. 양측이 동의할 수 있는 합의점을 찾기 위해서는 서로가 만족할 수 있는 객관적 기준을 먼저 합의하고 그것을 준수하려고 노력하는 것이 매우 효과적이다. 원칙을 준수하다 보면 어느 한 쪽이 일방적으로 손해를 보는 일을 예방할 수 있다.

이처럼 리더는 하급자들과 의견이 다를 때, 또 그러면서도 그들이 원하지 않는 방향으로 일을 해나가지 않을 수 없을 때, 설득과 협상을 사용하여 하급자들의 마음을 열 수 있어야 한다.

4. 피드백과 코칭

리더는 하급자들을 평가한다. 평가한 결과를 하급자에게 적절히 전달해주는 것, 즉 **피드백해주는 것은 하급자를 육성하고 잘못된 점을 바로 잡으며, 정의로운 조직을 만들기 위해서 꼭 필요한 리더십 행위**이다.

하지만 리더십 훈련이 덜 된 사람들은 하급자들에게 나쁜 평가결과를 피드백해주는 것을 매우 어려워한다. 때로는 피드백을 생략하기도 하고 단순히 점수만을 알려주고 구체적인 이유와 개선점 등은 잘 알려주지 않는 경우가 많다.

피드백은 리더가 하급자들에게 솔직하게 상대방을 도와주려는 입장에서 제공되어야 한다. 공정한 평가가 이루어졌다면 피드백을 꺼릴 이유가 없을 것이다. 평가가 공정하지 못하기 때문에 피드백을 꺼리는 것이다. 그러므로 리더는 하급자들의 행동이나 사고방식, 구체적인 개선점 등을 평소에 기록해둬야 한다. 평가는 기록된 근거에 의해서 수행해야 하며 이처럼 객관적인 평가가 이루어지면 피드백을 두려워할 필요가 없다.

코칭(Coaching)이란 평가결과를 피드백해주고 난 후 장점을 극대화하고, 하급자들에게 단점을 극복할 수 있도록 도와주는 것이다. 흔히 코칭을 하라고 하면 리더가 주로 자신의 경험이나 견해를 일방적으로 지시하듯이 말해주는 경우가 많은데 이것은 코칭의 개념을 잘못 이해하고 있는 것이다.

코칭의 기본개념은 코칭을 받는 하급자가 주로 말을 하도록 하는 것이다. 리더는 도전적 질문만을 해준다. 하급자가 리더의 질문에 답을 하다가 스스로 잘못이나 단점을 깨달아 바뀌도록 하는 것이 **코칭의 목적**이다. 하급자에게 '깨달음'을 주기 위해서 리더는 하급자의 인식에 도전하는 것이다. 1시간 코칭에 리더가 50분을 이야기하고 하급자는 10분 답변하게 하는 것은 잘못된 코칭이다.

그러므로 코칭에서 리더는 하급자가 편안한 마음으로 자신의 내면 세계를 내보일 수 있도록 노력해야 한다. 리더는 효과적 코칭을 통해서 하급자의 내면의 세계를 접할 수 있으며 이것이 향후 리더십을 발휘하는 데 더 큰 도움을 줄 수 있다.

코칭을 할 때는 〈표 9-2〉와 같은 유의사항들을 잘 따르도록 노력하는 것이 효과적이다.

표 9-2 코칭을 할 때 유의할 점들

1. 가르치려 하지 않는다.
2. 질문을 통해서 스스로 깨닫게 한다.
3. 먼저 코치이(coachee)의 말을 경청하고 인정해준다.
4. 원하는 것을 파악하여 코칭 주제를 정한다.
5. 주제를 하나씩 다뤄나간다.
6. 관련된 사례들을 공유한다.
7. 직접 조언할 때는 코치이(coachee)의 허락을 구한다.
8. 더 큰 목표나 변화된 행동을 하도록 요청한다.

제4절 리더는 어떻게 소통해야 하는가

1. 말의 형태

말에 의한 소통에 관련된 어휘들은 무수히 많다. 다 정리할 수는 없어도 대략 〈표 9-3〉과 같이 요약할 수 있을 것이다.

사람의 말은 현상을 대변한다. 이들이 모든 현상을 대변하지는 못할지라도 진실에 크게 어긋나지는 않을 것이다. **쌍방적 말**이 가장 많이 나타나고 있는 것은 그것이 소통의 본질이기 때문일 것이다. 소통은 혼자서 하는 것이 아니라 항상 상대방과 함께 하는 것이라는 소통의 본질을 보여준다.

또한 부정적이든가 일방적 말이 많이 나타나고 있는 것도 우리 사회의 현상의 일면이라고 볼 수 있다. 긍정적이고 쌍방적이어야 할 우리의 말이 부정적, 일방적

표 9-3 말에 관련된 한국어 어휘들

부정적 말	일방적 말	일상적 말	쌍방적 말		개인적 말
윽박지르다	지시하다	말하다	연설하다	묻다(질문하다)	속삭이다
고함지르다	명령하다	표현하다	토론하다	제안하다	수군거리다
욕하다	요구하다	얘기하다	논의하다	합의하다	고백하다
강요하다	요청하다	대화하다	호소하다	숙의하다	독백하다
푸념하다	지적하다		코칭하다	조정하다	귓속말하다
꾸중하다	심문하다		주장하다	자문하다	털어놓다
협박하다	보고하다		논쟁하다	반박하다	
대꾸하다	충고하다		협의하다	읍소하다	
소리치다	강의하다		협상하다	간청하다	
항변하다	설교하다		발제하다	부탁하다	
따지다			발표하다		

으로 흐르고 있는 것은 우리 사회가 갖은 치열함을 반영하는 것으로 해석된다. 오늘날 문제가 되는 것은 부정적, 일방적 소통 때문이다. 이것은 소통의 본질과 다른 것이다. 부정적이고 일방적인 말이 위협적 행동까지를 수반하면 범죄가 될 수도 있다.

리더는 **쌍방적 말**에 집중해야 한다. 지시나 지적질만 하고 부하의 말에 귀를 기울이지 않는 리더는 소통에 문제가 있는 리더이다. 하지만 문제는 이렇게 간단하지 않다. 리더의 불통은 말을 듣는 문제에만 국한되는 것이 아니다.

2. 소통을 잘하는 리더의 특징

소통을 잘한다는 평가를 받는 리더는 몇 가지 특징을 갖는다. 물론 그 숫자가 그렇게 많지는 않다. 〈표 9-4〉에 이들의 특징을 정리하였다.

소통은 쌍방적이다. 리더의 소통도 상대가 항상 존재한다. 상대가 어떤 자세를

표 9-4 소통을 잘하는 리더의 특징

1. 많은 사람들과 자주 연락한다.
2. 찾기 전에 먼저 연락한다.
3. 업무 외적인 개인적 이야기를 잘한다.
4. 말할 때는 상대방에 집중한다.
5. 반대하는 사람에게 쉽게 다가간다.
6. 말하기 편하게 대한다.
7. 주제에 대해서 내용을 충분히 학습한다.
8. 의사결정하기 전에 관련된 사람들과 전문가들의 의견을 구한다.
9. 토론을 즐긴다; 토론에 필요한 지적인 준비가 되어 있다.
10. 토론할 때 감정을 표출하거나 강압적 태도를 피한다.
11. 일처리 과정에서 자초지종을 최종 오디언스들(국민, 소비자, 부하 등)에게 자주 전달해준다.
12. 결정하고 나면 결정의 이유를 충분히, 직접 설명한다.
13. 불이익을 당하는 사람들을 적극적으로 위로한다.

갖느냐에 따라 리더의 소통방식도 달라져야 한다.

중요한 것은 소통 자체가 목적은 아니라는 점이다. **소통은 리더가 일을 잘하기 위한 수단이다**. 그러므로 일이 잘 되도록 하기 위해서 리더는 때로는 쌍방적 소통을 포기하고 일방적 소통을 하지 않을 수 없는 경우도 생긴다. 하지만 일방적으로 소통하더라도 사후적으로나마 자신이 그렇게 할 수 밖에 없었던 이유를 충분히 설명하고 양해를 구하려는 노력이 뒤따라야 한다.

또한 상대가 막무가내로 나오면 리더의 소통은 별 효과가 없다. 정상적이고 이성적 영역에서 소통의 법칙도 먹힌다. 상대가 리더의 말을 들으려 하지 않는 상황에서 쌍방소통에만 의존하는 것은 비현실적일 수 있다.

소통을 해서는 안 되는 상대나 상황도 있다. 건설업에서 경쟁사 간에 입찰을 할 때 불필요하게 소통하는 것은 담합으로 비춰질 수도 있다. 또한 핵무기를 포기시키기 위해서 북한을 제재하는 과정에서 그들과 소통에 나서는 것은 정책의 의도를 의심케 할 수 있다. 법정다툼을 하는 경우에도 검사와 변호사간의 소통은 자칫 법적 문제가 될 수 있다.

서양 사람들은 말을 쉽게 한다. 대통령들도 그렇다. 미국의 바이든 대통령, 직접 기자실에 나타나 편하게 말한다. 물론 해선 안 되는 말까지 하는 것은 아니다. 같은 말을 하더라도 자연스럽고 편하게 한다. 한국 대통령들은 써준 것을 읽는 경우가 많았다. 대화하고 토론할 준비가 안된 것이다. 이슈를 장악하고 있지 못한 것 같고 토론할 때 드러날 수밖에 없는 **"내공현시"**(밑천이 들어나는 것)를 극도로 두려워한다. 이것은 바로 질문하다가 틀리면 체면 구긴다는 생각에 오바마 대통령이 2014년 기자회견장에서 한국 기자들에게 수차례 한국 기자님들 질문 좀 해달라고 앙청했는데도 단 한 사람 입을 열지 않았던 사태(?)와 맥을 같이 한다. 대학 교실에서도 학생들, 교수와 눈 마주치는 것 극도로 꺼린다. 질문하라고 할까 두렵기 때문이다. 유머 섞어가면서 여유 있고 자유롭게 토론하면서 상대를 멋있게 설득하는 리더, 한국에는 왜 없을까?

본 장의 요점

❖ 측은함, 동정, 공감, 연민 중에서 연민은 행동 의지를 포함한다.

❖ 커뮤니케이션이란 ' 상징교환 '이다. 이는 발신자, 부호화, 매체, 해석, 수신자, 피드백순으로 이루어진다.

❖ 커뮤니케이션은 연결, 정신활동, 행동규제의 기능을 한다.

❖ 〈효과적 경청 10조〉는 ' 좋건 나쁘건 일단 다 들을 것 '을 강조한다. 커뮤니케이션 효과는 내용뿐 아니라 형식에 의해서도 결정된다.

❖ 리더십 이미지 커뮤니케이션은 리더십 브랜드, 인상관리, 비유/상징을 포함한다.

- 리더의 브랜드는 특이성 법칙, 관계성 법칙, 일관성 법칙으로 결정된다.
- 인상관리는 부정적 인상을 회피하고 긍정적 인상을 강화하는 것이다.
- 비유와 스토리, 상징물, 의식을 통해서 이미지를 전달할 수도 있다.

❖ 공공스피치도 연습, 훈련, 계획이 필요하다.

❖ 설득 5원칙: 증거 제시, 영감 호소, 혜택 제공, 친분 활용, 권위 활용

❖ 코칭의 목적은 깨달음을 주는 것이므로 코치이(coachee)가 주로 말하게 해야 한다.

❖ 소통을 잘하는 리더는 '쌍방적 말' 을 가장 많이 사용한다.

❖ 소통을 잘하는 리더는 많은 사람들과 자주 연락한다.

❖ 소통은 그 자체가 목적이 아니라 일을 잘하기 위한 수단이다.

리더십 토론의 시간 9

소통 3유형

※ 소통을 유형으로 나누면 '이성소통', '감정소통', '영감소통' 등 세 가지로 나눌 수 있다. 이성소통은 객관적 사실이나 정보의 전달을 목적으로 하는 소통이고, 감정소통은 감정, 정서, 느낌을 전달하는 것이다. 또한, 영감소통은 영어로 'inspirational communication'이라고 하며, 미래의 비전이나 희망을 말하는 것을 뜻한다.

※ 한국의 기업 관리자와 임원 약 3,000명을 대상으로 5년여에 걸쳐 조사한 바에 따르면, 각 유형의 사용빈도가 크게 차이가 나는 것을 알 수 있다. 감정소통은 과다하지만, 영감소통은 너무나 미미한 수준임을 알 수 있다.[11]

* 감정소통, 이성소통, 영감소통: 소통유형별 사용빈도

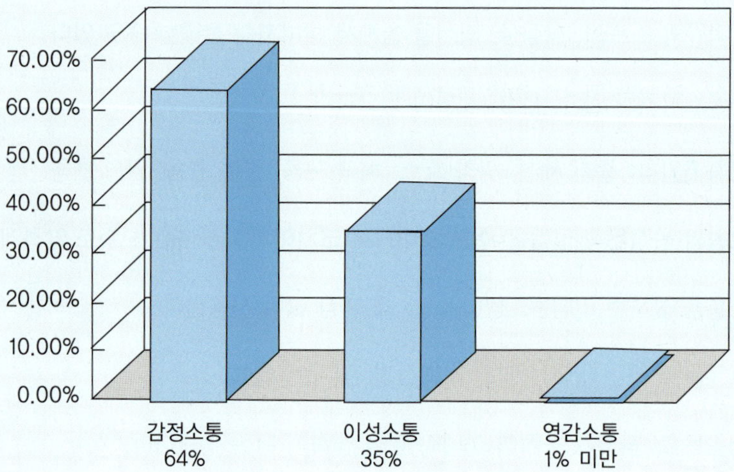

[그림 9-9] 소통 3유형 사용빈도

[토론과제 9-1] 감정소통이 과다한 것과 영감소통이 미미한 이유는 무엇일까?

[토론과제 9-2] openAI 시대에 빈도가 가장 높아질 소통유형은 무엇인가?

나의 커뮤니케이션 의지[12]

나의 리더십 진단 9

※ 본 설문은 다양한 상황에서 귀하의 커뮤니케이션 의지(WTC-Willingness To Communicate)를 알아보기 위한 것이다. 아래에는 20개의 상황이 주어져 있다. 각 상황에서 귀하가 상대방과 커뮤니케이션하고 싶은 정도를 0%(결코 커뮤니케이션하고 싶지 않음)~100%(항상 커뮤니케이션하고 싶음)까지를 활용하여 응답해 보자. (합쳐서 100이 되는 것이 아니라, 각 항목별로 100%가 만점임.) 정답이 있는 것이 아니므로 귀하가 마음속에 진정으로 원하는 정도를 솔직히 적어 주면 된다.

( ) 1. 주유소 종업원
( ) 2. 의사
( ) 3. 모르는 사람들 집단
( ) 4. 줄을 서서 차례를 기다리는 아는 사람
( ) 5. 가게의 종업원
( ) 6. 친구들이 참석한 큰 미팅에서
( ) 7. 경찰관
( ) 8. 소집단의 모르는 사람들
( ) 9. 줄을 서서 차례를 기다리는 친구
( ) 10. 식당 종업원
( ) 11. 아는 사람들이 모인 큰 미팅에서
( ) 12. 줄을 서서 차례를 기다리는 모르는 사람
( ) 13. 비서
( ) 14. 여러 친구들 앞에서
( ) 15. 소집단의 아는 사람들
( ) 16. 청소부
( ) 17. 모르는 사람들이 모인 큰 미팅에서
( ) 18. 배우자(남자친구/여자친구)
( ) 19. 소집단의 친구들
( ) 20. 여러 명의 아는 사람들 앞에서

〈진단법〉 아래의 계산방법에 따라 WTC 전체 점수와 각 영역별 점수를 계산하고 그 아래에 제시된 채점기준을 가지고 귀하의 다양한 상황에서의 커뮤니케이션 의지를 알아보자.

〈영역별 계산법〉

〈집단 토론〉 = [항목8 + 항목15 + 항목19] ÷ 3 = (   )

〈미팅〉 = [항목6 + 항목11 + 항목17] ÷ 3 = (   )

〈개인 대화〉 = [항목4 + 항목9 + 항목12] ÷ 3 = (   )

〈공공 스피치〉 = [항목3 + 항목14 + 항목20] ÷ 3 = (   )

〈모르는 사람〉 = [항목3 + 항목8 + 항목12 + 항목17] ÷ 4 = (   )

〈아는 사람〉 = [항목4 + 항목11 + 항목15 + 항목20] ÷ 4 = (   )

〈친구〉 = [항목6 + 항목9 + 항목14 + 항목19] ÷ 4 = (   )

[귀하의 Total WTC] = [〈모르는 사람 평균〉+〈아는 사람 평균〉+〈친구 평균〉] ÷ 3
= (   )

〈평가기준〉

〈집단 토론〉	>89 High WTC, <57 Low WTC*
〈미팅〉	>80 High WTC, <39 Low WTC
〈개인 대화〉	>94 High WTC, <64 Low WTC
〈공공 스피치〉	>78 High WTC, <33 Low WTC
〈모르는 사람〉	>63 High WTC, <18 Low WTC
〈아는 사람〉	>92 High WTC, <57 Low WTC
〈친구〉	>99 High WTC, <71 Low WTC
Total WTC	>82 High Overall WTC, <52 Low Overall WTC

* >89 High WTC = 귀하의 〈집단토론〉 점수가 89보다 크면 "High WTC"라는 것.
<57 Low WTC = 귀하의 〈집단토론〉 점수가 57보다 작으면 "Low WTC"라는 것.

리더십 Exercise 9

나의 리더십 상징 만들기

〔1〕 본 장에서 우리는 리더는 상징을 이용하여 자신의 가치와 신념을 청중들에게 커뮤니케이션한다는 것을 배웠다. 많이 알려진 정치인들이나 CEO들은 자신만의 상징을 개발하여 꾸준히 청중들에게 홍보한다. 우리도 한번 만들어 보자. 아래의 공간에 귀하의 가치와 신념을 가장 잘 표현할 수 있는 나름대로의 상징을 그리든가 기술해 보자.

동물이나 물건도 될 수가 있고 제스처 또는 손가락 등의 신체 일부를 사용한 표현도 좋다. 아니면 회사 마크처럼 특정한 기호일 수도 있다. 아니면 간략한 말로 표현된 구호 같은 것도 좋다. 중요한 것은 그것이 어떤 의미를 가진 상징이어야 한다는 것이다. 또한 그것은 귀하의 가치와 신념을 가장 잘 표현하는 것이어야 한다.

〔2〕 4~6명의 팀을 만들어 팀별로 귀하의 팀을 대표하는 상징을 만들어 발표하고 서로의 설명을 들어보자. 어떤 가치나 신념들이 표현되고 있는가?

리더십 나누기 사례 9: 하워드 슐츠의 커뮤니케이션[13]

스타벅스는 우리도 다 아는 세계적인 커피전문점이다. 1971년 미국의 시애틀이라는 도시에서 시작된 이 커피전문점은 2022년 기준으로, 전 세계 35,711개의 점포를 운영하고 있으며, 미국 내 15,988개(2023년) 점포가 있다. 2022년 기준 국내 점포 수는 약 1,700개이다.

스타벅스는 1982년 이 회사에 영업사원으로 입사했다가 1987년 이 회사의 대주주가 되어 CEO의 지위에 오른 하워드 슐츠(Howard Schultz)에 의해서 장족의 발전을 하였다. 1992년 스타벅스는 기업공개를 실시하였는데 공개 후 1990년대에만 2,200%의 주가 상승을 기록하였다. 이것은 GE, Mircosoft, IBM 등을 능가하는 수준의 상승률이었다.

슐츠는 스타벅스의 성공요인으로 풍부한 재정적 지원, 훌륭한 사업계획, 경영자들의 능력, 종업원들의 헌신, 위험감수, 정교한 운영시스템 등을 들었지만 그가 가장 중요한 성공요인으로 드는 것은 바로 '기업의 가치'였다. 슐츠가 이 기업을 인수하고 나서 그가 가장 역점을 뒀던 것은 바로 기업가치를 확실히 정립하는 것이었다. CEO에서 말단에 이르기까지 그는 기업가치를 마음에 확고히 새기기 위해서 다양한 커뮤니케이션 노력을 하였다. 그는 장기적 성공은 다양한 커뮤니케이션 방법을 통하여 창업초기의 경쟁력 있는 가치를 확실히 조직구성원들의 마음에 새기는 것이라고 믿었다. 스타벅스의 기업가치의 요체는 다음과 같다.

- 양질의 커피를 제공하려는 열정
- 고객들과 특별한 관계를 구축하기 위한 탁월한 고객서비스
- 편안한 분위기 속에서 서로 어울려 대화할 수 있는 만남의 장 제공
- 종업원이 기업의 가장 큰 자산이라는 것을 인정함
- 지역사회와 기업환경에 대한 배려
- 지속적 혁신

하지만 고속성장을 하면서 스타벅스가 급속도로 매장을 전세계에 늘려가다 보니 종업원수가 많아지고 지역적으로도 너무 많이 퍼져 있어 초기에 슐츠가 강조했던 양질의 커피를 위한 열정이나 종업원 중심의 기업가치 등을 제대로 커뮤니케이션하기가 점점 어려워 지고 있다. 스타벅스를 비판하는 사람들은 스타벅스가 다른 대규모 체인점과 하나도 다르지 않다며 초기의 창업정신이 상실

되었다고 말하고 있다. 종업원들에게 평균 이상의 임금을 제공하고 양질의 보험을 보장해주며 각종 사회기여 프로그램도 운영하고 있다. 하지만 이것이 또 다른 비용상승 효과를 가져오고 있다. 초기의 열정과 가치를 전 세계 종업원들에게 마음으로부터 느껴지도록 커뮤니케이션하기가 점점 힘들어지고 있다.

✠ [나누기 사례 문제 9] 스타벅스가 계속 팽창해 가면서 초기의 가치를 제대로 커뮤니케이션할 수 없었다. 그 이유는 무엇인가?

:: 주

1 https://theserenitycollective.com/empathy-fatigue/

2 https://datareportal.com/reports/digital-2023-deep-dive-time-spent-on-social-media.

3 https://blog.naver.com/lion522/221519127223.

4 https://www.statista.com/

5 Dance, F. E. X. 1982. A Speech Theory of Human Communication. In F. E. X. Dance(Ed.), *Human Communication Theory* (pp. 120–146). New York: Harper & Row, p.126.

6 Hackman, M. Z., & Johnson, C. E. 2004. *Leadership: A Communication Perspective* (4th ed.). Waveland Press Inc.

7 Dance, F. E. X., & Larson, C. 1976. *The Functions of Human Communication: Theoretical Approach*. New York: Holt, Rinehart and Winston.

8 McNally, D., & Speak, K. D. 2003. *Be Your Own Brand*. Berrett-Koehler Publishers Inc.

9 Luthans, F. 2007. *Organizational Behavior*. Boston: MaGraw-Hill.

10 Pearce, T. 1995. *Leading Out Loud: The Authentic Speaker, The Credible Leader*. San Fransisco: Jossey Bass.

11 백기복. 2011. *말하지 말고 대화를 하라 (소통은 테크닉이 아니라 철학이다)*. 위즈덤하우스.

12 Hackman & Johnson. 앞의 책. 21–22.

13 Hackman, M. Z., & Johnson, C. E. 2004. 앞의 책. 229–230.

제Ⅳ부

리더십, 카멜레온처럼 유연하게

제10장 나의 리더십 스타일, 이대로 괜찮은가

여러 리더십 스타일들이 모여 사회를 이룬다

리더십 나누기 10-1: 시로 표현한 리더십

리 더[1]

제임스 오트리(James A. Autry)

하늘이 크게 보이는 휑한 사장실
소파에 마주 앉아,
헬스를 하고 나서 온통 땀으로 뒤범벅이 된 얼굴
이슬 맺힌 눈으로,
내 두 손을 꼭 잡고
"당신은 내 사람이오,
절대 떠나지 마시오."
이런 CEO라면 내 인생을 걸어도 좋으리.

하지만 경영은 만만치 않아
힘든 나날 속, 그를 짓누르는 것은
회의(懷疑)와 외로움.
옛말에도 있었듯이,
정상(top)의 고독, 그것은
부드러운 터치는
　　　　강한 팔보다 더 어렵고,
균형 있는 행동은
　　　　생각보다 지루하기 때문일까.

그러나 인내하는 마음으로 들여다 보니,
그것은 아직도 그와 함께 있네.
내가 꼭 간직하고 싶은 그것.

✠ **[나누기 문제 10-1]** 이 시를 소리 내어 낭송해 보자. 시의 끝 단에 나오는 "그것"은 무엇을 뜻하는 것일까? 결국 리더는 무엇을 갖춰야 한다는 말인가?

본 장에서는 행동과 스킬, 그리고 스타일로서의 리더십을 다룬다. 리더는 겉으로 드러나는 행동을 통해서 리더십을 발휘하게 된다. 리더의 행동은 사람마다 색깔이 다르고 향기에 있어 차이가 난다. 물론 크기가 다르고 생김새도 다르다. 나아가는 방향과 지향하는 목표도 차이가 많이 난다.

위의 "리더"라는 시에서 읽었던 것처럼, 리더는 때로 회의에 빠져 좌절하기도 하고 정상을 차지한 사람들이 느끼는 고독과 외로움 때문에 방황하기도 한다. 하지만 외롭고 힘들다고 해서, 강한 팔을 휘두르며 끌고 가는 강압적 스타일을 보여서는 안 된다. 리더십은 **"부드러운 터치"**를 통해서 다른 사람들이 스스로 따라오도록 하는 기술이다. 강한 것보다 부드러운 것이 더 어렵다. 또한 균형 있는 행동은 지루해 보이지만 리더가 반드시 갖춰야 하는 리더십 행동의 핵심이다.

시 속의 "나"는 자신의 리더, CEO에게서 어렵고 고독한 속에서도 부드러움과 균형을 잃지 않는 리더의 참모습을 보았다. 그리고 "나"도 그것을 배워 오래 간직하고 싶었던 것이다.

이 시에서 중요한 핵심단어는 **"균형 있는 행동"**이라고 할 수 있다. 리더는 다양한 행동을 보여줄 수 있어야 하며 한 가지 스타일로 계속 가서는 안 된다고 하는 교훈을 우리에게 안겨준다. 하지만 실제 리드하다 보면 한 가지 스타일에 고착되기 쉽다. 과업중심으로 리드하는 팀장은 회식할 때도 업무 이야기만 한다. 인간중심 리더십을 발휘하는 상무는 만나면 밥 먹고 술 마시자고 날짜 잡기 바쁘다. 변화에 목이 마른 CEO는 항상 변화의 필요성과 위기의식을 강조하느라고 여념이 없다. "리더"에 나온 "균형 있는 행동"이 암시하듯이 리더가 효과적으로 행동하기 위해서 가장 유념해야 하는 것은 바로 요구되는 다양한 행동들 간에 균형을 잃지 않는 것이다.

리더가 다양한 행동들을 하는데 필요한 기술을 리더십 스킬이라고 한다. 리더가 하급자들에게 자신의 생각이나 필요한 정보를 잘 전달할 줄 알면 커뮤니케이션 스킬이 뛰어난 것이다. 일을 추진하는 데 필요한 자원을 잘 끌어와야 하는 경우가 있고 사업의 핵심을 잘 짚어 내는 기술이 요구되기도 한다. 한편, 리더가 다양한

그림 10-1 리더 행동, 스킬, 그리고 스타일

리더 행동 → 리더십 스킬 → 리더십 스타일

행동을 보여줄 때 나타나게 되는 일정한 행동 패턴을 **리더십 스타일**이라고 한다. 리더의 모든 행동이 사람을 우선하여 인간중심적인 패턴이 나타날 수도 있고 과업과 일 중심 패턴이 리더의 행동을 대표할 수도 있다.

본 장에서는 리더의 실제적인 행동들을 살펴보고 그 안에서 리더십 스킬이 어떤 의미를 갖는지를 알아본다. 그리고 리더십 이론 측면에서 스타일이 갖는 중요성을 학습하게 된다. 앞 장에서 배운 리더의 씨앗이 리더가 내면에 가지고 있는 속성이라면 리더의 **행동**, **스킬**, 그리고 **스타일**은 다른 사람들을 향한 리더의 가시적인 영향력 행사 수단이다. 성격, 가치관, 인지스타일 등과 같은 리더의 내면 속성은 이러한 행동, 스킬, 그리고 스타일에 직, 간접적으로 영향을 미친다.

제 1 절 박 팀장의 하루

조직에 근무하는 사람들의 하루 일과를 보면, 비슷비슷한 일들이 매일 반복되는 것을 발견하게 된다. K사 신사업개발팀 박 팀장의 어느 하루를 구성해 봤다.

(1) 아침 08:40분에 사무실에 들어서면서, 왠지 고민하는 표정으로 만나는 직원들과 간단히 목례를 나누고 자신의 자리로 간다.

(2) 사무실 책상에는 어제 채 끝내지 못하고 퇴근하면서 노란 포스트잇에 메모를 해 컴퓨터 화면에 붙여놓은 할 일들이 먼저 반긴다. 커피 한잔을 들고

이메일을 살피고 오늘 할 일을 대강 머릿속에 그리고 나면 회의 시간이다.

(3) 회의실로 막 가려는 참에 상사인 김 상무가 콜을 한다. 어제 산업자원부 갔던 일이 어떻게 되었느냐는 문의다.

(4) 잽싸게 11층으로 튀어 올라가 20여 분 동안 자세히 설명해주고 나니 팀 회의 시간에 한참 늦었다.

(5) 회의실에는 팀원들이 이미 모여 두서 없이 이야기를 주고받고 있다. 박 팀장이 들어서자 갑자기 분위기가 바뀌었다. 김 상무가 불러서 늦었다고 간단히 해명했다. 그런 다음, 지난 회의에서 설정한 아젠다 리스트를 뒤적이며 의견을 묻고 추진 상황을 점검한다. 김 대리가 결근이다. 부친이 돌아가셨단다. 8명 팀원들과 1시간 30분 가량 회의하고 나니 벌써 11시다.

(6) 자리에 돌아와 휴대전화를 켰더니 메시지가 여러 통 와 있다. 인사팀장의 메시지가 제일 짜증스럽다. 우리가 지난 달에 부탁한 추가인력 요청을 받아줄 수 없다는 것이었다. 바로 전화해서 한바탕 했다. 옆에 있던 팀원들의 분위기가 이상해졌다.

(7) 점심시간이다. 지선 님에게 김밥 한 줄 사달라고 해서 컵라면과 함께 때웠다. 1년이면 반 정도는 이렇게 점심을 먹는다. 그리고 남는 시간에 회사 인트라넷에 올라온 결제서류들을 열심히 검토했다. 아직 점심시간이 끝나기 전인데도 박 팀장은 첨부서류를 읽다가 관련 팀원을 찾곤 한다. 오늘은 정 대리를 찾았다. 그가 점심을 먹다가 허겁지겁 뛰어들어왔다.

(8) 정리가 끝날 무렵, 아내로부터 휴대폰으로 전화가 왔다. 애가 학교에 갔다가 와서 학원엘 안 갔다는 것이다. 어디론가 샌 모양이다. 16세 사춘기 아들놈이 또 속을 썩인다. 한숨을 한 번 쉬었다.

(9) 2시쯤 되어 입사 3년 차 강정애 사원이 면담신청을 해왔다. 미룰까 하다가 왠지 급한 일인 것 같아 마주 앉았다. 도저히 힘들어 못하겠으니 다른 팀으로 보내달라고 울먹인다. 속에서 열불이 솟구쳐 올랐다. 그러지 않아도 사람이 없어 난리인 것을 뻔히 알면서 어떻게 이런 말을 할 수 있는지 모르겠다. "너는 생각도 없냐?" 한 시간 내내 화풀이를 했다.

(10) 면담은 김 상무의 콜 때문에 중단되었다. 중국 풍력발전소 타당성 검토 결과를 왜 안 가져오냐고 한마디 먹었다. 하루만 시간을 더 달라고 애원했다. 급히 조 대리와 문 과장을 불렀다. 타당성 검토 결과 왜 안 나왔냐고 열 받은 소리로 다그쳤다. 내일 아침까지 완료하겠다는 약속을 받고 보냈다.

(11) 이번엔 경영기획실에서 연락이 왔다. 2주 후인 다음달 초 전사 전략회의에서 신사업 추진 실적과 향후의 계획을 발표하란다. 지난번에 이미 두 번을 미뤘으니 더 이상은 염치가 없어 하겠노라고 했다. 그런데 걱정이다. 뭐 내세울 게 없다. 앞으로 2주 동안은 집에 못 들어갈 것 같다. 오늘은 일찍 들어가서 아들놈도 혼내고 준비도 하고 내일부터 야근 시작해야겠다.

(12) 4시에는 팀장회의가 있다. 사업관련 팀의 팀장들이 모여 의견을 교환하는 자리인데 별로 영양가도 없는데 본부장 오 전무가 모이라니 할 수 없이 끌려가듯 참석했다. 김 상무도 와 있었다. 김 상무가 나를 바라보는 눈초리가 별로 곱지 않다. 얼른 옆자리로 가서 아랫사람들이 일처리가 더뎌서 답답해 죽겠다고 하소연 좀 했다. 김 상무는 별로 귀를 기울이는 것 같지 않다. 회의는 두 시간 계속되었다. 벌써 6시다. 끝나고 대학 선배인 해외사업팀장과 몇 마디 나누고 나니 또 30분이 지나갔다.

(13) 김 대리 부친 상가에 갈까 하다가 별로 영양가 없을 것 같아서 부조금만 보냈다. 다시 책상에 앉아 인터넷 좀 보고 이것저것 정리하다 보니 벌써 9시가 넘었다.

(14) 사무실에는 한 사람도 남아있지 않았다. 다들 초상집에 간 모양이다. 사무실을 나올까 하다가 다시 생각하니 내일 아침 김 상무에게 중국 풍력발전소와 관련된 보고를 해야 하는데 조 대리와 문 과장도 보이지 않는다. 초조하고 답답해서 전화 찍었더니 문상 끝나고 바로 올라와 밤샘할 거란다. 확실히 하라고 재삼 강조를 한 뒤, 퇴근하려다가 아무래도 마음이 안 놓여 두 사람 오는 것 보고 가야겠다고 생각하고 다시 의자에 쓰러지듯 눌러 앉았다.

(15) 조 대리와 문 과장이 11시가 넘어 도착했다. 결국 그날 밤을 꼬박 세웠다.

박 팀장의 일과를 15커트를 통해서 구성해봤다. 이것은 직장생활을 하는 평범한 한 팀장의 일상이지만, 이 안에 리더십의 중요한 코드가 들어있다. 우리가 흔히 리더십을 이야기할 때 내세우는 배려니, 변화주도니, 지시적 리더십이니 하는 구체적 행동들이 바로 이 일상의 과정 속에서 발견된다. 이들 하나하나의 행동이 리더 다우면 박 팀장의 리더십은 훌륭한 것이고 문제가 있으면 그의 리더십은 개선의 여지가 많은 것이다. 그렇다면, 이들 일상의 행동들을 통해서 박 팀장의 리더십을 어떻게 평가할 것인가? 나아가 이상적인 리더라면 위의 (1)에서 (15)의 행동들을 어떻게 수행했을까?

박 팀장이 보여주는 한컷 한컷의 행동들은 다른 사람들에게 자신의 리더십을 드러내는 순간이다. 아침에 사무실에서 처음 팀원들과 만날 때 보여주는 박 팀장의 표정과 자세는 팀의 분위기를 좌우한다. 어둡고 무거운 표정으로 말도 별로 없이 사무실을 들어서는 팀장의 모습을 보면서 팀원들이 생기와 활력과 도전의식을 느낄 수는 없을 것이다. 중요한 일을 수행했다면 상사가 묻기 전에 보고를 했어야 옳다. 리더가 불가피하게 회의에 늦을 것 같으면 가까이에 있는 팀원에게 몇 십분 후에 미팅하자고 한 마디라도 해줬어야 했다. 회의 분위기도 문제가 있고 길이도 1시간 30분이라면 너무 길다. 인사팀장에게 전화를 걸어 갈등을 빚은 것은 동료 팀장들과의 인간관계가 별로 안 좋다는 증거다. 팀장이 점심을 혼자서 사무실에 틀어박혀 먹는다는 것은 대인관계에 소홀하다는 것이고, **점심시간에 팀원을 불러들이는 것은 요즘엔 안 통하는 행동**이다. 가정도 원만하지 않은 모양이다. 면담을 요청한 강정애 팀원을 몰아붙인 것은 리더 갑질행동이다. 일에 있어서도 문제가 있는 것 같다. 보고서를 작성하는 일에서 실적을 쌓는 일에 이르기까지 어느 것 하나 원활해 보이지를 않는다. 상사인 김 상무도 이런 박 팀장을 좋아할 리가 없다. 팀원의 조문을 생략한 것은 박 팀장의 큰 실수 중 하나이다. 아무리 일이 밀려도 갔어야 했다. 며칠 동안 밤샘을 할 수밖에 없는 상황까지 밀린 것은 박 팀장이 업무에 지고 있다는 결정적 증거이다.

이처럼 주요한 하루의 일과를 가지고 리더십 행동을 점검해 보는 것은 누구에게나 적용될 수 있는 방식이다. 대상이 CEO나 대통령이라도 좋고 아니면 평범한

리더십 나누기 10-2: 박 팀장 구하기

※ 귀하가 박 팀장의 위치에 있었다면 어떻게 행동했을지를 아래의 표에 정리해 보자.

박 팀장의 행동	귀하의 대안	박 팀장의 행동	귀하의 대안
(1)		(9)	
(2)		(10)	
(3)		(11)	
(4)		(12)	
(5)		(13)	
(6)		(14)	
(7)		(15)	
(8)		내 행동의 특징	

✖ [나누기 문제 10-2] 다른 사람의 답과 비교하여 귀하는 어떤 특징이 있는지를 평가해보자.

학생이라도 좋고 한 집안을 이끌어가는 가장이라도 좋다. 자신의 일지를 써보고 하나씩 분석을 해보면 **"나의 리더십"**의 실체를 알아볼 수 있다.

제 2 절 리더십 스킬

리더에게 요구되는 행동을 수행하는 데 필요한 기술을 **리더십 스킬**(leadership skill)이라고 한다. 하급자, 상사, 그리고 동료들과 대화하고 토론하고 명령을 주고받는 모든 행위는 리더십 커뮤니케이션 스킬이라고 할 수 있을 것이다. 상대방의 말을 듣고 자신의 의견을 표현하는 등의 직접적인 행동을 비롯하여 얼굴의 표정, 몸으로 보여주는 제스처와 같은 비언어적 표현, 그리고 이메일이나 서신 등을 통한 의사소통에 이르기까지 커뮤니케이션 스킬에 포함되는 내용들은 매우 폭이 넓다. 커뮤니케이션 스킬이 뛰어나 필요한 내용을 인상적으로 표현할 줄 아는 리더가 있는가 하면, 당황하여 내용을 빠뜨리든가 왜곡 전달하는 리더들도 많다. 만약, 위의 사례에서 박 팀장이 효과적인 커뮤니케이션 스킬을 가지고 있었다면, **아침인사를 할 때, 회의를 주재할 때, 하급자와 면담을 하는 상황에서, 또 상사를 대하는 과정에서 좀더 바른 행동을 보였을 것**이다.

리더십을 효과적으로 발휘하기 위해서는 커뮤니케이션 스킬 이외에도 여러 가지 다양한 스킬이 필요하다. [그림 10-2]에 대표적인 몇 가지 리더십 스킬들을 정리하였다.

이들 리더십 기술들은 리더가 조직구성원들의 마음을 이끌어 기대 이상의 성

그림 10-2 리더십 스킬의 예

(1) 배려 또는 관계구축 기술: 상대방을 위한 양보, 헌신, 도움, 애정, 아끼고 위함.

(2) 과업성과 창출 기술: 일을 제대로 수행하고 목표를 달성함.

(3) 비전 제시와 실천: 미래에 나아갈 방향과 비전을 제시, 전파, 실천하는 기술.

(4) 변화주도 기술: 더 좋은 방법이나 참신한 아이디어를 제시하고 달성을 위해 앞장섬.

(5) 임파워먼트 기술: 상대방이 "나는 해낼 수 있다"는 자신감이 들도록 만듦.

(6) 참여와 위임의 기술: 독단, 참여, 위임을 과학적으로 사용하여 효과적인 의사결정을 내림.

(7) 육성과 코칭 기술: 기회를 주어 다른 사람을 키우고 바람직한 방향으로 안내함.

(8) 조직 시너지창출 기술: 능력 있는 사람들을 선발하여 적재적소에 배치하고 팀워크와 성취열정을 북돋워 큰 성과를 냄.

(9) 조정과 협력의 기술: 일처리에 관련된 조직의 상급자, 하급자, 동료 등을 대상으로 의견 조율, 정보공유, 적기의 협력을 제공하여 효과적으로 과업이 수행되도록 함.

(10) 커뮤니케이션 기술: 정보, 감정, 개념, 이념, 마음 등을 주고받는 기술.

과를 달성하고 장기적 비전을 위하여 현상을 변화시켜 나아가면서 동시에 구성원들의 능력을 개발하여 내일의 리더로 육성하는 행동들을 다 포함한다. 이러한 과정에서 팀워크를 키우고 조정과 협력을 위해서 커뮤니케이션 하는 행동들도 필요하다.

물론 이들이 전부는 아니다. 리더에게 요구되는 기술은 매우 다양하다. 리더십을 필요로 하는 상황이 그만큼 다양하기 때문이다. 예컨대, 리더는 때로는 정의로운 조직을 만들기 위해서 자기 희생을 할 줄 알아야 하며, **윤리적으로 청렴한** 조직을 만들기 위해서 노력해야 할 것이다. 또한 조직의 전략이나 정책 또는 조직의 가치관이 제대로 뿌리내릴 수 있도록 그 내용과 필요성을 구성원들에게 설득하여 수용하도록 하는 행동도 필요하다. 뿐만 아니라, 구성원들의 욕구나 의견을 수렴하여 최고경영자에게 적절히 전달하는 노력도 필요하다. 아울러 맡고 있는 임무와 역할에 대한 전문성과 탁월한 식견을 보여주는 것도 바람직하다.

리더는 이와 같은 다양한 스킬들을 체득해 두었다가 상황의 필요(Needs)가 있을 때 필요한 스킬을 발휘하여 효과적으로 행동할 줄 알아야 한다. 이들 리더십 스킬들을 〔그림 10-3〕에서와 같이 몇 가지 그룹으로 나누어 볼 수 있을 것이다.

그림 10-3 리더십 스킬 유형

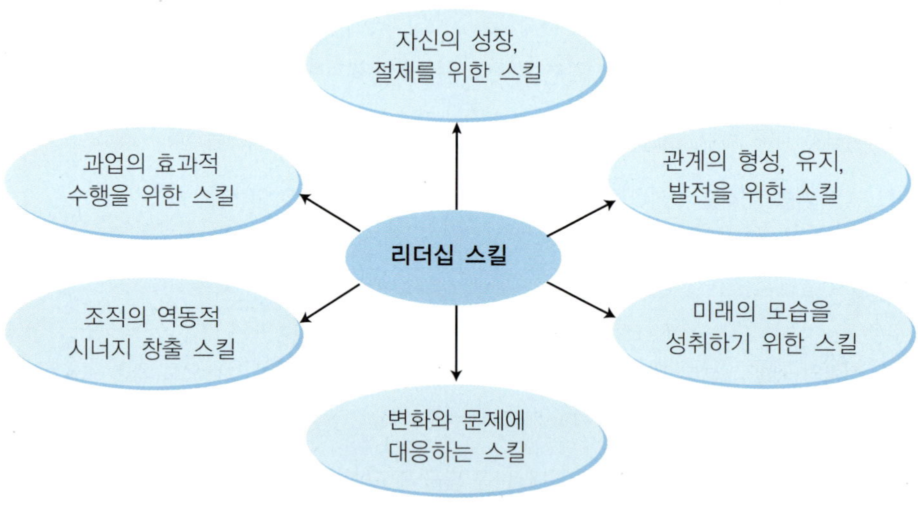

〔그림 10-3〕에 제시된 유형들은, 리더란 자기 자신, 과업, 사람, 시간, 변화, 조직 등의 차원에서 필요한 리더십 스킬들이다. 이것은 곧 리더는 여러 상황들을 효과적으로 극복할 수 있도록 다양한 리더십 기술을 갖고 있어야 함을 뜻한다.

또한 앞서 제시한 10가지 리더십 시킬들(〔그림 10-2〕 참조)을 이 스킬 유형들에 대입하는 것은 어렵지 않을 것이다. 물론 각 스킬 유형에는 여러 스킬들이 포함될 수 있다. 예컨대, 조직의 역동적 시너지를 위한 기술에는 **임파워먼트(empowerment) 기술**이나 **시너지 창출 기술**, 그리고 **커뮤니케이션 기술** 등이 관련될 수 있을 것이다.

리더십 나누기 10-3: 프로크루스테스의 침대

"그리스 신화의 영웅 테세우스는 아테네의 왕인 아버지를 찾아가며 할아버지가 권하는 편안한 바닷길이 아닌 험한 육로를 택했다. 사람들을 괴롭히는 악당, 괴물들을 물리쳐 아버지의 나라를 평화롭게 하기 위해서다. 테세우스가 아테네로 가는 길에 해치운 악당 가운데 가장 잔인한 자가 다마스테스다. 사람들은 그를 '프로크루스테스(Procrustes: 손발을 잡아 늘이는 사람)'라는 별명으로 불렀다. 다마스테스는 침대 두 개를 가지고 있었는데 하나는 아주 짧고 하나는 아주 길었다. 이 음흉한 도적은 키가 작은 사람들은 긴 침대로 데려가 사지를 늘여 죽였고 반대로 큰 사람은 작은 침대로 끌고가 침대에 맞게 손발을 잘라 살해해 그런 별명이 붙었다. 테세우스는 덩치가 큰 다마스테스를 작은 침대에 때려 눕혀 그가 큰 사람에게 했던 대로 징벌했다. 여기서 유래한 관용구가 '프로크루스테스의 침대'다.

융통성이 없거나 자기가 세운 일방적인 기준에 다른 사람들의 생각을 억지로 맞추려는 아집과 편견을 비유하는 말이다." (문화일보, 2009년 5월 14일)

✠ [나누기 문제 10-3] 아집과 편견에 사로잡힌 리더는 어떤 행동을 보일까? 어떤 스킬을 갖춰야 아집과 편견을 극복할 수 있을까?

제3절 리더십 스타일

리더에게 필요한 행동을 얼마나 잘 수행할 수 있는가를 나타내는 것이 리더십 스킬이라면, 리더십을 발휘할 때 나타나는 행동의 패턴을 리더십 스타일이라고 한다. 리더십 스타일은 매우 다양하게 존재한다. 우리가 흔히 이야기하는 리더십 스타일만 보더라도 업무중심 스타일, 배려 스타일, 변화지향 스타일, 위임 스타일 등 다양하다.

중요한 것은 리더는 자신의 **스타일을 한 가지에 고착시켜서는 안 된다**는 것이다. 또 한 가지에 고착되어 있다고 하더라도 경우에 따라 다른 스타일도 보여줄 수 있는 유연성을 가져야 한다. 즉, 상황의 요구와 추종자들의 기대에 맞는 다양한 스타일을 보여줄 줄 알아야 한다는 것이다. 한 가지 스타일의 리더십만을 계속 발휘하면 효과적일 수 없다. 효과적인 리더는, 비록 자신이 즐겨 사용하는 한 가지 스타일이 있더라도, 다양한 상황에 맞춰 여러 가지 적합한 리더십 스타일을 보여줄 수 있는 **스타일 유연성**을 갖춰야 한다.

예컨대, 김 상무는 업무중심 스타일을 주로 사용한다. 항상 업무, 목표, 과업 등의 단어들을 입에 달고 산다. 그러던 어느 날 하급자들이 어떤 프로젝트를 수행했는데 실패했다. 김 상무는 하급자들을 보자마자, "그것밖에 못해!"라며 크게 나무랐다. 만약 업무중심의 김 팀장이라고 하더라도 약간의 유연성이 있었다면, 이러한 경우 하급자들에게 "그래 괜찮아. 수고했다. 원인을 분석하여 다음에 멋있게 해보자."라고 하며 배려하는 행동을 보여줬을 것이다. 특히 나이가 들어가면서, 또 직급이 높아지면서 리더는 자신에게 익숙한 한 가지 스타일을 고집하게 된다. 말할 때 주로 사용하는 키워드가 몇 년이 지나도 항상 똑같고, 생각하고 판단할 때에도 자신의 스타일에 맞는 기준만을 즐겨 사용한다. 리더가 어떤 상황에서 어떻게 행동할지가 예측 가능해질 정도가 된다.

리더십 스타일 고착은 여러 가지 원인 때문에 생긴다. 첫째는, 리더가 갖은 성격이나 가치관 등의 개인차 씨앗이 어느 한쪽으로 치우쳐 있기 때문에 나타날 수 있다. **강한 A형 성격**을 갖은 리더라면 남들보다 월등한 성과를 내기 위해서 구성원들을 몰아붙일 것이다. 둘째는 상황에 맞는 리더십 스킬을 **배우지 못했기 때문**일 수도 있다. 머릿속에서는 알지만 말과 행동으로 어떻게 표현해야 하는지를 모르기 때문에 자신에게 익숙한 스타일로 모든 상황에 대응한다. 셋째는 조직의 제도나 시스템에서 어느 한쪽을 **강력히 요구하기 때문**일 수도 있다. 예를 들면, 목표달성에 따라 급여가 차이 나고 승진이 결정되는 시스템 하에서는 모든 조직 리더들이 업무를 최우선으로 생각할 수밖에 없게 된다. 넷째는 조직의 문화적 전통이나 배경이 어느 한쪽의 리더십 스타일을 선호하기 때문일 수 있다. 20년 전만 해도 한국의 많은 기업들이 기업의 모토를 "인화(人和), 인간중심" 등으로 정하고 그러한 가치를 실천하도록 주문했었다. 이러한 문화적 토양에서는 배려와 가부장적인 리더십 스타일이 중심이 되리라는 것은 어렵지 않게 추측할 수 있다.

리더십 스타일은 매우 다양하기 때문에 몇 가지로 유형화하여 정리하기가 무척 힘들다. 앞 절에서 정리한 리더십 스킬 예시(〔그림 10-2〕 참조)를 참고하는 것이 바람직할 것이다. 이들 스킬들 중 어느 하나에 또는 몇 가지 스킬들을 함께 보여줌으로써 리더는 자신의 스타일을 형성하게 된다. 예컨대, 카리스마리더십 스타일의 경우, 조직이나 공동체의 미래에 관련된 이념화 스킬과 비전 커뮤니케이션 스킬, 위험을 무릅쓴 추진력, 그리고 시너지 창출 기술 등이 복합되어 나타나는 스

그림 10-4 리더십 스타일 고착의 이유

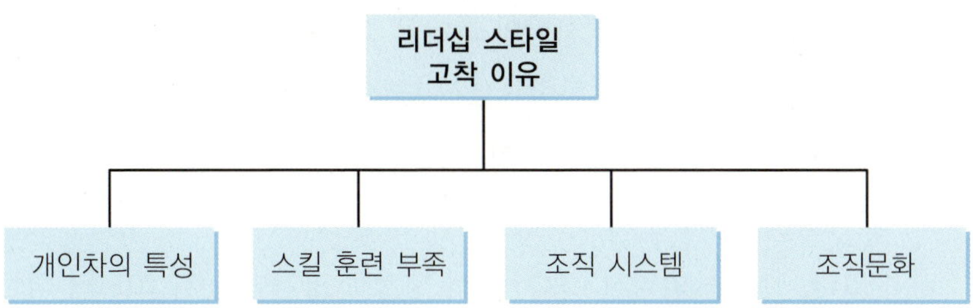

그림 10-5 리더십 스타일의 예

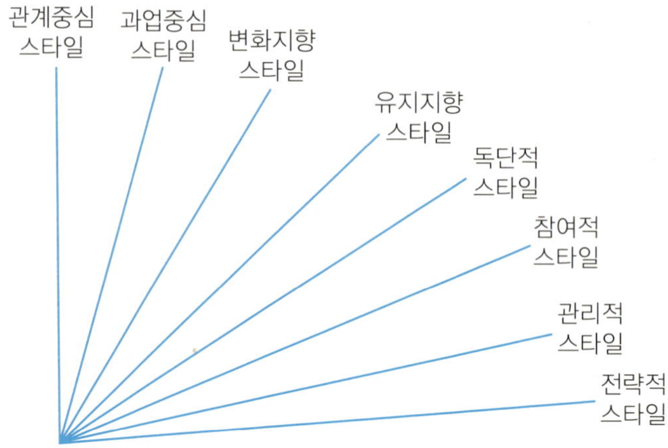

타일이다. 물론 참여적 스타일이나 독단적 스타일과 같이 리더의 행동 중 일정부분에 초점을 두어 단순하게 스타일 명칭을 부여하게 되는 경우도 있다. 〔그림 10-5〕에 흔히 쓰이는 리더십 스타일의 예를 정리하였다.

〔그림 10-5〕에서 각 축은 서로 독립적이다. 이것은 곧 한 사람이 여러 가지 스타일을 동시에 가질 수 있다는 의미이다. 예컨대, 효과적인 리더라면 한편에서는 변화를 추진하기 위해서 새로운 사업을 펼쳐 나아가겠지만, 다른 한편에서는 기존 사업의 유지와 관리를 위해서도 노력해야 할 것이다. 또한 관계를 중시하는 성향을 보임으로써 내부 결속을 다지는 것도 중요하지만, 동시에 과업목표를 달성하기 위한 강한 리더의 모습도 보여줘야 한다. 조직현장에서는 리더들이 다양한 스타일을 적절히 다 보여주지 못하는 경우가 많기 때문에, 이런저런 스타일의 리더들을 조합하여 배치함으로써 한 사람의 리더십 결함을 반대되는 스타일을 가진 다른 리더가 보완해주도록 한다. 마이크로소프트의 **빌게이츠(Bill Gates)는 CEO로 있을 때, 전략적, 독단적 리더십 스타일을 보여줬었다**. 그의 밑에서 2인자로 있던 스티브 발머(Steve Ballmer) CEO는 관리적, 참여적 스타일을 많이 사용하는 것으로 알려져 있다. 발머는 최악의 CEO 중 한 명으로 평가받은 뒤 2014년 퇴임했다. 은퇴

리더십 나누기 10-4: 빌 게이츠 vs. 스티브 발머

빌 게이츠가 마이크로 소프트의 CEO에서 물러나고 그의 오랜 동반자인 스티브 발머(Steve Ballmer)가 물려받았을 때 조직의 관리방식이 많이 바뀌었다. 빌 게이츠는 모든 것을 스스로 주도하는 스타일이었다. 반면에 스티브 발머는 많은 것을 위임하는 스타일로 알려져 있다. 과거에는 CEO 빌 게이츠가 기술이 나아가는 방향도 예측해주고 회사의 전략적 방향도 앞장서 제시해 주었다. 조직원들은 그의 방침을 따라 실행계획을 세우고 전략을 구체화해 나아가면 되었다. 기술자들이나 조직원들이 의견을 제시하지 못하는 험한 상황은 아니었지만, 토론이 있고 난 후에도 항상 최종 결론은 CEO의 의중에 의해 지배되었다.

하지만 새로운 CEO 스티브 발머는 정반대의 스타일을 갖고 있었다. 지침도 방향도 주어지지 않기 시작했다. 이제는 각자가 알아서 판단하고 선택하고 결정하고 행동해야 하며, 결국 책임도 스스로 져야 하는 상황이 되었다. 조직원들은 당황할 수밖에 없었다. 우왕좌왕하면서 무엇을 해야 할지 막연해 했다.

워크숍을 하고 교육과 훈련을 하면서 새로운 방향을 모색해 나아가기 시작했다. 조직 구성원들은 자신의 생각을 쏟아냈고 많은 토론이 활발하게 이루어지기 시작하였다. 한 동안 혼란스러웠던 상황은 이러한 다양한 노력의 결과로 6개월이 지나면서 서서히 자리를 잡아가는 모습이 나타났다. CEO 빌 게이츠가 보내는 이메일 리포트도 더 이상 날아들지 않는다. 하지만 이제 조직원들은 나름대로의 생각과 판단에 입각하여 방향을 정하고 해야 할 일을 찾아 나아간다. 새로운 마이크로 소프트가 탄생한 것이다.

하지만 발머의 스타일은 MS를 위축시켰다는 평가를 받았다. 2014년 퇴직한 후 프로농구팀(NBA) LA Clippers의 구단주가 되었다. 2015년 Forbes의 역사상 최악의 CEO 선정에서 영예(?)의 1위를 차지했다. 그는 모바일음악, 핸드셋, 테블렛 등의 사업을 포기했으며 Windows 등 신제품 출시를 포기 또는 지연시켜 좋은 기회를 놓쳤다는 비판을 받았다.

✤ [나누기 문제 10-4] CEO의 스타일이 조직원들에게 미치는 영향을 세 가지만 정리하여 보자.

후 프로농구팀(NBA) LA Clippers의 구단주가 되었다.

앞으로 논의될 많은 리더십 이론들에서는 다양한 리더십 스타일들이 제시된다. 이들 각각의 스타일이 어떤 상황에서 더 적합한지를 분석하여 이해할 필요가 있다. 이론을 이해하는 것도 중요하지만 그 이론이 어떤 상황에서, 어느 범위까지 적용될 수 있는가를 생각하면서 받아들이는 자세가 요구된다.

제4절 리더십 행동이론들

1. 이론에 나타난 리더십 행동유형

대부분의 리더십 이론들은 리더의 특정한 행동을 포함한다. 행동이 있어야 결과가 나오기 때문이다. 지금까지 나타난 리더십 행동의 유형들을 주요 이론들과 더불어 개략적으로 정리하면 〔그림 10-6〕과 같다.[2]

〔그림 10-6〕은 행동중심 리더십 연구의 개략적 흐름을 나타낸다. 리더의 행동에만 초점을 맞추던 초기의 행동이론은 상황론에 이르러 어떤 상황에서 어떤 행동이 바람직한가라는 질문에 해답을 찾기 위해서 상황을 구체화하고 각 상황에 맞는 리더의 행동을 제시하기에 이른다. 그 후, 상 · 하 간의 관계의 질(質)을 높이는 데 필요한 리더의 행동을 연구하는 관계론, 변화와 혁신을 주도하는 데 필요한 행동을 강조하는 변혁론, 추종자들의 성장과 발전에 초점을 둔 육성론, 윤리적 규범을 중시하는 윤리론, 구성원들 간의 정신적 유대를 중시하는 **영성(靈性)론**, 환경변화에 적극적으로 적응하기 위한 리더의 행동을 제일로 치는 **복잡계론**, 이슈를 중심으로 리더십이 발현된다는 **매개론**, 그리고 각국의 문화적 가치에서 생겨나는 독특한 리더의 행동을 이해하려는 **문화론** 등으로 발전되어 왔다.[3]

그림 10-6 이론에 나타난 리더십 행동 계보

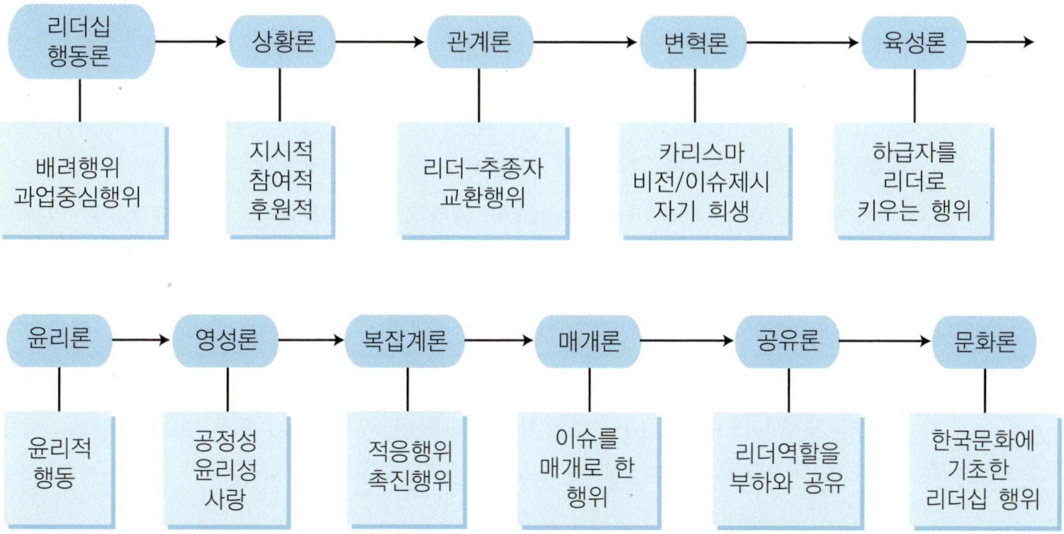

이들 중에서 1940년대~60년대의 초기의 리더십 이론들은 리더의 행동을 찾아내는데 심혈을 기울였다. 이들을 **리더십 행동이론**이라고 한다. 즉, 리더십이란 리더가 갖는 특성(trait)이 아니라 추종자들에게 보여주는 행동이라는 주장이다. 앞장에서 언급했듯이, **특성은 타고나는 면이 강하지만, 행동은 후천적으로 훈련 등을 통해서 습득된다**. 개인적으로 어떤 특성을 갖고 있던 간에 리더의 행동은 습득되고 행사될 수 있다는 것이 행동론이 갖은 가장 큰 명제이다. 그러므로 잘생긴 사람이든, 못생긴 사람이든, 키가 작든 크든, 남자건 여자건, 노인이건 어린아이건 누구나 특정한 행동을 연습하고 훈련하면 적절히 리더십을 발휘할 수 있다는 것이다. 이제 키 크고 잘생긴 맥아더 같이 생긴 사람만 리더가 될 수 있는 것이 아니다. 독자들 누구도 리더십을 발휘할 수 있다.

2. OSU연구와 미시간대학 연구에 나타난 리더의 행동

리더십 행동이론에 속하는 이론들은 미시간대학 연구, OSU연구, 관리격자(managerial grid) 모형, 그리고 PM이론 등 비슷비슷한 내용의 이론들이 많이 발표되었다. 앞서의 내용과 연결하여 이들을 간략히 알아보도록 하자.

초기의 리더십 행동이론은 리더의 행동을 **전제적 행동**, **민주적 행동**, 그리고 **방임적 행동** 등으로 나누었다.[4] 연구결과에 따르면, 전제적/권위적/통제적(autocratic) 리더십 스타일은, 리더가 존재하는 상황에서는 조직원들의 생산성을 높여주지만, 리더가 부재하면 생산성이 낮아진다. 그리고 리더가 지식이 풍부하면 정확한 해답을 산출하지만, 리더가 잘 모르면 엉뚱한 해답을 낸다고 한다. 결국 모든 것이 리더의 능력과 감시능력에 달려있다는 것이다. 하지만 민주적(democratic) 리더십 스타일은 이직과 결근율을 낮추고 조직원들의 참여와 만족도를 높여주며 혁신적 태도를 갖게 한다. 방임형(laissez-faire)은 리더십 성과에 매우 부정적인 영향을 미치는 것으로 나타났다.

세계 2차 대전이 끝난 후, 미국의 미시간대학의 연구자들은 두 조직으로부터 성과가 높은 팀들과 성과가 낮은 팀들을 비교하는 연구를 수행하였다. 그 결과, **종업원중심 스타일**과 **생산중심 스타일**이라는 두 가지 리더십 스타일을 도출해 냈다. 이 연구에서는 종업원중심과 생산중심 행동을 한 축의 두 극단으로 보았다. 즉, 리더는 종업원중심 행위나 생산중심 행위 중 하나만을 선택할 수 있다는 것이다.

하지만 리더십을 단일 차원으로 보는 관점은 이후에 발표된 오하이오주립대학(OSU) 연구에서 바뀌었다. OSU연구에서는 바람직한 리더의 행동을 **배려**와 **구조주도**의 두 가지로 보았다. 배려 행위는 말 그대로 리더가 추종자들을 따뜻하고 인간적으로 대해주는 행위를 말한다. 구조주도 행위란 업무중심, 과업중심, 목표중심 행위를 의미한다. 사람들을 모아 조직화하고 역할을 분담하고 목표를 명확히 하는 등의 행위는 구조주도 행위에 해당한다. 중요한 것은, OSU연구자들은 배려와 구조주도의 두 행동을 각각 독립된 축으로 봤다는 사실이다. 이것은 곧 리더가

그림 10-7 리더십 행동 축의 차이

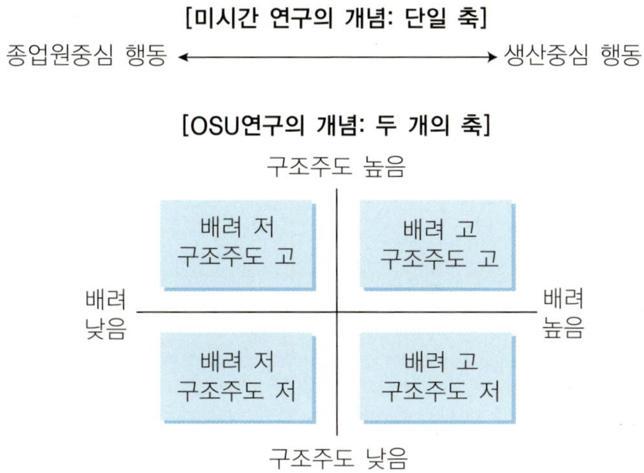

배려 행위와 구조주도 행위를 동시에 보여줄 수 있다는 뜻이 된다. OSU연구결과는 행동이론의 대표적 이론으로 인정받고 있다.

미시간 연구와 OSU연구의 기본개념을 그림으로 표시하면, 〔그림 10-7〕과 같다.

〔그림 10-7〕에 나타났듯이, OSU연구의 개념은 리더가 높은 구조주도와 높은 배려(즉, **高 구조주도, 高 배려**) 행위를 보일 때 가장 효과적이라는 것이다. 지나치게 배려만 해주면 일에 대해서 소홀히 할 수 있다. 또 지나치게 일 중심(구조주도)으로 밀어붙이다 보면, 조직이 생기를 잃게 된다. 그러므로 리더는 때로는 구조주도 행위를, 때로는 배려 행위를 보여줄 줄 알아야 한다.

3. 관리격자 모형

'격자'(grid)라는 단어가 좀 어렵게 느껴지지만, 이것은 우리가 물고기를 구울 때 흔히 사용하던 적쇠와 같은 모양을 의미한다. 관리격자 모형을 제시한 블레이크와 무튼(Blake & Mouton)은 학문영역에서는 별로 주목받는 사람들이 아니었다.

리더십 나누기 10-5: 구조주도와 배려행동의 예

[1] 구조주도 행동의 예

- 하급자들에게 분명한 (1)을 정해준다.
- 수행할 일에 대한 (2)을 짜준다.
- 집단구성원들이 정해진 규칙과 (3)을 잘 따르도록 요구한다.
- (4)을 중시한다.

[2] 배려행동의 예

- 그(리더)와 이야기를 나누다 보면 (5)을 느낀다.
- (6)처럼 대해주며 언제든지 만날 수 있게 해준다.
- 구성원들 각자의 개인적 (7)까지도 신경을 써준다.
- (8)을 받으면 그것을 실행에 옮긴다.

✠ [나누기 문제 10-5] 위의 (1)–(8)에 들어갈 단어를 아래에서 고르시오.

a. 형편 b. 제안 c. 스케줄 d. 직무 e. 규정 f. 애인 g. 친구 h. 증오감 i. 복수심 j. 편안함 k. 상사에 대한 예절 l. 가치기준 m. 데드라인

그런데 실무에서는 꽤 알려져 있다. 이들은 리더의 행동을 **'생산에 대한 관심'**과 **'인간에 대한 관심'**의 두 축을 사용하여 실무자들을 이해시키려 하였다. 그들은 이 두 축을 각각 9등급으로 나누어 세분화시키고 좌표에 따라 리더의 스타일을 다섯 가지로 구분하였다. 〔그림 10-8〕에 관리격자 이론을 대표하는 그림을 제시하였다.[5]

블레이크와 무튼의 관리격자 모형은 리더십 훈련 프로그램은 무관심형(1,1), 과업형(9,1), 컨트리클럽형(1,9), 중간형(5,5), 그리고 팀형(9,9) 등 다섯 가지 리더십 스타일 중에서 팀형(9,9)을 가장 효과적인 리더십 스타일이라고 보았다. 리더십 진단을 실시하여 팀형(또는 '구구형'이라고 부른다) 리더가 되도록 훈련하는 것이 관리격자 훈련프로그램의 내용이다. 이 모형은 실무적으로는 인기가 있었으나

그림 10-8 관리격자 이론이 제시하는 리더십 스타일

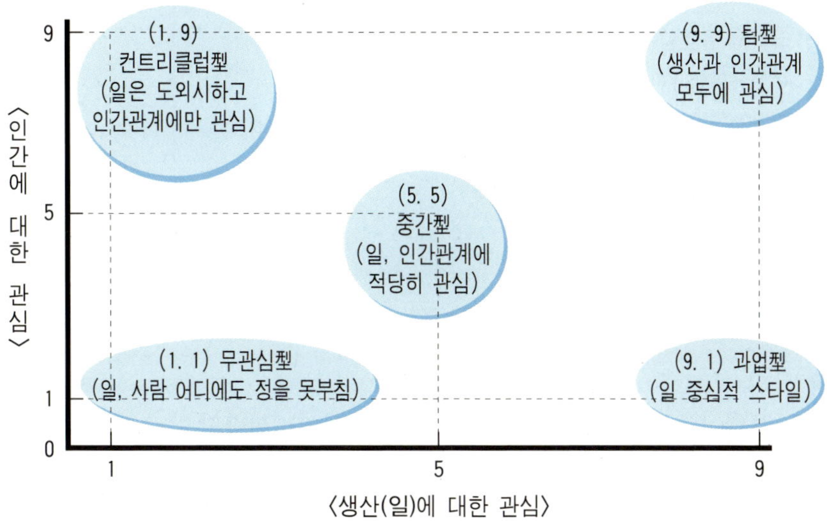

학문적 차원에서는 큰 기여를 하지 못했다.[6]

4. PM 리더십이론

일본의 미수미(Misumi)라는 학자는 구조주도와 배려라는 어휘 대신에 **성과(performance)지향**, **유지(maintenance)지향**이라는 말을 사용하면서 PM이론을 제시하였다. 미수미에 따르면, 리더의 성과지향적 행동은 비슷한 강도의 유지(관계)지향적 행위가 동반되지 않으면, 추종자들이 리더가 자신들을 압박하든가 통제하기 위해서 성과를 내세우고 있는 것으로 해석하게 된다고 한다. 반면에, 성과에 대한 강조와 함께 유지노력이 행해지면(즉, PM형) 추종자들은 리더의 성과지향적 행동을 지시나 압력으로 해석하기보다는 계획수립을 도와주고 뭔가 전수해주기 위한 행동으로 평가한다는 것이다.[7]

PM이론은 오래된 이론이다. 오늘날에는 조직을 유지만 해가지고는 큰 힘을 낼 수 없다. 구성원들이 120%의 노력을 하도록 마음을 한곳으로 엮어 몰입하도록 하

그림 10-9 PM 리더십이론

*리더십 유효성은
[PM>pM=Pm>pm]의 順
** P=Performance Orientation
M=Maintenance Orientation
*** 대(大)문자 P, M은 그러한 행위에 치중한다는 뜻

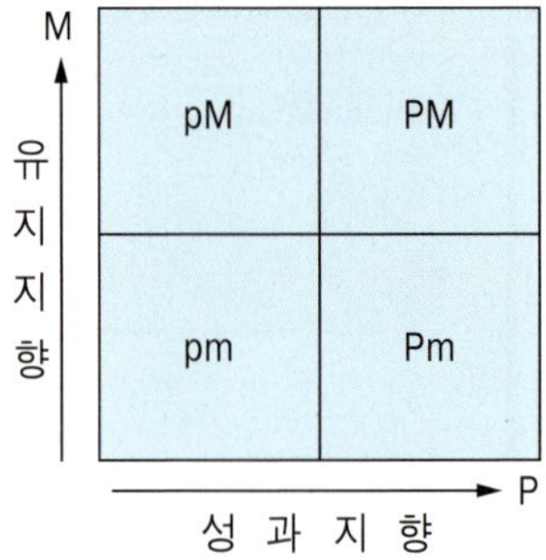

는 보다 적극적 행동이 요구된다. 한국에서의 **'신바람'**이란 조직을 단순히 유지하는 수준을 넘어, 기대 이상의 성과를 내기 위해서 헌신적으로 노력하는 수준을 의미한다.

아울러, 리더십을 상하의 관계로만 이해하는 것은 바람직하지 않다. 상급자와 하급자의 관계가 중요하기는 하지만, 동료와 상사까지도 고려한 관계역학 속에서 리더의 행동을 이해하는 노력이 요구된다.

제5절 임파워링리더십

임파워먼트와 임파워링리더십

리더의 행동 중에서 논란이 많이 되는 행동이 바로 임파워먼트 행동이다. 임파워링리더십을 이해하기 위해서는 임파워먼트(empowerment)가 무엇인지부터 알아야 한다. 임파워먼트는 두 가지 개념을 가지고 있다.

심리적 임파워먼트 이것은 개인이 심리적으로 권능감을 느끼는 것이다. 이에 따르면, 개인이 임파워먼트됐다는 것은 네 가지 차원이 충만한 상태를 말한다. 즉, **의미성**(meaningfulness), **역량감**(competence), **자기결정감**(self-determination), 그리고 **영향력**(impact) 등 네 가지다.[8]

이 논리에 따르면, 임파워링리더십이란 리더가 부하들이 자기 하는 일에서 중요한 의미를 발견하게 해주고, 일을 잘할 수 있다는 역량감, 자신감을 느끼게 하고, 자기 일을 상사에게 꼭 물어보지 않고 자기가 결정할 수 있다는 인식(자기결정감)을 심어주고, 부하가 '내가 하는 일이 회사에 큰 영향을 미칠 수 있다'는 영향력 인식을 심어주면 된다.

조직구조적 임파워먼트 이것은 임파워먼트를 개인 심리의 문제로 보는 것이 아니라, 조직 내에서 권한의 배분과 참여와 위임의 문제로 보는 것이다. 조직구조적 임파워먼트는 다음과 같이 정의된다.:

> "조직구성원들의 **자기효능감**(self-efficacy; 할 수 있다는 자신감)과 자기결정감을 높이는 조건들(예, 참여적 의사결정)을 **강화**하고 **무력감**(powerlessness)을 조장하는 요인들(예, 관료주의)을 **제거**하는 과정이다."[9]

이 개념에 따른 임파워링리더십 행동은 〈표 10-1〉과 같이 정리된다.

임파워링리더십은 부하들에게 더 많은 권한을 줘 자율적으로 업무를 수행할 수 있도록 하는 것이다. 그 과정에서 어려운 직무, 고차원 직무기술을 습득하도록 하는 육성 또는 개발의 목적도 있다.

하지만, 부하 중에는 더 많은 권한을 부여받는 것을 부담스럽게 생각하는 사람들도 있다. 임파워링한다고 해서 너무 많은 권한을 부하에게 내려주면, 부하는 스트레스를 받고 오히려 역효과를 낼 수도 있다.

이에 따라, 최근에는, 임파워링리더십과 성과의 관계를 **"U자를 뒤집어 놓은 것"**(Inverted U)과 같은 포물선을 그리는 것으로 본다. 임파워먼트를 적당히 해주면 성

표 10-1 임파워링리더십

구성 개념	차 원	정 의
자율지원 행동	① 위임(delegating)	부하에게 권한을 주어 스스로 결정하도록 함
	② 주도(initiating)	부하가 새로운 아이디어를 내어 자신의 주관하에 결과를 산출하도록 함
	③ 목표집중(goal focus)	부가가치 없는 일을 줄이고 목표에 집중하여 성과를 내도록 함
	④ 효능감 지원 (efficacy support)	'효능감'(잘할 수 있다는 심리)을 심어주기 위해서 격려와 칭찬으로 이끎
	⑤ 고무(inspiring)	미래의 희망과 비전을 품고 오늘의 과업에 매진하도록 함
	⑥ 조율과 정보공유(coordinating & information sharing)	역할과 책임(R&R) 경계가 모호하든가 신생 업무, 갈등의 소지가 있는 업무에 대해서 교통정리를 해줌
개발지원 행동	⑦ 모범 보이기(modelling)	부하의 능력개발을 위해서, 고차원 업무를 리더 스스로 해결하는 것을 보여줌
	⑧ 안내(guidance)	부하들이 잘 모르는 것을 친절하게 설명해주고, 코칭해줌

과(Y축)가 올라가지만, 너무 많이 해주는 순간 성과가 오히려 떨어진다는 것이다. 스트레스는 상대적으로 높아진다.

본 장의 요점

※ 리더십은 과업중심 행동과 인간중심 행동(소위 "부드러운 터치")의 균형이 중요하다.

※ 리더십 행동에서 리더십 스킬을 발견할 수 있고 행동이 패턴을 이루면 리더십 스타일이라고 한다.

※ 리더십 스킬에는 자신의 성장과 절제를 위한 스킬, 과업의 효과적 수행을 위한 스킬, 관계형성 · 유지 · 발전을 위한 스킬, 역동적 조직에너지 창출스킬, 변화/문제 대응스킬, 미래 성취를 위한 스킬 등이 있다.

※ 리더십 스타일이 고착되면 안 된다. 스타일 고착은 개인차, 훈련 부족, 시스템 특성, 조직문화 때문에 생긴다.

※ 리더십 스타일은 관계중심, 과업중심, 변화지향, 유지지향, 독단적, 참여적, 관리적, 전략적 스타일 등 다양하다.

※ 리더십 행동이론은 특성론과 달리 자동차 운전처럼 누구나 배우면 필요한 리더십 행동을 발휘할 수 있다고 주장한다.

※ OSU연구는 배려와 구조주도를 리더십의 대표적 행동으로 봤는데 고 배려-고 구조주도를 최상의 리더십으로 제시했다.

※ 관리격자이론은 생산에 대한 관심과 인간에 대한 관심을 두 축으로 리더십 행동을 설명하는데, 둘 다 높은 (9,9)형, 즉 팀형 리더를 이상형으로 봤다.

※ PM 리더십이론은 성과지향(P)과 유지지향(M) 행위가 다 높아야 효과적인 리더라고 설명한다.

※ 심리적 임파워먼트는 의미성, 역량감, 자기결정감, 영향력으로 이루어진 개념이다.

※ 조직구조적 임파워먼트에서는 구성원의 자기효능감을 높이는 조건들을 강화하고 무력감을 조장하는 요인들을 제거하는 것을 임파워링리더십이라고 정의한다.

※ 임파워링리더십은 위임, 주도, 목표 집중, 효능감 지원, 고무, 조율과 정보공유, 모범 보이기, 안내 등의 행동으로 이뤄진다.

※ 임파워먼트는 스트레스를 유발하기도 한다.

리더십 토론의 시간 10

은혜와 위세의 균형

우리는 이징옥이라고 하면 '이징옥의 난'을 떠올린다. 세조가 왕위를 찬탈했을 때, 북방을 지키던 이징옥 장군이 세조를 거부하면서 스스로 나라를 선포하고 자신이 왕이 되었다. 그러나 그는 오래 가지 못하고 부하들에게 살해당하고 만다. 그 이유는 바로 그가 너무 성과와 권위만을 내세우면서 부하들을 괴롭혔기 때문이었다.

세종 때부터 이징옥은 전투에서는 용감하고 부하들에게는 엄한 장군으로 이름이 높았다. 이 사실을 전해들은 세종은 걱정스러운 마음에서 서신을 직접 내린 적이 있다. 당시의 상황을 세종실록은 이렇게 기록하고 있다.

〔세종 18년 1436년 11월 27일〕 (이징옥에게) "경의 위세와 무력을 넘어설 이는 옛 사람 중에도 없다. 그 위엄이 북쪽 변방에 떨쳐져 오랑캐들이 모두 굴복하니 내가 매우 가상히 여긴다. 그러나 여러 사람을 제어함은 은혜와 위세가 한쪽에 치우치지 않는 데 있다. 그러면 사람들이 사랑할 바를 알게 되고, 사랑할 바를 알게 되면 또한 두려워할 바를 알게 될 것이니, 이같이 되면 공을 세울 수가 있는 것이다. 진(晉)나라의 양호(羊祜)가 바로 이런 사람이었다. 경은 옛날 장수들의 성공과 실패를 거울로 삼고 나의 지극한 마음을 본받아, 다만 위세와 무력만을 오로지 숭상하지 말고, 반드시 인후(仁厚)와 자애로 사람들을 복종시켜, 영구히 북쪽 변방의 훌륭한 장수가 되어 나의 마음에 부합하도록 하라." 하였다.

"이징옥이 회령을 지키고 있는데, 성질이 굳세고 용감하여 정령(政令)이 매우 엄격하였으며, 적변(賊變)이 있음을 들으면 즉시 무장을 갖추어 성밖으로 나가서 적을 기다리게 되니, 싸움에 크게 이기지 않은 적이 없었다. 여러 부의 야인들이 매우 그를 두려워하고 꺼려서 감히 침범하지 못하고, 그를 '어금니가 있는 큰 돼지〔有牙大豬〕'라고 불렀다."

강함과 부드러움, 일과 사람, 권위와 따뜻함이 함께 어우러져야 훌륭한 리더가 될 수 있다는 사실을 세종은 이미 깨우치고 있었다.

[토론과제 10-1] 성과, 일, 목표, 권위 등에 의존하는 과업형 스타일을 갖는 리더가 배려 스타일을 함께 갖추어 균형을 이루지 못하는 이유는 어디에 있는가?

[토론과제 10-2] 과업형 스타일이 적합한 상황에는 어떤 것들이 있겠는지 정리하여 보자. 또한 배려 스타일이 적합한 상황은 어떤 특징을 갖는가?

[토론과제 10-3] 리더십 스타일을 과업중심-배려중심으로 분류하는 방법은 어떤 한계를 갖는가? 한계점들을 찾아 정리하자.

나의 리더십 진단 10

구조주도와 배려 진단

※ 다음은 귀하의 구조주도와 배려 스타일 수준을 알아보기 위한 설문이다. 아래의 양식을 이용하여 응답한 후 스타일을 판단하여 보자.

〈응답 양식〉

1	2	3	4	5
별로 동의하지 않는다		보통이다		크게 동의한다

〈구조주도 행동 측정〉

1. 나는 다른 사람들에게 기대하는 것이 무엇인지를 분명히 알려준다. (　　)
2. 나는 일을 할 때 정형화된 절차의 활용을 장려한다. (　　)
3. 나는 나의 아이디어를 현실에 적용시키려 노력한다. (　　)
4. 나는 다른 사람들에게 나의 태도를 명확히 한다. (　　)
5. 나는 다른 사람들에게 과업을 할당하고 할당 받은 과업을 제대로 처리하도록 만들 수 있다. (　　)
6. 나는 주변의 빈둥거리는 사람들이 온 힘을 다해 일하도록 만들 수 있다. (　　)
7. 나는 다른 사람들에게 나의 역할이 잘 이해되고 있다고 확신한다. (　　)

8. 나는 과업이 제대로 수행되도록 계획을 짠다. ( )

9. 나는 작업수행에 있어 명확한 기준을 유지한다. ( )

10. 나는 직책상 필요하다면 다른 사람들에게 표준 규칙과 규정을 따르도록 요구할 수 있다. ( )

〈배려 행동 측정〉

1. 나는 다른 사람들에게 정감 있고 가까이 하기 쉬운 사람이다. ( )
2. 나는 사소하지만 다른 사람들을 즐겁게 해주는 일을 가끔 한다. ( )
3. 나는 다른 사람들이 충고하는 것을 받아들여 실행한다. ( )
4. 나는 모든 사람들을 평등하게 대한다. ( )
5. 나는 변화를 미리 주시한다. ( )
6. 나는 필요한 정보를 자발적으로 다른 사람에게 알려준다. ( )
7. 나는 주변사람들의 개인적 복지에 주의를 기울인다. ( )
8. 나는 항상 변화를 추구한다. ( )
9. 나는 나의 행동에 대해 구성원들에게 설명한다. ( )
10. 나는 다른 사람들의 의견을 물어 행동한다. ( )

〈진단법〉 각 항목에 응답을 마친 후에는 구조주도와 배려 각 영역의 응답을 합해 보자. 각각 합이 35점을 넘으면 높은 것이고 그 이하이면 낮은 것으로 볼 수 있다. 앞서의 〔그림 10-7〕에 나타난 4가지 유형 중에서 귀하는 어떤 리더인가? (예, 고 배려-저 구조주도)

구조주도 행위의 합	배려 행위의 합
나의 리더십 스타일은?	

(각 행위의 판단기준은 35점 이상이면 높음, 그 이하이면 낮음으로 본다.)

팀 리더십 스킬

리더십 Exercise 10

※ 마거리슨(Margerison)이라는 학자는 리더의 팀 리더십 스킬을 아래와 같이 여덟 가지로 정리했다.[10]

(1) 충고 = 정보의 수집과 보고 행위, (2) 혁신 = 아이디어를 창안하고 실험함,
(3) 촉진 = 기회의 탐색과 제시, (4) 개발 = 신사업 계획 및 실행,
(5) 조직화 = 자원과 스텝의 활용, (6) 생산 = 산출물을 만들고 공급함,
(7) 점검 = 계약과 절차를 통제하고 감시함,
(8) 유지 = 표준과 가치를 받들고 보호하는 행위[11]

그의 연구결과에 따르면, 세계적인 CEO들은 조직화와 개발을 가장 중요한 요인으로 인식하고 있는 것으로 나타났다. 하지만 실제로 CEO들이 가장 시간을 많이 보내고 있는 행동들은 촉진, 조직화, 혁신, 그리고 유지의 순이었다.

하지만 한국인들을 대상으로 이루어진 최근의 한 연구에 따르면, 한국의 리더들은 이 이외에도 온정적 배려, 동료들과의 조화, 상사를 잘 모시고 그의 스타일에 적응하는 것, 그리고 무엇보다도 솔선수범 등을 중요시 하는 것으로 나타났다.[12]

그렇다면, 미국 CEO들이 많은 시간을 보내고 있는 촉진, 조직화, 그리고 혁신 행동들이 한국적 상황에서는 실제 어떤 행동으로 나타나고 있는지를 구체적으로 각각 한 가지씩 찾아내어 종합해보자.

리더의 팀 리더십 스킬	한국 리더들의 구체적인 행동 사례
촉 진	
조직화	
혁 신	

리더십 나누기 사례 10: 배려의 사례들

❉ 아래의 두 사례를 통해서 배려의 리더십 스타일이 갖는 효과성을 생각해보자.[13]

[1] 따뜻한 마음을 가진 백 과장

"내가 회사에 입사한 이후 처음으로 배치 받은 곳은 수도권의 통화품질을 담당하는 팀이었다. 나는 그 중에서도 경기 이남을 담당하는 수원 Post라는 곳에 배치되어 근무하게 되었다. 처음으로 수도권 생활을 하는 나로선 모든 것이 낯설었고 특히나 연수시절과는 너무나도 다른 분위기에 무척 당황했었다. 특히, 내가 근무하는 팀은 소위 붙박이(한 팀에서 5년 이상 근무) 직원이 많았고, 이들은 타 부서 이동이 어려워 무척 불만이 많았다(야근, 휴일 근무, 외근이 많아 기피부서 중 하나).

대학교 때 배운 지식과는 전혀 다른 업무, 낯선 사람들, 낯선 환경에 처한 나는 신입사원으로서 아무 것도 모르는 상황인지라 많은 도움을 필요로 하였으나, 기존 직원들은 본인들의 업무가 너무도 바빠 나를 챙겨주지 못했다.

그리고, 처음으로 아웃소싱(Outsourcing)이 시행되어 분위기가 차분하지 못했고, 우리 회사와 갑을관계에 있는 용역회사 직원들과의 생활도 그리 순탄치는 못했다(나이는 대부분 그들이 많았다). 나의 멘토(Mentor)로 지명된 분도 지식의 전달 등은 본인이 알아서 하는 것이라는 생각을 가지고 있어 가급적 모든 지식이나 업무를 나 혼자서 익혀야만 하는 상황이었다. 이때 나에게 도움을 준 사람이 백 과장이었다. 그는 당시 수원 파트장이었는데 처음에는 나의 상황을 전혀 몰라주는 것이 야속하기도 하였으나, 몇 달이 지난 후 나에게 관심을 가져주기 시작했다. 그는 처음에 내가 어떻게 생활하는지 보기 위하여 그냥 내버려 둔 것이었으며, 하지만 계속 관심을 가지고 지켜보고 있었다고 말하였다. 그러면서 그가 나에게 느낀 점을 말씀해 주었고, 고쳐야 할 점과 나의 발전가능성에 대해 언급하였다.

그 이후로도 그는 다른 직원들 모르게 나의 근무형태에 대한 지속적인 조언 및 전문지식을 습득시키기 위한 책 등을 제공하여 주었다. 어느 정도 시간이 지나 분위기에 익숙해진 후 살펴보니 백 과장은 나뿐만 아니라 모든 직원, 심지어 용역회사 직원들에게도 인간적인 유대감을 가지고 대해주고 있었다.

한 예로 백 과장은 같이 근무하는 직원 중 누군가가 결혼이나 가족상을 당하면 어느 곳이든 마다하지 않고 반드시 참석하였다. 나의 결혼식 때도 차로 4시간이 걸리는 지방임에도 불구하고 직접 와 축하해 주었다. 근무형태(야근, 휴일근무) 편성에 있어서도 가급적이면 직원들의 편의를 많이 고려하여 주었고, 직원들의 자율권을 많이 보장하여 주었다.

회의시 통화품질에 대한 문제점도 해당 지역 담당자를 여러 사람 앞에서 창피를 주기보다는 가급적 면담을 통하여 문제를 개선하려 노력하였다. 누구보다도 우리 파트 담당지역의 필드(field)에 대해서 정확히 알고 있었던 그는 어느 한쪽에 업무부하가 쌓이면 파트장임에도 불구하고 직접 후원을 해주었다. 백 과장이 있는 동안 우리 수원 파트는 팀 내에서 제일 통화품질이 좋고 단결이 잘 되는 파트였다.

[2] 감동적인 선배의 이야기

"1992년 S전자 입시 1년 차 시절의 일이다. 장소는 기흥에 위치한 S전자 정보통신연구실이었다. 나는 그 당시 1992년 2월 입사한 풋내기 신입사원의 5개월 정도가 지나가고 있을 즈음이었다. 내가 맡은 업무는 PCB 보드를 설계하고 거기에 맞게 각종 부품을 맞추어야 하는 H/W 담당이었다. H/W 담당은 여러 가지 보조 장비를 잘 다루어야 한다. 그런데 어떤 한 프로젝트(Project)를 맡게 되었는데 그 프로젝트는 사실 저의 직속 선배인(그 당시는 선배는 사수, 후배는 부 사수 관계라 우리들은 불렀다.) 사수의 주 업무라 해도 과언은 아니었으나 나는 열심히 배우면서 점점 주어진 업무에 충실해지고 있을 시점이었다.

어느 날 우리 팀장이 다가와서는 "앞으로 2달 뒤에 이 프로젝트가 끝나야 한다. 그러니 모두들 최선을 다해 업무를 완성해 주길 바란다." 하시면서 격려를 해주고 갔다. 나는 입사 초심의 굳은 마음으로 최선을 다해 선배 사수를 도와주고 있었다. 그런데 어느 날 선배는 내게 주력 담당보드를 한번 맡아서 해보라고 주었다. 나의 담당 보드가 생겼다는 뿌듯함으로 매우 열심히 일을 하였다. 수일을 거의 밤을 낮처럼 일하면서 어느 정도 테스트가 가능한 수준까지 다가가고 있었다.

그러던 어느 날 밤 나는 10시경 혼자 일을 하게 되었다. 테스트하다가 그만 전원케이블을 잘못 연결하여 나의 담당 보드가 모두 전기 감전이 돼서 보드 자체 부품이 다 고장나고 파손되어 부품을 새로운 PCB 보드에 다시 설치해야 만 하는 일이 생기고 말았다. 그날 밤 나는 나의 담당 PCB 보드가 망가진 것을 알고 까만 밤을 그야말로 하얗게 지새웠다. 아 이대로 나의 인생은 끝나는가 하고 절망에 절망을 하였다. 그리고 다음날 아침 내 눈이 뻘개 있는데 선배가 다가와서 무엇인가 느낀 듯 하더니 조용히 나를 차 한잔 마시자고 하면서 조용한 곳으로 데려갔다.

거기서 자초지종을 이야기 하고 거의 주눅 들어 있는데, 나의 선배는 아주 따뜻하게 "음 그래 걱정하지 마. 나도 너처럼 신입시절에 보드 많이 날렸다." 하면서, "우리 둘이 같이 다시 2주만 밤새면 돼", "자 일어나 오늘 밤에 술이나 한잔 하고 다시 시작하자." 그때 난 너무 고마워서 속으로 눈물이 주르르 흘러 내렸다. 겉으로는 아무 말도 못하고 있었지만. 그 날 이후 나와 선배는 거의 한 달을 밤을 새워 가면서 업무에 매달렸고, 우리는 그럭저럭 주어진 스케줄에 맞추어 일을 진행할 수 있게 되었다.

프로젝트가 완성되던 날 나와 선배는 정말 뜨거운 한잔 술을 마시면서 아주 친해지게 되었다. 난 그 날 이후 언제든지 그 선배가 부탁한다면 무슨 일이든지 해주겠다는 마음을 가지게 되었고, 그런 나를 더욱 더 좋아하는 선배의 눈빛을 볼 때마다 난 행복을 느끼게 되었다."

✠ [나누기 사례 문제 10] 백 과장과 선배의 사례를 읽고 각각의 행동을 정리하여 보자. 그리고 각 사례로부터 효과적인 리더가 갖춰야 하는 스킬을 각각 두 가지씩 찾아 적고 다른 사람들과 비교하여 보자.

사 례	행동 정리	스킬 두 가지
백 과장의 리더십		〈1〉 〈2〉
선배의 리더십		〈1〉 〈2〉

:: 주

1 "Autry, J. A. 1991. *Love and Profit: The Art of Caring Leadership*. Harper."의 "The Leader" (p.49)라는 시. (번역=백기복).

2 백기복. 2008. 경영학계 리더십 연구의 흐름. 이학종 등(eds.)의 "21세기 매니지먼트 이론의 뉴 패러다임", 제8장. 위즈덤하우스.

3 백기복. 2005. *리더십 리뷰*. 창민사.

4 Lewin, K., Lippitt, R., & White, R. K. 1939. Patterns of Aggressive Behavior in Experimentally Created "Social Climates". *Journal of Social Psychology*, 10, 271-299.

5 Blake, R. R., & Mouton, J. S. 1968. *Corporate Excellence through Grid Organizational Development. Houston*, TX.: Gulf Publishing.

6 Keller, R. I. 1978. A Longitudinal Assessment of a Managerial Grid Seminar Training Program. *Group & Organizational Studies*, 3, 343-355.

7 백기복. 2006. *조직행동연구*. 창민사.

8 Spreitzer, G. M. 1995. Psychological empowerment in the workplace: Dimensions, measurement, and validation. *Academy of Management Journal*, 38(5): 1442-1465.

9 Arnold, M., Mathieu, J., & Rapp, A. 2005. To empower or not to empower your sales force? An empirical examination of the influence of leadership empowerment behavior on customer satisfaction and performance. *Journal of Applied Psychology*, 90(5): 945-955.

10 Margerison, C. J. 2002. *Team Leadership: A Guide to Success With Team Management Systems*. Thomson.

11 영어로는, 충고=advising, 혁신=innovating, 촉진=promoting, 개발=developing, 조직화=organizing, 생산=producing, 점검=inspecting, 유지=maintaining 등이다.

12 백기복, 서재현, 구자숙, & 김정훈. 2009. 한국형 리더십 구축을 위한 탐색적 연구. 한국형 리더십 제 2 회 컨퍼런스 발표논문집.

13 백기복. 2006. *사례로 배우는 리더십*. 국민대학교 출판부.

제11장 우리는 모두 엮여 있다

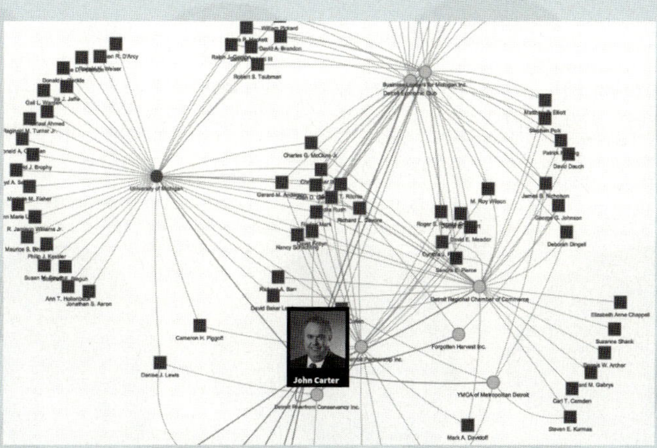

미국의 Detroit에서 가장 많이 엮여 있는 사람은
John Carter, JPMorgan 사장

제1절 인간관계는 사회적 자본이다

제2절 리더-부하의 사회적 교환

제3절 한국인의 "정(情)"과 "신바람", 그리고 한국형리더십

제4절 가부장적 리더십은 나쁜 것인가

리더십나누기 11-1: 리더와 부하의 관계: "Ingroup(내집단) vs. Outgroup(외집단)"

※ 리더와 친한 부하들을 'Ingroup 멤버'(內集團 구성원)라고 하고, 소원한 부하들을 'Outgroup 멤버'(外集團 구성원)라고 한다.

※ 내집단 멤버는 리더에게 충성을 보이고 많은 혜택을 받는다. 외집단 멤버는 충성심이 약한 대신 혜택도 적다.

※ 내집단 멤버는, 리더로부터 영감 어린 말(예, 비전 제시)을 들었을 때 뇌가 활성화되지만, 외집단 멤버의 뇌는 영감을 주는 말을 들어도 활성화되지 않는다. 외집단 멤버의 뇌는, 오히려 비전과 관련 없는 말을 들었을 때 활성화된다.[1] 리더-부하 관계는 뇌에도 영향을 준다. (아래는 fMRI 사진: (1), (3)의 파란색이 활성화된 부분)

(1) Ingroup 멤버의 뇌는 리더로부터 영감 어린 말을 들었을 때, 활성화된다.	(2) Outgroup 멤버의 뇌는 리더로부터 영감 어린 말을 들어도, 활성화되지 않는다.	(3) Outgroup 멤버의 뇌는 리더로부터 오히려 영감을 주지 않는 말을 들었을 때, 활성화된다.

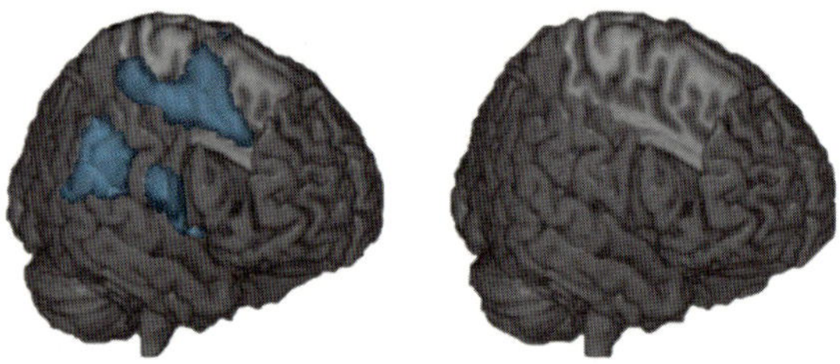

✱ [나누기 문제 11-1] 위 사진에서 (3)의 "Outgroup 멤버의 뇌는 영감을 주지 않는 말을 들었을 때, 활성화되는" 이유는 무엇일까?

인간관계는 사회적 자본이다 제 1 절

1. 사회적 자본

리더십 효과성에 영향을 미치는 요인들 중에서 리더의 인간관계는 빼놓을 수 없는 요인이다. 기업이나 행정 조직에서는 물론 정치권이나 사회적 모임에서도 리더십을 발휘할 때, 리더가 추종자나 다른 주변 사람들과 어떤 관계를 맺고 있는가는 리더십 성패에 결정적인 영향을 미친다. 그래서 리더가 맺고 있는 사람들과의 관계나 사회적 네트워킹의 수준을 사회적 자본(social capital)이라고 한다. 망치가 못을 박을 때 유용하고(물리적 자본), 대학교육이 개인을 사람 만드는 데 효과적(인적 자본)이듯이 사회적 네트워크도 개인이나 집단의 성과를 높이는 데 기여한다.[2] **인적 자본(human capital)이 개인의 능력에 기초한 자본인 반면, 사회적 자본은 사람과의 관계에 기초한 자본이다**.

리더의 사회적 자본이란 조직 내외의 인간관계에 기초한 자본으로 리더십 효과성을 높이는 데 매우 유용하게 활용될 수 있다. 사회적 자본의 개념은 조직에 관련해서만 사용되는 것이 아니라, 사회나 국가 전체 차원에서 사람들간의 관계의 질과 수준을 설명하는 개념으로 사용되기도 한다.[3]

재산을 많이 갖고 있는 리더, 출중한 지적 능력을 소유한 리더, 그리고 풍부한 사회적 네트워크를 자랑하는 리더 중에서 누가 제일 큰 성과를 낼 수 있을까? 사람이 살아가는 데 이 셋을 다 가지고 있다면 더할 나위 없이 좋을 것이다. 하지만 하나님은 공평하셔서 셋을 다 허락하는 경우는 많지 않다. 특히 리더십 차원에서 재산, 능력, 그리고 사회 네트워크 중에서 가장 중요한 요소를 들라면, **사회적 네트워크**를 들고 싶다. 재산을 많이 가진 사람은 풍요롭게 살고, 머리 좋은 사람은 경쟁에서 이기는 즐거움으로 살지만, **네트워크가 강한 사람은 인생의 가치를 느끼며 산다**.

리더는 사회적 자본을 어떻게 축적할 수 있을까? 몇 가지 원칙을 지키면서 노력하면 누구나 사회적 네트워크를 구축할 수 있다.

첫째, **이기적 자세를 버려라**. 리더의 이기적인 태도는 상대방을 멀어지게 한다. 특히 아무리 숨기려 해도 하급자들은 리더의 이기적인 행동을 민감하게 알아차린다. 진정성은 관계의 깊이를 더한다.

둘째, 관심 있는 주제(이슈)를 중심으로 **관계를 확대하라**. 동창이나 친구는 이유 없이도 만난다. 하지만 편한 사람들만 만나고 다녀서는 넓고 깊은 네트워크를 구축할 수 없다. 동문, 동향, 동족, 동지를 극복해야 한다. 알고 싶은 주제의 전문가를 찾아가 묻는 용기도 필요하다. 전문가와의 네트워킹은 친분을 위주로 하는 네트워킹보다 훨씬 큰 도움을 준다.

셋째, **관계를 섬세하게 관리하라**. 분기에 한번도 연락하지 않는 것은 무심한 것이다. 상대방의 고민을 잊고 있는 것은 실수다. 내가 가진 것을 누가 필요로 할지를 생각하지 않고 지나치는 것은 관계의 깊이가 얕은 것이다.

넷째, **상대방의 성격과 취향에 적절히 대응**할 줄 알아야 한다. 감정을 내세우는 사람, 급한 사람, 이기적인 사람, 말이 많은 사람, 철이 덜 든 사람 등 사람의 유형은 다양하다. 자기에게 맞는 사람만 선택해 네트워킹을 할 수는 없다. 그러므로 상대방의 성향에 적절히 대응하는 전략이 필요하다.

다섯째, **글로벌 네트워크를 구축하라**. 디지털시대에는 **국가의 크기가 땅덩어리**

표 11-1 사회적 자본 축적을 위한 리더의 행동원칙

원 칙	내 용
〈원칙 1〉	이기적 자세를 버려라.
〈원칙 2〉	매력적인 이슈를 매개로 관계를 확대하라.
〈원칙 3〉	관계를 섬세하게 관리하라.
〈원칙 4〉	상대방의 성격과 취향에 적절히 대응할 줄 알아야 한다.
〈원칙 5〉	글로벌 네트워크를 구축하라

의 크기가 아니라 네트워크의 크기로 계산된다. 긴밀한 관계를 맺는 국가가 많아질수록 큰 국가가 된다. 개인의 경우도 마찬가지다. 네트워크의 영역을 국내에 한정하기보다 전 세계로 확대하는 것이 리더의 바람직한 자세다. 리더는, 도움을 주고받을 수 있는 네트워크 거점을 세계 곳곳에 갖고 있어야 한다.

2. 리더의 인간관계 유형

리더의 인간관계는 다양한 측면에서 분석할 수 있다. 관계의 대상측면에서 상사, 동료, 하급자, 관계조직원, 그리고 외부 지인 등으로 구분이 가능하다. 상사는 직속 상사가 있고 그 위의 차상위 상사, 직접 관련은 없지만 직급상의 상급자 등으로 나눌 수 있다. 동료는 같은 직급의 임직원들이나 직급 관계없이 같이 일하는 사람들을 뜻한다. 하급자는 나의 지시를 따르고 나의 평가를 받는 사람이며, 관계조직원은 직접 지시할 수는 없지만 업무상 관련이 있어 조정과 협력을 필요로 하는 임직원들을 의미한다. 국내외 지인은 네트워크의 거점에 있는 사람들을 말한다. 〔그림 11-1〕에 이들을 요약하였다.

또한 공식적 관계와 비공식적 관계로 나눌 수도 있다. 공식적 관계는 업무상 또는 직급상 지시를 수행하고 나의 생각을 실천하기 전에 승인을 받든가 협조를 구해야 하는 관계를 뜻한다. 다시 말하면, 그 조직의 제도나 규정에 의해서 정해진 상, 하, 좌, 우의 업무상의 연결관계다. 비공식 관계란 사적인 관계로서 학교 선후배에 의한 개인적 친분이나 조직의 동호회를 통해서 맺게 된 관계 등을 의미한다. 하지만 비공식적인 인간관계는 그것이 공식적 업무수행이나 의사결정에 영향을 미치기 때문에 소홀히 할 수 없다. 비공식 관계를 잘 활용하여 일처리를 원활히 하고 문제를 해결하며, 의사결정을 효과적으로 해낼 수 있다면 가장 바람직할 것이다.

개념적으로는 **리더의 인간관계를 관계의 넓이와 관계의 깊이를 가지고 이해**할 수 있을 것이다. 관계의 넓이란 얼마나 많은 사람들을 알고 있는가를 뜻하고, 관계의 깊이란 서로간에 얼마나 몰입되어 있는가를 말한다. 가장 바람직한 리더의

그림 11-1 조직 내 인간관계의 대상들

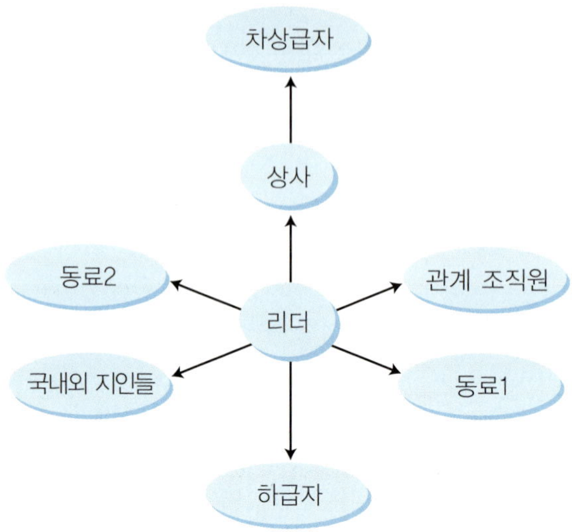

관계유형은 **'넓고 깊은' 인간관계**를 맺는 것이다. 하지만 모든 인간관계에는 비용이 따른다는 점도 간과하지 말아야 한다.

리더의 인간관계 유형을 〔그림 11-2〕와 같이 그림으로 표현할 수 있을 것이다.

그림 11-2 리더의 관계유형

관계의 깊이		관계의 넓이: 넓음	관계의 넓이: 좁음
관계의 깊이	깊음	[분면 I] 넓고 깊은 형 • 가장 이상적이지만 비용을 많이 치러야 함. • 정치적 리더십을 필요로 하는 상황에 적합.	[분면 II] 좁고 깊은 형 • 소수의 사람을 깊게 사귀는 형 • 자신의 관심분야의 사람들과 친분을 쌓음.
관계의 깊이	얕음	[분면 III] 넓고 얕은 형 • 많이는 알지만 깊이가 없음. • 이슈중심으로 이끌어 갈 때 적합.	[분면 IV] 좁고 얕은 형 • 낯을 가리거나 사람 만나기를 즐기지 않음. • 리더십 발휘에 소극적이어서 변신이 필요함.

그림에 나타난 것처럼 각 유형의 장단점을 이해하여 적절히 대처할 줄 알아야 한다. 그 이전에 나는 어떤 유형에 속하는지를 정확히 파악해야 할 것이다.

리더-부하의 사회적 교환 제2절

사람과 사람의 관계는 대략 세 가지 원천에 의해서 구축된다.

첫째는 이해관계이다. 서로간에 원하고 필요로 하는 무엇인가를 제공해 줄 수 있다고 믿을 때 사람간의 관계가 형성된다. 예컨대, 상사가 나에게 "승진"이라는 보상을 제공해 줄 수 있을 때, 나는 상사에게 "충성"을 다함으로써 보답하게 된다.

둘째는 이념과 비전을 공유케 됨으로써 관계가 형성되기도 한다. 같은 생각, 같은 꿈을 꾸고 있는 사람들은 같은 미래를 바라보게 됨으로써 동행하게 되는 것이다.

셋째는 정(情)에 이끌리어 관계를 유지하는 경우이다. 별로 도움이 되지도 않고 더 좋은 미래에 대한 약속이 있는 것도 아니지만, 오랜 세월 함께 고통과 기쁨을 나눈 결과, 떼어버릴 수 없는 관계가 유지되는 것이다.

지금까지 많은 리더십이론들이 특정한 관계의 원천을 기반으로 하여 만들어졌다.

그들 중에서 사람들간의 이해관계의 교환을 전제로 만들어진 이론들은 홀랜더(Hollander)의 **특수신용이론(idiosyncrasy credit theory)**[4]과 댄스로(Dansereau) 교수 등의 **리더-구성원 교환이론(LMX: Leader-Member Exchange Theory)**[5]을 들 수 있다.

또한 앞에서 살펴본 카리스마리더십이론이나 변혁적 리더십이론은 이념과 비전의 공유를 기반으로 한 관계 형성을 기초로 하고 있다.

그리고 한국적 가치는 정(情)을 매개로 형성되는 관계를 매우 중시하는 것이라고 볼 수 있다.

여기에서는 특수신용이론, 리더-구성원 교환이론, 그리고 정(情)의 리더십에 대해서 간략히 살펴본다.

1. 특수신용이론

이 이론에 따르면, 리더와 추종자들은 끊임없이 서로에게서 받은 것과 준 것을 계산한다. 리더가 추종자들로부터 큰 지원과 충성과 복종을 받아왔다면, 리더는 추종자들에게 빚을 진 것이다. 리더는 추종자들이 기대하고 원하는 것을 충족시켜 줌으로써 빚을 갚고 리더의 역할을 더 강력히 수행할 수 있게 된다. 만약 리더가 이 채무를 추종자들에게 갚지 못하면 추종자들은 리더에 대한 지원과 복종과 충성을 철회할 것이다. 나아가 리더의 정당성에 의문을 제기할 수도 있다. 그러므로 리더는 추종자들에게 많은 것을 베풀고 기대하는 것을 충족시킴으로써 **특수신용을 쌓아야 한다**. 특수신용은 리더십 발휘를 정당화해 주는 자산이다.

예컨대, 리더가 강력한 혁신을 추구하려 할 때, 추종자들은 지금의 리더가 주장하는 것을 실현할 자격이 있는지를 계산한다. 역량은 있는지, 다른 의도는 없는지, 또 과거에 했던 경험이나 실적은 있는지 등을 가지고 혁신의 적임자인지를 판단하게 되는 것이다. 이 자격이 바로 특수신용이다. 리더는 작은 혁신이라도 하나씩 성취시켜 감으로써 특수신용을 쌓을 수 있다. 이 신용이 쌓이면, 다음에 더 큰

그림 11-3 특수신용이론

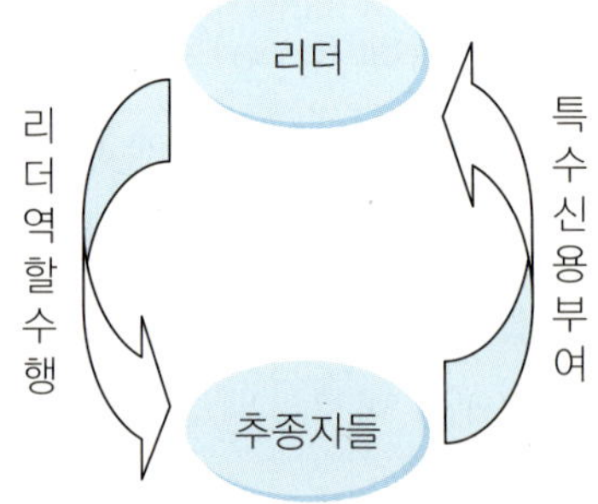

혁신을 하자고 나섰을 때 추종자들은 리더를 믿고 따라준다.

지금까지의 연구결과에 따르면, **임명된 리더들보다 선출된 리더들이 더 크게 정당성을 인식**하는 것으로 나타났다. 하지만 선출된 리더들이 비판을 받을 가능성도 더 크다.[6] 왜냐하면, 추종자들이 그(녀)에게 표를 줬다는 것은 이미 무엇인가를 리더에게 베풀었다는 뜻이다. 그러므로 추종자들은 리더가 자신들에게 신속한 혜

리더십 나누기 11-2: 나의 인간관계 대차대조표

대차대조표란 자산과 부채의 관계를 밝히는 회계작성 표이다. 이것을 인간관계에도 적용할 수 있을 것이다. 나는, 누구와 채권관계(받을 것이 있음)에 있고 누구에게는 채무관계(빚지고 있음)에 있는가를 구체적으로 작성해 볼 수 있다. 아래의 〈표 11-2〉를 활용하여 인간관계의 채권, 채무 상태를 계산해 보자.

표 11-2 인간관계 대차대조표(Relationship Balance Sheet)

내가 받을 것(채권)이 있는 관계		내가 빚을 지고 있는(채무) 관계	
이 름	채권 내용	이 름	채무 내용
종 합	( ) > ( ) [채권과 채무 중에서 어느 것이 더 큰가?]		

✜ [나누기 문제 11-2] 채무보다 채권을 더 많이 쌓기 위해서 리더가 해야 하는 일을 자세히 적어 보자.

택을 제공해줘야 할 차례라고 생각하고 기대한다. 이러한 기대가 적기에 충족되지 않으면 리더를 비판하고 공격하게 된다. 이러한 논리는, 선출된 대통령들이 초기에는 인기가 높다가 시간이 가면서 점차 인기가 떨어지고 많은 비판을 받게 되는 현상을 설명해준다.

리더는 추종자들에게 특수신용을 쌓은 만큼 큰 일을 주도할 수 있다. 리더는 더 많은 신용을 쌓기 위해서 노력해야 하지만, 또 한편에서는 쌓은 신용을 잃지 않기 위해서 노력하는 것도 필요하다. **특수신용이란 쌓기는 어렵지만, 잃는 것은 한순간**이기 때문이다.

2. 리더-구성원 교환(LMX) 이론

이 이론은 본래 댄스로(Fred Dansereau) 교수가 발표한 VDL(Vertical Dynamic Linkage; 상-하 짝 관계) 이론을 발전시킨 이론이다. 이 두 이론은 리더와 하급자 간의 관계를 기본으로 리더십을 설명하고 있다는 특성을 가진다.

내집단 vs. 외집단

VDL이론에서는 리더와 하급자의 관계를 1:1의 관계로 본다. 가령, 백 팀장이 이끄는 팀에 10명의 팀원들이 있다고 했을 때, 리더는 하급자 10명과 각각 다른 관계를 발전시킨다는 관점이다. 즉, 리더는 하급자 10명을 다 똑같이 대하지 않는다는 것이다. 백 팀장은 김 대리, 송 과장, 문 차장과는 매우 친밀한 관계를 갖지만, 조 과장, 서 과장, 민 대리 등과는 관계가 소원하고 나머지 4명과는 그저 그런 관계에 머무를 수 있다.

이때, 리더와 특정 하급자의 관계가 좋은 경우를 '**내집단(ingroup)**'이라고 하고 그렇지 않은 짝에 대해서는 '**외집단(outgroup)**'이라고 한다([그림 11-4] 참조). 한국의 조직에서는 흔히 '내 사람', '남의 사람' 등의 표현을 쓴다. 측근, 오른팔, 분신, 막역지간 등의 표현들도 내집단 관계를 대변하는 용어들이다. 물론 이와 같은 편 가르기나 편애는 나쁘다. 하지만 이 이론이 제시하는 것은 현실이 그렇다는 것이

그림 11-4 VDL이론의 상-하 짝 관계 개념도

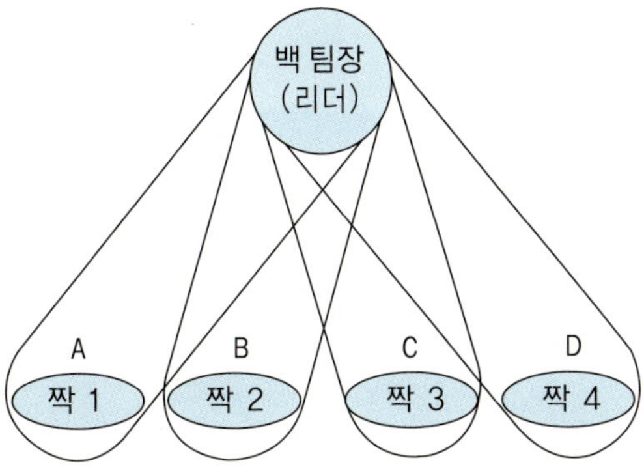

다. 그렇게 나눠 리드하라는 뜻이 아니다. 아울러 앞의 〔리더십 나누기 11-1〕에 제시된 것처럼 내집단, 외집단에 따라 리더의 말에 대한 구성원들의 뇌 반응이 달라진다.

조직의 이면구조

댄스로 교수 등은 내집단과 외집단 개념을 조직 전체에 적용하여 조직에 **이면구조(understructure)**가 있다고 주장하였다.[7] 즉 공식적으로 드러나는 조직구조의 이면에는 누가 누구와 친분을 갖는가에 따라 상-하 조직원 전체의 비공식적인 관계가 존재한다는 것이다. 이를 그림으로 나타내면 〔그림 11-5〕와 같다.

〔그림 11-5〕에 나타난 이면구조를 보면, 가장 줄을 잘 선 구성원은 구성원 4일 것이다. 헤드(Head)에까지 모두 내집단으로 이루어진 선상에 있기 때문이다. 신라시대 표현으로 성골에 해당한다. 구성원들 중에는 썩은 동아줄을 잡고 좋아하고 있는 사람도 있다. 예컨대, 구성원 6번의 경우는 아무리 기다려 봐도 상사가 승진하면서 끌어줄 가능성이 매우 낮은 경우이다. 그럼에도 본인은 그 사실을 잘 모르고 직속상사에 대하여 충성하고 있을 수도 있다. 가장 애석한 사람은 아마도 2, 3, 8과 같은 구성원들일 것이다. 내집단 선상에서 한 사람만 잘 만났다면 성골의 대열에 서는 것인데 라인 중 한 곳이 부실하여 크게 빛 보기 힘든 경우이다. 구성원

그림 11-5 VDL이론이 제시하는 조직의 이면구조

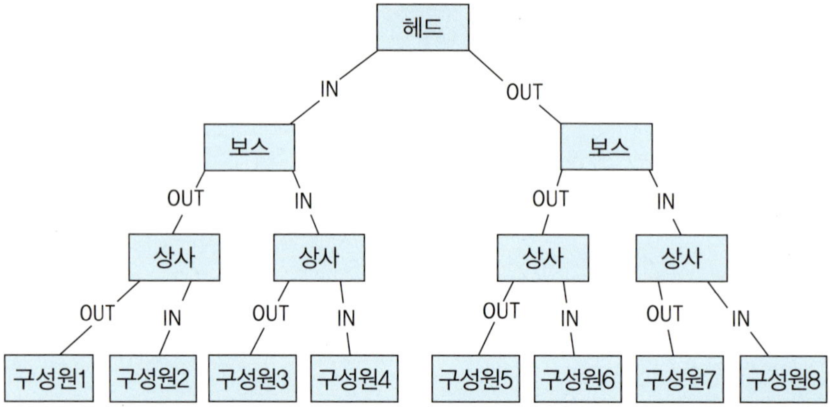

5번의 경우는 아마도 일찍이 포기하고 다른 데 관심 두고 있을 수도 있다.

내집단 형성의 원인과 결과

리더와 하급자 간에 내집단과 외집단이 형성되는 원인은 무엇일까? 또 그 결과는 무엇인가?

한국에서 내집단 형성의 한 가지 요인은 학연, 혈연, 지연 등 각종의 '연(緣)'일 것이다. 또한 상-하 간의 성격 등의 궁합도 매우 중요하다. 성격적으로 서로 보완관계인 경우가 잘 어울린다. 하급자가 믿을 수 있고, 가치관과 태도가 리더와 적합할 때 내집단이 된다는 연구도 있었다. 이론에서는 하급자가 능력이 있고 성과가 높을 때 리더가 내집단으로 끌어들일 가능성이 크다고 한다. 하지만 문화적 차이가 크다. **미국이나 독일과 같이 성취지향적 문화에서는 능력 있고 성과 높은 하급자를 리더가 선호**하겠지만, **프랑스나 중동처럼 신분중시 문화(ascriptive culture)에서는 하급자의 사회적 신분이나 출신 등을 더 중시**할 것이다. 이것은 성취지향적 문화 기준으로 보면 편애주의나 족벌주의에 해당하지만, 신분중시의 집단문화에서는 성취나 성과보다 가족관계와 동류의식이 더 중시되기 때문에 용납되는 것이다.[8]

내집단에 속한 하급자들은 조직에 더 큰 충성과 몰입을 보이며 외집단 구성원들보다 만족도가 더 높은 것으로 나타났다. **리더가 내집단 구성원들에게 더 중요한 일을 맡기며, 커뮤니케이션의 빈도도 더 높다**. 권한의 위임도 내집단에게 더 많이 해준다. 리더가 하급자들을 평가할 때 내집단 구성원을 더 좋게 평가하는 것은 당연하다. 내집단 구성원들이 외집단 구성원들보다 낮은 이직률을 보이는 것은 리더가 부여하는 각종의 혜택과 높은 성장 가능성 때문일 것이다.

LMX이론으로의 발전

이처럼 리더-구성원 간의 관계의 질을 다루는 연구는 1980년대 후반에 들어오면서 LMX이론으로 발전하였다. 이 이론의 연구주제 중 하나는 리더와 구성원의 관계가 어떻게 발전해가는가를 설명하는 것이었다. 그린(Graen)이라는 학자는 리더-구성원 관계발전 단계를 세 단계로 나누고 있다.[9] 〔그림 11-6〕에 이를 요약하였다.

이방인(strangers) **단계**: 리더와 하급자 간의 교류가 정해진 규정이나 공식적인 필요의 한계를 넘지 않는다. 하급자는 계약이나 규정에 의해서 정해진 일만 하면 된다. 하급자는 상사에 대해서 기본적인 대우만 해준다. 특별히 그(녀)를 위해서 헌신할 필요가 없다. 이방인 단계에서 하급자는 자신을 집단보다 우선시 한다. 자신의 이익을 집단이나 상사(리더)의 이익보다 앞세우는 것은 당연하다. 일용직이나 계약직과 사용자의 관계를 떠올리면 될 것이다. **'빌려온 일손'**(hired hands) 정도로 생각할 수도 있다.

그림 11-6 리더-구성원 관계발전 단계

	시간		
	이방인 단계 →	면식 단계 →	파트너십 단계
역할	규정된 역할	새 역할실험	합의된 역할
영향력	일방적	혼합적	상호의존
교환의 질	저급	중급	고급
관심 대상	자기 자신	자신/타인	집단

면식(acquaintance) **단계**: 이방인 단계에서 한 걸음 발전한 단계이다. 면식 단계는 리더나 하급자가 보다 밀접한 관계를 형성하기 위해서 하급자의 새로운 역할을 리더가 요구하든가 하급자가 제안하면서 시작된다. 면식 단계에서는 리더와 하급자 간에 자원, 정보, 권한 등이 더 많이 공유된다. 이 단계는 리더와 하급자가 서로의 **새로운 역할을 실험하는 단계**에 해당한다. 하급자가 더 많은 권한과 책무를 담당할 의지가 있는지, 리더가 그러한 것들을 하급자에게 위임해 줄 의사가 있는지 등을 서로 확인하게 된다. 이 실험이 성공하게 되면 신뢰와 존중의 관계로 발전하게 되는 것이다. 이제 하급자는 '나'만을 중시하지 않고 '팀이나 집단'의 문제에 대해서도 주의를 기울이게 된다.

파트너십(partnership) **단계**: 리더와 하급자가 남다른 신뢰와 존경, 그리고 **서로에 대한 의무감**을 갖게 된다. 이 단계에서는 리더와 하급자가 서로 광범위한 영향을 주고받는다. 조직과 개인에 모두 긍정적인 결과를 가져올 수 있는 상호의존적 관계를 형성한 것이며, 하급자는 자기 자신보다 집단을 더 중요시하는 태도를 보인다. 감정적, 정서적으로 긴밀한 유대와 일체감을 형성하게 된다.

일반적 사회관계

최근에는 리더-구성원 간의 관계에 초점을 맞추던 것을 부모와 자식, 남편과 아내, 그리고 남친과 여친 등과 같은 일반적 사회관계 속에서의 교환관계로 확대시켜 설명하기도 한다. 리더와 하급자의 경우에서처럼, 이들 짝 관계에서도 서로 간에 보상이나 혜택, 심리적 만족 등을 얻기 위해 상호의존하게 된다. 이들 사회적 짝 관계도 LMX이론에서처럼 발전 단계를 거친다. 사회관계의 발전은 〈1〉 탐색 단계, 〈2〉 확장 단계, 〈3〉 몰입 단계 등 3단계를 거친다. 한 연구에서는 이 각 단계의 특성을 다음과 같이 설명하고 있다.

"1단계는 **탐색**(exploration) **단계**로 서로가 상대방에 관한 정보를 가지기 위해 노력하는 단계를 의미한다. 이 단계에서 관계당사자들은 관계를 유지 · 발전시킴으로써 어떤 가치나 이익이 자신에게 올 것인가를 알려고 노력하게 된다. 2단계는 **확장**

(expansion) **단계**이다. 상호의존성이 점차 커지는 단계로, 1단계에서 확인된 결합이익을 바탕으로 신뢰가 쌓이기 시작하는 단계이다. 3단계는 **몰입(commitment) 단계**이다. 가장 높은 수준의 상호의존성이 나타나는 단계로 볼 수 있다. 몰입은 교환당사자가 관계의 지속성에 대한 묵시적 또는 명시적 약속을 의미하는 것으로 고도의 신뢰와 의무감을 바탕으로 한다."[10]

역할 중심의 리더-구성원 관계

한편, 리더와 구성원 간의 관계발전을 구성원이 수행하는 '역할(role)' 차원에서 설명하기도 한다.[11] 역할차원의 리더-구성원 발전단계는 **〈1〉역할수임 단계(role-taking), 〈2〉 역할창안 단계(role-making), 〈3〉 역할고정 단계(role-routinization)** 등으로 구분된다. 역할수임 단계에서 리더는 구성원에게 공식적이고 쉬운 일을 주어 일을 제대로 하는지(role-taking)를 지켜보게 된다. 그러다가 어느 정도 확신이 생기면 리더는 구성원으로 하여금 스스로 자신의 새로운 역할을 창안해 볼 수 있는 기회를 준다(role-making). 구성원의 새로운 역할이 바람직하다고 인식되면 그러한 역할을 계속하도록 격려하고 지원해 주게 된다(role-routinization).

지금까지 살펴본 리더-구성원 관계발전 모형 3가지를 그림으로 정리하면 〔그림 11-7〕과 같다.

그림 11-7 리더-구성원 관계발전단계 모형들

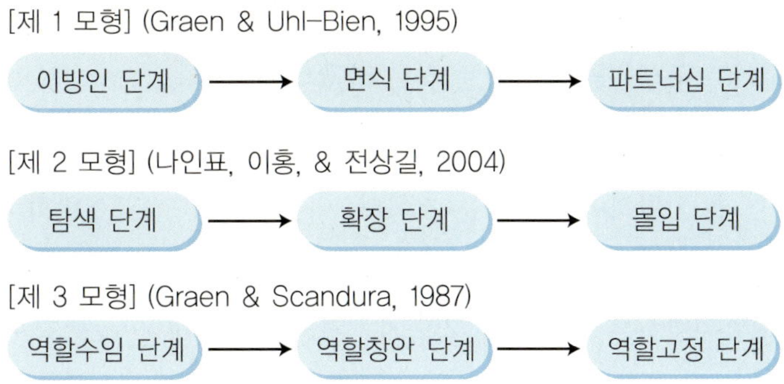

리더십 나누기 11-3: LMX 모델의 완성

아래의 그림은 리더와 구성원의 관계의 질(quality)을 결정하는 요인들이 무엇이고 또 관계의 질이 가져오는 결과가 무엇인가를 나타내는 LMX 종합모델이다.

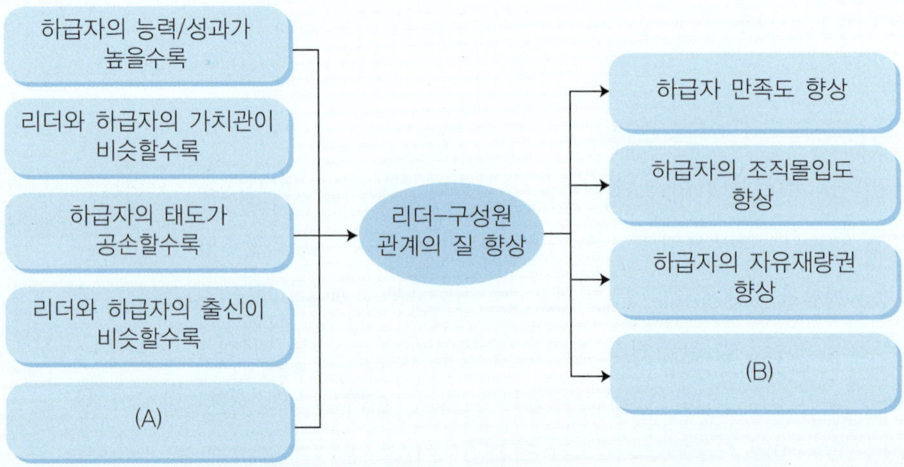

✠ [나누기 문제 11-3] 위의 그림은 "하급자의 능력/성과가 높고, 가치관이 리더와 비슷하며, 태도가 좋고 출신이 비슷할 때 리더와 구성원의 관계의 질이 높아지며(즉, 내집단을 형성하며), 관계의 질이 높아지면 하급자들의 만족도가 높아지고 조직에 더 몰입하게 되며 더 큰 자유재량권을 가지게 된다"는 것을 의미한다. 한국적 상황을 고려할 때 (A)와 (B)에 들어갈 다른 변수들을 찾아보자. (A)에는 관계의 질을 결정하는 요인, (B)에는 관계의 질의 결과수가 들어가야 한다.

리더가 구성원을 차별하는 것은 바람직한가

LMX이론은 리더가 구성원을 차별한다는 내용이다. 내집단(내 사람)과 외집단(남의 사람)을 차별하여 대한다는 것이다. 이 현상을 'LMX 차별화'(differentiation)라고 한다.

LMX 차별화는 과연 옳은 것인가? 결론부터 말하면, 도덕적으로는 옳지 않지만, 실제로는 그런 일이 많이 일어난다는 것이 LMX이론의 주장이다. 차별받는 외집단 구성원들은 소외감을 느끼고 스트레스를 많이 받는다. 미래에 대한 경력 불확실성도 내집단 구성원보다 더 크게 느낀다. 또한, 그들은 행복하지 않다.

내집단 구성원도 불만이 있다. 궂은일, 어려운 일을 죄다 자기네가 맡고 바빠서 교육도 제대로 못 받는데, 외집단 구성원들은 시간이 남아 교육받을 것 다 받고 팀 성과는 공유하게 되므로 승진 점수는 더 높다는 것이다.

연구결과, 팀 성과 차원에서는 차별화가 클수록 팀 성과가 높게 나타난다. 즉, 일 잘하는 소수 위주로 이끌어가는 것이 성과를 더 높인다는 말이다. 물론 모든 구성원을 똑같이 내집단으로 대할 때 가장 높은 성과를 낼 수 있지만, 부하가 많아지면 그것은 거의 불가능하다.

리더는, 구성원 중에 일 잘하는 사람이 있고, 못하는 사람이 있는데, 일정 기간 내에 성과를 내야 하는 조직상황에서, 일 잘하는 사람 위주로 이끌어갈 수밖에 없다고 항변한다. 못하는 사람(즉 외집단 구성원)에게 일일이 관심을 보이고 육성을 위해서 코치할 여유가 없다고도 한다.

이에 대한 현실적 해법은, **내집단 위주로 이끌어가되 외집단 구성원에게는 각자의 특성에 맞는 과제를 주어 동참할 수 있도록 유도하는 것이 바람직**하다고 생각한다. 능력 없어 보이는 외집단 구성원도 자신에게 맞는 상황에서는 고도의 성과를 낼 수 있다. 또한, 리더의 구성원에 대한 능력 판단이 항상 옳을 수도 없다.

한국인의 "정(情)"과 "신바람", 그리고 한국형리더십 제3절

한국인들의 인간관계에 있어 정(情)은 매우 중요한 위치를 차지한다. 한국인들 간의 일상적인 대화 속에서 정을 나타내는 표현을 찾는 것은 어렵지 않다.

'정들자 이별', '그놈의 정 때문에', '정이 없다', '정이 많다', '정이 안 간다', '정을 주고받으며(정을 나누며) 산다', '정떨어졌다', '정 붙이기 어렵다', '정에 웃고 정에 울며', '나의 정든 고향', '냉정하다', '온정적이다', '열정이 있다', '애정어리다', '미운 정, 고운 정', '정든 찻집, 정든 역', '모정, 부정', '(멀리 떠나려고) 정을 뗀다', '정서가 메말랐다', '서정적이다', '묶은 정', '잔정', '감정', '자식을 버린 비정한 부모', '매정한 놈, 무정한 당신', '정을 두고 떠나지 마', '정겹다', '정이 마른 사회', '정한(情恨)', '인정, 몰인정', '박정하다', '진정', '격정', '순정', '유정(有情)', '우정', '동정', '선정적이다', '가을의 정취, 정취가 묻어난다', '심정', '속정이 있다', '작은 정성을 드립니다', '나은 정, 기른 정', '다정하다', '연정', '역정', '치정에 의한 살인', '정을 통하다', '정사', '정분이 났다'…….

이는, 한국인 리더가 인간관계를 발전시킴에 있어서 정을 무시할 수 없다는 증거이다. 하지만 지금까지 정이 무엇이고 그것을 어떻게 학문적 영역에서 이해하고 활용할 것인가를 체계적으로 밝히는 연구는 거의 없는 실정이다. 여기에서는 한국인들의 정의 리더십을 설명하고 좋은 점과 개선점들을 찾아 보도록 한다.

1. 정의 리더십 모델

사전에서는 **정(情)이란 '느끼어 일어나는 마음'**으로 정의하고 있다. 하지만 이 정도를 가지고 정(情)의 리더십 현상을 다 설명할 수는 없다. 명쾌하게 정의할 수 없는 상황에서는 정(情)의 영역에 속하는 현상은 무엇이며, 속하지 않는 현상은 무엇인가를 나누어 보는 것이 뜻을 이해하는 데 도움이 된다.

정(情)의 특징

우선, 정(情)은 이성적인 행동과는 거리가 멀다. 머리로 판단하고 생각하여 정을 나누지는 않는다. 또한 계산에 의한 이기적 행동의 영역에 속하지도 않는다. 이것은 곧 몇몇 서양에서 만들어진 이론들에서 주장하는 '리더의 거래적 행동'(Transactional Behavior)을 배척한다는 것을 뜻한다. 예컨대, 정(情)의 리더십은 위에서 살펴본 특수신용이론이나 LMX에서와 같이 사회적 교환거래를 기초로 하지 않는다. 서양인들은 거래적 행동의 반대를 이념적이고 비전지향적 행동으로 보았다(예, 변혁적 리더십이론; 제6장 참조). 하지만 한국인들은 거래적 행위의 반대를 정(情)에 의한 행동으로 이해한다. 이것은 곧 정(情)이란 고와서도 주고 미워서도 주며 아무런 이해타산이 없이도 주는 개념임을 의미한다. 물론 정으로 선물이나 도움을 받는 사람도 상응한 보답을 하는 것이 예의이다. 하지만 주는 측에서 받을 것을 기대하고 주지는 않는다. 여기에서의 보답은 거래의 뜻이 아니라 또 다른 정의 표현일 따름이다.

이렇게 볼 때, **정(情)은 머리보다는 마음의 문제**이다. 겉마음이 아니라 진정성에 기초한 속마음에서 우러나는 것이다. 우리는 겉으로 정이 있는 것처럼 행동하지는 않는다. 진정으로 마음이 움직이고 마음에 어떤 감동이 올 때 정(情)의 행동을 한다. 그러므로 마음의 움직임을 전제로 하는 정(情)의 행동은 일반적으로 이야기하는 배려, 아낌, 위함 등의 개념보다 근본적이고 더 깊다. 배려의 영역에 속하는 행동들은 마음이 없이도 할 수 있다. 머리로 판단한 결과로 배려행동이 나타나기도 한다. 그러나 정(情)에 기초한 행동은 마음의 저 밑바닥에 깔린 움직임을 전제로 한다.

서로간에 깊은 정을 느낀다는 것은 곧 거래 이상의 관계가 성립되어 있음을 의미한다. 받은 것보다 더 주더라도 불평하지 않는다. 또한 서로간에 계약관계 이상의 깊은 관계가 성립되었다는 것을 뜻한다. 서로의 마음을 쉽게 읽을 수 있고 서로를 위해 잘해주고 싶어하며 희생이 따르더라도 어쩔 수 없다는 마음의 움직임이 전제되어 있다. 서로간에 마음이 하나가 되어 있다.

정(情)의 리더십

정(情)의 리더십이란 리더와 구성원들 간에 마음속으로부터 깊은 교감을 이루어 서로를 위해 헌신하며 상대방에게 몰입하는 리더십이라고 볼 수 있다. 그러므로 일반적 인간관계에서는 이해할 수 없는 행동의 교환이 리더와 구성원 간에 발생한다. 정에 의한 행동은 공식적인 관계를 훨씬 뛰어 넘는 행동이다. 공과 사의 구분이 있을 수 없다. 이것은 법이나 규정의 테두리를 벗어날 수도 있고 윤리적으로 문제가 되는 행동일 수도 있다. 상대방에게 필요한 것이라면 해주고 싶은 마음의 동요를 느끼게 되는 것이 정(情)의 리더십이다. 따라서 한국인들은 정이 깊은 관계하에서는 **'봐주고', '모시는' 일을 법과 윤리를 지키는 일보다 더 중시**하게 되는 것이다.

정(情)의 리더십: 원인과 결과

정(情)의 리더십은 왜 발생하며 어떤 결과를 가져오는가? 이에 대한 생각을 정리하여 〔그림 11-8〕에 제시하였다.

〔그림 11-8〕은 정(情)의 리더십이 문화적 영향과 상황적 특성에 의해서 촉발되는 것으로 보았다. 정을 중시하는 문화적 배경하에서 성장하고 생활해온 한국 리더가 정의 행동을 촉발하는 상황을 만났을 때 마음으로부터 헌신적으로 모시고 봐주고 퍼주고 위하는 정(情)의 리더십 행동을 보인다. 하지만 정을 주고받으며 자라난 리더가 정의 행동을 촉발하는 상황을 만났다고 하더라도, 냉정하고 이성적으로 행동하는 사람도 있다. 이것을 개인차라고 표현한다. 한국인이라고 하더라도 정이 별로 없는 사람은 어떤 상황 속에서도 이성적으로 행동한다. 평균적으로 한국인들은 정의 행동을 많이 보인다고 이해하는 것이 옳다.

그렇다면 정의 리더십 행동을 보이면 어떤 결과를 가져오는가? 하나씩 나누어

그림 11-8 정의 리더십: 원인과 결과

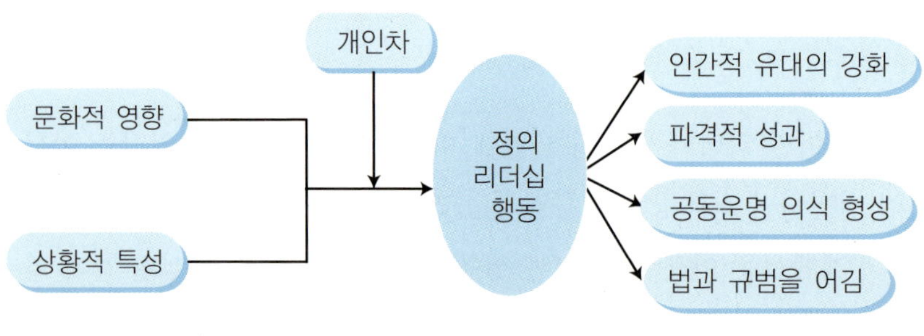

다 열거할 수 없겠지만, 대표적으로 세 가지 결과를 생각해 볼 수 있을 것이다. 인간적 관계가 강화된다는 점, 하급자들이 리더에게 필요한 성과창출을 위해서 헌신적으로 노력하기 때문에 파격적 성과를 이룩하게 된다는 점, 그리고 **서로간에 공동운명의식이 형성된다는 점** 등이 정의 리더십 행동이 가져다주는 긍정적 결과이다. 그러나 부정적 결과는 정에 휩쓸려 지켜야 할 법과 규범을 어길 수 있다는 점이다. 이러한 부정적 결과를 극복하고 긍정적 결과를 창출할 수 있는 방안을 강구해야 한다.

2. 정의 리더십: 좋은 점과 나쁜 점

앞에서 보았듯이, 정의 리더십이라는 것이 반드시 좋기만 한 것은 아니다. 좋은 점과 나쁜 점이 공존한다. 상황에 따라 정을 이기지 못하여, **정 때문에 법을 어기고 윤리적으로 문제가 되는 요구를 거절하지 못하는 경우도 많다.**

〈표 11-3〉에는 정(情)의 리더십이 제공하는 좋은 점들과 나쁜 점들을 좀더 자세히 적어보았다. 가장 중요한 것은 문화적 특성이라는 것은 버리려고 해도 잘 버려지지 않는다는 것이다. 정의 리더십의 나쁜 점에 치중하여 버리라고 요구해도 한국인들은 그것을 쉽게 버릴 수 없다. 그렇다면 좋은 점을 강화하여 더 큰 성과를 낼 수 있도록 하고 나쁜 점을 피할 수 있는 방안을 찾는 것이 바람직할 것이다.

표 11-3 정의 리더십: 좋은 점 vs. 나쁜 점

좋은 점들	나쁜 점들
• 인간적 유대의 강화 • 헌신적 노력으로 파격적 성과 • 공동운명 의식 • 안 되는 일도 방법을 찾아냄 • 개인적 부탁도 성의껏 들어줌 • 어려움에 처했을 때 큰 위로를 받음 • 심리적 안정감과 사회적 욕구의 충족 • 삶에 의미를 갖게 함	• 지켜야 하는 법과 규범을 어기고 상대방에게 혜택을 제공하려 함. • 패거리를 형성하여 배타적 권력을 형성함. • 합리성을 상실한 왜곡된 의사결정을 함. • 리더에게 주어진 조직 본래의 목적이나 임무에서 이탈함.

3. 한국인의 "신바람"

한국인에게 있어 "정(情)과 짝을 이루는 개념이 **신바람(shinbaram)**"이다. 이 두 변수에 대해서 세계적으로는 물론 한국 내에서도 연구가 많지 않다. 특히 "신바람"은, 발표된 논문들이 있기는 하지만, 아직 개념이 모호하고 체계적으로 정립되어 있지 않다.

신바람의 개념

"신바람"이란 집단동기부여의 한 형태라고 볼 수 있다. 미국을 비롯한 서양학자들은 동기부여(motivation)를 논하면서 개인의 동기를 어떻게 이해하고 높일 것인가에만 집중해왔다. 하지만 한국 문화에서는 개인들에게는 튀지 말라고 하면서 집단이 모이면 발광을 한다. 함께 일하는 것을 더 가치 있는 행동으로 평가하고 어디를 가더라도 같이 가는 것을 좋아한다. 밥을 혼자 먹었다고 슬퍼하며, 여럿이 모여 수다 떠는 데서 인생의 맛을 느끼는 민족이다. 못한 일은 서로 책임을 나눠져 유야무야시켜 버리고 함께 성공을 이뤘을 때는 너나없이 하나가 되어 내일(tomorrow)이 없는 것처럼 기뻐한다.

일을 하는 과정에서 신바람이 나면 일의 속도가 광속으로 빨라지고 안 되는 것이 없다. 아무리 어려운 일도 신바람이 나면 해낸다. 아무리 시간이 많이 걸리는 일도 신바람으로 하면 금방 끝낸다. 아무리 자원이 부족해도 신바람이 나면 어떻게든 결과를 만들어낸다. 혼자서는 꿈도 못 꾸던 것을 함께 모여 신명이 나면 집단은 새로운 정체성을 갖는다. 일터는 한 마당 놀이터가 되고 일 자체는 꽹과리나 장구와 같은 놀이기구로 변신한다. 이 현상은 이성적 논리로 이해하기 힘들다.

신바람의 특징

신바람의 집단동기부여는 몇 가지 특징을 갖는 것으로 해석할 수 있다. 〈표 11-4〉에 이들을 정리했다.

집단동기부여란 집단이 이를 수 있는 최고의 활성화된 상태를 의미한다. 이성

표 11-4 신바람의 특징

- 집단현상이다.
- 이성보다는 감성과 영성이 지배한다.
- 이성적으로 계산할 수 없는 집단시너지 이상의 성과를 낸다.
- 일을 일로 하기보다 재미있는 놀이로 한다.
- 개인이 갖고 있는 공적, 사적 모든 것을 신바람마당에 내 놓는다.
- 불편, 불공정, 부족, 불만을 감내하고 극복한다.
- 모두가 행복감에 도취된다.
- 근거 없는 긍정심리를 공유한다.

적 논리로 설명할 수 없다. 이해관계를 뛰어넘는 현상이기 때문이다. 일반적 동기부여이론(예, 욕구이론, 기대이론, 공정성이론, X/Y이론 등)으로 설명할 수 없는 집단현상이다. 사회적 교환이론으로도 설명할 수 없다. 한국인들이 가진 독특한 정체성이다. 따라서 신바람동기부여가 되면 난관을 극복하고 탁월한 성과를 내며, 그 안에 있는 구성원들이 무한한 행복감을 느끼며 주어진 사명에 몰입, 헌신한다.

신바람동기부여를 촉발하는 조건들에는 여러 가지가 있을 수 있다. **리더에 대한 무한신뢰가 가장 중요한 조건**이다. 리더와 구성원들 간의 숙성된 "정(情)"도 조건 중 하나라고 본다. 일을 수행하는 과정에 필요한 권한위임이나 임파워먼트도 필요할 것이다. 무엇보다도 구성원들 간에 마음이 맞아야 한다. 막역한 "**동류의식**"과 "**우리인식(we-ness)**"이 있어야 서로 어울려 동기가 유발된다.

4. 한국형리더십

한국형리더십은 **한국인의 "정"(情)과 "신바람"에 기초하여 개발된 이론**이다.[12] 한국형리더는 개인적으로 자기긍정, 성취열정, 솔선수범의 자세를 가지며, 관계에 있어서는 상향적응, 수평조화, 하향온정의 행동을 보이고, 조직에서는 미래비전과 환경변화의 특징을 보인다. 이것을 한국형리더십 8요인이라고 한다. 〈표 11-5〉에

표 11-5 한국형리더십 8요인의 정의

요인이름		정 의
개인 요인	1. 자기긍정	자기 확신과 결단력에 기초하여 어떤 어려움도 이겨내려는 도전정신
	2. 솔선수범	사심 없이 인내하며 집단을 위해서 궂은 일도 마다하지 않는 윤리적 태도
	3. 성취열정	높은 자부심과 책임의식을 바탕으로 일을 수행함에 있어 난관을 극복하고 끝까지 성취해내는 강한 정신
관계 요인	4. 수평조화	동료들과 신의와 존중을 바탕으로 적극적으로 협력하고 소통하며, 모나지 않게 행동함으로써 조화를 이루려는 태도
	5. 하향온정	하급자들과의 끈끈한 정에 기초하여 관용을 베풀며 희생하고 보호해주고 키워주려는 애틋한 마음
	6. 상향적응	윗사람이 편안한 마음을 느끼도록 잘 모심으로써 불필요한 갈등을 피하고 최고의 성과를 내는데 밑거름이 되려는 후원적 행동
조직 요인	7. 환경변화	다양한 외부의 인적 네트워크를 바탕으로 환경의 변화를 민감하게 파악하여 적절히 대응할 줄 아는 역량
	8. 미래비전	미래지향적 경영철학을 바탕으로 미래를 예측하여 비전을 제시하며 체계적으로 계획을 수립하여 그를 실천할 줄 아는 역량

자료: 백기복 등, 2017. 한국형리더십, 북코리아.

각 요인별 정의를 정리하였다.

한국형리더십 패러독스

특이한 것은 하급자들은 리더에게 **솔선수범**, 하향온정, 미래비전을 요구하는데 리더들은 정작 **성취열정**, 상향적응, 환경변화에 집중한다는 연구결과이다. 리더나 하급자나 각자 자기 필요한 것을 상대방에게 요구하게 된다. 이것을 한국형리더십 패러독스라고 명명하였다. 〔리더십 나누기 11-4〕에 이에 관련된 신문기사를 제시했다.

리더십 나누기 11-4: 한국형리더십 패러독스

한국형리더십 8요소

1 자기긍정	2 성취열정	3 솔선수범
하면 된다	압축성장, 일등주의	청렴, 자기희생
4 상향적응	5 수평조화	6 하향온정
상사 모시기와 봐주기	모나지 않게 둥글게	끌어주고 밀어주기
7 미래비전	8 환경변화	
선진국 진입, 글로벌 기업 만들기	최신 유행에 민감하게 대처	

한국형리더십연구회가 2009년 6월 12일 제2회 한국형리더십 콘퍼런스를 열고 한국형리더십의 DNA를 소개했다. 이에 따르면 한국형 리더들은 할 수 있다는 자기긍정과 해야 한다는 성취의식이 강하고 솔선수범의 자세를 갖는 것으로 나타났다. 한국형리더십연구회는 국내 기업 관리자와 임원 2,000여 명을 대상으로 조사한 결과 한국형리더십의 요소를 자기긍정, 성취열정, 솔선수범, 상향적응, 수평조화, 하향온정, 미래비전, 환경변화 등 8가지로 추출했다. 이들의 평균점수를 비교해 본 결과 한국형 리더들이 가장 잘 보여주는 행동은 성취지향으로 나타났다. 그 다음은 상향적응, 환경변화, 자기긍정 등의 순이었다. 반면 하급자들이 가장 원하는 리더십의 요소는 솔선수범, 하향온정, 미래비전으로 나타났다. 이것은 곧 리더가 잘 보여주는 행동(성취지향, 상향적응, 환경변화)과 하급자들이 리더에게 바라고 기대하는 행동(솔선수범, 하향온정, 미래비전)이 다르다는 것을 뜻한다.

즉 한국형 리더들은 목표달성과 윗사람과의 관계를 잘하고 변화 대응에 능하지만 부하를 위해주고 보호해 주는 행동과 미래 비전을 제시해 이끌어 가는 기술은 상대적으로 취약하다는 것이다. 백기복 국민대 경영학과 교수는 이를 한국형리더십의 패러독스로 정의했다. 백 교수는 "이상적 한국형 리더는 이러한 리더행동(현재, 상향 강조)와 하급자욕구(미래, 하향 강조)의 패러독스를 효과적으로 해결할 줄 아는 사람"이라며 "이를 해결하기 위해서는 리더십 훈련을 강화해야 하며 인사시스템 등의 하드웨어를 상향과 하향에 맞게 변환해야 한다"고 지적했다.

〔박종욱 기자, 매일경제, 2009. 6. 12에서 수정 인용〕

✜ [나누기 문제 11-4] 한국형리더십의 패러독스(즉, 윗사람(상향)에게 잘하고 현재의 목표달성에 치중하지만, 아랫사람(하향)에게 온정을 베풀고 미래 비전을 제시하는 것은 소홀히 하는 현상의 원인은 무엇일까?

제4절 가부장적 리더십은 나쁜 것인가

가부장적 리더십은 좀 진부한 느낌을 주는 리더십 스타일이다. 시대가 어느 때인데 가장이 권위부리느냐고 말하는 사람들도 있다. 그럼에도 불구하고 가부장적 리더십은 현실 속에서 많이 발견된다. 이것은 무엇이고 과연 피해야 하는 나쁜 리더십인가? 이에 대해서 간략히 알아본다.

가부장적 리더십은 한국에만 해당하는 리더십 형태가 아니다. 세계의 많은 나라들에서 쉽게 발견되는 현상이다. 중국, 이란, 인도, 일본 등 동양권과 남미국가들에서 많이 발견되지만, 미국 등의 서양에서도 가부장적 리더십을 발휘하는 리더들이 있다.

흔히 가부장적 리더십은 구성원들을 이용해먹고 가장의 권위를 가지고 구성원들을 함부로 대하며 임금을 착취하고 여성을 비하하는 부정적 리더십으로 그려지기도 한다.[13] 과거엔 가장이라는 위치가 이처럼 시대에 뒤떨어진 행위를 용납하고 당연시했던 사례도 없지 않았다. 하지만 가부장적 리더를 이렇게 부정적인 모습으로 묘사하는 것은 편견의 소치이다. 가장은 가족에 대해서 무한 책임을 지며, 한없이 너그럽고 희생적인 행위를 하는 인물이라고 보는 것이 보다 현실적이다. 최근 리더십학자들도 가부장적 리더십의 긍정적 측면도 함께 강조하는 추세이다.[14]

가부장적 리더십은 권위주의, 시혜행동, 도덕적 인간 등 세 가지 차원으로 구성된다.[15] 이 세 가지 차원의 대표적 행동들을 〈표 11-6〉에 정리하였다.

〈표 11-6〉에서 보듯이, 역시 권위주의가 시대에 뒤떨어진다. 이것만 없으면 가부장적 리더십도 꽤 쓸만한 리더십이다. 예를 들어, 가부장적 리더의 시혜적 행동은 구성원들의 창의성도 높여주는 것으로 연구결과가 나타나고 있다. 권위주의를 다른 어떤 것으로 대체할 수 있을지를 고민할 필요가 있다.

표 11-6 가부장적 리더십의 세 차원

3차원	주요 내용
권위주의	• 구성원들에게 위협적 • 구성원들에게 매우 엄격 • 자신의 원칙을 어겼을 때 질타 • 함께 일할 때 압박 • 목표미달시 꾸중
시혜행동	• 구성원에게 자주 관심 • 직무상 어려움에 처했을 때 격려 • 내가 일처리 능력 부족할 때 훈련/코칭 제공 • 나의 개인적 요청 수용 • 나의 성과미달의 진짜 원인파악 노력
도덕적 인간	• 나의 일에 책임을 짐 • 모든 면에서 솔선수범함 • 난제해결에, 뒤로 물러서지 않고 앞장섬 • 자신의 책임을 회피하지 않음 • 다른 사람들에게 요구하기 전에 자신의 직분을 다함

본 장의 요점

❖ 내집단과 외집단 구성원은 리더의 말에 대한 뇌 기능이 다르다.

❖ 사회적 자본이 큰 사람은 인생의 가치를 느낀다. 이기적 자세를 버려야 사회적 네트워크 구축이 가능하다.

❖ 리더는 "넓고 깊은 인간관계"를 맺는 것이 이상적이다.

❖ 리더는 내집단과 외집단을 형성한다. 조직에는 비공식적 이면구조가 존재한다.

❖ 내집단 형성원인은 문화마다 다르다. 미국 같은 성취지향문화에서는 능력/성과가 높은 부하가 내집단이 되기 쉽지만, 프랑스 같은 신분중시 문화에서는 관계/동류의식이 내집단 형성에 더 중요하다.

❖ 리더-구성원 교환이론(LMX)에 따르면, 리더-구성원 관계는 "이방인 단계→면식 단계→파트너십 단계"로 발전한다.

❖ 리더-구성원 관계는 "role-thing", "role-making", "role-routinization" 단계로 설명하기도 한다.

❖ 하급자 능력/성과, 가치관 유사, 하급자의 공손한 태도, 출신 유사성 등이 "High quality LMX" 원인이며 만족도, 몰입도, 자유재량 향상 등이 그 결과이다.

❖ LMX 차별화는 불가피하다. 하지만 외집단 구성원에게도 별도의 과제를 주는 등 동참의 기회를 줘야 한다.

❖ 한국인의 '정(情)'은 머리보다 마음의 문제다. 정의 리더십에는 좋은 점과 나쁜 점이 동시에 존재한다. "신바람"은 집단동기부여의 형태이다.

❖ 한국형리더십은 자기긍정, 솔선수범, 성취열정, 수평조화, 하향온정, 상향적응, 환경변화, 미래비전 등 8요인으로 구성된다.

❖ 가부장적 리더십은 권위주의, 시혜행동, 도덕성으로 구성되며 긍정적 측면도 있다.

리더십 토론의 시간 11

지연과 학연의 사회

한국은 유난히 인맥을 중시하는 사회다. 특히, 인맥을 형성하는 데 있어 학연과 지연의 중요성을 무시할 수 없다. 어떤 대기업 종업원들의 출신 도(道)를 살펴보았더니, 95% 이상이 특정 도 출신이었다. 상위 4개 대학(서울대, 연대, 고대, 한양대) 출신들이 우리나라 상장기업 CEO의 60% 정도를 차지한다. 사외이사를 정할 때도 특정 대학 출신이나 그 대학 교수들이 주로 자리를 차지한다. 직원들을 위한 특강을 할 때 강사도 출신 지역이나 학교가 비슷하지 않으면 꺼리는 회사가 있다.

대통령이 장관이나 정부의 요직에 사람을 임명할 때도 이러한 지연과 학연의 문제는 그대로 나타난다. 장관이나 조직의 장은 또 자기가 맡은 조직 내 직원들을 자신과 연(緣)이 맞는 사람들 위주로 채운다. 이러한 지역주의, 학벌주의를 타파하겠다고 말하는 정치인들도 더러 있지만 구체적인 방법이나 이 이슈에 대한 몰입의 정도를 보면 실망스러울 때가 많다.

[토론과제 11-1] 지역주의와 학벌주의 현상이 발생하는 이유는 무엇인가?

[토론과제 11-2] 이러한 현상은 개인, 조직, 그리고 사회전반 차원에서 각각 어떤 결과를 초래하는가?

나의 리더십 진단 11-1

나의 한국형리더십 진단

※ 아래의 각 항목에 동의하는 정도를 〈응답 양식〉을 참고하여 답하시오.

〈응답 양식〉

1	2	3	4	5
전혀 그렇지 않다	그렇지 않다	보통이다	그렇다	매우 그렇다

1. 나는 매사에 자기확신이 강한 편이다. (　　)
2. 나는 어려운 상황에도 잘 적응한다. (　　)
3. 나는 추진력이 있다는 평가를 받는다. (　　)
4. 나는 일에 대한 열정이 있다. (　　)
5. 나는 내가 하는 일에 대하여 자부심을 갖고 있다. (　　)
6. 나는 일을 할 때 높은 책임의식을 느낀다. (　　)
7. 나는 모든 면에서 윤리의식이 강한 편이다. (　　)
8. 나는 다른 사람들을 위해서 인내할 줄 안다. (　　)
9. 나는 솔선수범하려고 노력한다. (　　)
10. 나는 윗사람을 잘 모신다. (　　)
11. 나는 윗사람의 의중을 파악하여 미리 대응하는 스타일이다. (　　)
12. 나는 윗사람과 동행할 때 의전관리를 잘한다. (　　)
13. 나는 대인관계가 좋다는 평을 듣는다. (　　)
14. 나는 모나지 않게 행동하려고 애쓴다. (　　)
15. 나는 다른 사람들과의 협력을 중시한다. (　　)
16. 나는 부하들을 인정해주고 칭찬을 자주 한다. (　　)
17. 나는 부하들을 공정하게 대우한다. (　　)
18. 나는 부하들이 문제에 직면했을 때 바람막이가 되어준다. (　　)
19. 나는 항상 도전적인 목표를 추구한다. (　　)
20. 나는 조직의 핵심가치를 전파한다. (　　)

21. 나는 올바른 경영철학을 가지고 산다. ( )

22. 나는 우리 기업(또는 조직)이 속한 산업에 대하여 잘 이해하고 있다. ( )

23. 나는 외부로부터 정보를 수집하는 능력이 있다. ( )

24. 나는 조직의 환경변화에 민감하다. ( )

〈진단법〉

한국형리더십 요인	[해당 항목 합]÷3	평균점수	커트라인	나의 스타일	
자기긍정	[(1)+(2)+(3)]÷3		평균이 3.5이상 高	고	저
성취열정	[(4)+(5)+(6)]÷3		평균이 3.6이상 高	고	저
솔선수범	[(7)+(8)+(9)]÷3		평균이 3.3이상 高	고	저
상향적응	[(10)+(11)+(12)]÷3		평균이 3.6이상 高	고	저
수평조화	[(13)+(14)+(15)]÷3		평균이 3.4이상 高	고	저
하향온정	[(16)+(17)+(18)]÷3		평균이 3.2이상 高	고	저
미래비전	[(19)+(20)+(21)]÷3		평균이 3.3이상 高	고	저
환경변화	[(22)+(23)+(24)]÷3		평균이 3.5이상 高	고	저

※ 나의 스타일에서 고와 저를 보고 무엇이 강하고 무엇이 약한지를 정리해 보자.

※ 한국형리더십 8요인 각 요인의 간략한 정의는 다음과 같다.

〔자기긍정 = '하면 된다'는 강한 확신; 성취열정 = '어떤 희생을 치르더라도' 달성하려는 의지; 솔선수범 = 깨끗, 청렴, 희생, 양보; 상향적응 = 윗사람을 잘 '모시는' 태도, 상사의 체면을 세워주려는 자세; 수평조화 = 동료들과 두루 원만한 관계를 유지; 하향온정 = 아랫사람을 '봐주고' 챙기는 행동; 미래비전 = 미래를 위한 큰 그림; 환경변화 = 환경변화에 대한 민감성.〕

나의 리더십 진단 11-2

리더와 구성원의 LMX 관계 측정 설문

※ 다음은 귀하와 귀하의 상사(리더) 간의 관계가 내집단 관계인지 외집단 관계인지를 알아보기 위한 설문이다. 우선 귀하의 상사(리더)가 누구인지를 정하시오. 그리고 그에 대한 귀하의 생각을 기초로 응답하면 된다. 아래의 〈응답 양식〉을 사용하시오.

〈응답 양식〉

1	2	3	4	5	6	7
전혀 그렇지 않다	거의 그렇지 않다	별로 그렇지 않다	보통이다	다소 그렇다	상당히 그렇다	전적으로 그렇다

1. 나의 상사(리더)는 내 일에 대한 문제를 해결하기 위해서 자신의 권한을 기꺼이 사용하려는 성향을 보인다. ( )
2. 나는 곤경에서 벗어나기 위해서 진정으로 필요로 할 때에는 상사(리더)에게 희생이 따르더라도 그(녀)에게 의지할 수 있다. ( )
3. 내 상사(리더)는 나의 문제와 요구를 이해한다. ( )
4. 내 상사(리더)는 나의 잠재력을 안다. ( )
5. 내 상사(리더)는 내가 그렇게 해달라고 요구하지 않아도 내 결정을 지지하고 정당화해 줄만큼 나에 대해서 확신을 가지고 있다. ( )
6. 나는 내가 나의 상사(리더)와 함께 어디에 서 있는지를 안다. ( )

〈채점 방법〉 대략, 위의 항목 1~6까지의 응답점수를 합하여 그 값이 30점을 넘으면 귀하와 상대방의 LMX관계의 질이 높은 편, 즉 내집단 사이이고 그 미만이면 관계의 질이 낮고 외집단인 관계라고 볼 수 있다.

내집단과 외집단 경험 나누기

리더십 Exercise 11

※ 다음의 연습은 내 집단과 외 집단에 속했을 때 어떤 감정과 행동성향을 보이는지를 생각해 보게 하기 위한 것이다. 단계 1, 2, 3을 하나씩 풀고 함께 이야기해 보자.

[단계 1] 내집단에 속한 나를 만나다.

※ 귀하가 지금까지 경험한 조직활동 중에서 내집단에 속했던 경우를 떠올려 보십시오. 리더는 귀하를 믿고 신임하며 중요한 일을 맡겼을 것입니다. 이 경험에 대해서 아래의 질문에 답해 봅시다.

〈1〉 귀하가 내집단에 속하게 만든 요인들은 어떤 요인인가? (어떻게 해서 내집단에 속하게 되었나?)

〈2〉 리더의 귀하에 대한 행동특징 세 가지를 아래에 적어보자.

〈3〉 리더의 이러한 행동은 귀하의 일에 대한 동기에 어떤 영향을 미쳤는가?

〈4〉 리더의 그러한 내집단 행동은 귀하의 성과에 어떤 영향을 미쳤는가?

[단계 2] 외집단에 속한 나를 만나다.

❊ 귀하가 지금까지 경험한 조직활동 중에서 외집단에 속했던 경우를 떠올려 보십시오. 리더는 귀하를 믿고 신임하지 않았으며 중요한 일을 맡기지 않았을 것이다. 이 경험에 대해서 아래의 질문에 답해 보자.

〈1〉 귀하가 외집단에 속하게 만든 요인들은 어떤 요인들인가? (어떻게 해서 외집단에 속하게 되었나?)

〈2〉 리더의 귀하에 대한 행동특징 세 가지를 아래에 적어보자.

〈3〉 리더의 이러한 행동은 귀하의 일에 대한 동기에 어떤 영향을 미쳤는가?

〈4〉 리더의 그러한 외집단 행동은 귀하의 성과에 어떤 영향을 미쳤는가?

[단계 3] 리더십 올바로 발휘하기

※ 위의 내집단과 외집단의 경우를 비교하여 귀하가 리더십을 발휘할 때 어떤 측면을 주의해야 하는지를 정리하고 서로 토론하여 보자.

리더십 나누기 사례 11: 리더십 회피 현상

1) **MIT 슬로언경영대학**(Sloan Management School)의 **MIT리더십센터**는, 2015년에서 2016년에 걸쳐, 이공계 전공자들의 리더십 패턴을 찾기 위해서, 총 37명의 교수, 직원, 학부생, 대학원생, 졸업생을 대상으로 심층 인터뷰를 진행했다. 아울러, 학교에서 발행하는 각종 인쇄물, 간행물, 논문 등의 내용을 코딩하여 분석했다.[16]

   분석결과, 수학자, IT 엔지니어, NASA기술자 등 이공계 전공자들이 가장 선호하는 리더는 **"안티 리더"**(**anti-leader, 반(反) 리더; 리더를 거부하는 것**)로 나타났다. 이들은 "리더", "리더십"이란 말을 '정치적 이득을 추구하는 자'와 동의어로 생각하고 있었다. 다른 사람과 관계 네트워크를 형성하고 부하들에게 비전을 제시하는 등 리더의 행동에 전혀 관심이 없었다. 이들의 유일한 관심은 기술과 실력에서 남보다 앞서는 것뿐이었다. 누가 승진을 하건, 사장이 되건 아무런 관심이 없었다.

2) 한 리더십 학자는 2020년 **"알고리즘 리더십"**(Algorithm Leadership)이란 책을 냈다.[17] 리더의 모든 행동을 코딩하여 AI가 리더의 역할을 대신하게 할 수 있다는 관점이다.

3) 요즘 팀장 등 리더의 직책을 하고 싶어 하지 않는 현상이 벌어지고 있다. 대기업 인사담당자들은 팀장 하려는 사람이 없다고 고충을 토로한다. 일이 많고 책임은 무거운데 혜택은 적기 때문이다. **"리더 회피 현상"**이라고 할 수 있다.

4) 우리만의 현상이 아니다. 벌써 10년 전부터 미국 전체 인력의 3분의 2가 직장에서 리더 직책(관리자)을 맡지 않으려고 한다.[18]

5) WAL(Worries About Leadership)이라는 "리더십 회피 현상"을 진단하는 설문이 개발되었다.[19] '실패에 대한 두려움', '워라벨 불균형', '피해 위험' 등이 리더십 회피의 원인이다. 아래에 WAL 설문을 제시한다.

[당신이 조직에서 리더십 직책을 제의받았다고 가정했을 때, 다음 각 항목이 얼마나 당신을 걱정하게 만들지를 답하시오.]

실패에 대한 두려움 문항	워라벨 불균형 문항	손해 위험 문항
1. 내가 하는 실수가 전보다 더 많이 노출될 것이다	6. 가족과 보내는 시간이 줄어든다	12. 독하고 냉담한 사람이 되어야 하는 것이 싫다
2. 실패하면 내 자존감이 상처를 입는다	7. 가족에 대한 책임을 다 할 수 없게 된다	13. 배우자와의 관계에 문제가 생길 수 있다
3. 실패하면 체면을 구기고 좌절하게 될 것이다	8. 사적 공간이나 개인적 삶이 없어진다	14. 스트레스를 받아 건강을 잃을 수 있다
4. 항상 나 자신을 증명해야 한다	9. 직장과 가정생활 간에 균형을 이룰 수 없다	15. 내가 내린 결정으로 직장 내 다른 사람의 감정을 해칠 수 있다.
5. 더 많은 비판에 노출된다	10. 나 자신을 위한 시간(예, 취미 활동)이 줄어든다	16. 구성원들을 불공정하게 대할 수 있다
	11. 친구들과 보내는 시간도 충분하지 않다.	

* 1(거의 그렇지 않다)~5(대단히 그렇다)

✠ [나누기 사례 문제 11-1] 조직은 리더십 회피 현상을 어떻게 극복할 수 있을까?

✠ [나누기 사례 문제 11-2] 위의 WAL 현상을 우리가 배운 리더십 이론 중 어떤 이론으로 설명하는 것이 가장 적절할까?

:: 주

1 Molenberghs, P., & Louis, W. R. 2018. Insights from fMRI studies into ingroup bias. *Frontiers in Psychology*, 9: https://doi.org/10.3389/fpsyg.2018.01868.

2 Putnam, R. D. 2000. *Bowling Alone: The Collapse and Revival of American Community*. Simon and Schuster.

3 Putnam, R. D. 1993. *The Prosperous Community: Social Capital and Economic Growth*. Current.

4 Hollander, E. P. 1958. Conformity, Status, and Idiosyncrasy Credit. *Psychological Review*, 65, 117-127.

5 Graen, G. B., & Uhl-Bien, M. 1995. Relationship-based Approach to Leadership: Development of Leader-Member Exchange(LMX) Theory of Leadership Over 25 Years: Applying a Multi-level, Multi-Domain Approach. *Leadership Quarterly*, 6, 219-247.

6 Hollander, E. P. 2009. *Inclusive Leadership: The Essential Leader-Follower Relationship*. The Free Press.

7 Cashman, J., Dansereau, F., & Haga, W. 1976. Organizational Understructure and Leadership: A Longitudinal Investigation of the Managerial Role-Making Process. *Organizational Behavior and Human Performance*, 15, 278-296.

8 Nahavandi, A. 2000. *The Art and Science of Leadership*. Prentice-Hall Inc.

9 Graen, G., & Uhl-Bien, M. 1995. 앞의 논문.

10 나인표, 이홍, & 전상길. 2004. 리더-하위자 관계 발전단계와 관계행동 및 태도에 관한 연구. *리더십연구*, 1, 192쪽에서 인용.

11 Graen, G. B., & Scandura, T. A. 1987. Toward a Psychology of Dyadic Organizing. In L. L. Cummings & B. M. Staw (Eds.), *Research in Organizational Behavior* (Vol. 9, pp. 175-208). Greenwich, CT: JAI Press.

12 백기복 · 서재현 · 구자숙 · 김정훈. 2010. 한국형리더십. *인사조직연구*, 18(4): 33-69.

13 http://themalesofgames.blogspot.kr/2013/07/the-problem-with-patriarchy.html

14 Pelligrini, E. K., & Scandura, T. A. 2008. Paternalistic leadership: A review and agenda for future research. *Journal of Management*, 34: 566-593.

15 Cheng, B. S., Boer, D., Chou, L. F., et al. 2014. Paternalistic leadership in four East Asian societies: Generalizability and cultural differences of the triad model. *Journal of Cross-cultural Psychology*, 45(1): 82-90.

16 Ancona, D., & Gregersen, H. 2017. Problem-Led Leadership: An MIT Style of Leading. MIT Leadership Center 보고서.

17 de Cremer, D. 2020. *Algorithm leadership: Who leads and who follows in the AI era?* Harriman House.

18 Torres, N. 2014. Most people don't want to be managers. *Harvard Business Review.* Retrieved from https://hbr.org/2014/09/most-people-dont-want-to-be-managers.

19 Aycan, Z., & Shelia, S. 2018. "Leadership? No, Thanks!" A New Construct: Worries About Leadership. *European Management Review,* https://doi.org/10.1111/emre.12322.

제12장 열대기후에 밍크코트는 어울리지 않는다

리더십도 맞춰 입어야 한다

리더십 나누기 12-1: 3Go 리더십 vs. 독박장군 리더십

1) "3GO 리더십"

- S사 화학공장 안전관리 책임자 "김안전 상무"는 "**3Go(쓰리고) 리더십**"을 발휘한다. "믿**고** 맡기**고** 기다리**고**".
- 김 상무는 정규 주간 미팅에서 구성원들에게 항상 비전과 안전의 중요성을 강조하며, 안전교육도 많이 한다. 그는, 안전 관련 석사학위를 받는 등 안전에 대한 전문성도 뛰어나다.
- 최근 공장에 작은 안전사고가 빈번하게 발생했다. 밸브를 안 잠그고 기계를 작동하다가 약간의 폭발이 있었다. 장마가 지면서 하수처리 시설에 문제가 생겨 위기일발의 상황까지 간 적도 있다. 초기 대응을 잘해서 큰 문제로 발전하지는 않았지만, 아슬아슬한 순간이었다. 김안전 상무는 자신의 리더십 스타일에 대해서 의문을 갖게 되었다.

2) "독박장군 리더십"

- 최엘렌 박사는 S사 R&D센터장을 맡고 있다. 연구과정을 현장에서 꼼꼼하게 관리하는 스타일이어서 직원들이 그녀에게 "**독**(한) **박**(사) **장군**"이라는 별명을 붙여줬다.
- 프로젝트가 늦어지면 일일 점검에 들어가는데, 일정을 따라잡을 때까지 밤낮없이 일해야 한다. 연구원들은 이것을 "**독·박·쓴·다**"고 표현한다. 연구원들은 대부분 석사나 박사 학위를 가진 전문가들이다.
- 최근 센터에 문제가 생겼다. 여러 프로젝트가 동시에 늦어져 "독박"대상이 갑자기 늘어났고, 연구원 중에 진도와 연구결과를 허위로 보고하는 사례도 발견되었다. 특히 실력 있는 연구원들의 이직이 전년 대비 20%나 증가했다. **비전이 없다**는 이유다.

✤ [나누기 문제 12-1] 김안전 상무와 최엘렌 센터장이 리더십 스타일에 어떤 문제가 있는지 적어보자.

극단적인 예를 들자면, 전투상황에서의 리더십과 평화시 조직에서의 리더십은 같을 수가 없다. 이란과 같이 강력한 이슬람 율법이 사회를 지배하는 나라와 미국처럼 자본주의 문화권에서의 리더십은 크게 다를 수밖에 없다. 이것은 곧 상황이 다르면 리더십도 달라져야 한다는 것을 의미한다.

조직 내에도 다양한 상황요인들이 존재한다. 정확하게 숫자를 맞추는 일을 하는 사람도 있고 밖에 나가 사람 만나 물건 파는 것을 주된 업무로 하는 사람도 있다. 조직마다 제도가 다르고 환경이 다르며 갖고 있는 자원과 성장해온 역사와 나아가는 방향이 다르다. 무엇보다도 리더가 이끌어야 하는 사람들이 다르다. 그러므로 상황불문하고 획일적인 리더십 스타일을 발휘한다는 것은 그만큼 실패 가능성이 클 수 밖에 없다.

운동선수들 중에도 프로선수 시절에 선수로서의 리더십을 발휘할 때와 나중에 감독이 되었을 때 발휘하게 되는 리더십은 다르다는 점을 강조한다. 팀장일 때와 CEO가 되었을 때도 상황은 많이 다르다. 결혼하기 전과 결혼하여 애를 낳았을 때 자녀들의 태도가 변하는 것도 상황에 적응한 때문일 것이다. 마찬가지로 리더로서 성공하려면 상황에 맞는 새로운 리더의 역할을 수행할 수 있어야 한다.

조직경영 현장에서는 다음과 같은 말을 많이 듣는다.

"박 상무는 임원이 되었는 데도 팀장 때 하던 일을 그대로 하고 있다."

이것은 곧 조직 계층에 따라 각각 리더로서의 역할이나 행동이 달라져야 한다는 것을 의미한다. 하지만 실상은 그렇지 않은 경우가 많다. 팀장으로 승진을 하고서도 팀원으로 있을 때 하던 일 그대로 하고 있던가, 임원이 되어서도 팀장이 팀원 관리하듯이 하급자들을 세세히 직접 관리하려 드는 것이 예이다. 직급이 달라지면 상황의 요구나 기대되는 역할이 달라진다.

리더십 연구의 역사를 살펴보면, 특성이론이나 행위론이 지배하던 시기에는 상황변수를 고려하지 않았다. 어떤 상황에서나 적용되는 리더의 특성이나 행위가 있다는 것(이것을 '상황보편적' 특성/행위라고 한다)을 가정하고 이론을 제시하였다. 1960년대 후반부터는 리더십 이론가들이 상황의 중요성을 인식하고 이를 이론에 끌어들이기 시작했다. 하지만 역사를 살펴보면, 상황에 맞는 리더십의 중요성을 인식한 것은 매우 오래전이었던 것 같다. 고대 그리스의 소크라테스시대에도, 상황과 리더십을 연결하여 리더십 현상을 이해하려 했던 증거를 쉽게 찾아볼 수 있다(본 장 끝의 〔나누기 사례 12〕 참조).

리더십 이론가들도 상황과 리더십의 문제를 어떻게 볼 것인가를 가지고 오랫동안 고민해왔다. 1960년대 후반에서 1970년대에 걸쳐 여러 **리더십 상황이론들**이 발표된 것은 이러한 고민의 결과였다. 본 장에서는 상황이론들 중에서 비교적 초기 상황이론에 해당하는 세 이론(피들러의 상황적합화이론, 하우스의 경로-목표이론, 허시와 블랜차드의 성숙도이론)을 소개한다. 참여적 리더십 등 다른 상황이론은 다음 장에서 소개한다. 이론을 소개하기 전에 우선 "상황"에 대해서 좀더 구체적으로 살펴보기로 하자.

1. 카멜레온처럼 유연하게

리더는 다양한 유형의 리더십 기술들을 카멜레온처럼 유연하게 발휘할 줄 알아야 한다. 카멜레온이 왜 상황에 맞춰 변화하는 동물의 상징이 되었는지는 그의 속성을 이해하면 잘 알 수 있다. 〔리더십 나누기 12-2〕에 나온 카멜레온에 대한 기술을 살펴보자.

리더십 나누기 12-2: 카멜레온의 상황적응능력

흔히 보는 백과사전에 나온 카멜레온의 특징을 살펴보자.

"카멜레온속 약 70종, 브루케시아속 약 16종이 있으며 아시아에 3종, 지중해 연안에 1종이 살고 나머지는 사하라사막 남쪽의 아프리카와 마다가스카르에 분포한다. 몸빛깔을 자유롭게 바꾸고 긴 혀로 먹이를 잡아먹는 것이 큰 특징이다.

눈은 양쪽 눈이 360°로 따로따로 움직이면서 주위를 경계하거나 먹이를 찾는다. 혀는 머리와 몸통을 합친 길이보다 길며, 끝이 둥글고 끈적끈적해서 먹이를 잡기에 좋다. 보통은 입 속에 감추고 있다가 먹이를 찾으면 사정거리에 접근한 다음 순간적으로 내밀어 잡는다.

빛의 강약과 온도, 감정의 변화 등에 따라 몸의 빛깔이 바뀐다. 대부분 난생으로 땅에 구멍을 파고 20~50개를 낳는다. 부화기간은 3~8개월이다" (두산백과사전)

빛과 온도, 그리고 감정에 따라 몸의 색깔을 변화시켜 상황에 적응한다는 것과 눈이 360도로 따로따로 움직인다는 것은 카멜레온이 얼마나 환경적응을 잘 하도록 만들어진 동물인지를 말해준다.

✠ [나누기 문제 12-2] 카멜레온 리더의 모습을 한 번 그림으로 그려보자. 위 그림처럼 먹이를 사냥하는 나뭇가지 위의 카멜레온을 참고하여 사람의 모습으로 그려보자.

하지만 **카멜레온처럼 유연한 것과 정체성 없이 변신을 잘하는 것과는 다르다.** 중요한 것은 어떤 목적으로 스타일 변화를 꾀하는가 하는 것이다. 리더는 대의(大義)와 조직의 보다 큰 성과를 위해서 변신하지만 자신만을 위하는 소인은 개인적인 이득을 위해서 변신한다. 물론 개인적 이득을 위해서 변신하는 사람도 나름대로 변명을 하고 이유를 말할 것이다. 대의를 위하는 척, 다른 사람을 위하는 척할 것이다. 그러므로 우리는 리더의 변신을 면밀히 관찰하고 분석하여 정확히 평가할 줄 알아야 한다.

"**상황에 맞춰 리더십도 달라져야 한다**"라는 말을 잘 이해하면 카멜레온 리더십의 의미를 제대로 이해하게 될 것이다. 이것은 상황에 맞춰 사람이 바뀌어야 한다는 것을 뜻하는 것이 아니다. 카멜레온 리더십이란 리더가 **상황에 맞는 리더십 스킬을 발휘해야 한다**는 것을 의미한다. 카멜레온은 상황에 맞춰 자신의 색깔이 바뀌는 것이지 형태 자체가 변하는 것은 아니다. 그러므로 리더는 다양한 상황에 맞는 다양한 리더십 스킬을 연마해 둬야 한다. 사실 필요한 리더십 스킬이라는 것은 어느 시대, 어느 나라, 어느 조직에서나 비슷하게 나타난다. 다만, 특정한 상황에 따라 필요한 스킬이 다를 따름이다. 세상에 한 번도 듣지도 보지도 못한 기상천외한 리더십 스킬을 필요로 하는 경우는 거의 없다.

2. 다양한 상황요인들

그렇다면 상황을 어떻게 체계적으로 이해할 것인가? 리더십 학자들도 이 문제에 대해서 오랫동안 고민해왔다. 쉽게 얘기하면, **리더에게 영향을 미치는 모든 주변 요인들을 상황요인**이라고 이해하면 된다. 하지만 이해를 돕기 위해서 좀더 구체적으로 체계화할 필요가 있다. 〔그림 12-1〕은 일반적인 상황요인들의 영역을 나눈 것이다.

이들 네 가지 상황영역들은 리더십에 영향을 미칠 수 있는 영역들을 대략적으로 구분한 것에 불과하다. 각각이 어떤 성격을 띨 때 어떤 리더십이 더 효과적인가를 구체화해야 한다. 예컨대 직무가 구성원들의 적극적인 상호작용과 유연한 협력을 필요로 할 때 리더는 구성원들이 유기적으로 소통하고 교류할 수 있는 리더십을 발휘하는 것이 바람직하다. 추종자들의 성격이나 특성 또는 그들이 기대하고 요구하는 것에 맞춰 리더십을 발휘할 줄도 알아야 한다. 기본적으로 리더십이 추종자들을 대상으로 한다는 점을 고려할 때 추종자들의 특성이라는 상황영역은 매우 중요하다. 하지만 리더는 직무나 추종자들의 특성에 적응하기만 하지는 않는

그림 12-1 상황요인들의 영역

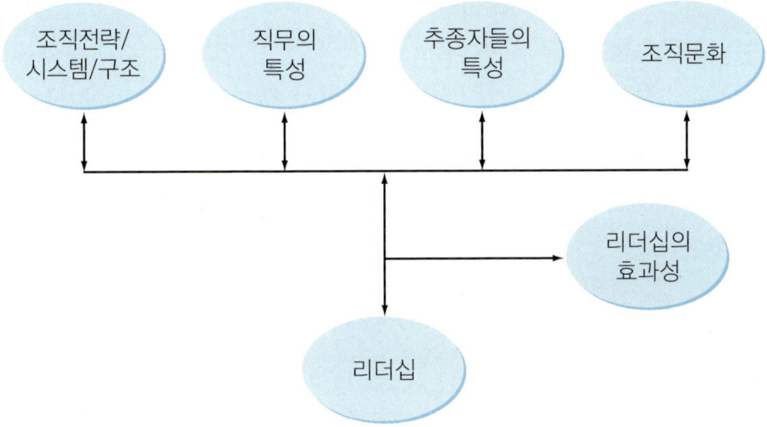

다. 때로는 그들에게 영향을 미쳐 직무나 추종자들의 속성을 바꾸기 위해 나서기도 한다. 그러므로 이들간의 관계는 리더가 일방적으로 영향을 받는 관계가 아니라, 서로 영향을 주고받는 쌍방향 영향관계이다.

마찬가지로 조직의 문화도 리더십에 영향을 미치지만 리더는 더 나은 조직문화를 만들기 위해서 노력해야 하는 쌍방향의 영향관계를 갖는다. 만약 관료적 조직문화가 조직성과 달성에 걸림돌이 되고 있다면 리더는 앞장서 더 나은 문화를 만들기 위해 노력해야 할 것이다.

한편, 조직의 전략이나 조직구조, 그리고 업무수행시스템 등도 리더십과 상호 영향을 주고받는 관계에 있다. 리더는 조직의 전략적 방향에 맞춰 리드해가야 하지만 그 전략이 옳은지, 더 나은 다른 대안은 없는지 등을 끊임없이 검토해야 한다. 조직구조나 시스템과 리더십의 관계도 마찬가지이다. 전략과 조직구조에 대한 리더십은 본 장의 말미에서 다루고 조직문화는 다음 장에서 다루기로 한다.

이처럼 **리더십은 조직, 직무, 추종자, 문화 등과 상호 영향을 주고받으면서 리더십 효과성에 영향을 미친다**(화살표가 양방향으로 되어 있는 것은 영향을 주고받는다는 의미이다). 〔그림 12-1〕은 이러한 관계를 나타낸다.

예를 들어보자. 추종자들이 심한 고통과 스트레스를 받고 있는 상황이다. 이때

알렉산더

는 어떤 리더십이 요구되는가? 리더도 물론 힘들기는 마찬가지다. 상식적으로 봐도 해답이 무엇인지 다 알 것이다. 같이 고통받고 스트레스를 나누면서 함께 해법을 찾아가는 모습일 것이다. 하지만 현실적으로 그러한 행동을 보여주지 못하는 리더가 많다. 추종자들의 고통과 스트레스보다는 자신의 승진과 이익을 먼저 생각하기 때문이다. 이런 리더는 추종자들에게 인내와 희생을 강요한다. 아니면 함께 고통을 나눈답시고 자학적인 태도를 보이기도 한다.

알렉산더를 리더십의 모델로 말하는 이유는 바로 그가 이끄는 군이 어려움과 함정에 빠질 때마다 앞장서 병사들을 위한 적절한 행동을 보여줬기 때문이다. 많이 알려진 사례지만, 알렉산더가 보병 3만을 이끌고 중앙아시아의 게드로시안 사막(Gedrosian Desert)을 건너고 있을 때 물이 떨어져 병사들이 심한 고통을 당하게 되었다. 마침 물을 찾으러 떠났던 척후병들이 얼마 안 되는 물을 투구에 담아와 알렉산더에게 마시도록 바쳤다. 그는 물을 떠온 병사들에게 수고했다고 칭찬한 뒤 투구의 물을 땅바닥에 쏟아버렸다. 혼자서 목을 축일 수는 없다는 것이었다. 함께 고통을 나누겠다는 의지를 보여준 행동이다. 이로써 알렉산더는 병사들의 한 없는 신뢰를 얻는 결과를 가져왔다.[1]

물론 이 상황에서 투구의 물을 목말라 죽어가는 어느 병사에게 줄 수도 있었을 것이다. 이러한 행동이 오히려 더 큰 리더십 효과를 거뒀을 수도 있다. 하지만 그는 어느 한 병사에게 물을 줌으로써 다른 병사들에게서 연민의 정을 불러일으키려 하기보다는 물을 땅에 버림으로써 누구나 인내해야 한다는 초인적 정신을 병사들에게 요구했던 것이다. 한 모금의 물이 한 병사를 살릴 수는 있었겠지만 물을 땅에 버림으로써 모든 병사들이 정신을 가다듬어 갈증을 극복하려는 강한 의지를 갖게 하여 모두를 살게 하는 결과를 가져왔다는 해석도 가능하다.

제2절 상황과 리더십 스타일의 적합화

1960년대 후반부터 발표된 리더십 상황이론들은 "상황을 무엇으로 보는가"와 "리더십 스타일을 어떻게 구분하는가"에 따라 달라진다. [그림 12-2]에서 보듯이 대표적인 상황이론들로는 **피들러(Fiedler)의 상황적합화이론**, **하우스(House)의 경로-목표이론**, **허시와 블랜차드(Hersey & Blanchard)의 성숙도이론**, **브룸과 제이고(Vroom & Jago)의 리더십 의사결정이론**, 그리고 **커와 저미어(Kerr & Jermier)의 리더십 대체이론** 등을 들 수 있다.[2] 이들은 모두 조직 내 상황을 구체화하고 각 상황에 적합한 리더십 행동을 제시하는 이론들이다. 이들은 모두 리더가 다뤄야 하는 상황을 다르게 정의하고 있다. 리더십 스타일도 이론마다 다르다.

이렇게 많은 이론들 중에서 어느 이론이 맞는 이론인가? 이런 질문을 하는 학생들이 많이 있다. 하지만 이론이 많다고 해서 맞는 이론과 틀린 이론을 찾으려 해서는 안 된다. 각 이론들이 리더십 현상의 다른 측면을 설명하고 있다고 이해하는 것이 올바른 자세이다. 리더십이란 한두 이론으로 다 설명할 수 없을 만큼 복

그림 12-2 리더십 상황이론들

상황적합화이론	→	상황호의성에 따라 스타일이 달라야 한다.
경로-목표이론	→	추종자와 작업환경에 따라 스타일이 달라야 한다.
성숙도이론	→	하급자의 성숙도에 따라 스타일이 달라야 한다.
리더십 의사결정이론	→	문제의 속성에 따라 참여방법을 달리 해야 한다.
리더십 대체이론	→	조직에서 어떤 요인들은 리더십을 대체한다.

잡한 현상이다. 특히 상황이론들이 추구하는 리더십 상황이란 워낙 다양하기 때문에 이론도 그만큼 다양하게 제시될 수밖에 없는 것이다. 또한 시대가 달라지면서 상황도 변화한다. 그에 맞춰 새로운 리더십 이론이 등장하게 되는 것이다.

1. 비(非)호의적 상황에 적합한 리더십 찾기

피들러(Fiedler)라는 리더십 학자는 1967년에 최초의 리더십 상황이론을 제시한 사람이다. 그의 상황이론의 핵심은 리더십을 발휘하는 상황이 리더에게 호의적인가 비(非)호의적인가에 따라 리더십 스타일을 달리해야 한다는 것이다.

구체적으로 피들러 상황이론의 요점을 정리하면, **상황이 아주 호의적이든가, 아주 비호의적일 때는 과업중심 리더십 스타일이 효과적이고, 상황 호의성이 보통 정도 될 때는 관계중심 스타일이 더 효과적**이라는 것이다. 이것을 그림으로 나타내면, 〔그림 12-3〕과 같이 표현될 수 있다.

그렇다면 상황이 호의적인가 비호의적인가는 어떻게 결정되는가? 상황 호의성을 결정하는 요인들을 중요한 순서대로 살펴보면, 리더-구성원 간의 관계, 과업이 구조화된 정도, 그리고 리더의 직위권력의 수준 등이다. 리더와 구성원의 관계가 좋다는 것은 구성원들이 리더를 신뢰하고 따른다는 뜻이다. 과업이 구조화되어 있다는 것은 과업수행의 목표와 방법이 명확하다는 것을 말한다. 그리고 리더의 직위권력이 높다는 것은 구성원들에게 상과 벌을 줄 수 있는 권한이 크다는 말이다.

구체적으로 살펴보자. 상황 호의성이 높다(高)는 것은 리더와 구성원의 관계가

그림 12-3 피들러 상황이론의 요점

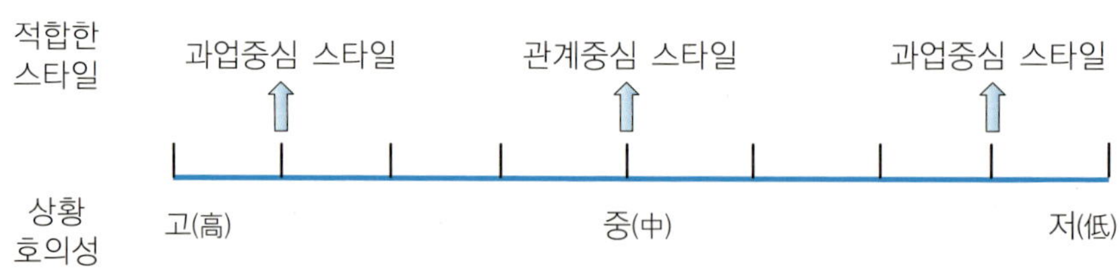

좋고, 과업구조와 직위권력 중 적어도 하나가 높은(또는 강한) 경우이다. 중요한 것은 **상황이 호의적이기 위해서는 적어도 리더와 구성원의 관계가 좋아야 한다**는 점이다. 리더가 구성원들과 신뢰를 쌓지 않고서는, 다른 요인들이 아무리 호의적이어도, 상황 호의성은 기대할 수 없다. 반면에 상황 호의성이 낮다(저)는 것은 리더와 구성원의 관계가 나쁘고 과업구조화도 낮은 경우이다. **리더-구성원의 관계가 나쁜데 과업수행의 목표와 방법까지 모호한 것은 최악의 상황**이다. 피들러는 이처럼 상황 호의성이 아주 좋든가, 나쁜 경우 과업중심 스타일이 바람직하다고 주장하였다. 호의적 상황에서는 구성원들이 나태하든가 자만하지 말도록 하기 위해서, 비호의적 상황에서는 과업을 통해서 신뢰를 회복하기 위해서 과업중심 스타일을 중시해야 한다는 말이다.

상황 호의성이 중간 정도인 경우는 리더-구성원 관계와 과업구조화 중 하나라도 높은 경우이다. **리더-구성원 관계가 좋으면 다른 모든 요인이 나빠도 중간은 간다**. 또 과업의 목표와 방법이 다 정해져 있으면, 즉 구조화되어 있으면, 리더-구성원 관계가 나쁘더라도 어느 정도는 리더십을 발휘할 수 있다. 상황 호의성이 중간인 상황에서 리더는 관계중심 스타일을 발휘하는 것이 바람직하다고 피들러는 주장한다. 인간관계를 활용하여 구성원들의 조직에 대한 몰입을 높이는 것이 바람직한 상황이라는 뜻이다.

이러한 논리들을 정리하면 〔그림 12-4〕와 같다.

구성원들과의 관계를 좋게 만들기 위해서 리더는 구성원들과 더 많은 시간을 보내고 정보를 공유하며 외부에서 조직을 위한 보상을 따옴으로써 사기를 진작시켜야 한다. 업무 외의 활동을 함께 하는 것도 관계개선에 도움이 된다. 과업을 구조화하기 위해서는 무엇보다도 목표를 명확히 하고 일의 절차와 방법을 구체적으로 만들어 명시하는 것이 필요하다. 또한 직위권력을 높이기 위해서는 잠재적 권한을 찾아내는 방법도 있고 구성원들에게 전달되는 정보를 통제하는 방법도 있을 수 있다. 이러한 다양한 방법을 통해서 리더는 상황을 자신의 스타일에 유리한 방향으로 바꿔 나아가야 한다. 물론 리더십 스타일을 유연하게 바꿀 수 있는 사람은 상황에 맞춰 스타일을 바꿀 수도 있다.

그림 12-4 피들러의 상황이론 요약

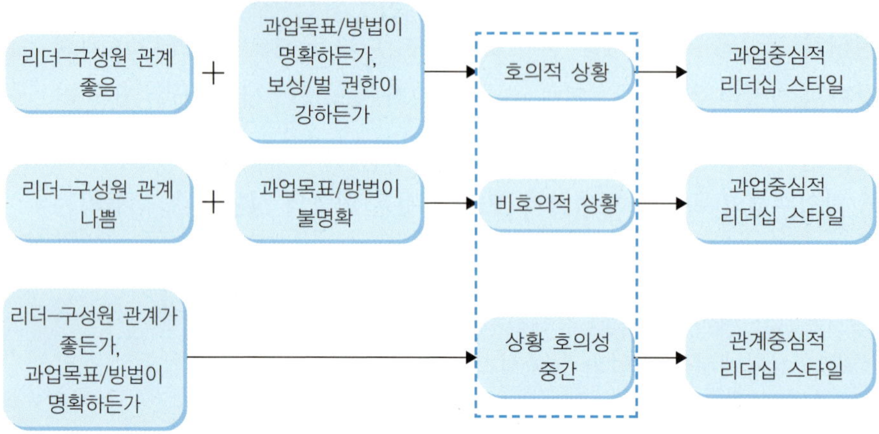

2. 추종자 특성과 환경요인들을 고려한 리더십 스타일

하우스(House)라는 리더십 학자는 리더의 역할을 하급자들이 높은 목표를 세우고 자신감을 가지고 노력하여 성공적으로 과업을 수행함으로써 원하는 보상을 받을 수 있도록 경로(길)를 명확히 해주는 것이라고 보았다. 어떤 일을 할 때, 잘할 수 있다는 자신감이 있고 목표를 달성했을 때 자신이 원하는 보상을 받을 수 있다는 확신을 갖게 되면 사람들의 동기는 높아진다. 그러므로 리더는 하급자들의 자신감(또는 목표달성에 대한 기대감)과 보상에 대한 확신, 그리고 보상의 가치를 높여주는 역할을 해야 한다.

경로를 안내하는 과정에서 리더가 하급자에게 보여줄 수 있는 리더십 행동에는 네 가지가 있다. **지시적 리더십**, **후원적 리더십**, **참여적 리더십**, 그리고 **성취지향적 리더십** 등이다. 지시적 리더십은 해야 할 직무를 명확히 해주고 규정과 일정을 수립해주는 리더의 행동이다. 후원적 리더십은 하급자들의 욕구와 복지를 우선 생각해주고 친구나 동지처럼 대하는 것이다. 참여적 리더십은 의사결정을 할 때 하급자들의 의견을 듣고 반영해주는 행위이다. 그리고 성취지향적 리더십은 하급

표 12-1 경로-목표이론의 네 가지 리더십 스타일

리더십 스타일	정 의
1. 지시적 리더십	• 해야 할 직무를 명확히 해주고 규정과 일정을 수립해주는 리더의 행동 • 도구적 또는 수단적 리더십이라고도 하며 하급자 통제, 조직화, 감시/감독 등과 관련된다.
2. 후원적 리더십	• 하급자들의 욕구와 복지를 우선 생각해 주고 친구나 동지처럼 대하는 것
3. 참여적 리더십	• 의사결정을 할 때 하급자들의 의견을 듣고 반영해주는 행위
4. 성취지향적 리더십	• 하급자들이 도전적 목표를 수립하고 자신감을 가지고 그 목표에 도전하도록 돕는 행동

자들이 도전적 목표를 수립하고 자신감을 가지고 그 목표에 도전하도록 돕는 행동이다. 이들을 요약하면 〈표 12-1〉과 같다.

하우스는 이러한 리더십 행동들이 적합한 상황을 제시하였다. 개인 특성으로서 하급자들의 자신감과 욕구를 들고 있으며 작업환경으로서 직무의 모호한 정도와 도전성 등을 들었다. 이론이 말하는 핵심을 정리하면 〈표 12-2〉와 같다.

〈표 12-2〉의 내용을 설명하면, 우선 **〈1〉 하급자들이 일이 어려워 스트레스를 받고, 좌절하고 자신감을 갖지 못하고 있을 때는 후원적 리더십이 효과적**이다. 자신감 결여상황에서 후원적 리더십을 발휘하게 되면 하급자들은 목표달성에 대한 자신감이 생겨 더 노력하게 되고 만족도와 성과가 상승한다는 것이다. 자신감이 없어 하는 하급자들에게 리더는 따뜻한 말로 위로해 주고 친구처럼 다정한 태도로

표 12-2 경로-목표이론의 개요

상 황	바람직한 리더십	추종자에 주는 영향	결 과
〈1〉 추종자의 자신감 결여	후원적 리더십	목표달성에 대한 자신감 증가	노력 강화, 만족도와 성과 상승
〈2〉 직무가 모호한 상태	지시적 리더십	목표에 이르는 경로를 명확히 이해하게 됨	노력 강화, 만족도와 성과 상승
〈3〉 직무가 도전적이지 않음	성취지향적 리더십	높은 목표 설정	노력 강화, 만족도와 성과 상승
〈4〉 부적절한 보상	참여적 리더십	추종자의 욕구에 맞도록 보상 재설계	노력 강화, 만족도와 성과 상승

목표를 달성할 수 있는 방법을 함께 고민하고 자문해줘야 한다.

예를 들어보자. 김부진 양은 고 3인데 항상 공부에 자신이 없다. 이때 김 양의 부모나 담임선생님은 어떤 행동을 보이는 것이 바람직할까? 따뜻하고 정성어린 관심과 격의 없는 조언이 큰 힘이 될 것이다. 도전적 목표에 대해서는 누구나 어느 정도의 두려움을 갖는다. 능력이 아니라 심리의 문제이다. 부모나 존경하는 선생님이 다양한 사례를 이야기해 주고 결과가 어떻든 항상 마음으로 함께 하고 있다는 안정감을 줌으로써 자신감을 회복할 수 있었다.

한편, **〈2〉 직무가 모호하여 뭘 해야 할지를 모르는 상황에서는 목표에 이르는 방법과 경로를 명확히 해줘야** 한다. 특히 역할과 책임(R & R: Roles and Responsibilities)을 명확히 해주고 규정과 절차를 제시하여 따르도록 지시적 리더십을 발휘하는 것이 바람직하다. 특히 일에 대해서 미숙한 초보자에게는 목표에 이르는 경로를 명확히 해주는 지시적 행동이 효과적이다.

또한 **〈3〉 도전적인 목표 없이 매일 그렇고 그런 일만 반복하면서, 일상성의 노예가 되어 하루하루를 살아가는 하급자들에게는 도전적 목표와 미래에 대한 원대한 비전을 심어주는 리더가 되어야** 할 것이다. 기업에서는 "스트레치 골"(Stretch Goal)이라는 것이 유행한 적이 있었다. 하급자들이 상식적으로 감당할 수 없는 높은 목표를 주는 것을 말한다. 예를 들어, 내년 목표를 세울 때 매출이나 이익목표 증가율을 10%나 15% 정도를 주는 것이 아니라, 30%나 40%의 높은 성장목표를 준다. 이처럼 높은 스트레치 골은 구성원들이 평소에 발휘하지 않던 잠재력과 상상력을 총동원하게 함으로써 작은 목표를 줄 때보다 오히려 달성가능성을 높여준다고 한다. 코리안 리(Korean RE)라는 한국 유일의 재보험회사의 박종원 전 사장은 직원들에게 항상 다음과 같은 말을 하곤 했다.[3]

"5% 성장은 불가능하지만 30% 성장은 가능하다."

직원들에게 5% 목표를 주었더니 해오던 방식대로만 하더니, 30% 목표를 주었더니 목표를 달성하는 새로운 방법을 찾더라는 것이다. 결국은 해오던 방식에 얽

매인 5% 목표인 경우보다 불가능해 보이는 30%의 목표를 받았을 때가 목표를 달성하게 되더라는 것이 그의 주장이다. 이처럼 스트레치 골과 같은 도전적 목표는 잠자던 하급자들의 잠재력을 깨워 새로운 방법을 찾게 한다. 성취지향적 리더십은 하급자들로 하여금 도전적 목표를 추구하게 한다.

끝으로 **〈4〉 보상에 대해서 불만이 있는 하급자들에게 리더는 참여적 리더십을 발휘하여 상황을 이해할 수 있게 잘 설명해주고 보상에 대한 불만 때문에 동기가 떨어지는 일이 없도록 보상 재설계를 해줘야** 한다. 물론 보상이란 인사제도와 같은 조직시스템에 의해서 정해지는 것이므로 리더가 혼자서 틀을 깨는 방법을 따로 제정할 수는 없을 것이다. 하지만 금전적 보상만이 전부는 아니다. 칭찬과 인정 등의 비금전적 보상도 활용할 수 있으며 급여와 더불어 승진이나 좋은 자리로의 이동 등도 훌륭한 보상이 된다. 하급자의 욕구를 파악하고 상황을 고려한 보상 재설계가 필요하다.

3. 하급자 성숙도에 따른 리더십 스타일 변화

이번에 다룰 상황이론은 단 하나의 상황변수만을 사용하는 간결한 이론이다. 허시와 블랜차드(Hersey & Blanchard) 두 사람은 하급자의 성숙도(readiness)에 따라 리더십 스타일을 달리 해야 효과적이라고 주장하였다.

하급자의 성숙도는 하급자의 능력과 의지, 두 가지를 가지고 측정된다. 능력의 고(高), 저(低)와 의지의 고(高), 저(低)에 따라 네 가지 유형의 하급자 성숙도 수준을 분류할 수 있다. 이론의 저자들은 〔그림 12-5〕와 같이 하급자 성숙도를 도식화하고 각 성숙단계마다 적합한 리더십 스타일을 지정하였다.

허시와 블랜차드에 따르면, **성숙도가 가장 낮은 R1단계**는 하급자가 능력도 없고 일에 대한 의지도 없는 단계이므로 이때 리더는 **지시적 리더십 행동**을 보이는 것이 바람직하다고 주장한다. 아무 것도 모르고 아직 일에 대한 의지도 없이 떨고만 있는 초보자에게 위임을 한다는 것은 무모한 일이며, 참여를 시키거나 필요한

그림 12-5 하급자 성숙도 4단계와 리더십 스타일

성숙도 단계		의 미		적합한 리더십
성숙도 R1	→	능력 저, 의지 저	→	지시적 리더십
성숙도 R2	→	능력 저, 의지 고	→	설득형 리더십
성숙도 R3	→	능력 고, 의지 저	→	참여형 리더십
성숙도 R4	→	능력 고, 의지 고	→	위임형 리더십

* R = Readiness(성숙도)

것을 설명한다고 하더라도 무슨 말인지 못 알아들어 시간을 낭비하게 되든가 당황할 수밖에 없다. 그러므로 이 경우에 리더는 필요한 것을 구체적으로 지시하고 치밀하게 감독하여 일이 잘못되지 않도록 할 필요가 있다.

시간이 지나면서 하급자들은 일에 대해서 흥미를 가지게 된다. 이것은 곧 일에 대해서 해보겠다는 의지를 갖게 되었다는 말이다. 성숙도가 한 단계 높아진 R2가 되었다는 것이다. R2는 능력은 아직 낮은 수준이지만, 의지가 강해진 상태이다. 이제 리더는 일방적으로 지시만 하려 들지 말고 하급자가 왜 특정한 행동을 보여줘야 하는지를 설명하고 설득하는 노력을 해야 한다. 즉, **설득형 리더십**을 보여줘야 한다.

더 시간이 지나 하급자의 능력이 개발되었다. 사람은 능력이 좀 높아지면 자만하게 된다. 일을 쉽게 생각하든가 별 것 아닌 것으로 여기려는 성향이 있다. 이것은 곧 의지가 약해진다는 뜻이다. R3 성숙단계는 이처럼 능력은 높아졌지만(능력 高), 의지는 오히려 낮아진(의지 低) 상태를 말한다. 이때 리더는 하급자를 의사결정에 참여시키는 것이 바람직하다. **중요한 의사결정에 하급자를 참여시키면 자부심이 생겨나며 결정사항에 대한 소유의식도 갖게 되어 더욱 열심히 일하게 된다.**

R4는 성숙단계이다. 능력도 높고 의지도 높은 상태이다. 이때 리더는 마음 놓

고 하급자에게 위임을 해도 된다. 애사심도 있고 오랜 숙련으로 전문성이 한껏 높아진 조직원에게 그(녀)가 단지 하급자라는 이유로 리더가 일방적으로 지시하려 들면 붙어 있을 하급자 아무도 없을 것이다. 반면에, 하급자를 믿고 위임해주면

리더십 나누기 12-3: 아이를 키우는 부모의 리더십

성숙도이론은 아이가 자라갈 때 부모의 행동이 그에 맞춰 적절히 바뀌어야 하는 것과 같다. 아이가 어릴 때 부모는 지시를 하게 된다. 그러다가 초등학교에 들어가고 말귀를 알아듣기 시작하면 설득하려는 자세가 바람직하다. 중고등학생이 되어 책임의식을 배우게 되면 가정 일에 적절히 참여시켜 가족구성원으로서 중요한 존재라는 인식을 심어줘야 한다. 그리고 성인이 되면 자기 일은 자신이 알아서 하고 또 웬만한 가족사까지 책임지도록 위임하는 것이 바람직하다.

게임만 하고 공부 안 한다고 해서 고등학생이 되어서도 지시적 리더십을 사용하는 부모는 잘못된 부모이다. 지시하고 감시한다고 해서 다 통제할 수 있는 것도 아니다. 요즘은 모든 것을 부모에게 의존하도록 키워온 결과 나이가 들어도 부모에게 의존하지 않고서는 혼자서 아무런 결정도 하지 못하는 자녀들이 많다. 부모들이 아이가 커가는 데도 자신의 스타일을 바람직한 방향으로 바꿀 줄 모르기 때문에 벌어지는 현상들이다. 문제는 부모에게 있다.

어릴 때 지시적 리더십에 익숙한 사람들은 회사에 들어가서도 누군가 지시해주기를 바라게 된다. 스스로 일을 찾아서 하기보다는 윗사람이 시킬 때까지 항상 기다리는 성향을 보인다. 자신이 리더가 되었을 때는 자신의 상사가 지시한 것을 아랫사람들에게 전달하는 수준에 머문다. 그리고 항상 하급자나 상급자에게 의존적인 태도를 보인다.

그러므로 조직은 훌륭한 리더십을 갖춘 인재를 확보하려 할 때 **성장과정에서 부모에게 언제까지, 얼마나 의존적이었는지를 조사하는 의존성 검증을 반드시 해야** 한다. 기본적으로 성숙하지 않은 사람이나 어떤 일을 부모로부터 철저히 위임 받아 해보지 않은 사람은 회사와 같은 조직에 들어와서도 마음 깊은 곳에 다른 사람에게 의존하고 다른 사람이 대신해주기를 기다리는 성향을 갖게 된다. 이것은 조직의 변화를 더디게 하고 조직이 필요한 새로운 영역을 개척하려 할 때 별 도움을 주지 못하는 부정적 결과를 가져온다.

✠ [나누기 문제 12-3] 리더십 스타일도 유전되는 측면이 있는가?

신바람이 나서 일할 것이다. 여기에 **칭찬과 인정**(Recognition)으로 추켜세워 주면 금상첨화이다.

성숙도이론은 내용이 간략하여 실무자들에게 많은 인기를 끌었던 이론이다. 이 이론은 실무적으로 활용되던 이론이 학문적 체계 속으로 들어온 대표적인 예이기도 하다. 하지만 상황을 한 가지로 봄으로써 현실을 너무 단순화시켜 이해하려 했다는 비판을 받는다.

제3절 전략/조직구조 특성에 따라서도 리더십은 달라져야 한다

조직이 중요시하는 경영전략의 특성에 따라 적합한 리더십 스타일이 달라진다. 비용절감을 최고의 전략목표로 삼고 있는 조직에서는 그에 맞는 리더십 스타일을 발휘해야 한다. 성장과 확장 전략하에서 리더는 창의적인 아이디어를 끊임없이 창출할 수 있도록 하급자들을 동기부여해야 한다.

전략의 유형이 워낙 다양하기 때문에 그에 맞는 리더십 스타일도 다양할 수밖에 없다. 하지만 전략을 몇 가지로 유형화하면 그에 맞는 리더십 스타일도 몇 가지로 떠오르게 된다. 〔그림 12-6〕에서 보듯이 경영전략의 유형을 살펴보면, **비용주도 전략**, **차별화 전략**, **시장초점 전략**, **지역확장 전략**, **M&A 전략** 등을 들 수 있다. 비용주도 전략은 생산비를 최소화하여 제품이나 서비스의 가격을 경쟁사들보다 싸게 공급함으로써 시장을 확장하려는 전략을 말한다. 그러기 위해서는 생산공정을 표준화하고 기계화하며 인력들의 기술도 균질화시키는 것이 유리하다. 따라서 이러한 전략을 시행할 때 관리자나 경영자들이 보다 많이 사용하게 되는 리더십 스타일은 **과업중심적 리더십 스타일**일 것이다.

차별화 전략이란 제품을 고급화하여 비싸게 파는 전략이다. 생산비가 중요한

그림 12-6 전략유형과 리더십

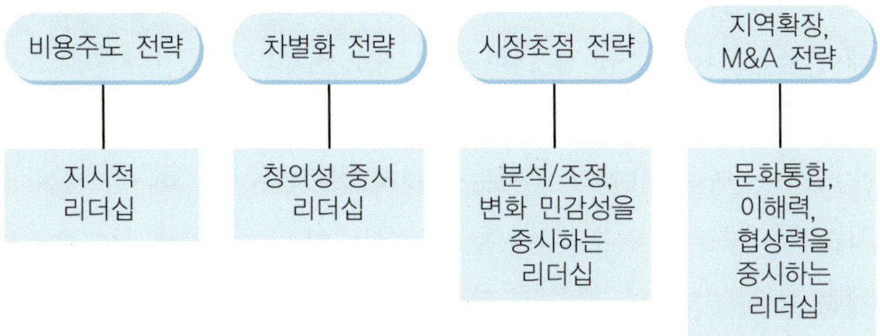

것이 아니라 제품의 이미지와 일반 제품들과 다른 특징이 중요하다. 이런 전략하에서는 위에서 일방적으로 시키고 감시·통제해서는 성과를 낼 수 없다. 조직원들 각자의 창의적 아이디어가 중요하다. 누구나 시켜서 일하는 것이 아니라 스스로 중요한 아이디어를 창안해 내도록 해야 한다. 이때는 필요한 리더십은 비용주도 전략에서 많이 사용되는 리더십과 다르다. **지시보다는 토론이 바람직**하며, 어떻게 행동하는가보다는 어떤 결과를 내느냐가 더 중요시되는 리더십 스타일이 요구된다.

시장초점 전략은 특정한 고객층에 초점을 맞춰 제품이나 서비스를 판매하는 전략이다. 예컨대 노인들을 위한 비타민을 따로 출시하는 것이나 젊은 여성들에 초점을 맞춰 출시되는 각종 제품들을 예로 들 수 있다. 목표로 하는 대상고객들의 충성도가 중요하다. 그러려면 고객의 기호나 욕구를 정확히 파악하여 보다 정확히 충족시키려는 노력이 필요하다. 마케팅이 결정적으로 중요하며 소비자 기호변화에 적절히 대응할 수 있는 조직 내의 조율이 필요하다. 이에 맞는 리더십은 **조사와 분석, 조정과 조율, 변화민감성 등을 강조하는 리더십**일 것이다.

지역확장이나 M&A 전략(M&A: Mergers & Acquisition, 기업 인수합병) 등은 새로운 지역이나 새로운 업체를 접하게 되는 전략이다. 문화적 통합능력, **새로운 영역에 대한 이해력**, **협상능력** 등을 중시하는 리더십이 활용된다. 그런 기술을 갖춘 리더들을 전면에 배치하여 전략구현에 나서게 된다.

일반적으로 조직구조에는 **기계적 구조**와 **유기적 구조**가 있다. 기계적 구조는 앞서 제시한 비용주도 전략에 적합한 구조이다. 규칙, 규율, 표준화, 통제 등을 통해서 불필요한 과정을 제거함으로써 최소 비용의 제품이나 서비스를 만들어 내려는 전략이다. 그러므로 기계적 구조에 적합한 리더십은 지시적 리더십이라고 할 수 있다. 반면에 유기적 구조는 수평적 협력과 상호간의 벽 없는 소통과 공유를 강조하는 구조이다. 조직구조를 마치 살아있는 생명체와 같이 보는 것이다. 생명체는 심장, 간장, 위, 폐 등과 같은 각각의 기능들이 서로 연계되어 생명을 유지해 나간다. 유기적 조직에서도 각각의 조직 기능들(인사, 총무, 영업, 생산, 홍보 등)이 서로 연계하여 조직이라는 개체의 생명을 유지해 간다. 이런 조직구조하에서 필요한 리더십은 소통과 협력과 공유를 강조하는 유연한 리더십이다.

하지만, 전략과 조직구조의 유형에 적합한 리더십이 있기는 하지만 그 리더십 스타일만이 중요한 것은 아니다. 어떤 전략, 어떤 조직구조를 선택하더라도 리더십의 다양한 스킬들은 어느 정도 다 필요할 수 밖에 없다. 지시적 리더십을 요구하는 상황에서도 배려를 중시하는 인간중심적 리더십 스타일은 반드시 필요하다. 그러므로 특정한 전략/조직구조하에서 특정한 리더십 스타일만이 효과적이다라고 이해하기보다는 **그러한 스타일을 상대적으로 더 많이 필요로 한다**고 이해하는 것이 바람직하다.

가장 이상적인 리더는 여러 상황을 종합적으로 고려하여 유연하게 스타일을 바꿀 줄 아는 "두름성"(versatility) 리더이다.

본 장의 요점

❖ 리더십 스타일은 상황특성에 맞춰 카멜레온처럼 유연하게 발휘할 줄 알아야 리더십 효과성을 높일 수 있다.

❖ 상황이란 전략/시스템/조직구조, 직무특성, 추종자 특성, 조직문화 등이다. 리더십은 상황요인들과 영향을 주고받으면서 효과성에 영향을 미친다.

❖ 피들러의 상황적합화이론은 상황이 아주 호의적이든가 아주 비호의적일 때는 과업중심 스타일이 효과적이고, 상황 호의성이 중간 정도일 때는 관계중심 스타일이 효과적이라고 제시한다.

❖ 로버트 하우스(Robert House)의 경로-목표이론은 추종자가 힘들 때는 후원적 리더십을, 직무가 모호할 때는 지시적 리더십을, 직무가 도전적이지 않을 때는 성취지향적 리더십을, 그리고 보상이 충분하지 않을 때는 참여적 리더십을 발휘하도록 주문한다.

❖ 허시와 블랜차드의 성숙도이론은 능력도 의지도 낮은 하급자에게는 지시적 리더십, 능력은 낮지만 의지가 높으면 설득형 리더십, 능력이 높고 의지가 낮으면 참여형 리더십, 그리고 능력 고 의지 고일 때는 위임형 리더십을 발휘하라고 제시한다.

❖ 성장과정에서 부모의 지시를 너무 많이 받고 자란 사람은 회사에 들어와서도 상사의 지시를 기다리는 성향이 강하다. 채용 때 의존성 테스트를 해야 한다.

❖ 경영전략에 따라서도 필요한 리더십 스타일을 달리해야 한다. 비용주도전략을 주로 구사하는 회사의 리더에게는 지시형 리더십이 적합하며, 차별화전략인 경우에는 창의성을 중시하는 리더십이 바람직하다.

❖ 조직구조에 있어서도, 기계적 구조에서는 지시형 리더십이 바람직하고 유기적 구조하에서는 유연한 리더십이 요구된다.

❖ 하지만 상황을 종합적으로 고려하여 다양한 스타일을 자유롭게 구사할 줄 아는 "두름성"(versatility)을 갖춘 리더가 이상적 리더이다.

리더십 토론의 시간 12

리더를 대하는 우리의 자세

본 장에서 우리는 다양한 상황변수들과 그에 적합한 리더십 스타일들을 알아봤다. 하지만 상황변수들 중에서 실무차원에서 중요한 것이 하나 빠져 있다. 그것은 바로 리더의 상사의 특성이나 스타일이다. 즉, 리더의 상사가 어떤 성격이고 어떤 스타일을 발휘하는가에 따라 리더의 하급자들에 대한 스타일도 영향을 받을 수 밖에 없는 것이 현실이다.

그렇다면 리더의 상사의 스타일에 따라 리더의 하급자들에 대한 스타일은 어떻게 조정되어야 할까? 아래의 질문들에 대해서 토론을 통해서 해답을 찾아보자.

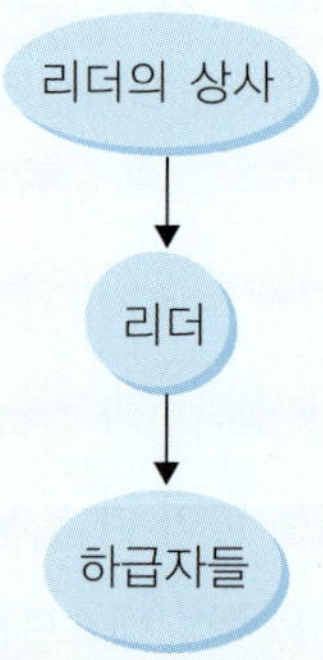

[토론과제 12-1] 리더의 상사는 매우 지시적이고 리더의 말을 잘 듣지 않는 스타일이다. 리더의 상사가 특정 사안에 대해서 갖고 있는 생각과 실무자인 하급자들이 갖고 있는 생각이 정반대일 때 리더는 어떤 행동을 취해야 하는가? 아래에서 하나를 골라보자. 리더는 사안에 대해서 하급자들의 생각이 옳다고 생각하고 있다. (　　　)

(1) 하급자들의 생각을 무시하고 상사의 말을 따르라고 하급자들에게 명령한다.
(2) 하급자들을 대상으로 리더의 상사의 말에 따르자고 설득한다.
(3) 하급자들과 함께 상사에게 가서 토론을 제안해 본다.
(4) 리더의 상사의 상사에게 상사의 부당함을 말한다.
(5) 상사에게 알았다고 하고 시간을 끌면서 그(녀)의 생각이 바뀌기를 기다린다.
(6) 나만의 효과적인 방법이 있다. (________________)

[토론과제 12-2] 상사는 매우 우유부단한 스타일이다. 책임지기를 싫어하며 결단을 내릴 줄 모른다. 그러다 보니 의사결정의 타이밍을 놓치는 경우가 많다. 리더는 답답해 미칠 지경이다. 하급자들도 결제가 나지 않는다고 아우성이다. 내일은 회사 소유의 빌딩을 임대계약해야 하는 날인데 리더의 상사는 아직도 결정을 못하고 헤매고 있다. 조건이 너무 좋아 놓치기 아깝다. 임대하겠다는 회사는 내일까지 결정을 못하면 옆 건물을 계약하겠다고 한다. 상사에게 여러 차례 조언도 해주고 설득도 했지만 자그마한 흠을 잡아 결제하려 하지 않는다. 리더는 어떻게 해야 할까? 아래에서 골라보자. (   )

(1) 상사 핑계를 대고 가만히 기다린다.
(2) 상사의 상사에게 가서 사실을 알리고 결단을 받아온다.
(3) 리더가 책임을 지고 계약을 해버린다.
(4) 하급자들에게 상사가 다른 중요한 이유가 있어 결정을 미루고 있다고 옹호한다.
(5) 나만의 효과적인 방법이 있다. (______________)

[토론과제 12-3] 리더의 상사는 리더보다도 더 리더의 하급자들을 챙기는 스타일이다. 리더가 모르는 하급자들의 일을 상사가 알고 있는 경우가 많다. 리더는 머쓱해질 수 밖에 없다. 리더가 하급자들에게 무슨 말을 해도 하급자들은 상사의 지시가 있을 때까지 기다린다. 리더는 무력감을 느낀다. 하급자들이나 상사에게 몇 차례 자신의 처지를 이야기했지만 소용이 없었다. 다음주 토요일에는 팀 등산을 하기로 되어 있었는데 상사가 하급자들과 리더 모르게 합의하여 한 주 연기를 해버렸다. 본래 상사는 참석할 자리도 아니다. 리더는 다다음 주는 개인사정으로 참석할 수가 없는 실정이다. 리더는 어떻게 해야 할까? 아래에서 골라보자. (   )

(1) 상사에게 가서 강력히 따진다.
(2) 하급자들을 불러놓고 어떻게 그럴 수 있느냐고 꾸짖는다.
(3) 상사의 상사에게 이른다.
(4) 상사와 하급자들이 함께하는 회식자리를 마련하여 눈물로 호소한다.
(5) 나만의 효과적인 방법이 있다. (______________)

나의 리더십 진단 12-1

나는 과업지향형?, 관계지향형?

※ 귀하가 지금까지 함께 일했던 사람들 중에서 가장 같이 일하고 싶지 않은 사람을 한사람 생각해 내고 그(녀)에 대해서 아래에 평가하시오.

			점 수
쾌활한 사람	87654321	쾌활하지 못한 사람	____
친절하고 다정한 사람	87654321	불친절하고 다정하지 못한 사람	____
잘 거부하는 사람	12345678	수용적인 사람	____
긴장하고 있는 사람	12345678	긴장을 풀고 여유 있는 사람	____
거리를 두는 사람	12345678	친근한 사람	____
냉담한 사람	12345678	다정한 사람	____
지원적인 사람	87654321	적대적인 사람	____
따분해 하는 사람	12345678	흥미를 잘 느끼는 사람	____
싸우기 좋아하는 사람	12345678	화목하고 잘 조화하는 사람	____
우울한 사람	12345678	늘 즐거워하는 사람	____
서슴치 않고 개방적인 사람	87654321	주저하고 폐쇄적인 사람	____
험담을 잘하는 사람	12345678	너그럽고 관대한 사람	____
신뢰할 수 없는 사람	12345678	신뢰할 만한 사람	____
사려깊은 사람	87654321	사려깊지 못한 사람	____
심술궂고 비열한 사람	12345678	점잖고 신사적인 사람	____
마음에 맞는 사람	87654321	마음에 맞지 않는 사람	____
성실하지 않은 사람	12345678	성실한 사람	____
친절한 사람	87654321	불친절한 사람	____
			총 점 ____

〈진단법〉 응답점수 합이 64점 또는 그 이상이면 관계지향형, 57점 또는 그 이하이면 과업지향형, 응답점수 합이 58과 63점 사이에 있으면 관계지향형과 과업지향형 중에서 응답자 마음대로 결정함. (*가장 같이 일하고 싶지 않은 사람에 대해서 응답했는데 그 결과는 응답자의 스타일을 나타낸다는 점에 주목하자.)

과업지향형의 특징	관계지향형의 특징[4]
• 과업을 완성함으로써 자긍심을 느낌 • 우선적으로 과업에 관심의 초점을 둠 • 실패하든가 일을 잘 못하는 하급자에 엄하게 행동하는 경향 • 구성원들의 직무능력을 가장 중시함 • 자세한 수치나 보고를 좋아함	• 대인관계로부터 자긍심을 느낌 • 우선적으로 사람에 초점을 둠 • 다른 사람들을 기분 좋게 하기를 좋아함 • 구성원들의 사람됨을 가장 중시함 • 자세한 수치나 보고를 싫어함

나의 리더십 진단 12-2

나의 성숙도 알아보기

성 숙 도		높음 8	7	6	중간 5	4	3	낮음 2	1
능력 척도	직무경험	직무에 적절한 경험을 가지고 있다.						가지고 있지 않다.	
		8	7	6	5	4	3	2	1
	직무지식	필요한 직무지식을 가지고 있다.						가지고 있지 않다.	
		8	7	6	5	4	3	2	1
	직무요구	어떤 요구가 이행되어야 하는지를 완전히 이해한다.						불완전 이해한다.	
		8	7	6	5	4	3	2	1
의지 척도	책임의식	매우 강함						매우 약함	
		8	7	6	5	4	3	2	1
	성취동기	성취하려는 욕망이 높음						성취하려는 욕망이 낮음	
		8	7	6	5	4	3	2	1
	직무전념도	매우 헌신적임						전혀 헌신적이지 않음	
		8	7	6	5	4	3	2	1

〈진단법〉 아래의 점수대를 활용하여 성숙도(R=Readiness) 수준을 알아보자.

- [직무경험+직무지식+직무요구]의 합이 5점 이하이면(5점 포함) 능력 저, 5점 이상이면 능력 고
- [책임의식+성취동기+직무전념도]의 합이 5점 이하이면(5점 포함) 의지 저, 5점 이상이면 의지 고
- 아래의 표를 보고 나는 R1-R4 중, 어느 성숙도 수준에 속하는지 알아보자.

R4	R3	R2	R1
능력 고 의지 고	능력 고 의지 저	능력 저 의지 고	능력 저 의지 저

- 누군가 나를 이끌려고 할 때 그(녀)에게 적합한 리더십 스타일은 무엇인가?
- 위의 능력척도와 의지척도의 6가지 세부 요인들 중에서 어느 요인이 높고 어느 요인은 더 개발을 해야 하는지 알아보자. 능력과 의지 중에서 저평가를 받은 항목이 있다면 어느 요인 때문인가?

리더십 Exercise 12 가장(家長)의 리더십

※ 귀하가 속한 가정(family)을 이끄는 가장(家長)의 리더십을 우리가 배운 상황이론들을 활용하여 아래의 순서대로 분석해보자.

① 각자 자기 집의 가장이 누구인지를 한 사람 정한다(아버지, 어머니, 형 등).

② 가장의 리더십 스타일을 상황이론들이 제시하는 유형들을 가지고 분석한다. 예컨대, 피들러의 이론에서는 가장의 스타일을 과업중심 아니면 관계중심으로 분석할 수 있을 것이다.

상황적 리더십 이론들	우리 집 가장의 리더십 스타일	판 단 근 거
피들러의 이론		
하우스의 이론		
허시와 브랜차드의 이론		

③ 각 이론별로 가장을 둘러싼 상황변수들을 진단해보자. 예컨대, 피들러 이론의 경우에는 리더(가장)—구성원 관계, 가장의 과업구조화 정도, 가장의 직위권력 등 세 가지 상황에 대하여 각각 '좋음—나쁨', '고—저', '강—약' 등으로 진단될 수 있을 것이다.

상황적 리더십 이론들	가장을 둘러싼 상황변수들 진단	판 단 근 거
피들러의 이론		
하우스의 이론		
허시와 브랜차드의 이론		

④ 각 이론 차원에서 ②에서의 스타일이 ③에서 진단한 상황속성과 맞는지를 평가해 보자. 만약 다르다면, 어떤 스타일을 보여야 적합한지를 찾아보고 어떻게 바람직한 스타일로 바꿀 수 있는지를 적어보자.

적합 여부 : ____________________

적합한 스타일 : ____________________

변환방법 : ______________________________

____

____

⑤ 학습 동반자들끼리 자신이 분석한 내용을 비교해보자. 좋은 사례가 있으면, 급우들에게 발표하고 공유하자.

리더십 나누기 사례 12: 소크라테스의 리더십 관점

소크라테스(Socrates, BC 469~BC 399) 시대에도 리더십 강의가 있었다고 한다. 디오니소더러스라는 사람은 그리스의 아테네에서 "용병술, 지휘능력, 통솔력" 등을 주제로 한 '장군론'을 강의하고 다녔다. 요즘 군에서 이야기하는 '지휘, 통솔'과 유사한 개념이었을 것이다. 여기서 통솔이란 곧 리더십을 말한다. 하지만 디오니소더러스는 군을 움직이는 전술만을 가르쳤지 장군의 사람 됨됨이나 리더의 자세에 대해서는 가르치지 않았다고 한다. 이에 대해 소크라테스는 정작 중요한 것은 장군(즉, 리더)이 군을 이끌어갈 때 접하게 되는 다양한 상황에 대한 유연성과 지식이라며 획일적인 전술만 가르쳐온 디오니소더러스의 강의를 비판했다.[5] 소크라테스는 장군(리더)에게 필요한 유연성을 다음과 같이 표현했다.

"장군이라면 혈기왕성하며 신중하고, 용감하면서도 재치 있어야 한다. 온화하면서도 잔인하고, 정직하고 바르면서도 계산적이어야 하고, 후하면서도 탐욕스러우며, 아낌없이 줄 수 있으면서도 챙길 줄 알고, 관대하면서도 야비한 면이 있어야 하며, 방어적인 동시에 공격적이어야 한다. 그 밖

에도 장군이 되기 위해서는 많은 선천적, 후천적 자질이 필요하다." (John Adair 원저, 이윤성 옮김. 2006. 리더의 탄생. 미래의 창. 23쪽에서 인용)

아울러 소크라테스는 평화의 시기보다는 위기시에 리더는 자신의 능력을 더 잘 발휘할 수 있다고 하면서 다음과 같이 비유하였다.

"신뢰는 부주의와 나태함과 불복종을 야기하고, 두려움은 주의와 복종과 순종을 만든다. 선원들의 경우 그들이 두려움을 느끼지 않는 한 제멋대로 행동을 한다. 그러나 폭풍우나 적의 공격이 예상될 경우 선원들은 군말 없이 모든 명령을 잘 수행한다." (위의 책. 27쪽에서 인용)

상황이 바뀌면 추종자들의 기대와 자세가 바뀐다. 리더십도 색깔을 달리해야 한다.

✤ [나누기 사례 문제 12] 리더의 유연성을 저해하는 요인들은 무엇인가?

:: 주

1 Adair, J. 2002. *Inspiring Leadership*. John Adair and Talbot Adair Press.

2 Fiedler, F. E. 1967. *A Theory of Leadership Effectiveness*. New York: McGraw-Hill.; House, R. J. 1971. A Path-Goal Theory of Leader Effectiveness. *Administrative Science Quarterly*, 16, 321-338.; Hersey, P., & Blanchard, K. H. 1977. *Management of Organizational Behavior*, 3rd ed., Englewood Cliffs, N.J.: Prentice-Hall.; Vroom, V. H., & Jago, A. G. 1988. *The New Leadership: Managing Participation in Organizations*. Englewood Cliffs, N.J.: Prentice-Hall.; Kerr, S., & Jermier, J. M. 1978. Substitutes for Leadership: Their Meaning and Measurement, *Organizational Behavior and Human Performance*, 22, 375-403.

3 백기복. 2006. *성취형 리더의 7가지 행동법칙*. 이지북.

4 Nahavandi, A. 2000. *The Art and Science of Leadership*. Prentice-Hall. p. 103.

5 Adair, J. 2002. 앞의 책.

제13장 참여적 리더십은 독단적 리더십보다 우월한가

Jeff Bezos(amazon.com)는 독단이 필요할 때 회피하지 않는다.

리더십 나누기 13-1: 독단 vs. 참여 vs. 위임의 기술

❇ 다음 사례를 읽고 당신이 K사 박 팀장이라면 어떤 선택을 할 것인지 답해보자.

[주차장 사례]

- 당신은 K사에 근무하는 박 팀장인데, 팀원이 총 다섯 명이다.
- 경영상태가 안 좋아지자 회사를 교외로 옮겼다. 새로 이사 가는 곳이 대중교통으로 접근하기 불편한 위치에 있어 모두 자가용으로 출퇴근할 수밖에 없는 상황이다.
- 그런데 안타깝게도 새 건물에는 주차시설이 부족하여 당신의 팀에 지정주차권이 네 장밖에 배정되지 않았다.
- 팀원 중 한 사람은 지정주차권을 받지 못하는 상황이다.
- 지정주차권을 받지 못한 팀원은 멀리 있는 공용 주차장을 이용해야 한다.

✤ [나누기 문제 13-1]　박 팀장인 당신은 어떤 의사결정 방법을 활용하여 빠질 팀원, 즉 지정 주차권을 받지 못할 팀원을 선정하겠는가? (　　　　)

① 순수 독단("팀장인 내가 빠질 사람을 선정하여 통보하겠다")

② 참고적 독단("팀원들 각자 어떤 상황인지 간단히 파악한 뒤, 내가 결정하여 통보하겠다")

③ 개별참여("팀원 한 사람씩 불러 지정주차권이 4장밖에 안 나왔다는 사실을 공유하고 어떻게 했으면 좋겠냐고 물어본 뒤, 내가 결정하겠다")

④ 집단참여("팀원 다섯 명을 다 불러 모아놓고 지정주차권이 4장밖에 안 나왔다는 사실을 공유하고 어떻게 했으면 좋겠냐고 물어본 뒤, 내가 결정하겠다")

⑤ 위임("팀원 5명에게 지정 주차권이 네 장밖에 안 나왔다는 사실을 공유하고, 팀원들 5명이 누가 빠질지를 결정하여 가져오면 그대로 따르겠다고 위임하겠다")

제1절 제도에 의한 참여

참여에는 두 가지 접근법이 있다. 하나는 제도적으로 구성원들의 참여를 보장하는 방법(즉, 제도적 참여)이고 다른 하나는 리더가 보다 효과적인 리더십을 발휘하기 위해서 자발적으로 하급자들을 참여시키는 것(즉, **참여적 리더십**)이다.

제도적 참여란 회사의 규정집에 팀장, 본부장, CEO 등 각 직책이 갖은 권한을 명시하여 조직의 권력을 전계층에 분배함으로써 제도적으로 참여를 유도하는 것이다. 이것은 대부분 CEO의 경영방침으로 정해진다.

CEO가 참여를 중시하는 사람이라면 조직구성원들의 보다 적극적인 참여를 유도하기 위해서 임원과 관리자들, 나아가서는 조직구성원 전체의 경영참여를 규정집에 명시하려 할 것이다. 그러나 CEO가 독단적인 스타일이라면 권력을 나눠주려 하기보다는 갖고 있는 권력을 더 강화하기 위해서 노력할 것이다. 제도적으로 하급자들에게 보장되어 있는 권한도 회수하려고 할 것이다. 이처럼 **제도적 참여**는 최고경영자의 의지와 매우 밀접한 관련이 있으며 권력을 어떻게 구성원들과 나누어 갖는가의 문제와도 밀접한 관련이 있다.

대통령이 법으로 보장된 국민들의 정치 참여를 거부하든가 무시하면 독재자라는 이름으로 불린다. 국민투표는 국민들이 국가경영에 참여할 수 있도록 법으로 보장된 가장 보편화된 참여의 한 형태이다.

지금까지 학계에서는 제도적 참여와 리더십에서의 참여를 각각 따로 다루어 왔다. 하지만 리더십을 발휘할 때 제도적으로 정해진 참여 규정의 영향을 받게 되고 또 반대로 제도적으로 정해져 있다고 하더라도 실제에 있어서는 참여를 안 시키는 리더들도 많다. 제도와 리더십은 이처럼 서로 관련되기 때문에 둘을 함께 생각하는 것이 바람직하다.

그림 13-1 참여의 형태

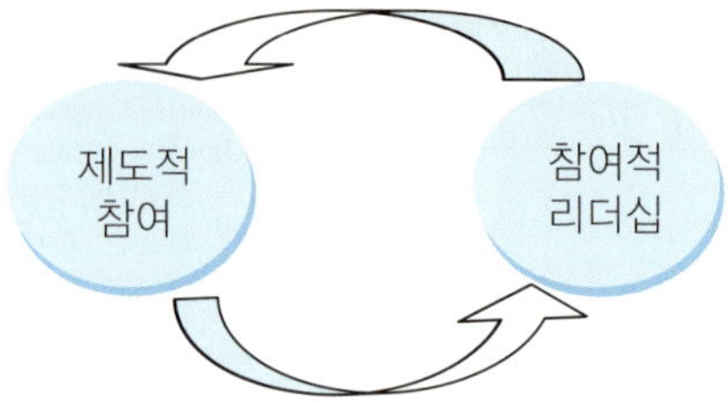

1. 참여의 유형

의사결정을 할 때 리더가 하급자들을 참여시키는 방법에는 매우 다양한 유형들이 존재한다. 주로 참여의 정도 차이를 가지고 분류할 수 있다.

단순히 참가만 하는 경우가 있는가 하면 상당한 권한을 위임받아 참여하는 경우도 있다. 그렇다면 참여 제로(0) 상태인 독단의 경우와 참여 100% 상태인 위임, 그리고 우리가 흔히 이야기하는 참여 간의 관계는 무엇인가? 이런 내용들을 간략히 정리하고 이론적 근거들을 알아보는 것이 참여를 온전히 이해하는 데 있어 바람직한 방법일 것이다.

참여의 정도를 나타내는 참여의 유형을 구분하면 〈표 13-1〉과 같이 나타낼 수 있을 것이다.[1] AI~GII를 잘 읽고 숙지하는 것이 중요하다.

〈표 13-1〉을 자세히 설명하면, **순수독단형**(AI)과 **참고적 독단형**(AII)이란 리더가 혼자서 고민하고 결정하여 지시하는 것이다. 하급자들은 문제가 무엇인지 알 길이 없다. 하라니까 하는 것이다. 그나마 참고적 독단형에서는 리더가 하급자들로부터 단편적 정보는 얻는다. 하지만 **하급자들과 문제를 공유하지는 않는다**는 것이 참여와 다른 점이다. 독단형(AI, AII)는 리더가 하급자들과 문제를 공류하지 않는다. 아래의 〔박 팀장의 특별휴가 사례〕를 살펴보자.

[박 팀장의 특별휴가 사례–AI, AII의 사용] 박 팀장은 10명의 팀원들을 리드하는

표 13-1 참여의 유형

AI [순수독단형]	리더가 현재 가지고 있는 정보를 이용하여 리더가 스스로 문제를 풀고 의사결정을 내리는 경우.
AII [참고적 독단형]	리더가 하급자들로부터 단순 정보를 얻되, 더 이상의 하급자 참여 없이 리더 스스로 결정을 내리는 경우. 중요한 것은, 리더가 하급자들로부터 문제해결에 필요한 단편적 정보를 얻기는 하되 문제를 정의하고 대안을 발견하고 평가하는 과정에 하급자들을 참여시키지는 않는다. 따라서 하급자들은 문제에 대해 걱정하든가 리더와 함께 대안발견을 위해 고민할 필요가 없다.
CI [개별참여형]	리더는 관련된 하급자들과 각각 개별적으로 문제를 공유하며 그들로부터 해결책에 대한 아이디어나 제안을 얻되, 하급자들을 한꺼번에 모아 놓고 그룹으로 접촉하지는 않으며, 최종의 사결정은 리더가 내린다.
CII [집단참여형]	리더가 직면한 문제를 하급자들과 '그룹미팅'을 통하여 공유한다. 이 그룹미팅에서 하급자들의 아이디어나 제안들을 얻지만 최종 결정은 리더가 내린다.
GII [위임형]	하급자 그룹에게 결정권한을 위임하는 경우. 리더는 직면한 문제를 하급자들과 그룹으로 공유하며 그들 스스로 대안들을 생각해내고, 평가하여 모종의 해결책에 의견일치를 보도록 한다. 예를 들어, 의장으로서 회의에서 토의를 주재하고 토의내용이 문제의 영역을 벗어나지 않게 하며 특히 결정적인 안건들이 토의되도록 할 수 있다. 리더는 하급자 그룹에게 자기가 갖고 있는 정보나 아이디어를 제공할 수 있지만, 하급자들로 하여금 자신의 '방안'을 따르도록 '압력'을 가하지는 않으며 전체 그룹의 지지를 받는 결정에 대하여 리더는 기꺼이 그 결정을 받아들이고 실행에 옮긴다.

* A=Autocratic; C=Consultative; G=Group의 약자.
자료: V. H. Vroom & P. W. Yetton, 1973, *Leadership & Decision Making*, The University of Pittsburgh Press에서 수정 인용.

영업팀장이다. 지난 분기 박 팀장 팀이 회사 전체 팀들 중에서 성과평가에서 1위를 해서 3명을 뽑아 동남아 특별휴가를 보내라는 사장의 지시가 있었다. 팀원들은 아직 이 사실을 모르고 있다. 박 팀장은 이 세 명을 뽑을 때, 다양한 방법을 사용할 수 있다.

우선 **AI(순수독단형)**을 사용한다고 가정해보자. 이 경우, 박 팀장은 **혼자 고민하여 결정**한다. 가장 고생을 했던 사람들 셋을 골라 보내려 할 수도 있고, 평소에 자신의 말을 잘 들었던 대학 후배 부하 셋을 선택할 수도 있다. 아니면 지금까지 일은 열심히 했지만 별로 혜택을 못 봤던 세 사람을 택할 수도 있다. 중요한 것은 이 선택과정에서 박 팀장이 **누구와도 상의하지 않고, 또 어떤 정보도 하급자들로부터 얻지 않고 혼자서 결정한다는 것이 AI 리더십의 특징**이다.

AII는 이와 약간 달리 리더가 하급자들에게서 단편적인 정보를 얻어 결정한다. 하지만 **문제를 공유하지는 않는다**. 위의 박 팀장의 예를 AII스타일로 하면, 팀원 10명 중에서 지난 1년 동안 휴가를 못 갔다 온 사람이 누구인지를 어느 팀원에게 물어 정보를 얻은 후, 안 다녀온 팀원들 중에서 세 명을 선택하여 통보하는 것이다. 팀원들은 박 팀장이 왜 휴가 못간 사람들이 누군지 알려고 하는지 전혀 알지 못한다. 문제를 공유하지(알려주지) 않았기 때문이다.

[박 팀장의 특별휴가 사례-CI, CII, GII의 사용] CI(개별참여형)과 CII(집단참여형)는 참여의 유형에 속한다. 개별참여형은 하급자 한 사람씩 불러서 문제를 공유하고 해법을 묻는 것이고 집단참여형은 부하들을 한 곳에 모아 놓고 문제를 알려주고(공유하고) 의견을 묻는 것이다. GII는 알아서 하라고 위임하는 형태이다.

박 팀장 특별휴가 사례를 예로 들면, CI의 경우에는 팀장이 팀원 10명을 한 사람씩 불러 상황을 설명하고 누가 갔으면 좋겠는지 물을 것이다. 예컨대, 김 과장에게 의견을 물을 때는 이런 취지로 말할 것이다. "김 과장, 사장님이 세 사람 뽑아서 동남아 휴가 보내라고 하는데 누가 좋겠나?" 이렇게 10명에게서 의견을 구한 뒤, 결정은 박 팀장이 한다.

CII의 경우는 팀 회의를 한다. 박 팀장은 아마도 이렇게 말할 것이다. "평가에서 우리 팀이 1위를 해서 3명 뽑아 동남아 휴가 보내라는 사장님 지시가 있었어요. 누가 갔으면 좋을지 의견을 말해주세요." 팀원들은 환호하며 이런저런 의견을 낼 것이다. 제비뽑기를 하자는 사람도 있을 것이고, 누구는 꼭 보내줘야 한다라는 팀원도 있을 것이다. 아니면 "팀장님께서 알아서 하세요. 무조건 따르겠습니다."는 식으로 아부 어린 말을 하기도 할 것이다. 박 팀장은 이들의 의견을 다 듣는다. 하지만 **최종 결정은 자신이 한다**.

GII를 실행할 때 박 팀장은 아마 이렇게 말할 것이다. "사장님께서 우리 팀 3명 뽑아 동남아 휴가 보내주신답니다. 갈 사람 세 명을 **여러분끼리 결정해 오세요.**

그림 13-2 참여의 유형과 정도

AI "김진태 씨, 고준희 씨, 조성낙 씨 월말 1주일 동남아 휴가 다녀오세요."

AII "동남아 최근 1년간 안 다녀온 사람 누구지?", "김, 고, 조씨 1주 휴가 다녀오세요."

CI "김 과장, 사장님이 세 사람 뽑아서 동남아 휴가 보내라고 하는데 누가 좋겠나?"

CII "평가에서 우리 팀이 1위를 해서 3명 뽑아 동남아 휴가 보내라는 사장님 지시가 있었어요. 누가 갔으면 좋을지 의견을 말해주세요."

GII "사장님께서 우리 팀 3명 뽑아 동남아 휴가 보내주신답니다. 갈 사람 세 명을 여러분끼리 결정해 오세요. 그대로 하겠습니다."

그대로 하겠습니다." 팀원들끼리 모여서 회의도 하고 논란도 벌일 것이다. 팀원들이 선택해온 세 사람이 팀장의 마음에 들지 않을 수도 있다. 하지만 박 팀장은 이들을 받아들여야 한다. **위임은** 리더와 하급자들 간에 **하급자들이 결정한 사항을 리더가 조건 없이 받아들이겠다는 약속**을 포함한다.

그렇다면 참여와 위임의 차이는 무엇일까? 그것은 바로 결정권을 누가 갖는가에 있다. CII와 같은 집단참여는 하급자들을 모아놓고 다양한 의견은 묻지만 결정은 리더가 한다. 하지만 **GII의 위임은 결정권 자체를 내려주는 것**이다. 개별적으로 한 사람씩 불러놓고 문제를 공유하고 의견을 묻는 CI의 개별참여는 집단토론의 기회를 못 갖는다. CII나 GII에서처럼 집단토론을 하면 구성원들이 서로 토론하면서 의견을 주고받을 때 나타나는 상승효과를 노릴 수 있다.

한 가지 중요한 것은 AI에서 GII까지의 다양한 참여방식 중에서 어느 것이 바람직한 리더십인가 하는 것이다. 리더십 학자들은 **의사결정 스타일이란 그 자체로서 좋고 나쁜 것이 있는 것이 아니라 상황에 따라 각각 필요한 스타일이 다르다**는 입장이다. 즉 문제의 속성에 따라 때로는 독단을 필요로 하고 때로는 참여가 더 효과적이며 그리고 또 어떤 때는 위임이 보다 바람직하다는 것이다.

2. 제도적 참여

조직에는 각 직급마다 자신의 책임하에 결정하고 시행할 수 있는 전결 규정이라는 것이 있다. 예를 들면, 팀장의 경우는 금액이 100만원을 넘지 않는 사안에 대해서는 윗사람에 보고하지 않고 자신의 책임하에 결정하여 집행할 수 있도록 회사의 규정집에 명시하는 것이다.

제도적 차원에서는 전략의 특성과 그 조직이 처한 환경 특성에 따라 독단과 참여와 위임을 선택적으로 사용하는 것이 바람직하다고 말한다. 앞 장에서 살펴봤듯이, 전략이나 환경이 역동적일 때는 유연한 조직으로 가는 것이 바람직하지만 환경이 정태적(Static)이고 전략도 예측가능한 속성을 가지면, 상의하달식의 독단과 통제가 오히려 효율성을 높인다는 것이다.

〔리더십 나누기 13-2〕에 제시된 **'고어 앤 어소시에이츠 회사(W. L. Gore and Associates Ltd.)'는 제도적으로 완벽에 가까운 참여를 실현하고 있는 회사**로 알려져 있다. 우리에게도 잘 알려진 고어텍스(Gore-Tex)를 생산하는 이 회사는 모든 것을 구성원들의 자율에 맡기는 것으로 유명하다.

고어사의 참여경영은 제도적으로 만들어진 참여의 예에 해당한다. 즉 공식적으로 만들어진 참여이다. 창업자 빌 고어가 조직을 만들 때 창의와 창조를 최고의 가치로 보고 그의 달성수단으로 완전한 참여를 채택하여 제도화한 것이다. 하지만 회사 전체적으로 참여를 정책으로 활용하고 있지만, 리더가 이끌어 가는 구체적인 관계에 있어서는 사안에 따라 스타일을 달리할 수 있다. 예컨대, 스티브라는 리더가 어떤 사안을 다룰 때는 독단적으로 결정하는 경우도 있을 수 있고 개별참여를 선택하는 경우도 있을 것이다.

제도적 참여경영은 장점과 단점을 동시에 갖는다. 이것은 독단적 경영을 할 때도 마찬가지다. 독단에도 장점과 단점이 있게 마련이다. 이들을 〈표 13-2〉에 정리하여 보았다.

고어사에서 참여경영이 큰 성과를 가져올 수 있었던 것은 그 회사가 선택한 전략의 특성이 창의를 중시하는 경영방식과 일치했기 때문이다. 똑같은 제품 싸게

리더십 나누기 13-2: 고어 앤 어소시에이츠의 참여경영

고어 앤 어소시에이츠는 1958년 미국 델라웨어주의 뉴왁에서 빌 고어(Bill Gore)라는 사람에 의해서 창업된 회사이다. 미국뿐 아니라 유럽 여러 나라에서도 기업종사자들로부터 수 차례 '가장 일하고 싶은 기업'으로 뽑혔다. 특히 2004년-2007년 4년간 연속으로, 미국 선데이타임즈(US Sunday Times) 조사에서, '가장 일하고 싶은 기업 100'에 선정되는 영예로운 기록도 갖고 있다. 이 회사가 특히 유명한 것은 **'고어방식'(The Gore Method)**이라고 알려진 참여적 경영방식 때문이다.

고어식 경영은 조직에 계층이 없는 완전 수평적 조직을 실천한다. 종업원들도 위와 아래가 없다. 명칭도 모두가 똑같이 '어소시에이트(Associate; 동료, 친구)'로 불린다. 팀장이니 본부장이니 하는 명령계통도 없고 누가 누구에게 보고해야 한다는 규정도 없다. 부서가 따로 있지도 않다. 당연히 상사와 부하도 나뉘지 않는다. 대신에 '리더'라고 불리는 사람들이 아이디어 중심으로 주도한다. 누구를 리더로 세울까는 어소시에이트들이 스스로 결정한다. 무슨 일을 할까는 각자가 결정한다. 성과평가는 동료들의 평가를 기초로 이루어진다. 이것을 **"격자형"(lattice) 소통구조**라고 부른다.

고어식 경영에서는 창의적 아이디어를 중시하는 팀 중심 경영이다. 새로운 아이디어를 누군가 제시하면 그를 중심으로 팀이 만들어진다. 그리고 모인 사람들간에 토론을 하여 리더를 선정한다. 사람을 뽑을 때도 특별한 능력을 보고 뽑지 않는다. 일반적으로 일을 잘할 수 있는지를 중시한다. 들어온 후에 이것저것 해가면서 새로운 아이디어를 찾아내게 한다. 재미 있는 것은 이 회사는 '하루에 한 사람 채용'(One Day One Job)이라는 원칙에 의해 채용한다는 점이다. 이 회사는 자유와 협동, 자율과 시너지를 적절히 조합하여 큰 성과를 내고 있는 회사이다.

또한 이 회사는 창업자 빌 고어가 만든 '어소시에이츠'들이 지켜야 할 네 가지 원칙에 의해서 움직이는 회사이다. 네 가지 원칙들은 다음과 같다.

첫째, 접하는 모든 사람을 공정하게 대한다. **(fairness)**

둘째, 다른 어소시에이츠들이 지식, 기술, 책임영역에 있어 성장할 수 있도록 자유롭게 격려하고 돕고 밀어준다. **(freedom)**

셋째, 자신이 몰입하고 싶은 일을 수행할 수 있는 능력을 개발한다. **(commitment)**

넷째, 회사의 명성에 영향을 줄 수 있는 행동을 취하기 전에 다른 어소시에이츠들과 상의한다. **(waterline)**

(http://www.gore.com. 2023. 7.)

✤ [나누기 문제 13-2] 고어식 참여경영이 성공할 수 있었던 원인들을 토론하여 정리해 보자.

표 13-2 참여경영의 장점과 단점

장점	단점
1. 종업원들의 다양한 의견과 정보를 활용할 수 있다.	1. 참여에 시간이 많이 들어간다.
2. 참여한 구성원들이 결정된 사안에 대해서 소유의식을 갖게 된다.	2. 이런저런 의견을 참고하느라 방향을 잃어 일사분란하게 움직일 수 없다.
3. 참여를 통해서 구성원들의 역량이 개발된다.	3. 책임을 지는 사람이 누구인지 불분명할 수 있다.
4. 구성원들이 스스로 문제를 해결하려는 적극적 자세를 갖게 한다.	4. 의견을 조율하느라 상황변화에 빨리 대응할 수 없다.
5. 문제에 대한 다양한 관점이 교환되므로 장기적 관점에서 문제의 근본적 해결에 도전할 수 있다.	5. 서로 상대방에게 의지하려 함으로써 집단 사고나 편승현상이 발생한다.

만들어 파는 전략을 택한 회사라면 고어식 경영방식은 통하지 않을 것이다. 그러므로 참여의 단점에도 불구하고 장점이 더 크게 작용할 수 있는 상황에서 참여경영은 효과적 결과를 가져온다. 하지만 참여적 경영을 채택하는 경영자들은 제도만 만들어 놓고 잘될 거라고 기대해서는 안 된다. 참여경영의 단점을 보완할 수 있도록 **교육/훈련, 시스템 보완, 조직문화의 개선 등의 노력을 강화해야** 한다.

제2절 참여적 리더십

1. 브룸과 제이고(Vroom & Jago)의 참여적 리더십 모델

미국의 예일대학 교수인 빅터 브룸(Victor Vroom) 교수와 미주리대학 교수였던 아더 제이고(Arthur Jago) 교수는 리더십의 참여문제를 수십 년 동안 연구해온 리더십 연구의 대표적인 학자들이다. 이들은 독단과 참여와 위임을 한 가지로 계속 사용하지 말고 상황에 따라 유연하게 선택적으로 사용하는 것이 효과적인 리더십을 이룩하는 데 바람직하다는 주장을 펴왔다.

이들은 1973년에 리더십의 의사결정이론을 통해서, 또 뒤이어 1988년에는 그의 개정판인 새로운 리더십 이론을 발표하면서 리더십에 있어서의 참여의 문제를 매우 분석적이고 깊이 있게 다뤘다.[2]

이들은, 리더는 의사결정을 함에 있어 '**훌륭한 대안을 선택하는 것**(즉, 질 높은 대안의 선택)'과 '**선택된 대안을 하급자들이 받아들이도록 하는 것**(하급자들의 몰입 확보)'을 **목표로 삼아야 한다**고 말한다. 아무리 좋은 대안을 선택했더라도 하급자들이 그것을 받아들이고 거기에 몰입하지 않으면 실행과정에서 실패할 가능성이 커진다. 그러므로 리더는 질 높은 대안의 선택과 결정사항의 하급자 수용을 동시에 성취할 수 있도록 독단과 참여와 위임을 적절히 사용할 줄 알아야 한다. 브룸과 제이고의 참여적 리더십 모델을 제시하면 〔그림 13-3〕과 같다.

그렇다면 리더는 질 높은 선택과 하급자 수용을 달성하기 위해서 어떤 참여적 리더십을 발휘해야 할까? 그것은 상황변수에 따라 달라진다. 그들이 말하는 상황변수들은 리더 자신, 문제의 성격, 그리고 하급자들의 자세 등에 관련된 7가지 변수들이다.

우선, 문제의 성격에 관련된 상황변수는 세 가지이다. 첫째는 **문제의 구조화** 여부를 살펴봐야 한다. 구조화된 문제는 문제의 성격과 대안이 무엇이며 각각의 대안에 대한 장단점이 잘 알려져 있는 경우이다. 반면에 비구조화된 문제는 비교

그림 13-3 **브룸과 제이고의 참여적 리더십 모델**

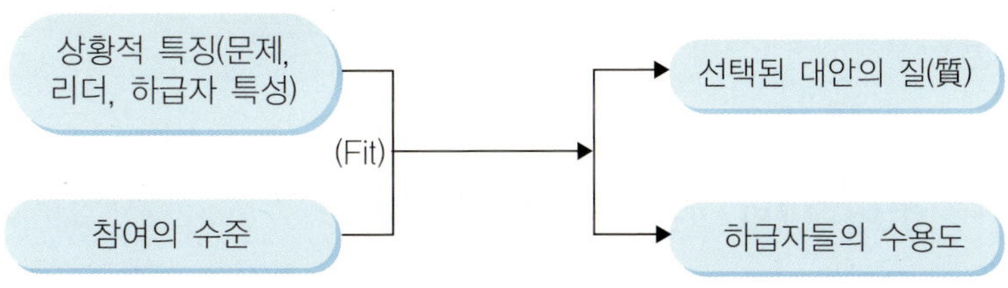

* 상황 특성에 적합한(Fit) 참여의 수준(AI-GII)이 선택되면 질 높은 대안이 선택되고 하급자들도 선택된 대안을 수용할 가능성이 높아진다.

그림 13-4 브룸과 제이고 이론의 상황변수들

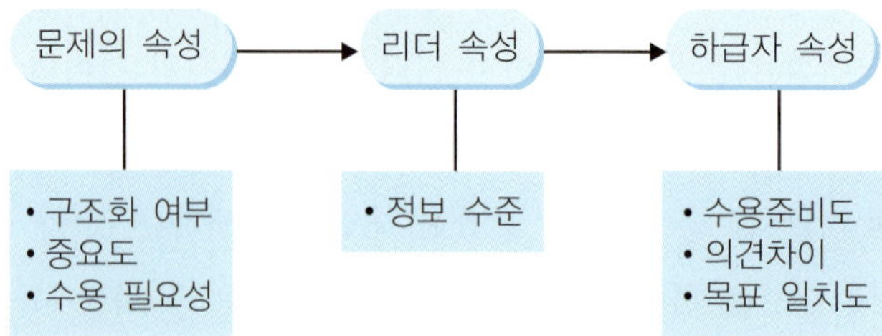

적 생소한 일을 수행할 때 발생한다. 문제의 성격과 대안들이 잘 안 알려진 문제를 뜻한다. 둘째는 의사결정을 해야 하는 **문제가 중요한 문제인지**, 아니면 사소한 문제인지도 고려해야 한다. 중요한 문제인 경우와 사소한 문제를 다룰 때는 참여의 선택도 달라져야 한다. 셋째는 문제의 대안에 대한 하급자들의 **수용 필요성**이다. 대안에 대한 수용이 중요한 문제가 있는가 하면 수용하든 안 하든 별로 관계가 없는 경우도 있다.

브룸과 제이고는 리더 자신에 관련된 상황변수를 한 가지로 제시하였다. 즉 리더가 문제에 대하여 **충분한 정보**를 가지고 있는지를 리더에 관련된 중요한 변수로 보았다. 리더가 충분한 정보를 안 가지고 있다면 독단적으로 결정하는 것은 바람직하지 않을 것이다.

한편, 하급자들에 관련된 상황변수들은 리더의 독단적 결정을 하급자들이 받아들일 준비가 되어 있는지(즉 **수용준비도**), 하급자들간에 대안에 대한 **의견불일치** 여부, 그리고 하급자들이 조직의 목표를 **자신의 목표**로 생각하는지 등 세 가지다. 이들을 정리하면 [그림 13-4]와 같다.

2. 참여의 7가지 법칙

브룸과 제이고 모델의 핵심은 다양한 상황 각각에 대해서 리더가 AI-GII까지의 의사결정방법 중에서 어떤 방법을 선택, 사용하는 것이 의사결정의 질을 높이고 하급자들의 수용도를 높일 수 있는가 하는 것이다.

리더들 중에는 대안을 잘못 선택하여 일을 그르치고서도 좋은 결과를 얻은 것처럼 외형을 포장하여 책임을 면하려는 사람들이 많다. 또 좋은 대안을 선택했다고 하더라도 그것을 실행하는 하급자들이 수용하지 않아 시간만 질질 끌면서 제대로 실행되지 않다가 결국 폐기되고 마는 경우도 많다. 이것은 결국 리더가 대안을 선정하는 과정에서 잘못된 의사결정방법을 사용하였기 때문에 나타나는 결과이다. 여기에서 제시하는 몇 가지 과학적 방법을 익혀 사용하면 이러한 함정을 피해갈 수 있다.

〈표 13-3〉에 **참여의 7가지 법칙**을 소개하였다.

표 13-3 참여의 7가지 법칙

법칙의 이름	내 용	해 석
1. 리더 정보의 법칙	중요한 문제에 대해서 리더가 필요한 정보와 지식을 가지고 있지 않으면 순수독단형(AI)은 사용하지 말라.	모르면 절대로 독단적 결정을 하지 말라.
2. 목적 일치의 법칙	중요한 문제인데 하급자들이 조직의 목표보다 자신의 목표를 더 중시하면 위임(GII)은 사용하지 말라.	조직보다 자신을 먼저 생각하는 부하에게는 절대 위임하지 말라.
3. 구조부재의 법칙	중요한 문제인데 문제 자체가 구조화되어 있지 않으면 집단토론(CII나 GII)을 활용하라.	뭐가 뭔지 모호한 상황에서는 브레인 스토밍을 활용하여 중지를 모으라.
4. 수용의 법칙	하급자 수용이 중요한 문제인데 일방적 결정을 받아들일 것 같지 않으면 독단(AI, AII)하지 말라.	하급자가 수용해야 성공적으로 실행될 수 있는 문제에는 독단하지 말라.
5. 의견 불일치의 법칙	수용이 중요한데 하급자들간에 의견 일치가 안 되어 있으면 집단토론(CII, GII)을 활용하라.	수용이 중요한데 바람직한 대안에 대하여 의견이 불일치하면 집단토론하라.
6. 공평성의 법칙	비교적 사소한 문제인데 수용이 중요하면 위임(GII)하라.	위임하여 하급자들끼리 결정하는 습관을 길러라.
7. 수용우선의 법칙	수용이 중요한 문제인데 하급자들이 조직의 목표를 공유하고 있으면 위임(GII)하라.	하급자들이 조직목표 공유하면 위임을 우선 사용하라.

리더십 나누기 13-3: 참여적 리더십 사례 실습

※ 아래의 두 사례 각각에 대해서 어떤 법칙이 적용되며 바람직한 리더의 의사결정방법은 무엇인지 판단해 보자. 각 사례에 대해서 AI, AII, CI, CII, GII 중에서 어느 방법이 가장 타당한지 선택해 보자.

[사례 1] 귀하는 D사의 신임 구매담당 부사장이다. 귀하는 20개 공장의 원자재 구매를 책임지게 되었는데 구매에 대한 권한은 현재 전적으로 공장장들에게 부여되어 있다. 그러나 규모의 경제를 실현하고 자재 부족현상을 극복하기 위하여 귀하는 모든 구매업무를 본사로 일원화하는 조치를 취하려 한다. 이 조치가 성공하기 위해서는 공장장들의 협조가 절대적으로 필요하다.

[사례 2] 귀하는 J사의 생산담당 이사이다. 이유는 모르겠지만, 새로 들여온 기계를 100% 가동하고 있는 데도 기대했던 만큼의 생산성향상이 나타나지 않고 있다. 귀하가 맡고 있는 생산담당자들은 문제의 근원에 대해서 각기 의견을 달리하고 있다.

(자료: 김남현 & 백기복 공역〔Vroom & Jago 저〕, 1994.「뉴리더십」, 매일경제신문사)

✖ [나누기 문제 13-3] 사례 1, 2 각각에 적합한 의사결정방법은 무엇인가?

이들 일곱 가지 법칙을 활용하여 의사결정의 방법을 선택하여 활용하면 리더십 효과가 높아진다는 것이 브룸과 제이고가 주장하는 것이다. 리더라면 적어도 위의 일곱 가지 상식적인 법칙은 체질화시켜 활용할 줄 알아야 한다.

예컨대, **리더 정보의 법칙**을 보면, 아주 상식적인 이야기다. 즉, 어떤 문제에 대해서 잘 모르겠으면 독단하면 안 된다는 것이다. 이렇게 상식적인 법칙인데 의사결정을 하는 현실을 보면 정반대로 행동하는 리더들이 많다. 피상적인 정보를 듣고서는 그것을 바로 실행하라고 명령하는 리더가 많다는 것이다.

또한 하급자들이 결정된 사항을 수용하도록 할 생각이면, 가능하면 위임을 하는 것이 바람직하다. 그런데 막상 상황을 맞으면 실제로 위임하는 리더는 그렇게 많지 않다. 자신의 지시에 따라 착착 움직이는 하급자들을 보면서 쾌감을 느끼는

지는 모르겠지만, 위임해야 할 때 독단하는 리더를 현실 속에서 만나는 것은 어려운 일이 아니다.

3. 리더십 대체요인들

리더십 대체요인이란, 조직에는 리더십의 효과를 무력화시키는 요인들이 있는데 이들을 연구해야 한다는 이론이다.[3] 예컨대, 리더로서 배려행위를 발휘하려 하는데 직무 자체가 리더의 배려를 허용하지 않는 경우가 있을 수 있다. 이때 직무특성을 배려행위에 대한 리더십 대체요인이라고 한다. 물론 배려행위에 대해서만 대체요인이 존재하는 것은 아니다. 어떤 리더십 행위에 대해서든 직무 특성, 하급자 특성, 조직 특성 등에 따라 대체요인들이 작용할 수 있다. 이들을 정리한 것이 〈표 13-4〉이다. 표에서 "O" 표가 된 것은 그 칸의 위에 적힌 관계지향적 또는 과업지향적 행위가 대체된다(의미 없어진다, 효과가 없어진다)는 뜻이다. 가령 **하급자가 "2. 독립요구"가 강하면 리더의 관계지향적 행위나 과업지향적 행위가 먹히지 않는다**는 의미이다. 리더의 말을 안 듣고 자기가 알아서 하려 하기 때문이다.

제3절 참여적 리더십은 왜 국가/문화적으로 다른가

1. 문화와 리더십

국가의 문화차이는 리더십을 이해하는 데 있어 중요한 역할을 한다. 여기에서는 국가간의 문화로 말미암아 어떤 리더십 차이를 보이는가를 알아보도록 한다.

국가간의 문화차이를 설명하는 데 있어서는 두 가지 상반된 관점이 존재한다.

표 13-4 리더십 대체요인들

대체요인들		관계지향적, 지원적 리더십, 또는 배려행위가 대체되는 경우	과업지향적, 수단적 리더십, 또는 구조주도 행위가 대체되는 경우
하급요인들	1. 능력, 경험, 훈련, 지식		○
	2. 독립요구	○	○
	3. "전문가" 지향 성향	○	○
	4. 조직의 보상에 무관심	○	○
과업요인들	5. 명확하고 반복적임		○
	6. 방법에 다른 차이 없음		○
	7. 완성도에 대한 피드백 제공		○
	8. 내재적으로 만족을 줌	○	
조직요인들	9. 공식화(계획, 목표, 책임소재의 명확화)		○
	10. 경직성(규칙, 절차가 엄격히 지켜짐)		○
	11. 매우 구체적이고 적극적인 자문 및 스탭 기능의 존재		○
	12. 매우 유대가 깊고 응집력이 강한 작업 집단	○	○
	13. 조직의 보상이 리더의 통제 밖에 존재	○	○
	14. 상 · 하급자간의 공간적 거리	○	○

하나는 **문화적 차별론**(또는 **특수론**; emic)이고 다른 하나는 **문화적 수렴론**(또는 **보편론**; etic)이다. 즉 문화적 차별론이 리더십 스타일이나 가치관이 해당 국가나 민족의 고유한 문화적 가치에 근거하여 독특한 모습을 띤다고 보는 반면, 문화적 보편론은 나라마다 정도의 차이는 있겠지만 어느 문화권에서나 발견되는 공통의 스타일이 있다는 주장이다.

소위 한국에 고유한 스타일인 한국적 리더십 스타일을 찾으려는 노력은 emic의 관점에 근거한 연구노력이며, 미국문화에서 생성된 관계지향형과 과업지향형 스타

그림 13-5 문화에 대한 두 가지 관점

문화적 특수론(emic) ⟷ 문화적 보편론(etic)

일이 다른 문화권에서도 일반적으로 발견된다는 점을 밝히려 노력하는 것은 etic의 관점에 입각한 연구노력으로 볼 수 있다. 그간에 한국에서 이루어진 리더십 연구들을 살펴보면, emic과 etic의 연구결과가 혼재하는 것으로 나타나고 있다.

우리는 다양한 차원에서 국가간 문화차이를 비교할 수 있다. 특히 복종성향의 국가간 차이, 집단주의/개인주의, 권력격차 등 다양한 기준을 사용해 왔다. 우선 복종성향의 국가간 비교는 사람들의 권위에 어떻게 복종하는가를 밝혀낸 **밀그램(Milgram) 교수의 실험**에 근거하여 스미스와 본드 두 사람의 학자들이 수행하였다.[6] 실험의 내용과 결과를 〔리더십 나누기 13-4〕에 제시하였다.

리더십 나누기 13-4: 복종성향의 국가간 비교

미국에서 수행된 밀그램의 '권위에의 복종' 실험은 실험방법의 창의성 뿐 아니라 비윤리성 때문에 많은 논란을 낳았다. 실험의 개요는 이렇다.

방에 사형을 집행할 때 쓰는 것과 같은 전기 의자가 하나 놓여 있다. 어떤 사람이 거기에 집행을 기다리듯 모든 준비를 하고 앉아 있다. 또 다른 옆방의 한 쪽 구석에 놓인 책상 위에는 전류의 크기가 0에서 ×××(중간에 10볼트, 30볼트, …, 100볼트, 200볼트 등이 적혀 있고 끝 부분에 × 표가 연속적으로 나옴)까지로 표시되어 있는 조금 기다란 스위치가 기다리고 있다. ××× 표시는 거기까지 스위치를 올렸을 때, 전기 의자에 앉아 있는 사람이 죽는다는 뜻이다. 전기 의자와 스위치는 방 사이에 난 문을 통해서 전선으로 이어져 있다.

신문 광고를 내어 모집한 피실험자들을 한 사람씩 실험실로 안내한다. 물론 이들에게는 실험의 목적을 상식적으로 믿을 수 있도록 둘러댔다. 전기 의자와 스위치를 보여주고 전기가 실제 통한다고 믿도록 하기 위해서 스위치를 약간 올렸을 때, 의자가 뜨뜻해 오는 것도 직접 느껴보게 했다. 그러나 본 실험이 시작되면 의자와 스위치 간에 전류는 흐르지 않도록 되어 있다.

연구자(권위의 상징)는 흰 가운을 입고 사뭇 권위적인 태도로 피실험자에게 연구 내용과 절차를 설명한다. 전기 의자에 앉아 있는 사람과 연구자의 조교가 낱말 이어가기와 같은 게임을 한다. 피실험자는 옆방의 전기 스위치 앞에 앉힌다. 낱말 이어가기 게임에서 전기 의자의 인물이 틀릴 때마다 피실험자는 스위치를 한 단계씩 올려야 한다.

물론, 전기 의자의 사형수(?)는 스위치가 올라갈 때마다 그에 상응하는 크기의 비명을 지르도록 각본이 짜여져 있다. 아무리 비명 소리가 높아져도 피실험자와 같은 방에 앉아 있는 연구자는 냉정한 어조로 규칙에 따라 스위치를 올리라고 명령한다. ××× 위치에 이르면 비명 소리도 끊긴다. 이러한 상황에서 과연 몇 명의 피실험자들이 스위치를 ××× 위치까지 올리겠는가?

놀랍게도, 미국에서 실시된 여러 번의 실험에서 피실험자들은 **평균적으로 65% 가량이 연구자의 권위적 명령에 복종**하여 지속적으로 스위치를 극한에까지 올렸다. 스미스와 본드는 다른 여러 나라에서 실시된 같은 실험의 결과를 다음 표와 같이 보고하고 있다.

〈복종성향 실험결과의 국가간 비교〉

국 가	피실험자 특징	복종률(%)
미 국	남성 일반인	65
미 국	여성 일반인	65
미 국	대학생	85
영 국	남자 대학생	50
스페인	대학생	90 이상
요르단	대학생	62
이태리	대학생	85
네델란드	일반인	92
독 일	남자 일반인	85
오스트리아	일반인	80
호 주	남자 대학생	40
호 주	여자 대학생	16

✤ [나누기 문제 13-4] 한국인들을 대상으로 위와 같은 실험을 했을 때 결과가 어떻게 나올지 예측해 보자.

복종성향이 높다는 것은 리더십 차원에서는 **독단적 리더가 나타나기 쉽다**는 뜻으로 해석될 수 있다. 독단적 리더십이 추종자들에게 받아들여질 가능성이 그만큼 크다는 의미이다. 카리스마리더의 출현이 더 쉽다는 뜻도 된다. 하지만 여기에서의 연구는 극히 일부의 표본을 대상으로 실험한 결과이다. 그 나라의 국민 전체가 그럴 것이라고 확대 해석해서는 안 된다. 한 나라 안에서도 일반인과 대학생의 결과가 달리 나타나고 있는 것만 보더라도 지나친 일반화를 경계해야 한다는 것을 말해준다.

권력격차가 크다는 것은 상급자와 하급자 간의 심리적 거리가 크다는 것을 의미한다. 세계 50개 국가를 비교한 연구에 따르면 한국은 권력격차가 매우 큰 국가 중 하나인 것으로 나타났다.[5] 권력격차가 크면 하급자들이 상사에게 하고 싶은 말이 있더라도 앞에서 못하고 항상 상사의 체면을 먼저 생각하여 배려하는 행동성향을 보인다. **권력격차가 큰 나라일수록 리더는 권위주의적이 되기 쉽다**.

또 한가지는 집단주의/개인주의 차원이다. 개인주의가 발달한 문화의 사람들은 개인과 집단의 이익이 충돌할 경우 개인의 이익을 우선한다. 하지만 집단주의 문화에서는 집단의 이익과 욕구가 개인의 그것보다 앞선다. 집단주의자들은 구성원들 전체의 복리를 위해서 개인의 이익을 희생하기도 한다.

집단주의자들은, 개인의 성공은 집단의 도움 탓으로 돌리고 실패는 자신의 노력부족을 탓하는 경향이 있다. 반면에 개인주의자들은, 자신이 성공한 경우, 일반적으로 그것을 자신의 능력 때문이었다고 해석하며, 실패했을 경우에도 운이 없었다거나 일이 너무 어려웠다는 식으로 외적 요인에 귀인한다. 또한 집단주의에서는 상호의존적인 태도와 규범을 가지며 **집단 내의 조화, 복종, 위무, 위계질서, 두터운 친분 등을 강조**하나, 개인주의에서는 독립성을 선호하고 개인적 즐거움, 성취, 경쟁, 자유, 자율, 그리고 공정성 등을 중시한다.

집단주의하에서 바람직한 리더는, 가장으로서 가족구성원들을 잘 돌보는 사람, 개인적인 문제까지도 해결해주고 모든 면에서 아낌없이 지원해주는 형님, 자기 희생적이며 때로는 엄하게 꾸짖을 줄도 아는 선배—이런 모습이 한국과 같은 집단주의 문화권에서 기대되는 리더의 바람직한 모습이다.

표 13-5 바람직한 리더상: 집단주의 vs. 개인주의

구 분	집단주의	개인주의
바람직한 리더상	• 가장으로서 가족 구성원들을 잘 돌보는 사람 • 개인적인 문제까지도 해결해주고 모든 면에서 아낌없이 지원해 주는 형님 • 자기 희생적이며 때로는 엄하게 꾸짖을 줄도 아는 선배	• 내가 하고 싶은 것을 하게 해주는 사람 • 내가 도와달라고 할 때 와서 도와주는 도우미 • 내 개인적 특성을 존중해주고 내가 경쟁을 통하여 성취하려는 바를 인정해주는 합리주의자

반면에 개인주의 사회에서는 '내가 하고 싶은 것을 하게 해주는 사람,' '내가 도와달라고 할 때 와서 도와주는 도우미,' '내 개인적 특성을 존중해주고 내가 경쟁을 통하여 성취하려는 바를 인정해주는 합리주의자' 등으로 표현될 수 있다.

〈표 13-5〉에 집단주의와 개인주의하의 리더의 전형을 정리하였다.

본 장의 요점

※ 참여에는 "제도적 참여"와 "리더십에 의한 참여"가 있다.

※ 브룸/제이고 모델에 따르면, 리더십 참여 또는 참여적 리더십은 순수독단형(AI), 참고적 독단형(AII), 개별참여형(CI), 집단참여형(CII), 위임형(GII)으로 나뉜다.

※ AI, AII 등의 독단형은 리더가 하급자들과 문제를 공유하지 않는 특징이 있다.

※ CII, GII는 집단토론의 공통점을 갖는다. GII(위임형)는 리더가 결정권을 부하들에게 내려주는 것이므로 리더가 마음에 안 들어도 부하들의 결정을 받아들여야 한다.

※ 참여경영은 구성원 몰입 등의 장점이 있으나 시간지체 등의 단점도 있다.

※ 브룸/제이고의 참여적 리더십 모델은 "7가지 법칙"으로 작동된다.

※ 리더 정보의 법칙은 중요한 문제인데 리더가 정보를 안 갖고 있으면 독단(AI)하지 말라는 법칙이다. 공평성의 법칙은 사소한 문제는 위임(GII)하라는 법칙이다.

※ 리더십 대체이론은 리더십 행동을 무력화시키는(대체) 조직요인들을 지정하고 있다.

※ "국가문화에 따라 리더십 스타일이 다르다"는 것을 "문화특수론"(emic)이라고 하고 "리더십은 글로벌 공통이다"는 입장을 "문화수렴론"(etic)이라고 한다.

※ 복종성향이 강한 국가에서는 지시적 리더가 출현할 가능성이 크다.

※ 집단주의 문화에서는 가부장적 리더십이 자주 출현한다.

리더십 토론의 시간 13

히틀러의 위임, 처칠의 간섭

처칠과 히틀러는 정반대의 스타일을 보여줬다. 처칠은 좋은 사람이었으니까 더 위임을 잘했을 것 같고 히틀러는 나쁜 사람이었으니까 부하들에게 독단적으로 했을 것 같지만, 사실은 그 반대 스타일이었다. 아래에 이 둘의 스타일을 보여주는 앤드류 로버츠의 책 내용을 요약하였다.[6]

〔**처칠**은 남의 일에 시시콜콜 잔소리하고 참견하기로 악명이 높았다. 처칠이 재무장관시절 개인 비서였던 퍼시 제임스 스리그는 이렇게 회상했다. "아침에 출근하면 몇 분 만에 각 주(州)의 중요한 결재서류를 읽어보면서 전국을 살피고, 차기 예산이라든지 보완서류의 바람직한 발전 방향에 관해 의견을 쏟아내고, 내각에서 체코슬로바키아의 합병에 대해 취하고 있는 역할의 부당함을 성토하곤 했다." 매일 아침 처칠은 누운 채로 마음속에 떠오르는 온갖 생각과 궁금증에 관해 끝없이 지시를 내리거나 조사토록 했다. 일례로 재무장관시절 한번은 재정 비서관에게 교사의 봉급인상을 철회할 수 없는지 알아보라고 지시했다. 페르시아에 보내는 전보요금이 얼마인지 외무부에 알아보라고 지시하기도 했다. 이런 식의 시시콜콜한 간섭은 늘 긴장된 분위기를 감돌게 했고, 특히 오래 근무한 재무부 관료들에게 호감을 얻지 못했다. 자신들은 완벽하게 처리했다고 생각하는 문제까지 처칠이 흠집을 잡기 일쑤였다. 직원들에게 직무 외의 일을 시켜놓고 못한다고 구박하기도 하였다. 심지어 정부관보인 〈브리티시 가제트〉의 편집장에게 쉼표와 마침표까지 일일이 간섭하기도 하였다.

반면에 **히틀러**는 빡빡한 일정이나 서류결제 등에 염증을 느끼는 스타일이었다. 서류에 뭔가를 적어야 할 경우에는 마지못해 몇 자 끼적거리는 것이 고작이었다. 히틀러는 이렇게 말했다. "천재의 한 가지 아이디어가 사무실에 앉은 사람이 평생 생각해내는 아이디어보다 훨씬 가치 있다." 히틀러는 처칠에 비해 게으른 편이었다. 처칠이 경제문제에 몰두해 있었을 때, 히틀러는 거의 신경을 쓰지 않았다. 1932년 히틀러는 "나는 모든 문제를 단순하게 생각하는 재주가 있다"고 말했다. 히틀러는 자신의 목표가 실업자를 줄이고 대대적인 재무장을 하는 것이라고 생각했다. 그래서 독일 최고의 경제 전문가 할마르샤흐트를 경제장관에 임명하여 경제에 대한 전권을 맡겼다. 히틀러는 샤흐트에게 "인플레이션은 규제가 부족한 데서 생기는 문제요. 구매자에 대한 규제 부족, 판매자에 대한 규제 부족, ……나는 반드시 물가가 안정되도록 조치를 취할 것이오. 나치당이 지향하는 것도 이 점이오."라고 말했다. 이 말에서 알 수 있듯이 히틀러의 경제관은 어떤 정권보다도 가혹한 내용을 담고 있는 '통제경제'였다.]

("앤드류 로버츠. (이은정 옮김). 2003. 히틀러와 처칠, 리더십의 비밀. Human & Books."에서 인용.)

[토론과제 13-1] 처칠과 히틀러의 스타일 차이는 어디에서 온다고 생각하는가?

[토론과제 13-2] 결국 처칠은 승리했고 히틀러는 패배하였다. 이들의 스타일이 승리와 패배에 어떤 영향을 미쳤을까?

[토론과제 13-3] 위의 예를 보고 위임과 간섭의 장점과 단점을 생각하여 정리해 보자.

구 분	히틀러의 위임	처칠의 간섭
장 점		
단 점		

나의 리더십 진단 13

나의 위임성향

※ 아래의 각 항목에 동의하는 정도를 〈응답 양식〉을 참고하여 답하시오.

〈응답 양식〉

1	2	3	4	5
전혀 그렇지 않다	그렇지 않다	보통 이다	그렇다	매우 그렇다

1. 나는 대부분의 일을 다른 사람들(또는 하급자들)보다 더 빨리, 더 잘할 수 있다. (　　)
2. 내 일의 대부분은 다른 사람들(또는 하급자들)에게 위임할 수 없는 것들이다. (　　)
3. 대부분의 내가 아는 사람들(또는 하급자들)은 내가 위임할 수 있을 만한 수준의 적절한 능력을 갖고 있지 못하다. (　　)
4. 나는 내 일을 다른 사람들(또는 하급자들)에게 위임하는 것이 불편하다. (　　)
5. 다른 사람들(또는 하급자들)이 일을 잘못하면 내 책임이다. 내가 직접 일을 처리하는 편이 더 낫다. (　　)
6. 다른 사람들이 내 일을 너무 많이 맡아서 해버리면, 내가 더 이상 필요치 않을 수도 있다. (　　)
7. 다른 사람들(또는 하급자들)에게 일을 설명해주고 훈련을 시키고 하는 데 시간이 너무 많이 든다. (　　)
8. 내 주변사람들(하급자들)은 이미 뭔가를 항상 하고 있다. 그들에게 일을 더 이상 줄 수가 없다. (　　)
9. 다른 사람들(또는 하급자들)이 일을 대신 해버리면, 내가 현장감을 잃게 되고 도태될 가능성이 크다. (　　)
10. 내가 다른 사람들(또는 부하들)에게 위임하기 전에 일의 세세한 것까지 모두 다 알아둘 필요가 있다. (　　)

〈진단법〉 응답결과를 다 합하자. 응답의 합은 10-50점까지의 점수를 갖는다. 점수가 높을수록 위임을 안 하려는 성향이 강한 것이다. 대략 35점 이상이면 위임회피성향이 강하다고 볼 수 있다. 왜 위임을 꺼려하는지를 서로 이야기해보자.

나의 경험-독단형 리더/위임형 리더

리더십 Exercise 13

❋ 귀하가 경험한 리더들 중에 독단형 리더와 위임형 리더 한 사람씩을 적고 각각으로부터 무엇을 느꼈는지를 서로 이야기하여 보자.

구 분	독단형 리더	위임형 리더
이 름		
나의 느낌		

❋ 누가 더 주어진 상황에 적합한 스타일을 보였는가?

____

____

❋ 누가 더 큰 성과를 냈는가?

____

____

❋ 결국 더 큰 성과를 내기 위해서는 어떤 리더십 스타일을 보여야 한다고 생각하는가?

____

____

리더십 나누기 사례 13: 오퍼스 챔버 오케스트라(Orpheus Chamber Orchestra)

오퍼스 챔버 오케스트라(The Orpheus Chamber Orchestra)는 미국의 최상급 클래식 음악 앙상블 중 하나이다. 뉴욕의 카네기홀에 위치한 이 심포니 오케스트라는 쥴리아드나 맨하탄 음악학교와 같은 유명한 학교에서 가르치는 최고의 음악가들로 구성되어 있다. 오퍼스 오케스트라의 독특한 점, 그리고 그가 이룬 지금까지의 성공을 더욱 빛나게 하는 것은 이 오케스트라에는 지휘자가 없다는 것이다. 1972년 이 오케스트라가 설립된 이후, 구성원들은 모두 예술적 역량을 공유해 왔다. 여기에서는 지휘자가 아니라 오케스트라 단원들 전원이 함께 어느 곡을 연주할지와 어떻게 연주할 것인지를 결정한다.

어떤 음악평론가들은 오퍼스 오케스트라를 **리더 없는(leaderless) 오케스트라**라고 부른다. 하지만 그것은 잘못된 평가다. 이 집단에는 한 사람이 아니라, 많은 리더들이 있다. 하나의 음악을 연주하기 위해서 다섯 명에서 열 명의 리더십 팀을 선정하여 책임을 지운다. 이 위원회가 콘서트 책임자를 선정하여 각종의 운영과 연주를 책임지도록 한다. 리허설을 할 때는 모든 오케스트라 구성원들이 제안을 하고 비판을 하면서 더 좋은 음악을 연주하기 위해서 동참한다. 의견차이가 있으면 그 자리에서 조율하여 해결한다. 콘서트가 한 번 끝나면, 구성원들이 다음 연주를 위해서 개선해야 할 점들을 다시 제시한다.

오퍼스는 구성원들의 재능을 활용하는 독특한 방법으로 말미암아 많은 대기업들과 비영리 단체들로부터 관심을 끌고 있다. 오케스트라 구성원들도 (엔지니어, 소프트웨어 개발자, 은행원 등처럼) 지식 노동자들이다. 그들이 갖고 있는 정보와 기술은 집단의 성공에 결정적으로 중요하다. 다른 분야의 고도로 훈련된 전문가들과 똑같이, 음악가들도 상의하달식 리더십으로 말미암아 종종 숨이 막히기도 한다. 오퍼스는 지식 노동자인 구성원들이 헌신할 수 있도록 적극적으로 노력하며, 그 결과로 구성원들의 높은 몰입과 성과를 얻게 되었다. 다른 조직들(모건 스탠리, 리츠칼튼 호텔, 고어 앤 어소시에이츠, 샌디에고 동물원)도 이런 식의 경영이 자기네 조직에서도 적용될 수 있다는 것을 발견하고 있다. 이들 기업들은 오퍼스가 운영하고 있는, 다음과 같은 8가지 원칙들의 일부나 전부를 도입하고 있다.

1. 권력은 실제 일을 맡고 있는 실무자들에게 준다.
2. 개인의 책임의식을 고취한다. 권한은 책임을 동반한다.
3. 역할과 기능을 명확히 한다. 오퍼스는 핵심 그룹, 콘서트 마스터, 그리고 지원 스태프들의 책임이 매우 명확하다.
4. 리더의 역할을 공유하며 돌아가면서 맡는다. 오퍼스에서는 누구나 리더의 역할을 수행해야 한다.
5. **수평적 팀워크**를 강조한다. 핵심 집단은 여러 악기를 연주할 수 있는 단원들로 구성된다.
6. 경청을 배우고, 말하기를 배워야 한다. 구성원들은 서로 교류하면서 배워야 한다.
7. **전원합의(consensus)를 추구**한다. 전원합의라는 것이 단원 전체의 완전한 의견 일치를 뜻하는 것은 아니다. "결정적 다수"를 이루면 합의가 된 것으로 본다.
8. 주어진 미션(Mission)에 열정적으로 헌신한다.

리처드 해크먼(Richard Hackman) 하버드대 교수는, 오퍼스 챔버오케스트라 운영방법을 두고 진정한 조직 민주화가 이뤄졌다고 칭송했다.

하지만 의문이 제기되기 시작하고 있다. 첫째는, 이렇게 만들어지는 연주의 수준에 대해서 평론가들의 의견이 갈린다는 점이다.

둘째는 오퍼스식 위임경영을 리츠칼튼 등 **다른 조직에 이식해 봤는데 성공하지 못했다**는 것이다.

셋째는, 오퍼스 내에 코어(core)라는 핵심그룹이 의사결정을 독점하기 시작했다는 점이다.[7]

✠ [나누기 사례 문제 13] 오퍼스와 같은 철저한 위임형 조직경영 방식이 성공하기 위해서는 어떤 조건들이 충족되어야 하겠는가?

:: 주

1 Vroom, V. H., & Yetton, P. W. 1973. *Leadership and Decision Making*. The University of Pittsburgh Press.

2 Vroom, V. H., & Jago, A. G. 1988. *The New Leadership: Managing Participation in Organizations. Englewood Cliffs*, N.J.: Prentice-Hall.

3 Kerr, S., & Jermier, J. M. 1978. Substitutes for Leadership: Their Meaning and Measurement. *Organizational Behavior and Human Performance*, 22, 375–403.

4 Smith, P. B., & Bond, M. H. 1993. *Social Psychology Across Cultures: Analysis and Perspectives*. Herts, Eng.: Harvester Wheatsheaf.

5 Hofstede, G. 1980. *Culture's Consequences: International Differences in Work Related Values*. Beverly Hills: Sage Publications.

6 앤드류 로버츠. (이은정 옮김). 2003. *히틀러와 처칠, 리더십의 비밀*. Human & Books.

7 https://www.mk.co.kr/news/business/10710761. 매일경제신문. 2023년 4월 12일.

제V부
성장을 멈춘 리더는 실패한다

제14장 리더십은 왜 실패하는가

리더는 하루 한 번 자신의
모습을 거울에 비춰 성찰해야 한다!

리더십 나누기 14-1: 리더십 탈락(leadership derailment)과 "3대 어두운 성격"

※ 리더십 탈락, 즉 derailment란 기차가 철로(rail) 위를 달리다가 탈선(derail)하듯이 잘 나가던 리더가 어떤 이유로 실패, 또는 탈락하게 되는 경우를 말한다.

※ 리더십 탈락의 원인 중에 "3대 어두운 성격"(Dark Triad Personality)이 있다.

- **마키아벨리즘(Machiavellianism)**: 조작하여 자신의 이익을 취하는 조작적(manipulative) 성격.
- **나르시시즘(Narcissism)**: 지나친 자기 사랑의 성격.
- **사이코패스(Psychopath)**: 공감 능력(empathy)이 없는 성격.

※ 3대 어두운 성격의 대표적 예로는 윌리엄 쇼클리(William Shcokley)를 들 수 있다.

- 1956년 반도체 연구로 노벨 물리학상을 받았으며, 트렌지스터(transistor) 효과를 발견하여 상업화하면서 미국 실리콘 밸리를 형성하는데 실마리를 마련했다.
- 하지만, 쇼클리반도체라는 회사를 세워 경영하면서, "**IQ가 낮은 여직원에 불임수술을 하라**"고 하고, 비서 전화에 도청장치를 설치하고 직원들에게 거짓말탐지기를 사용하는 등 "Dark Triad" 성격으로 리더십 탈락의 길을 걷는다.

※ 그의 비인격적 행동을 못 이기고 8명의 과학자가 뛰쳐나가 "페어차일드 세미컨닥터"(Fairchild Semiconductor)라는 회사를 세웠는데, 그는 이들을 "8인의 반역자"라고 불렀다.

※ 그 후 20여 년에 걸쳐, "페어차일드 세미컨닥터"에서 65개의 반도체 기업이 파생되어 세워졌는데, 그중 하나가 오늘날 크게 성장한 **인텔(Intel)**이다.

✱ [나누기 문제 14-1] "Dark Triad"에 의한 리더십 탈락(derailment)의 다른 예를 찾아 제시해 보자.

리더십 실패, 어떻게 정의할 것인가 제 1 절

1. 리더십 실패의 개념

리더십 실패의 결과

우리는 리더십을 이야기할 때 주로 성공한 리더의 사례를 들면서 본받으라고 말한다. 실패한 리더십에 대해서 말하는 것은 별로 주목을 받지 못했다. 그러다 보니 실패한 리더에 대한 논문이나 서적이 턱없이 부족한 것이 현실이다. 하지만 우리는 성공의 경험을 통해서보다 실패의 경험을 통해서 더 많이 배울 수 있다.

특히 리더십의 실패는 리더 개인에게 뿐 아니라 리더가 속한 집단이나 조직에, 나아가서는 전국가적으로 커다란 손실을 가져올 수 있기 때문에 리더의 직위를 갖은 사람들은 적어도 **실패한 리더가 되지 않으려고 애쓸 필요**가 있다.

리더십 실패는 리더 개인에게서 끝나지 않는다. 전장(battle field)에서의 리더십 실패는 막대한 인명손실을 가져올 수 있으며, 기업경영에서의 리더십 실패는 회사의 존립 자체를 위태롭게 할 수도 있다.

팀 리더의 리더십 실패는 팀원들간의 갈등을 야기하여 업무수행을 어렵게 할 수 있으며 이직과 태만의 원인을 제공하기도 한다. 연구개발팀의 리더가 제대로 팀원들을 이끌어 나가지 못하면 목표로 하는 신기술 개발이 더디어지든가 불가능해져 조직에 큰 피해를 가져올 수 있다. 팀장의 리더십 실패로 노사간의 관계가 악화되는 일도 많다.

물론 리더 개인에게도 많은 손실이 발생한다. 퇴직이나 좌천 등의 원인이 되기도 하고 심리적으로 큰 부담을 느끼든가 심각한 스트레스에 직면하게 되는 경우도 있다. 또한 개인 경력상으로도 커다란 불명예를 안게 되는 것은 자명한 일이다. 법적인 책임을 져야 하는 수도 있다.[1]

리더십 실패의 개념

우리는 흔히 리더를 평가할 때 얼마나 부정적인 결과를 냈는가를 가지고 평가한다. 하지만 이것은 너무 너그러운 리더 평가기준이다. 리더에 대한 평가는 엄격하면서도 공정해야 한다. 왜냐하면 너무 너그럽고 편향되어 있으면 리더의 역할을 수행하려는 사람들, 즉 잠재적 리더들이 리더십 발휘를 너무 쉽게 생각하게 될 것이기 때문이다. 이러한 너그러움이 오히려 실패한 리더를 생산하는 원인이 될 수도 있다.

여기에서는 리더십의 실패를 부정적인 결과를 낸 경우에 더하여 '긍정이나 부정적이지 않은 결과'를 낸 **평범한 리더까지 포함**하는 것으로 보았다. 큰 실수 없이 자리에 앉아 임기를 마쳤다는 것은 실패한 리더이다. 즉, 실패의 영역을 넓게 잡고 성공의 영역은 상대적으로 좁게 잡았다. 이 개념을 그림으로 표현하면 〔그림 14-1〕과 같다.

여기에는 물론 몇 가지 고려해야 할 사항들이 있다. 우선 위에서도 언급하였듯이 실패한 리더를 규정할 때 그 리더의 인생 전체를 놓고 평가하는 경우와 일정한 직위를 수행하던 시기에 대해서 리더십을 평가하는 것을 구분해야 한다.

가령 히틀러를 우리는 실패한 리더로 본다. 그가 꿈꾸던 세계를 성취하지 못했기 때문이기도 하지만 그의 동기와 방법이 옳지 못했다는 것이 더 큰 이유이다. 이 경우는 히틀러의 인생 전체를 평가하는 것이다. 하지만 카터 대통령의 경우처럼 대통령 재임기간에는 별 성과가 없었지만 퇴임하고 난 후의 행동이 크게 인식

그림 14-1 리더십 실패 개념도

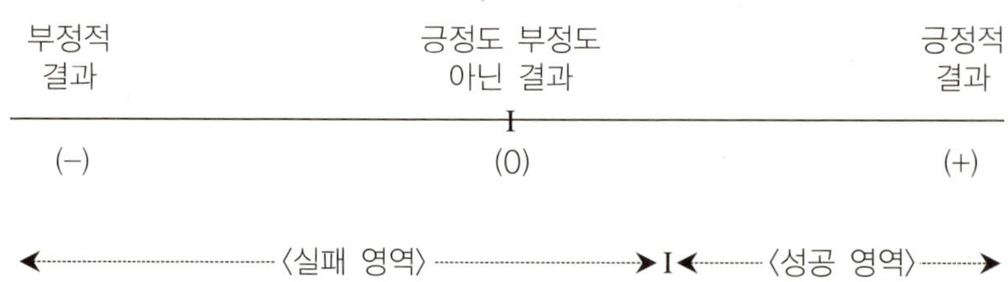

되는 경우에는 재임기간과 퇴임 후로 시기를 나누어 평가하는 것이 바람직하다.

또한 **누구의 관점에서의 실패인가**를 생각하면서 리더를 평가해야 한다. 예컨대 일본의 극우 세력들은 조선을 침탈한 당시의 일본 왕을 성공한 리더로 생각할지 모르겠지만, 침략을 당한 한국인들의 입장에서는 일본 왕은 실패한 리더이고 전범이다. 특히 역사적 인물들을 평가할 때는 누구의 관점인가 하는 것이 더욱 중요시된다. 시간이 지나면서 역사적 평가는 시대에 따라 크게 차이가 날 수 있기 때문이다.

2. 리더십 실패의 사례들

그렇다면 리더십이 실패했다는 것은 구체적으로 무엇을 뜻하는가? 몇 가지 리더십 실패의 내용을 살펴보기로 하자.

휴먼 스킬 부재에 의한 실패사례

박 상무는 큰 저항에 직면했다. 노조에서 박 상무 사퇴하라는 대자보를 써 붙이고 각 공장별로 투쟁에 들어갔다. 이번만큼은 도저히 용납할 수 없다고 노조원들이 벼르고 있다. 박 상무는 휴가를 내고 일주일째 사무실에는 출근도 못하고 있다. 도대체 박 상무에게 무슨 일이 일어난 것일까?

박 상무는 우리나라에서 최고 엘리트 고등학교와 소위 일류대학을 나온 인재이다. 많은 사람들이 그를 부러워했고 박 상무 스스로도 자신의 능력을 주체할 수 없다고 가끔 느끼곤 하였다. 하지만 그것이 문제였다. **엘리트 의식**에 빠져 사람들을 몇 수 아래로 보는 습관이 생겼다. 일을 시켜도 자신의 마음에 들지 않으면 심하게 나무랐다. 그런데 시간이 지나면서 나무라는 정도가 점점 심해졌다. 급기야 그는 부하 팀장들 중에서 일을 제대로 못하는 김모 팀장을 자신의 사무실에 불러다가 무릎을 꿇게 하고 서류를 그의 면전에 집어 던지면서 발로 그의 등을 걷어차는 일까지 벌어졌다. 이 사실이 회사에 알려지면서 노조원들이 박 상무 처벌, 퇴진 등을 요구하면서 들고 일어났다.

박 상무는 똑똑한 만큼 일도 잘한다. 재무본부장을 맡고 있는데 그의 실력이나 예지를 따라갈 사람이 업계를 다 찾아봐도 없을 정도로 뛰어난 실력의 소유자이다. 하지만 그는 인간성 측면에서는 본받을 만한 것이 하나도 없었다. 그의 부하 괴롭히기는 점점 그 정도가 심해졌다. 그래서 결국은 노조가 들고 일어나는 일까지 벌어졌던 것이다.

결국 사장을 비롯한 경영진이 장시간 회의를 한 결과 박 상무를 1년간 휴직시키고 집에서 근신하라는 조치가 내려졌다. 그리고 그는 스스로 정신과 치료를 받겠다고 사장에게 말하고 약 6개월간 치료를 받았다.

혁신성 부재에 의한 실패사례

한국의 대기업 CEO인 조모 사장은 소위 인간관계가 좋다는 평을 받는다. 그와 30분만 대화를 하면 누구든지 그에게 쏙 빠진다. 크지도 않은 목소리로 사분사분 이야기하는데 들을수록 감칠맛이 난다.

하지만 조 사장에게 문제가 하나 있다. 다른 것은 다 좋은데 뭔가 **새로운 것을 하려 들지를 않는다**. 회사가 안정적으로 이익을 내는 상황이어서 이 기회에 뭔가 새로운 사업에도 진출을 하고 사업다각화도 해놔야 상황이 안 좋은 때가 되었을 때 버틸 수가 있을 텐데 말로는 새로운 사업에 진출한다고 하면서도 막상 뭔가를 하려면 결단을 내리지 못한다. 그러다 보니 신사업하겠다고 선언한 지가 벌써 수년이 지났는데도 변변한 사업 하나 제대로 시작하지 못했다. 해외 수출의존도가 90%가 넘는다.

그래도 누구 하나 나서서 그를 크게 비판하는 사람은 없다. 왜냐하면 워낙 인간관계가 출중하여 누구도 그를 인간적으로는 싫어하는 사람이 없기 때문이다. 소유주인 회장도 한편으로는 답답하면서도 그를 만나 들어보면 모두가 그럴듯한 얘기들뿐이어서 그를 나무랄 수가 없다.

또한 조 사장은 밑에 자신의 심복들을 다 심어놨다. 대학 후배며 고등학교 후배들을 요직마다에 배치해 놓아 누구도 그의 아성을 쉽게 건드릴 수 없게 해놓았다. 회장도 이 사실을 알지만 선뜻 대안을 찾기가 힘들어 그냥 지내고 있다. 특히 조 사장의 심복들은 회장에게도 매우 잘한다. 편안하기로 치자면 더 이상 없다.

1997년이 되면서 갑자기 상황이 안 좋아졌다. 환율이 뛰고 차입금 상환요구가 거세지기 시작하였다. 회사의 재무구조가 갑자기 충격을 받기 시작했다. 조 사장은 물론이고 회장과 임직원들도 동요하기 시작하였다. 환율에 취약한 사업구조여서 직격탄을 맞은 것이다. 직원의 반을 해고하고 조 사장도 사임할 수밖에 없었다.

과다 Drive에 의한 실패사례

송 팀장은 성과중심으로 몰아붙이는 것으로 악명이 높다. 2021년 12월. 이번에 새로 부임하게 될 송 팀장에 대한 소문에 팀원들은 이제 모두 죽었구나 하고 사기가 떨어져 있었다. 그는, 이전에 있던 팀원들의 소식에 의하면, 워낙 꼼꼼한데다가 결과만을 중시하는 성과주의자로서 피도 눈물도 없다는 평이다. 그가 떠난다는 말에 그쪽 팀원들이 기립박수를 치기까지 했다니 그의 스타일이 얼마나 괴롭히는 스타일인지를 알만하다.

그가 드디어 부임해왔다. 아니나 다를까 첫날부터 그는 몰아붙이기 시작했다. 기존의 업무 프로세스를 완전히 자기 스타일로 바꾸라고 주문하는 데서 그의 몰아붙이기는 시작되었다. 그리고서는 사고방식을 바꾸라고 강요하였으며 성과목표는 과거대비 50% 이상 높게 요구했다. 하루가 멀다 하고 밤샘작업이 계속되었고 성과를 못 내는 팀원들은 거의 사람취급을 받지 못했다. 술좌석에서 이들을 "찌질이"라고 비웃는가 하면 크고 작은 사고라도 나면 제일 먼저 의심하는 것이 우리 팀원들이었다. 우리 쪽 잘못일 리가 전혀 없는 사고에 대해서도 범인을 찾듯이 팀원 한 사람씩을 불러다가 조사를 하곤 하였다.

팀원들은 송 팀장의 리더십 스타일에 대해서 **큰 모멸감을 느꼈고** 자존심에 커다란 상처를 입었다. 일에 대해서는 물론 배울게 많다. 하지만 갈기갈기 찢어진 팀원들의 자존심을 그대로 두고 아무리 일을 많이 배워봐야 인생을 살아가는 데 별 도움이 안 된다는 사실을, 또 결국은 얻은 것보다는 잃은 게 더 많다는 생각을 하게 되었다.

송 팀장이 부임한 지 1년이 지났다. 외형적 성과는 전에보다 좋아졌다. 하지만 팀원 30명 중에서 20명이 다른 팀으로의 이동을 신청하였다. 그리고 아예 회사를 떠나 경쟁사로 이직을 한 팀원들도 여러 명 있었다. 그리고 우리 팀으로 오겠다는 사람은 거의 없었다. 내년에 우리 팀이 어떻게 운영될지가 걱정이 된다.

과다 욕망에 의한 실패사례

"나는 인생에 결코 중간에 포기한 적이 없는 사람입니다. 임기를 못 채우고 사임한다는 것은 내 몸의 세포 하나하나를 몸서리치게 합니다." 이것은 1974년 8월 8일, 미국의 37-38대 대통령이었던 **리차드 닉슨**(Richard Nixon)이 워터게이트 사건으로 사임하면서 한 말이다.[2]

그는 아이젠하워 대통령 때 부통령을 지냈지만 그 후 젊은 케네디와의 대통령 선거에서 패배한 후, 와신상담 끝에 1969년 미국의 제37대 대통령으로 당선되었다. 그 후, 헨리 키신저 국무장관을 앞세워 베트남 전쟁을 종결하였으며 소위 핑퐁외교를 통하여 죽(竹)의 장막이라고 불리던 중국과의 냉전을 끝내는 성과를 거두었고, 닉슨 독트린을 발표하여 아시아 우방국가들의 자주국방을 유도하였다.

37대 대통령의 임기를 성공적으로 마쳐가면서 38대 대통령 재선에 나선 그는 압도적으로 당선될 것이 예견되었다. 야당이었던 민주당은 분열되어 있었고 첫 임기 동안 그가 이룩한 업적도 미국인들에게 큰 인기를 끌고 있는 상황이었다.

하지만 그는 민주당 후보를 확실하게 제압하고 싶어했다. 그래서 가동한 것이 'CREEP'(Committee to RE-Elect the President)이라는 사조직이었다. 이를 통해서 민주당을 깎아 내리고 민주당 후보의 비리를 들춰내어 부정적 이미지를 전파하는 역할을 담당케 하였다. 이 과정에서 시도한 것이 소위 '플라머스'(Plumbers: 상수도 배관공 또는 비밀이 새는 것을 막는 사람들)라는 경비원들 5명으로 하여금 민주당 본부 사무실에 도청장치를 설치하는 것이었다. 그런데 이들이 얼마나 어설펐는지 워터게이트 호텔에 마련되어 있던 민주당 사무실에 몰래 침입했다가 모두 붙잡히고 말았다. 이때부터 비리가 하나씩 들어나기 시작하였다. 비서관들이 하나, 둘씩 불려가 심문을 당하기 시작하였는데 결정적인 증언들이 드러났다.

닉슨은 이 조사를 중지시키고 싶어 했다. 대통령에게 주어진 모든 권력을 동원하여 수사를 중간에 마무리하려 했다. 하지만 이것이 오히려 문제를 키웠다. 공권력 남용에 거짓말, 위헌적 행위, 범법 등 수사는 결국 닉슨 대통령을 정조준하기에 이른다. 물론 이 사건이 크게 표면화되기 전에 닉슨은 38대 대통령 재선에 성공하였다. 그러나 수사는 계속되었다. 사건을 담당하던 특별검사를 대통령 직권으로 해고시켰다. 하지만 닉슨을 탄핵하는 것은 불가피한 상황이 되었다. 그는 스스로 사임하는 길을 택할 수밖에 없었다.

많은 사람들이 문제의 원인으로 닉슨의 성격적 결함을 지적하였다. 골드워터(Goldwater)라는 사람은 닉슨을 가리켜 "그는 내가 만났던 사람들 중에서 가장 부정직한 사람이었다. 그는 부인을 속였고, 가족을 속였으며, 친구와 의원들에게 거짓말을 하였으며, 평생동지였던 공화당원들과 미국 국민들, 그리고 전세계를 속였다"라고 말하였다. 그의 행정부에서 국무장관을 지낸 **헨리 키신저**도 "**닉슨은 자신의 본능적 욕망을 충족시키고 있었다. 한번 그 욕망에 사로잡히자 달리 도리가 없었다.**"

교 훈

이상에서 우리는 네 명의 실패한 리더의 사례를 살펴봤다. 이들의 공통점이 한 가지 있다. 그것은 바로 이들의 실패원인이 한결같이 **리더 자신**이라는 점이다. 박 상무나 닉슨은 자신의 내적 욕망에 희생된 경우이다. 조 사장과 송 팀장의 경우도 스스로 조정할 수 없는 자신의 스타일이 문제가 되어 실패한 사례였다.

또 한 가지는 리더십의 실패라는 것은 팀장처럼 작은 조직을 이끄는 리더에서

그림 14-2 리더십 실패는 어디에나 있다!

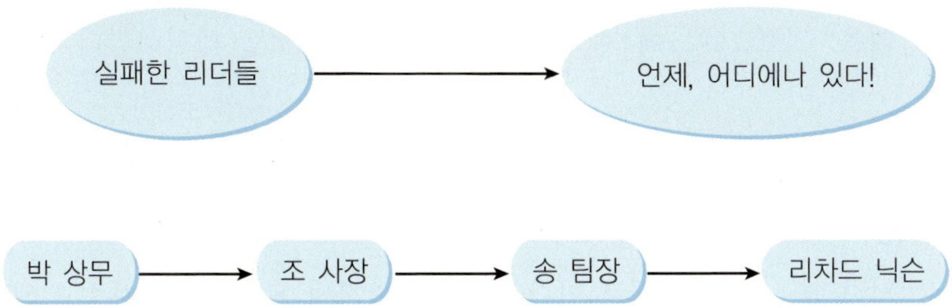

닉슨의 경우와 같이 나라를 이끄는 리더에 이르기까지 누구에게나 다 적용될 수 있다는 점이다. 어떤 수준의 리더이든 성공과 실패는 갈리게 되어 있다.

제2절 리더의 갑질, 그 이유는 무엇인가

소위 리더들의 갑질은 리더가 실패하게 되는 여러 원인들 중 하나이다. 하지만 최근에 한국의 많은 리더들이 갑질로 실패하는 경우가 많아 대표 제목으로 제시하였다. 우선 리더십 실패 원인들을 일곱 가지로 제시하고 그중 한 요인인 갑질에 대해서도 정리해 보기로 한다. 갑질은 사실 점잖은 표현이고 학계에서는 **"비인격적 행위"**(impersonal leader behavior), **"폭력적 감독"**(abusive supervision), **"비윤리적 리더행동"**(unethical leader behavior), **"파괴적 리더십"**(destructive leadership)이라는 표현을 많이 쓴다.

1. 리더십 실패의 유형

리더는 다양한 이유 때문에 실패할 수 있다. 거기에는 어떤 패턴 같은 것이 있다. 실패하는 이유들을 정리하면 몇 개의 그룹으로 나눌 수 있을 것이다. 이렇게 분류하여 제시하는 것이 리더십 실패의 원인을 더 잘 이해할 수 있을 것이다.

다음의 〈표 14-1〉에 여섯 가지 리더십 실패유형을 제시하였다.

〈1〉 **인지실패:** 인지실패란 뭘 몰라서 실패하는 경우이다. 전문성이 떨어지고 업을 이끌어 갈만한 역량도 모자라고 그러다 보니 비전을 제시하지도 못한다. 아는 것이 별로 없는 리더는 인간관계에 치중하게 된다. 잘 챙겨주고 배려해주고 위

표 14-1 리더십 실패의 유형들

리더십 실패유형	의 미
(1) 인지 실패	• 미션이나 과업을 잘 몰라서 실패하는 경우
(2) 심리 실패	• 자만하든가 자신감 부족으로 실패하는 것
(3) 자기 중심 실패	• 다른 사람들의 요구를 무시하고 자기 욕심만 채우다가 실패
(4) 관계 실패	• 인간관계를 잘못하여 리더십이 실패하는 경우
(5) 부적합 실패	• 과업이나 상황과 리더의 스타일이나 자질이 맞지 않아서 실패
(6) 대체에 의한 실패	• 리더십을 대체하는 요인이 생겨 리더십이 불필요해져서 실패
(7) 갑질 실패	• 우월적 힘을 사용해 구성원을 비인격적으로 대하다가 실패

임해주는 노력을 통해서 부족한 전문성을 보완하려고 노력한다. 하지만 이것은 미봉책은 될 수 있지만 근본적인 해결책은 될 수 없다.

작은 팀을 이끄는 것도 마찬가지이다. 한번도 해보지 않은 과업을, 팀장 승진은 했는데 자리는 없고 하여 맡게 되는 경우가 있다. 열심히 배우고 하여 어떻게든지 팀을 유지는 할 수 있을지 모르지만 획기적인 성과는 기대하기 힘들다.

영업에서 잔뼈가 굵은 팀장이 새롭게 연수원장을 맡았던 예가 있었다. 연수에 대해서는 전혀 알지 못하는 사람인데 맡으라니까 맡기는 했는데 1년 내내 헤맸다. 직원들이 더 힘들어 했다. 연수원장은 도대체 대화가 안 되었고 돌아가는 것을 조금 알아차리고 서는 모든 것을 다 배운 양 고집을 부리는데 어떻게 해볼 수가 없었다. 직원들이 제일 힘들어 하는 것은 연수원장에게 용어 이해시키는 것이었다는 설문결과가 나올 정도였다.

오랜 경험이 있는 사람이라고 해서 반드시 인지실패의 가능성이 낮은 것은 아니다. 알기는 많이 아는데 새로운 것을 받아들이려고 하지 않으면 똑같이 실패하게 된다. 아는 지식이 구식이 되었는데도 자꾸 옛 생각만 하고 해오던 방식만 고집하면 발전이 있을 수 없고 결국 리더십에 흠이 생기게 된다.

특히 같은 직무를 오래 수행하면 전략적 사고력이 떨어질 수 있다. 항상 익숙한 일만 하다 보니 복잡하고 모호한 상황에 대해서 무기력해지고 사소한 일까지 스스로 하려는 속성을 보여 실패하게 된다.

〈2〉 **심리실패:** 심리실패는 리더가 성공에 자만하든가, 아니면 실력은 있는데 자신감이 없어서 실패하게 되는 경우이다. 또한 나르시시즘(Narcissism)이라는 자기도취에 빠져 실패하기도 한다.

특히 큰 성과를 이루어온 리더일수록 이 심리실패를 주의해야 한다. 경영학에서 흔히 말하는 속담이 하나 있다. 이카루스 패러독스(Icarus Paradox)라는 말이다. 기업은 성공한 이유 때문에 쇠퇴한다는 것이다. 이카루스는 그리스신화에 나오는 인물인데 조각가인 자기 아버지가 밀랍 날개를 만들어 달아주었다. 그러면서 절대로 태양 가까이로 날아가지 말라고 경고했다. 하지만 이카루스는 날 수 있다는 것이 신기하여 하늘을 날다가 태양 가까이로 날아갔다. 밀랍 날개는 곧 태양열에 녹아내렸고 이카루스는 에게해에 떨어져 죽었다고 한다. **이카루스 패러독스는 성공 뒤에 오는 자만에 대한 경고**이다.

리더가 한 번 성공하면 자신의 강점에 과도하게 의존하려는 성향을 보인다. 자신의 강점만을 중시하다 보면 약점을 스스로 보완하려는 노력을 게을리하게 된다. 이것은 곧 약점 보완을 위해서 다른 사람에게 의존하게 된다는 것을 뜻한다. 그러면서 같은 상사 밑에 장기간 안주하게 되고 이것이 자신의 능력을 과신하는 결과

그림 14-3 이카루스의 날개

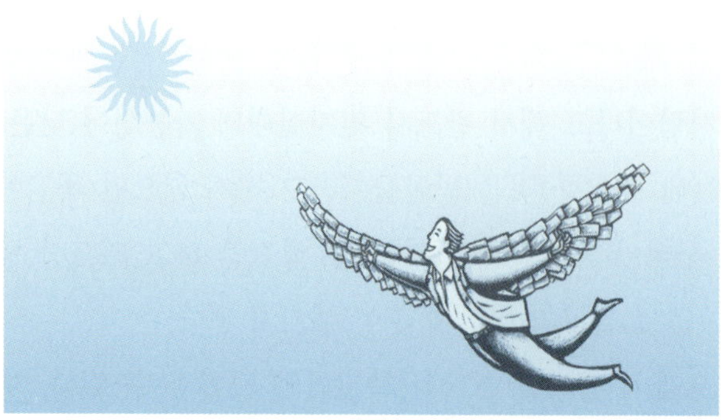

표 14-2 CEO 휴브리스[3]

맥 락	범 위	인지적 측면	행동적 측면
권 력	자신과의 관계	• 거창한(grandiose) 자아 인식	• 거창한 소통 스타일(왕 같은 화법; 최상위 표현; 모든 것을 포괄하는 야망 표현)
		• 자신의 능력, 힘, 성공 가능성에 대한 과대평가	• 근거 없이 거창한 프로젝트 추진 • 형편없는(poor) 의사결정
		• 회사를 경영할 수 있는 사람은 자신이 유일하며 외부에 내세울 수 있는 자격을 가졌다고 인식	• 참호전략*(권력축적, 직위에서 물러나는 것을 수용 못 함, 어쩔 수 없이 물러나야 할 때는 지체함)
	다른 사람과의 관계	• 자신을 인간사회의 위에 있다고 인식함	• 공포경영 • 폭력 또는 위협 • 충고나 비판 거절
	세상과의 관계	• 자신은 법이나 신보다 위에 있다고 인식함	• 사기 • 규칙과 법을 조작함 • 법적 권한을 경멸함

* 참호전략(entrenchment strategy): 물러나지 않고 참호를 파고 눌러앉으려는 전략.

를 가져와 실패한다.

휴브리스(hubris)라는 개념이 여기에 해당한다. **과도한 프라이드나 자만감**을 뜻하는 말이다. 특히 "CEO 휴브리스"가 문제가 된다. 권력을 가진 CEO가 자신감에 넘쳐 자신을 법 위에, 또는 신보다 위에 있는 존재로 착각하여 모든 사람을 자기 마음대로 부리려 하고 협박과 위협으로 리드하는 경우를 "**CEO 휴브리스**"라고 한다.

〈표 14-2〉에 CEO 휴브리스의 특징을 인지적 측면과 행동적 측면으로 나누어 요약하였다.

대개 과거에 성과를 많이 냈던 CEO들이 휴브리스의 함정에 빠진다. 2008년 파생상품 몰락으로 금융위기를 초래했던, 투자회사 리먼 브라더스(Lehman Brothers Inc.)의 **리차드 S. 풀드, Jr.(Richard S. Fuld, Jr.)** 전 회장이 대표적인 CEO 휴브리스를 가졌던 것으로 알려져 있다. 월스트리트에서 가장 오래됐고 산전수전 다 겪으며 리먼 브라더스를 키운 그에게 도전할 사람은 아무도 없었다. 다음의 코멘트가 그의 캐랙터를 가장 잘 묘사하고 있다.:

> "그는 오랫동안 CEO직을 수행하는 사람들이 가진 전형적인 휴브리스를 갖고 있었다.: '내가 이 회사를 키웠다, 그리고 이 회사는 시장이 아는 것보다 더 큰 가치를 가진 회사다.'"[4]
> *"He had the typical hubris that any long-term CEO has: 'I built this thing, and it's got more value than the marketplace understands.'"*

요컨대, 리더가 실패하지 않으려면 자만, 오만, 거만, 교만, 즉 휴브리스를 경계해야 한다.

〈3〉 **자기중심실패:** 자기중심실패는 리더가 추종자들의 존재나 그들이 원하는 욕구는 무시한 채 자신의 욕구, 자신의 필요, 그리고 자신의 입장만을 강조하여 충족시킴으로써 리더십이 실패하게 되는 경우를 뜻한다.

자기중심실패는 리더의 무심, 무관심, 후계구도의 부재 등에 기초하며 나아가 추종자들에게 자신의 의견에 합의할 것을 강요하든가 투사나 깡패와 같은 행동을 보여준다. 자기중심실패에 임박한 리더들은 종종 말투가 거칠어지고 부하들을 하수인 다루듯 하며 휴일에 출근하라는 등의 무리한 요구를 많이 한다.

특히 이들은 **자기방어 성향이 매우 강하다**. 일이 잘못되었을 때, 항상 다른 사람에게 그 원인을 돌리는 데 능하며 자신을 보호하기 위해서라면 어떤 행동도 불사한다. 자기방어의 구체적 행동들에는 부인(否認), 변명, 공격, 철회, 합리화, 회피 등 다양한 형태의 행동들이 포함된다. 구체적인 방어기제에 대해서는 본 장의 말미에 첨부된 리더십 진단을 참고하기 바란다.

흔히 윤리적 리더십의 문제는 여기에 해당한다고 볼 수 있다. 추종자들의 인격을 무시하고 리더가 자신의 욕구를 우선적으로 내세워 강력히 추진하다 보면 항상 불만을 사게 되고 윤리적 문제를 야기하게 되는 경우가 많다. 그러므로, 리더의 자기중심 성향은 윤리적 차원에서도 적절히 통제되어야 하는 리더십 실패요인이다.

한국의 리더들은 이 자기중심실패의 예가 많다. 자기 긍정이 매우 강하고 성취 열정이 높기 때문에 자신은 항상 옳다는 확신을 가지고 있다. 이것은 곧 자기 수정의 가능성이 낮다는 것을 뜻하며 자기 자신이 변화하기보다는 다른 사람들을 변화시키는 데 모든 정열을 소비한다.

자기중심적 리더는 결정사항을 실천하는 과정에서 다른 부서나 관련 부서로부터 적절한 지원을 받아올 줄 모른다. 그러다 보니 용두사미식 일처리로 끝나게 되고 불신이 팽배하게 된다.

〈4〉 **관계실패:** 관계실패가 그 다음 유형이다. 이것은 인간관계를 잘못하여 리더십이 실패하게 되는 것을 의미한다. 리더로서 인간관계 잘못에 의한 실패는 치명적이다. 왜냐하면 리더십이라는 개념 자체가 좋은 인간관계를 전제로 하기 때문이다. 우리가 앞의 여러 장에서 학습하였듯이 리더십의 기초는 리더와 다른 사람들 간의 신뢰관계이다. 신뢰가 무너지면 모든 것이 무너지고 만다. 그러므로 관계실패에 의한 리더십 실패는 그만큼 진지하게 받아들여야 하는 것이다.

관계실패를 하게 되는 이유는 리더가 **지나치게 이기적인 차원**에서 인간관계를 이끌기 때문일 때가 많다. 관계를 이용해서 자신의 욕구나 필요를 채우려는 것이 지나치면 항상 관계단절을 가져오게 된다. 합리성에 입각하여 상호 존중의 리더-구성원 관계를 형성해 나아가려는 노력이 요구된다.

또한 리더가 **지나치게 거래적 리더십** 스타일을 발휘해도 관계가 깊어지기 힘들어진다. 성인이 되어서 만난 사람들의 관계에는 기본적으로 주고받는 거래적 관계가 깔릴 수밖에 없다. 하지만 리더로서 거래적 관계에만 머물러서는 기대 이상의 성과를 만들어내기 힘들다. 비전과 철학을 공유하는 수준 높은 관계로 발전시켜 나아가는 리더가 되어야 한다.

추종자들을 **육성시키려는 노력**을 제대로 하지 않을 때도 관계실패의 원인이 된다. 사람은 누구나 잘되고 싶어 한다. 실력을 쌓고 싶은 욕구도 갖는다. 하지만 리더가 이러한 추종자들의 욕구를 충족시켜주지 않고 부수적인 일만 시키면 불만이

표 14-3 미국 대통령들의 리더십[5]

대통령	욕구		
	성취욕구	권력욕구	친화욕구
클린턴	높음	보통	높음
부 시	보통	보통	낮음
레이건	보통	높음	낮음
케네디	낮음	높음	높음
루즈벨트	낮음	높음	보통
링 컨	낮음	보통	보통
워싱턴	낮음	낮음	보통

쌓이게 된다.

관계실패의 대표적인 예는 윗사람이나 다른 사람들과 마찰을 빚게 되며 위임에 인색하고 자신과 다른 스타일의 상사에 적응을 못한다. 또한 팀 구축을 할 줄 모르고 혼자서 일하는 것에만 익숙해 있다. 다른 사람을 설득하는 능력도 모자라다. 팀 내 갈등이 있어도 이를 적절히 해결할 수 있는 기술을 갖고 있지 못하다.

관계실패는 대통령들의 리더십에 있어서도 중요시되는 것으로 나타났다. 일반적으로 대통령의 리더십은 성취욕구, 권력욕구, 그리고 친화욕구에 의해서 결정된다고 한다. 성취욕구란 어떤 가시적인 목표를 달성하려는 욕구를 의미한다. 권력욕구는 이해관계가 다른 구성원들까지 감싸 안으려는 욕구를 의미한다. 그리고 친화욕구는 사람들에게 친절하게 대하려는 욕구이다. 이들에 입각해서 몇몇 미국 대통령을 평가하였다. 〈표 14-3〉에 그 결과를 제시하였다.

미국 대통령 연구에 따르면, 성취욕구가 높은 대통령은 대부분 실패했고, 권력욕구가 높은 대통령은 성공한 경우가 많으며, **친화욕구가 높은 대통령은 대부분 스캔들이 났다(예, 클린턴)**.

〈5〉 **부적합실패:** 부적합실패는 리더가 수행하는 과업이나 역할 또는 상황특성과 리더의 스타일이나 자질이 적합하지 않아서 실패하는 것을 의미한다.

리더와 추종자 간에 궁합이 맞아야 서로 잘 지낸다는 말이 있다. 그만큼 상황과 리더의 스타일 간의 적합화 여부가 중요하다는 의미이다. 부적합한 경우에는 갈등을 야기하고 성과를 내기 힘들어진다.

리더와 적합해야 하는 것은 과업의 특성, 리더의 상사, 추종자들의 특성, 동료들의 특성, 그리고 거시적 상황특성 등이다. 리더가 기를 펴고 제대로 일을 할 수 있도록 조직문화(거시적 상황)가 뒷받침되어야 하고 상사와 추종자, 그리고 동료들이 밀어주고 도와줘야 한다. 문제가 있다는 평가를 받던 관리자가 다른 직무를 맡고 나서 펄펄 나는 성과를 내는 예를 얼마든지 찾아볼 수 있다.

특히 시간이 지나면서 이러한 상황요인들은 바뀌게 되어 있다. 그러므로 바뀌는 **상황의 특성에 맞춰 스스로의 스타일을 적합화**시켜 나아가려는 노력이 필요하다.

베트남을 비롯한 동남아에 공장을 짓고 그곳 인력들을 고용하여 생산하는 경우에 종종 한국 관리자들과 베트남 근로자들 사이에 갈등을 빚는 경우가 많다. 가만히 따져보면 우리 쪽 잘못인 경우가 많다. 우리는 빠르고 급하다. 동남아 사람들은 낮잠도 자고 쉬는 시간도 가지면서 여유 있게 일하는 것을 좋아한다. 추종자들이 완전히 다르면 리더십도 그에 맞춰 조정을 해줘야 한다. 그들의 습관이나 욕구, 그리고 마음의 행로를 고려하지 않고 한국식의 밀어붙이기 경영을 하다가는 커다란 문제를 야기할 가능성이 매우 커진다.

그렇다고 해서 리더가 항상 상황의 필요에 맞추기만 하라는 말은 아니다. 상황을 바꿔야 하는 경우도 많다. 그러나 상황을 바꿀 때는 치밀하게 분석하고 연구한 결과를 가지고 추진해야 한다. 너무 급하게만 하려 하지 말고 시간이 걸리더라도 효과를 극대화할 수 있는 가장 바람직한 방법을 찾아내는 노력이 필요하다.

〈6〉 **대체실패:** 대체에 의한 리더십 실패는 리더십을 발휘할 필요가 없어졌기 때문에 리더가 실패하게 되는 경우이다. 예컨대 리더의 상사가 모든 권한을 직접 장악하여 중간에 있는 리더가 더 이상 할 수 있는 것이 없어질 때 리더십 실패의 원인이 될 수 있다.

또 어떤 때는 리더가 배려를 해주고 싶어도 별도로 팀장이나 사업부장에게 책

그림 14-4 리더십 적합화 요인들

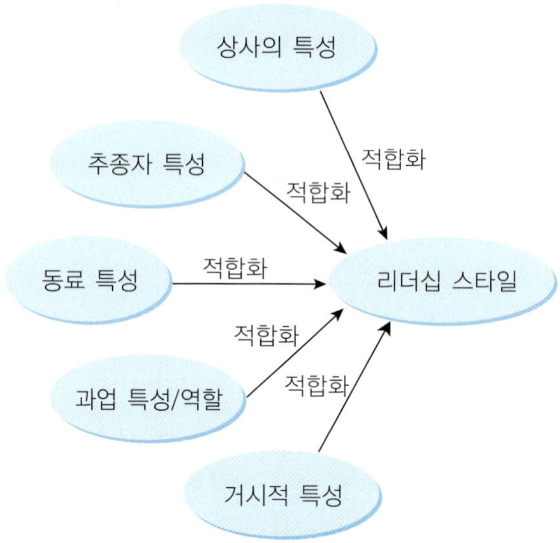

정된 **예산이 없기 때문에 회식 한번 제대로 못하는 상황**도 있다. 그런가 하면 리더의 자리가 없어지든가 팀장의 자리에 있던 사람이 팀원으로 발령받게 되었을 때 리더십을 발휘할 수 있는 여지가 없어진다.

이처럼 대체에 의한 리더십 실패는 꼭 리더 자신이 원인이 아닌 경우가 많다. 상황적 이유 때문에 리더로서도 어쩔 수 없이 리더십 발휘기회를 박탈당할 수밖에 없는 것이 대체에 의한 실패의 특성이다.

〈7〉 **갑질실패:** 갑질(power harassment)은 리더가 우월적 힘을 이용해서 구성원들에게 비인격적 행위를 저지르는 것을 말한다. 라면 상무사건, 땅콩회항, 체인점/납품업자에 대한 갑질, 회장의 운전기사에 대한 갑질, 국회의원의 갑질 등 매우 다양한 사례들이 우리 사회에서 발현되고 있다.

갑질의 원인을 찾으려는 학자들의 노력도 배가되고 있다. 예를 들어, 우리 사회의 '**소통과 배려의 부재**', '**승자독식과 약육강식의 사회 분위기**', 그리고 '**과도한 경쟁의식**' 등을 갑질의 원인으로 드는 학자도 있다.[6] 다 맞는 말이다. 하지만 거시적 원인으로만 파악하기에는 갑질의 내용이 너무 적나라하다. 한국이 겪고 있는 갑질현상은 몇 가지 특징을 갖는다.

첫째는 과거에는 이보다 더 했다는 것이고, 둘째는 옛날에는 그냥 넘어가던 것도 요즘에는 큰 문제가 될 수 있는 사회분위기가 되었다는 것이며, 셋째는 갑질에 대한 벌칙을 강화해야 한다는 국민들의 요구가 커지고 있고, 넷째는 그럼에도 불구하고 갑질현상은 끊임없이 드러난다는 점 등이다.

확실한 선진국이 되기 위한 통과의례라고만 보기에도 문제가 있다. 소통부재, 약육강식, 과다경쟁도 문제지만, 한국인들의 문화가치에도 문제가 없는지 되돌아볼 필요가 있다. 상하를 강조하는 **수직적 문화**가 개선되지 않는 한, 갑질의 개연성은 항상 남아 있을 수밖에 없다. 한국처럼 권력격차가 큰 문화가치하에 사는 사람들은 위에서는 아래를 무시하고 아래에서는 위를 두려워하는 현상이 많이 발생한다. 이것을 해결하지 않고서는 갑질은 여전히 우리 주변에서 발현할 것이다.

리더는 갑질실패를 피하기 위해서 항상 **"의식적으로"(mindful) 노력해야 한다**. 평상시에 우리는 갑질을 **염두에 두지 않고**(mindless) 습관적으로, 또는 성질대로 행동한다. 자신의 말과 행동 하나하나를 되짚어보는 노력이 필요하다. 리더의 자기감시와 자기성찰이 절실한 시대에 우리는 살고 있다. 지금까지 생각 없이 구성원들에게 함부로 대했던 리더들은 이 기회를 이용하여 공개선언을 하는 것이 바람직하다. 앞으로는 평등한 인간 대 인간으로 교류하겠다고! 만약 자신이 갑질을 할 경우, 절대로 용납하지 말고 즉시 불편한 마음을 리더에게 표현하고 시정을 요구하라고. 이를 통해서 새로운 문화를 창출하는 시발점이 될 것이다.

2. 30대에 성공한 리더, 40대에 실패하는 이유

우리는 주변에서 젊었을 때 잘 나가던 리더가 시간이 지나면서 실패하게 되는 경우를 종종 본다. 이것은 왜일까? 예를 들어, 30대에 성공하는 리더로 칭송받던 리더가 40대가 되면서 뻗어 나아가지 못하고 주저앉게 되는 이유는 무엇일까? 이것은 바로 시간이 지나면서 다른 책임과 역할이 요구되는데 거기에 대한 준비가

안 되어 있기 때문이다. 몇 가지 예를 들어보자.[7]

30대에는 혼자 일하면서 성공할 수 있다. 다른 사람들을 엮어 하나의 팀으로 일할 필요가 없다. 주어진 책임과 역할은 대부분 개인적인 것이다. 그러다 보니 하급자들을 리드해 나아가는 데 필요한 갈등해결 기술, 육성기술, 위임의 기술, 스탭부서 활용 기술 등을 배우지 못한다. 40대가 되면서 더 큰 역할, 새로운 역할이 요구된다. 예를 들면, 팀 빌딩, 스탭 활용법, 하급자 개발 등의 기술이 그들이다. 이러한 기술을 준비하지 않으면 30대에 성공한 리더가 40대가 되면서 새로운 상황에 적응하지 못하여 실패하게 되는 것이다. 인지실패와 부적합 실패의 예에 해당한다.

또 다른 측면에서 보자. 30대에는 통제위주, 결과 중심, 그리고 한 가지 일에만 일편단심 몰입하면 된다. 하지만 **40대가 되어 새로운 직무, 전략적 과업을 맡게 되었을 때 준비가 안 되어 있어 실패하게 된다**. 기존 방식을 버리고 복잡한 직무를 수행해야 되는데 변신하지 못하여 실패하는 것이다. 그러므로 시간이 지나면서도 성공적 리더십을 유지하기 위해서는 인지의 틀을 지속적으로 고도화해야 한다. 새로운 추세를 파악하고 앞서 배우고 훈련하여 준비하는 자세가 요구된다.

또한 30대에는 강한 추진력, 원대한 포부, 그리고 높은 목표치를 추구하는 것이 하나의 미덕으로 여겨진다. 하지만 40대가 되면서 30대의 원대한 포부는 자칫 다른 사람들의 마음에 상처를 주기 쉽고 현실성과 침착성을 상실할 우려가 있다. 다양한 관계 네트워크를 구축하지 못하여 일 중심으로 밀어붙일 줄만 알았지 오케스트라의 지휘자처럼 많은 다양한 사람들을 엮어 신뢰를 바탕으로 함께 일하여 팀 성과를 창출하는 기술이 부족하다. 관계실패의 예라고 볼 수 있다.

30대에는 주어진 일의 범위 내에서 전문성을 인정받음으로써 자기 주장이 강하고 논박을 즐기고 자신의 입장을 관철시키는 즐거움으로 살았다. 하지만 40대가 되면서 **설득력**과 **감동적 의사전달 능력**이 요구된다. 대인관계에 대한 이해가 부족하고 상사와 전략적 관점에 있어 심각한 차이를 보여 탈락하게 된다. 우아하게 질 줄 모르고 통제권 밖의 사람들에게 영향력을 행사하는 법을 모른다. 30대는 항상 이기는 것을 목표로 살았다. 하지만 40대가 되면 스타일이 다른 사람들과도 연대할 줄 아는 정치력을 필요로 한다. 관계실패의 우려가 높은 또 하나의 이유이다.

리더십 나누기 14-2: 나의 리더십 실패요인 진단

※ 위에서 우리는 리더십 실패요인 7가지를 배웠다. 아래의 표에 각자의 현상을 진단해 보자. 각 요인별로 부족한 내용을 솔직히 기술하고 다른 사람들과 함께 어떻게 부족한 요인들을 보완해 나아갈지를 토론해 보자.

리더십 실패요인들	나에게 부족한 내용	보완 방법
1. 인지실패		
2. 심리실패		
3. 자기중심실패		
4. 관계실패		
5. 부적합실패		
6. 대체실패		
7. 갑질실패		

✣ [나누기 문제 14-2] 위의 빈칸을 채워보자.

그러므로 30대는 40대를 준비하고 40대는 그 이후를 준비하는 예지가 있어야 최종적으로 성공적인 리더로 살아남을 수 있다.

제 3 절 리더십 실패를 방지하는 법

그렇다면 리더십 실패를 방지하기 위해서 리더들은 어떻게 해야 될까? 아래에 몇 가지 실패방지 방안을 정리하였다.

첫째, **준비하라**. 리더는 항상 현재의 성공에 안주하지 말고 다음에 올 도전에 대해서 준비하는 자세를 가져야 한다. 지금 성공하고 있다고 해서 평생 그렇게 머물러 있을 수 없는 것이 우리의 인생이다. 신입사원이라면 관리자에게 필요한 리더십 기술을 미리 배워야 하고 관리자가 되었으면 경영자로서 갖춰야 하는 전략적 사고력을 미리 학습하고 연습해 둬야 한다. 관리자가 되고 나서 관리자에게 필요한 리더십 훈련을 받는 것은 별 의미가 없다. 경영자 임원이 되고 나서 전략적 사고 훈련을 받는다고 해서 갑자기 그러한 능력이 개발되는 것이 아니다. 이들은 시간을 필요로 하고 고민과 경험을 필요로 한다. 그러므로 미리 준비하지 않고서는 시간이 지났을 때 성공하는 리더가 되기 힘들다.

둘째, **스스로를 돌아보라**. 리더는 자신을 잘 알아야 한다. 자신의 성격이며 인지의 틀, 강점과 약점 등에 대해서 항상 돌아보고 스스로 조정해 나아가려는 노력을 기울여야 한다. 리더의 문제점은 리더 자신만 모르고 있고 주변에 있는 다른 사람들은 다 알고 있는 경우가 많다. 그러므로 리더는 항상 다른 사람들로부터 자신의 스타일에 대해서 피드백을 구해야 한다. 공식적으로 360도 리더십 진단을 받아보는 것도 매우 유용한 방법이 될 것이다. 특히 아래에 있는 하급자들로부터 자주 피드백을 구하는 노력이 필요하다. 조직생활을 하는 사람들은 누구나 윗사람의 평가에는 민감하다. 그러나 아랫사람들의 의견은 귓등으로 흘려 듣는 수가 많다.

셋째, **사람에 투자하라**. 리더는 주변 사람들의 마음을 양식으로 먹고 자란다. 마음을 얻기 위한 시간과 노력의 투자가 이루어져야 한다. 특히 넓고 깊은 관계를 통하여 관계실패를 예방할 수 있다. 관계의 핵심은 신뢰와 신용이다. 관계의 확대는 리더 자신을 다른 사람들의 마음에 비추어 확인해보는 작업이기도 하다. 관계에 대한 자세한 내용은 우리가 이미 앞의 인간관계편에서 학습하였다.

넷째, **본업에 집중하라**. 주어진 역할과 책임을 소홀히 해서는 다른 주변적인 것들을 아무리 잘해도 소용이 없다. 본업이란 시키는 것, 주어진 것만을 뜻하는 것이 아니다. 주어진 과업을 다양한 각도에서 바라보고 새롭게 해석하여 접근하는 것을 생명으로 한다. 본업을 깊이 분석하고 고민하면 창의적인 시각이 나온다.

끝으로, **쉬지 말고 변화하라**. 트렌드를 읽고 그에 앞서가려고 노력해보자. 변화에는 따라가는 변화와 앞서가는 변화가 있다. 추세가 확실해지고 난 다음 그에 맞추는 것도 필요하다. 하지만 앞서가는 변화가 리더의 성공과 실패를 결정한다. 그러기 위해서는 세상 변화에 민감할 필요가 있다.

본 장의 요점

※ '리더십 탈락'(derailment)은 'Dark Triad' 성격에 기인하는 경우가 많다. Dark Triad는 마키아벨리즘 성격, 나르시시즘, 사이코패스를 뜻한다.

※ 리더십 실패는 중간 수준도 실패로 보는 식으로 폭을 넓게 잡는 것이 좋다.

※ 리더십 실패에는 (1) 인지실패, (2) 심리실패, (3) 자기중심실패, (4) 관계실패, (5) 부적합실패, (6) 대체실패, (7) 갑질실패 등이 있다.

※ 심리실패 중 이카루스 패러독스와 'CEO 휴브리스'(hubris), 즉 지나친 자만, 교만, 오만, 거만 등을 경계해야 한다.

※ 이기적, 거래적 리더는 관계실패를 경험하게 된다.

※ 갑질실패(power harassment), 소통부재, 약육강식, 과다경쟁이 원인이기도 하지만, 수직적 조직문화가 개선되어야 해결될 수 있다. 개인으로서는 '의식적으로(mindful) 갑질회피노력을 기울여야 한다. Mindlessness가 최대의 적이다.

※ 30대에 전문가로 성공한 리더가 40대에도 성공하려면 리더십 소프트 스킬을 갖춰야 한다.

※ 리더십 실패 방지를 위해서 리더는 준비하고, 돌아보고, 투자하고, 집중하고, 변화해야 한다.

리더십의 낭만화

리더십 토론의 시간 14

우리는 주변에서 실제로 한 것은 별로 없는데 사실보다 더 큰 업적이 있는 리더인 양 인정받는 리더들을 본다. 그런가 하면 큰 잘못이 없든가 보통은 한 것 같은데 크게 실패한 리더로 평가절하되는 경우도 목격한다. 이처럼 실제보다 더 크게 또는 더 작게 인식되는 리더십 현상을 리더십의 낭만화(Romanticization of Leadership)라고 한다. 이것은 사람들이 특정 리더를 평가할 때 작용하여 정확한 평가를 어렵게 만든다.

특히 한국인들의 경우 자신이 갖고 있는 선입관이나 신념을 잘 바꾸려 하지 않는 성향이 강하다. 그러다 보니 자신의 마음에 들지 않든가 정치적 성향이 다른 리더에 대해서는 실제보다 애써 깎아 내리려 하고, 일단 마음에 들든가 자기 편인 리더에 대해서는 무조건 훌륭하다고 평가하는 경향이 강하다.

요즘은 인터넷이 발달하여 인터넷상에서의 특정 리더에 대한 매도와 과장이 너무 심하다. 잘한 사람도 비판하고 못한 사람은 아예 땅속에 묻어버리는 무시무시한 세상에 우리는 살고 있다. 오죽하면 인터넷에 뜬 심한 비판의 글을 읽고 자살을 하는 사람들이 있을까?

이러한 '객관의 상실'은 국회에서 서로 대립되는 입장의 법안을 통과시킬 때나 좌파와 우파가 갈등을 빚는 상황에서 또는 노동조합과 회사 사용자측이 맞서는 현장 등에서 들어나는 난투현상과 일맥상통한다. 타협을 모르고 중간을 모르는 승리와 패배만이 있고 동지가 아니면 적밖에 없는 각박한 세상이다.

객관적 평가는 없고 띄울 것인가 죽일 것인가를 가지고 리더의 가치를 나눈다. 이것은 너무나 잘못된 현상이다.

[토론과제 14-1] 위의 '리더십 낭만화' 현상에 해당하는 우리 사회의 사례를 성공한 리더, 실패한 리더 각각 한 사람씩 들어보자.

[토론과제 14-2] 부풀려 평가하게 되는 이유는 무엇인가? 왜 리더십 낭만화가 나타나는가?

[토론과제 14-3] 리더십 낭만화 현상을 방지하기 위해서 우리는 어떤 노력을 해야 하는가?

나의 리더십 진단 14

나의 자기 방어 성향[8]

❊ 사람들은 누구나 외부로부터 위협이나 불이익이 느껴지는 상황에서 자기 방어를 하려는 성향을 보인다. 이 자기 방어 성향은 잘못 사용되던가 지나치게 사용되면 리더십 실패의 원인이 되기도 한다. 귀하는 아래의 다양한 자기 방어 기제를 어떻게 사용하고 있는가? 솔직하게 응답하고 다른 사람들과 비교해 보자. 또한 어떤 시정할 점이 있는지, 어떤 경우를 조심해야 하는지를 논의해 보자.

❊ 귀하는 평소에 다른 사람들로부터 비판을 받을 때 다음 각각의 방어기제를 얼마나 자주 사용하는가? 아래의 표의 각각에 '전혀 사용 안함'에서 '매우 자주 사용함' 중에서 하나를 선택하고 그러한 응답이 가져올 수 있는 비용이나 이득이 무엇인지 간략히 적고 다른 사람과 비교해 보자.

방어기제의 유형	전혀 사용 안함	거의 사용 안함	종종 사용함	매우 자주 사용함	비용/이득
1. 부정(비판내용이 사실이 아니라고 함)					
2. 공격(말이나 행동으로 비판하는 사람을 공격함)					
3. 비난(다른 사람을 비난하고 책임을 회피함)					
4. 허허실실(유머를 활용하여 심각한 비판상황을 모면함)					
5. 인정(다른 사람들의 말을 인정해버림)					
6. 합리화(감정을 숨기고 논리적 대응을 함)					
7. 철회(귀하가 주장했던 바를 철회함)					

8. 피해자라고 주장(나도 피해자라고 주장하면서 자신의 행동에 책임이 없음을 강조함)					
9. 자기강화(나는 절대로 틀릴 수 없다는 확신 강화. 자기 능력에 대한 과장된 확신)					
10. 자아비판(스스로를 비판함으로써 다른 사람의 연민의 정을 이끌어냄)					
11. 냉소적 태도(다른 사람이나 상황을 과도하게 부정적으로 깎아 내리면서 실망, 노여움, 분노를 표출함)					
12. 싸잡아 비판(관련된 사람의 유형을 대강 구분하여 그런 사람들이 항상 문제가 된다고 싸잡아 비판함)					
13. 변명(자신은 책임이 없다고 변명함)					
14. 무마(많은 사람들의 이해가 일치한다고 주장하여 갈등을 무마함)					
15. 회피(의견불일치, 위험, 갈등 등을 회피함)					

리더십 Exercise 14

나의 리더십 실패경험

❊ 아래에 자신의 리더십 실패경험을 적고 토론을 통해 그 원인을 함께 찾아보자.

[제1단계] 나의 리더십 실패경험 기술하기. 어릴 때의 경험도 좋고 가족들이나 친구들 또는 교회 등의 단체에서의 경험도 좋다. 작은 경험도 괜찮다. 리더십의 상황, 귀하의 리더십 발휘 노력, 그 결과, 그리고 기타 관련된 정보 등을 적으면 된다.

[제2단계] 위에 기술한 실패경험을 소그룹에서 발표해보자. 발표를 듣는 사람들은 문제점이 무엇이었는지, 그리고 해결책이 무엇인지 함께 토론한다. 발표자는 동료들의 분석과 토론내용을 아래에 간략히 적는다.

[제3단계] 자신의 리더십 실패사례에 대한 토론으로부터 문제의 원인과 해결책을 도출해 보자.

리더십 나누기 사례 14: Marvel의 Perlmutter 회장의 극미세관리

캡틴아메리카, 어벤저스, 아이언맨, 에이전트오브쉴드, 앤트맨, 가디언스오브겔럭시, 토르, 헐크, 스파이더맨, X-man, Blade……. 이들의 공통점은? 모두 Marvel이 만든 영화다. 유대인 사업가 Isaac Perlmutter는 1993년 파산한 Marvel을 사들여 구조조정을 통해 정상화시킨 뒤, 2009년 Disney에 $4billion에 팔았지만, 경영권은 그대로 갖고 있었다. 하지만 그는 2015년 8월 일련의 작품실패로 경영권을 디즈니에 넘기게 되었다. 이유는 "extreme micro-managing"(극한의 미세관리)!

펄머터(Perlmutter)는 타고난 짠돌이 은둔자. 본사에 화장실이 하나뿐이다. 직원들이 줄 서 있다가 정신을 잃을 정도. Iron Man 시사회에 참석할 때 다른 사람들에게 들키지 않으려고 변장을 하고 참석했다. 또한 기자들에게 청량음료를 두 캔은 안 되고 한 캔씩 만 주라고 지시하여 결국 중간에 식음료가 모자라 근처의 Universal Studio에 가서 빌려다 제공했다. 화장실 보다가 핀을 떨어뜨렸는데 이것을 찾으려고 화장실 쓰레기통을 온통 뒤졌다. 몽땅 연필이 아직 남았는데 왜 새 연필을 사느냐고 질타한다. 직원한 사람이 Perlmutter의 성격을 한 마디로 요약했다.:

"Everybody knows Ike is difficult," ……

("모두 그가(Ike=Isaac, 이삭) 어려운 사람이라는 것을 안다.")

Isaac Perlmutter

자료원: http://www.hollywoodreporter.com/2015.8.31.; www.forbes.com

✠ [나누기 사례 문제 14] Perlmutter 회장은 평생 한 번도 언론 인터뷰를 안 한 것을 자랑스럽게 여겼다. 자원해서 사진을 찍은 적도 없었다고 한다. 이와 같은 리더의 미세관리와 은둔(secrecy)이 리더십 발휘에 주는 의미는 무엇인가?

:: 주

1 백기복. 2005. *리더십리뷰*. 창민사.

2 Axelrod, A. 2008. *Profiles in Folly: History's Worst Decisions and Why They Went Wrong.* Sterling.

3 Petit, V., & Bollaert, H. 2012. Flying Too Close to the Sun? Hubris Among CEOs and How to Prevent it. *Journal of Business Ethics*, 108: 265-283: DOI 10.1007/s10551-011-1097-1.

4 Reuters. 2008년 9월 15일.
https://www.reuters.com/article/us-lehman-backstory-idUSN1341059120080914.

5 House, R. J., Spangler, W. D., & Woycke, J. 1992. Personality & Charisma in the U.S. President: A Psychological Theory of Leader Effectiveness. *Administrative Science Quarterly*, 36, 395쪽에서 인용.

6 장호광. 2015. 〔특집〕 칼뱅의 타자와 상호주체성에 대한 인식: "갑질"로 물든 한국 사회 문제의 해결 방안을 위하여. 한국개혁신학회논문집, 47: 1229-1099.

7 Shackleton, V. 1995. *Business Leadership.* London: Routledge.

8 Blakeley, K. 2007. *Leadership Blind Spots: And What to Do About Them.* Jossey-Bass. 238-240.

제15장 리더십 개발: 리더는 어떻게 성장하는가

발 디딜 기반만 있으면……

리더십 나누기 15-1: 리더의 자기성찰

※ 리더십 개발에 가장 중요한 수단이 자기성찰(self-reflection)이다. 성찰은 리더 성장의 밑거름이다. 성찰할 줄 모르는 리더는 변화하지 않는다.

※ 자기성찰은 어떻게 하는 것인가? 하버드비즈니스리뷰(Harvard Business Review)에 실린 자기성찰 기법을 소개한다.[1] 442명의 성공한 기업 임원들에게, "더 나은 리더가 되는데 가장 큰 영향을 미친 경험은 무엇인가?"라고 물었다.

※ 성공하는 임원들은 자기성찰을 할 때 다음 세 가지에 집중했다고 한다.

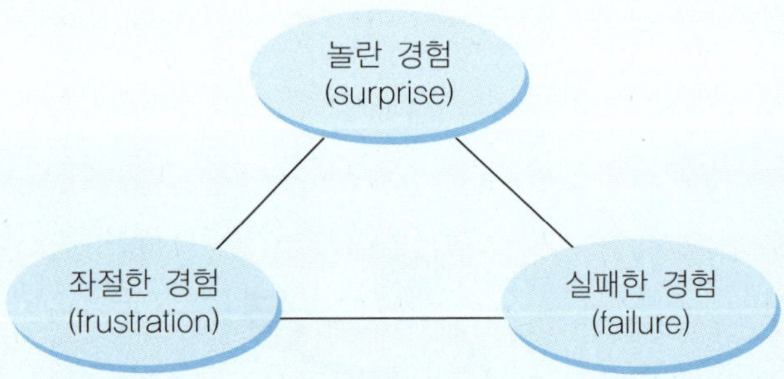

- 놀란 경험(surprise): 논리적, 이성적 기대와 다른 결과를 얻은 경험. 가정(assumption)을 잘못 설정한 것, 논리적 판단과정에서 놓친 것을 반추함.
- 좌절한 경험(frustration): 내가 완전하다고 믿었던 것이 비판받든가, 거절당한 경험. 좋은 사업아이디어인데 거부당하고, 현장의 실태를 모르는 본사가 터무니없는 결정을 하고, 관련 부서가 알 수 없는 이유로 협조를 안 해주는 등의 경험.
- 실패한 경험(failure): 실수로 기대했던 결과를 얻지 못한 경험. 실수야말로 성찰을 통한 학습의 큰 기회임. "실수 학습"(errorful learning)은 성장의 큰 원동력.

※ 자기성찰의 습관을 기르기 위해서 다음과 같은 방식을 제안한다.:

1) **기록하라**

- 놀라고 좌절하고 실패했을 때, 그 기분을 기록하라. 분노, 억울함, 역겨움, 불면, 스트레스 등을 있는 그대로 기록해야, 다시는 그런 기분을 느끼지 않을 수 있는 대책을 세울 수 있다.

2) **1주일에 한 시간씩 기록한 노트를 리뷰하는 시간을 가져라**

• 이런 경험들을 되짚어보는 것은 고통스런 일이다. 하지만, 이 과정을 통해서 무엇을 해야 더 나은 리더가 될지를 명확히 알게 된다.

3) **중립적 관찰자의 입장에서 성찰하라**

• 기록한 것을 그냥 읽기만 해서는 아무 소용이 없다. 기록 내용을 객관화하여 중립적 관찰자(neutral observer)의 눈으로 냉철하게 바라보면서 성찰해야 한다.

❋ 자기성찰은 마음의 근육을 키운다.

✠ [나누기 문제 15-1] 리더가 자기성찰을 하지 못하고 남의 탓만 하는 이유는 무엇인가?

리더십 개발은 누구에게나 필요하다 제 1 절

리더십 개발은, 꼭 현재 리더의 직책을 맡은 사람에게만 필요한 것이 아니다. 리더가 되기 싫은 사람, 앞으로 리더가 될 잠재적 리더들, 리더의 직책을 가지고 있다가 내려놓은 사람, 리더를 평가하는 사람, 그리고 리더를 따르는 추종자들에게도 필요하다.

어떤 처지든, 리더십 개발을 하려는 사람은 본서가 제시한 다양한 리더십 이론들을 학습하는 데서 출발하는 것이 바람직하다. 왜냐하면, 이론은 많은 사람의 생각을 모은 것이고, 엄격한 과학적 절차에 의해서 검증된 개념체계이기 때문이다. **가장 위험한 것은 혼자만의 생각이 정답인 줄 알고 무조건 밀고 나가는 것**이다. 이렇게 하면 결국 아집과 독선에 빠지게 된다.

이론이 다 맞을 수는 없다. 이것은, 리더십 이론이란 현장에서 벌어지는 리더십 현상의 특정 국면에 초점을 맞춰 설명하기 때문이다. 상황과 추종자들은 다양할 뿐 아니라, 머물러 있지 않고 계속 변화하므로, 특정 리더십 이론의 효과성도 그에 따라 달라지는 것이다. 그러므로, 리더십을 개발하려면, 리더십 이론들을 잘 이해하고 그중에서 **자신의 특성과 상황에 맞는 이론을 선택**하여 그 이론이 제시하는 대로 따라 하는 것이 하나의 대안일 수 있다.

어떤 이론을 선택하든, 리더십 개발에서 반드시 알아야 할 것은 우리가 본서의 제2장에서 배운, "**S-N-D-F 모델**"이다. 이 모델은 리더십 현상을 종합적으로 이해하는 데 큰 도움을 준다. 이 모델은, 어떤 리더십을 발휘했을 때 어떤 결과를 얻을 수 있으며 그 이유는 무엇인지를 쉽고 체계적으로 요약하는 모델이다. 어떤 이론도 이 모델 안에서 해석할 수 있으며, 한 이론이 제시하는 것 이상의 풍부한 정보를 제공한다.

복습을 위해서, [그림 15-1]에 S-N-D-F 모델을 다시 싣는다.

이 모델에 근거하여 살펴보면, 리더십 개발은 크게 두 단계를 거쳐 완성됨을 알 수 있다.

제1단계는 자신의 특성(Seed)과 행동(Deed)을 이해하는 것이고, 제2단계는 상황을 파악하고(Need I) 구성원들의 요구(Need II)를 확인하여, 상황과 요구에 맞는 행동을 수행함으로써 Need에 대응하는 단계(Feed)이다. 리더십을 개발하려는 사람의

그림 15-1 S-N-D-F 모델

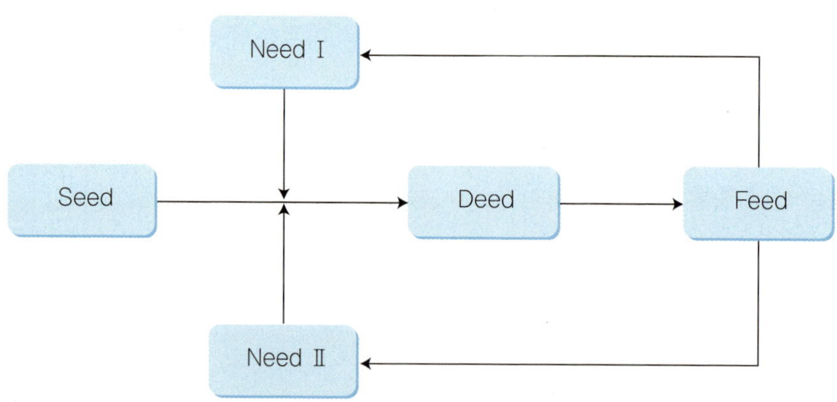

처지에 따라 제 I, II 단계 중 어디에 초점을 맞춰야 하는지가 결정된다.

리더십 개발은 회사 차원에서도 중요하다. 팀장이나 임원으로 승진하면 "승진자 과정"이라는 교육 프로그램을 운영하는데, 그중에 리더십 강의가 대부분 들어간다. 요즘은 팀장, 임원들을 대상으로 360도 리더십 진단(본인, 부하, 동료, 상사로부터 같은 설문을 받아 비교하는 것)을 실시하여 피드백해주는 방법도, 리더십 강의와 더불어 많이 시행되고 있다. 대학들도 리더십 강좌를 많이 개설했다. 리더십을 개발하는 사설 업체들도 많이 생겨났다. 개발방법에서도 소위 "**에듀테크**"라는 이름의 다양한 기법들이 소개되고 있다.

여기에서는 우선 개인 차원의 리더십 개발을 알아본 뒤, '나'의 리더십 개발 프로세스, 리더십 개발의 다양한 방법들, 그리고 조직 차원의 리더십 개발 등의 순서로 살펴보도록 한다.

1. 개인 차원의 리더십 개발

리더십 개발은 일차적으로 개인의 몫이다. 개인이 스스로 더 훌륭한 리더가 되려고 하지 않으면, 아무리 좋은 개발 프로그램이 있어도 소용없다. 아래에서는 리더가 되기 싫어하는 사람들, 잠재적 리더들(leader potentials), 리더 직책을 맡은 사람들, 그리고 팔로워들에게 전하는 리더십 개발의 기본 메시지를 학습하도록 한다.

1) 리더가 되기 싫은 사람들에게

제11장 〔리더십 나누기 11〕에서 살펴봤던, **WAL(Worries About Leadership)**이 강한 사람은 리더가 되기를 싫어하는 사람들이다. 책임을 맡는 것도 싫고, 일이 많아지는 것도 원하지 않는다. MTL(Motivation To Lead; 리드 동기)이 약한 사람이다.

하지만, 리더의 책임이 싫다고 해서 리더십 개발을 게을리해서는 안 된다. 몇 가지 이유가 있다.

첫째는, 리더십은 직책을 맡지 않더라도 **사람이 살아가는 데 꼭 필요한, 사회적 스킬**이다. 소통, 공감, EQ, 연민, 적응력 등의 소프트 스킬은 리더가 아니더라도, 개인이 원활한 사회생활을 영위하기 위해서 반드시 갖춰야 하는 역량이다.

둘째는, 살다 보면 아무리 싫어도 리더의 직책을 맡지 않을 수 없는 상황이 발생한다. 사람이 없으면, 팀장 하기 싫어도 해야 한다. 그때 가서 리더십을 배우려 하면 늦는다. 특히, 부하로서도 팔로워십을 배워야 제대로 된 팔로워의 역할을 할 수 있다. 팔로워십은 리더십의 한 분야로 본다.

셋째는, 공식 직책은 없더라도 이미 누구나 리더의 구실을 하고 있다. 가족 간에, 동호회에서, 프로젝트 수행하면서, 우리는 알게 모르게 리더의 역할을 조금씩이나마 수행한다. 앞에서 직책 관계없는 리더십 이론들(예, 이슈리더십, 공유리더십)도 배웠다. **직책이 없어도 리더의 소임을 수행을 수 있다**는 것을 의미한다. 이것은 리더십이란 비공식적인 영향력이므로 가능한 일이다.

따라서, 리더가 되고 싶어 하지 않는 사람도 "나의 Seed"를 이해하여 스스로 자신의 행동을 조정하는 법을 배우고, 자신의 "Deed" 패턴을 파악하여 "Need I, II"와 연결하는 방법을 습득하면, 매사에 자신감을 얻게 되고, 사회생활이 더욱 의미 있고 즐거워진다.

2) 잠재적 리더(leader potential)들에게

팀장은 아니지만, 파트장 등을 맡으면서 앞으로 팀장이 되고, 나아가 임원, CEO까지 될 수 있는 사람들을 잠재적 리더(leader potential)라고 한다. 임원이 될만한 후보는 **'임원 포텐셜'**(potential)이라고 하고, CEO 후보는 **'CEO 포텐셜'**이라고 한다. 포텐셜이 주로 훌륭한 임원과 CEO 후보 찾기에 집중하는 것은, 이들이 그만큼 기업에서 큰 영향을 미치기 때문이다.

포텐셜들에게 필요한 것은, 목표로 하는 직책에 필요한 스킬을 미리 학습함으로써 직책에 보임되었을 때, 바로 성과를 낼 수 있도록 준비하는 것이다.

포텐셜 리더에 선정되면, 또는 개인이 팀장, 임원, CEO가 되고 싶다는 경력목표를 갖고 있으면, 다음과 같은 점을 고려하여 자신의 리더십을 개발해 나가는 것이 바람직할 것이다.

① **"Seed"를 키워라.** 경험을 다양화하고 경험한 것을 반추하여 생각의 틀을 바꾸는 기회로 삼아야 한다. 아울러, 자신의 강점을 파악하여 어떻게 활용할 수 있는지의 방법을 찾고, 약점을 정확히 인식하여 함정에 빠지지 않도록 보완하는 방법을 마련해야 한다. 특히, 잠재적 리더는 현재의 팀장, 임원, CEO가 안 가진, **다른 역량을 개발**하는 것이 바람직하다.

② **"Deed" 유연성을 확보하라.** 본서의 제10장 '리더십 스타일 고착'에서 배웠듯이, 리더로서 행동이 "과업지향"이나 "관계지향", 또는 "미래지향" 등 한 곳에 고정되면 결과가 좋지 않다. 포텐셜은, 조직의 상위직책을 추구하는데 위로 올라갈수록 다양한 스타일이 요구되는 상황들을 다뤄야 하므로 스타일이 고착되어 있으면 실패할 가능성이 크다. 사냥감은 이미 저만큼 달아났는데 사냥감이 있던 자리에 대고 아무리 총을 쏴도 사냥감은 잡히지 않는다. 또한, 리더 직책에 일단 보임되고 나면 실험을 할 수 없으므로 유연성 확보가 힘들다. 포텐셜일 때, 다양한 스타일을 연습하여 유연성을 확보해야 한다.

특히 여기에서는 리더십의 기초를 확실히 배워야 한다. 실무에서 소위 "5대 관리"로 통용되는, '자기관리', '과업관리', '사람관리', '조직관리', '변화관리' 기법은 이 단계에서 확실히 배우고 실습을 해서 체득해야 한다.

③ **상황 읽는 법(Need I)과 욕구 처리법(Need II)을 학습하라.** 낮은 직급일 때는 주어진 일에 몰입하다 보면 인식의 폭이 좁아진다. 회사나 부문 차원에서 어떤 이슈가 중요하고 어떤 이슈가 즉각 대응해야 하는 이슈인지를 잘 모를 수 있다. 포텐셜이라면, 낮은 직급에 있더라도 높은 직책의 리더들이 직면한 상황을 읽는 법을 배워야 한다. 세계가 어떻게 돌아가는지, 산업의 근간이 어떻게 바뀌고 있는지, 사회는 회사와 어떤 관계를 갖는지, 경쟁사와 고객에 대한 자사의 대응은 적절한지, 회사의 전략은 적절한지 등에 대한 나름대로의 견해와 실행방안을 가지고 있어야

한다. 아울러, 사람의 심리를 읽고 욕구를 파악하는 스킬도 필요하다. 특히, 동기부여 방법에 대한 끊임없는 고민과 실험이 요구된다.

④ **"성장 마인드셋"(mindset)을 정립한다(Need II).** "사람은 잘 바뀌지 않는다"라고 믿는 것을 "고정 마인드셋"(fixed mindset)이라고 하고, "사람은 바뀌고 성장한다"라고 믿는 것을 **"성장 마인드셋"(growth mindset)**이라고 한다. 리더가 고정 마인드셋을 갖고 있으면 사람을 키우는데 투자하지 않는다. 성장 마인드셋을 가진 리더가 고정 마인드셋을 가진 리더보다 더 큰 성과를 낸다. 성장 마인드셋을 갖추고 나면, 어떻게 조직구성원을 성장시킬 것인가를 고민하게 된다. 구성원 성장에 투자하는 기업은 "성장 → 기여 → 인정 → 성장"의 선순환 루프를 타게 되어 비약적 발전이 가능해진다. 포텐셜일 때, 이 논리로 무장해야 주변에 사람이 모이고 인재를 확보할 수 있다.

3) 리더 직책을 맡은 사람들에게

리더의 직책을 맡고 나면, 더 나은 리더가 되기 위해서 독서도 하고 강의도 듣지만, 리더십 개발을 위해서 많은 시간과 정열을 투자할 수 있는 시간과 여유가 크게 줄어든다. 리더로서 바로 360도 진단을 받고, 그 결과에 따라 코칭이나 교육을 통한 즉시 수정의 압박을 받는다. 하지만, 직책 리더들이 느끼는 더 큰 압박은 성과압박이다. 그래서 성과에 집착하느라 리더십 개발을 포기하는 직책 리더들이 많다. 하지만, 리더십 개발은 궁극적으로 더 큰 성과를 위한 투자이다. 진정한 리더는 오랫동안, 어떤 상황에서도 고 성과를 창출하지만, 리더십을 포기한 성과집착 리더는 단기적으로 성과를 내지만 장기적으로는 인적 자산을 소진하고 궁극적으로 조직을 와해시키는 결과를 가져온다.

이런 상황에서, 직책 리더는 다음과 같은 리더십 개발 노력을 기울일 필요가 있다.

첫째, 리더의 **정체성(leader identity)을 확실히** 하라. 어떤 직책을 맡으면 그 직책에 맞는 정체성을 가져야 한다. 팀장은 팀장으로서, 임원이나 CEO는 또 그들 직책에 맞는 자세와 역할과 규범이 있다. 이 정체성을 확립하지 않으면, 리더로서 해서는 안 될 행동, 격에 맞지 않는 말, 심지어 법을 어기고 개인적 이득을 취하는 불법, 편법, 비윤리적 행동까지 서슴지 않게 된다. **리더는 공익을 앞세우고 윤리적 행동의 표본이라는 정체성을 확실히 하는 데서 시작해야** 한다. 본서의 제3장 리더십 정체성 부분을 참고하기 바란다.

하지만, 리더 정체성 갖는 것을 높은 직책을 차지했다고 권위를 내세우라는 말로 오해해서는 안 된다. 올바른 정체성을 가진 리더는 완장 찼다고 으스대는 "완장 효과"를 경계한다. 오히려 "친구 같은 리더", "편안한 형님/언니", "솔선수범하는 선배"이면서 과업에서는 로켓 같고 윤리적으로는 엄격한 정체성을 가진 리더가 오늘날 좋은 리더의 프로토콜이다.

둘째, "Feed"(결과산출)에 집중하라. "Feed"란 주어진 상황에서 기대하는 결과 산출을 위해서 필요한 Deed를 적절히 선택하여 실행하는 것을 의미한다. 이것은 리더가 이미 Need I, II 읽는 법을 잘 터득했다는 것을 전제로 한다. 상황의 필요와 구성원들의 요구를 정확히 파악했다면, 그다음 단계에서는 자신의 행동(예, 목표나 비전 제시, 과업 지시 등)이 적절한 결과를 산출하는지, 그 과정을 섬세하게 설계하고 관리해야 한다. 전 과정, 모든 이슈를 일일이 점검하는 것은 리더로서 바람직하지 않으므로 핵심 이슈를 중심으로 리드하고 대세에 지장 없는 이슈들은 위임하는 것이 옳다(본서 제13장 참조).

특히, "Feed"는 거시적 이슈, 전략적 판단에 집중할 것을 요구한다. 임원이나 CEO를 맡으면 사회와 시장의 흐름을 읽고 회사의 나아갈 방향을 전략적으로 판단하여 설정할 줄 알아야 한다. 이것은, 포텐셜 때부터 많은 훈련을 해야 습득할 수 있는 역량이다. 임원이나 CEO가 되었는데도 이 역량이 부족하다면, 집중 학습으로 보완하든가, **그것이 안 되면, 회사와 본인을 위해서 자리에서 내려오는 것이 좋다**.

셋째, 사람을 키워라. 클 수 있는 환경을 만들어주고 인정과 배려와 격려로 동기를 부여해줘야 인재가 성장한다. 탁월한 "Seed"를 가진 독창적 인재를 뽑아다가 온갖 통제와 지적질로 "순응형 바보"를 만드는 회사가 너무 많다. 5년 동안 순응형 바보로 근무했던 사람이 퇴사하여, 다시 본래의 독창성을 회복하기까지는 약 3배의 시간, 즉 15년이 걸린다.

사람을 키우는 것은 교육의 문제만은 아니다. 아무리 좋은 교육을 받고 아무리 최상급 전문성을 갖췄다고 해도 그 지식과 전문성을 발휘할 수 있는 환경이 안 되어 있으면, 조직현장에서 오히려 바보가 되고 만다. 그러므로 사람을 키우는 일은 클 수 있는 환경과 시스템을 만드는 일에서 출발해야 한다. **환경과 시스템을 만들어 놓으면 인재는 자연스럽게 찾아와 둥지를 틀고 멋지게 성장하여 조직의 미래를 책임진다**.

넷째, 성찰의 시간을 가진다. 리더가 되면 오만, 자만, 거만, 교만(hubris)해지기 쉽다. 이를 방지하는 것이 자기성찰이다. 특히 리더로 올라선 사람들은 자기성찰에 소홀해지는 경우가 많다. 자기성찰 소홀은 오만의 출발선이다. 〔리더십 나누기 14-1: 리더의 자기성찰〕을 참고하기 바란다.

4) 팔로워들에게

리더와 팔로워는 역할은 다르지만 같은 목적을 향해서 함께 나아가는 존재이다. 각자 자기 역할을 다해줘야 조직의 목적달성이 가능하다. 또한, 팔로워는 미래의 리더이며, 현재도 이슈나 상황에 따라 비공식적인 리더의 임무를 수행하는 사람이다. 그러므로 앞에서 얘기한 잠재적 리더(leader potential)의 리더십 개발방식을 참고하되 그에 더하여 아래 항목들을 실천할 필요가 있다.

① **독립적으로 사고하라.** 독립적 사고를 흔히 검증적 사고, 또는 결정적 사고(critical thinking)라고 한다. 리더와 같이 생활하면서 지시를 받고 평가를 받다 보면 자연스럽게 "동조화 현상"이 발생하게 된다. 즉 리더의 모든 것을 따라 하는 것이다. 심지어 생각도 따라 하게 된다. 이렇게 되면, 자기 생각이 없어지고 리더의 생각을 예측하는 것을 목표로 하는, 개인 말살의 함정에 빠지게 된다. 제5장 팔로워십을 참고하기 바란다.

② **필요한 역할을 찾아서 하라.** 성격이 쾌활한 사람은 자신이 속한 집단에서 분

위기를 봐서 "치어리더"(cheer leader)의 소임을 수행할 수도 있고, 조직원들 간에 갈등이 있을 때 중재자 역할을 위해 자진해 나설 수도 있다. 모든 것을 리더에게 맡기지 말고 필요한 임무를 자원해서 맡는 것이 중요하다. 팔로워 자신의 성장과 발전을 위해서 아주 좋은 개발방법이다.

③ **리더의 부족한 점을 보완하라.** 팔로워는 리더를 단순 보조한다는 생각을 떨쳐버려야 한다. 완벽한 리더는 없으므로 팔로워는 그의 부족한 부분을 메워주는 역할을 해야 한다. 리더의 부족한 것을 보완한다는 것은, 꼭 리더만을 위한 것이 아니라 조직을 위한 것이고, 나아가 팔로워 개인을 위한 것이기도 하다. LMX이론에서(제11장), 팔로워가 리더의 부족한 부분을 보완해주면 리더-팔로워 간의 관계 질이 높아져 팔로워에게 많은 혜택이 돌아간다고 배웠다.

④ **리더에게 요구(Need II)하기 전에 그 요구가 정당한지를 점검하라.** 팔로워는 리더에게 요구할 때, 그 요구가 어떤 목적인지를 명확히 해야 한다.

예컨대, 불공정한 고과점수를 바로잡아달라는 요구는 조직 정의 실천이 목적이고, 협력부서의 복지부동을 해결해 달라는 요구는 일의 효율성 제고가 목적일 것이다. 새로운 시장에 진출하자는 요구는 회사의 미래성장이 목적이고 팀 워크숍을 가게 해달라는 요구는 재충전 목적일 가능성이 크다. 이러한 요구는 건설적 요구이고 리더로서도 기꺼이 들어주려고 노력할 것이다.

반면에, 회사가 적자인데도 터무니없이 큰 폭의 임금인상을 요구하는 것이나, 안 가도 되는 해외 출장 요구, 휴가 일수가 규정을 초과했는데도 봐달라는 요구, 특정 납품업체에 일감을 몰아줘달라는 요구 등은 리더를 난처하게 하는 **파괴적 요구**들이다. 이런 요구를 하는 팔로워는 리더의 신임을 잃게 될 뿐 아니라, 동료들로부터도 손가락질의 대상이 된다. 무엇보다도 이런 사람들에게는 리더 직책을 맡길 수 없다.

2. '나'의 리더십 개발 프로세스

효과적으로 리더십 역량을 개발하려면 체계적인 절차를 밟아 실시하는 것이 바람직하다. 다양한 말로 표현할 수 있겠지만, 일반적으로 〔그림 15-2〕에 제시된

그림 15-2 리더십 개발 DPI 프로세스

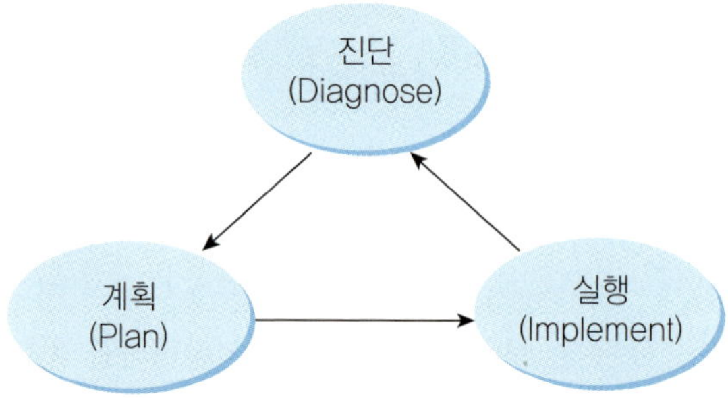

3단계 프로세스의 어휘로 요약할 수 있을 것이다.

'나'의 리더십을 개발하는 것은 '진단'(Diagnose) **→ '계획'**(Plan) **→ '실행'** (Implement)**의 과정, 즉 DPI의 과정을 거친다.** '나'의 리더십에 대한 정확한 진단과 그 진단결과에 입각한 치밀한 계획 없이 무턱대고 리더십 강좌를 듣고 훈련을 받고 개선노력을 하는 것은, 나쁘다고 말할 수는 없지만, 비용의 낭비를 가져오고 정작 바꿔야 하고 개발해야 하는 것을 소홀히 하는 잘못을 범할 수 있다.

DPI과정은 진단(D)에서 출발한다. 리더십 개발에 있어 가장 중요한 것은 나의 리더십 현상이 어떤지를 진단(Diagnose)하는 것이다. 위의 〈표 15-1〉에 제시된 주제들에 대해서 현상을 정확히 진단해야 한다. 진단이 정확히 되지 않으면 무엇을 개발해야 하는지를 제대로 포착해내기가 힘들어진다. 그러므로 스스로의 리더십 현황을 진솔한 마음으로 냉철히 판단해야 한다. 본서의 각 장(章)의 말미에 제시된 리더십 진단도구들을 보조 수단으로 활용하는 것도 도움이 될 것이다.

가장 바람직한 것은 **리더가 혼자서만 판단하지 말고 주변에 있는 다른 사람들에게 솔직한 의견을 구하는 것**이다. 편안하게 이야기할 수 있는 친구들에게 물어도 좋고, 자신을 이끌고 있는 상사에게 자문을 구해도 도움이 된다. 또한 하급자들에게 의견을 묻는 것도 방법일 것이다. 아니면 가족들의 도움을 청하는 것도 좋다.

중요한 것은 누구든간에 나의 리더십에 대해서 솔직하게 이야기를 해줄 수 있도록 분위기를 마련하는 것이다. 의견을 많이 듣기보다는 정확하고 진솔한 정보를

그림 15-3 리더십 360도(다면) 진단 개념도

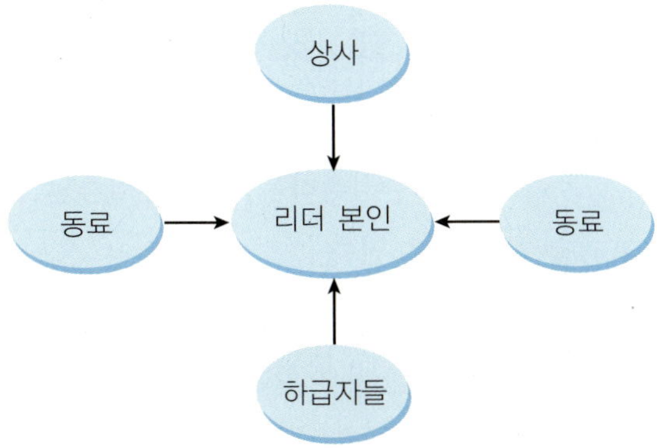

얻는 것이 제일 중요하다.

객관적 견해를 듣기 위해서 공식적인 360도 진단을 받는 것도 도움이 된다. 360도 진단이란 〔그림 15-3〕에 나와 있듯이 조직에서 리더 본인, 상사, 동료, 하급자들로부터 다면평가를 받는 것을 뜻한다. 이 경우는 리더십의 여러 요인들에 대한 검증이 충실히 되어 있는, 공인된 기관의 진단지를 사용하도록 하는 것이 바람직하다.

진단을 받는다는 것은, 리더십을 바다를 항해하는 배에 비유할 때, 배의 구석구석을 점검하는 것이다. 혹시 어디에 물이 새고 있지는 않은지, 엔진은 제대로 작동되는지, 방향타는 고장나지 않았는지, 그리고 프로펠러는 이상이 없는지 등을 치밀하게 점검하여 먼 항해에 문제가 발생하지 않도록 사전에 조치를 취하기 위한 것이다. 물론 항해를 하는 중간에도 수시로 점검을 받아야 한다. 하지만 항구에 정박해 있는, 대학생활 동안에 철저한 점검을 하기가 더 쉽고 효과적이다.[2]

다음 단계는 진단결과에 입각하여 리더십 개발 계획(Plan)을 마련하는 것이다. 앞서의 진단을 통해서 무엇을 개발할 것인가를 결정했으면 여기에서는 어떻게 할 것인가를 계획하는 단계이다. 이 단계에서 주목할 것은 (1) **개발목표를 정하고**, (2) **방법을 결정하며**, (3) **지켜야 할 원칙을 만드는 일**이다.

(1) 목표는 개발할 각 주제별로 어떤 수준까지 개발할 것인가를 명확히 하는

것을 의미한다. 예를 들어, 커뮤니케이션 역량을 개발하기로 선정하였다면 어느 수준을 달성할 것인가를 결정하는 것이다. 이것은 커뮤니케이션 안에서도 세부 과제를 정하는 것을 포함한다. 사람들 앞에서 스피치를 멋있게 하는 것을 목표로 할 것인지, 아니면 말을 조리 있게 하는 능력을 개발할 것인지, 그것도 아니면 경청하는 방법을 터득할 것인지를 분명히 해야 구체적 효과를 기대할 수 있다.

(2) **목표가 정해지면, 방법을 강구해야 한다.** 관련 서적을 읽고 스스로 실습하는 것도 방법일 수 있고 전문 교육기관에서 시행하는 커뮤니케이션 강좌를 수강할 수도 있다. 또한 전문가의 코칭을 받을 수도 있을 것이다. 구체적 방법에 대해서는 다음 절의 개발방법을 참고하기 바란다.

(3) 작심삼일(作心三日)이라는 말이 있다. 결심하고 시작한 일을 3일 이상 유지하지 못하고 포기하게 되는 것이 인간이라는 말이다. 리더십을 개발하는 일에 있어서도 똑같다. 시작은 항상 거창하게 하지만 머지않아 포기하게 될지도 모른다. 이것을 방지할 수 있는 나름대로의 원칙을 만들어 그것을 지키려고 노력해 보자. 원칙만 꾸준히 지키다 보면 어느덧 목표했던 역량이 개발되어 있는 것을 볼 수 있다.

리더십 개발원칙의 예를 들면, '월, 수, 금 오후 8~9시는 리더십 실습', '이틀에 한 번은 리더십 개발 일기장 기록', '**일주일에 한 가지씩 새로운 행동 실습/피드백 받기**' 등이 될 수 있다.

원칙을 지키지 못했을 때 자기 스스로에게 가해지는 벌칙을 정하는 것도 효과

그림 15-4 리더십 개발계획의 3요소

적이다. 앞에서 학습한 셀프리더십 이론(제5장 "Lead me!")에 따르면 목표나 원칙을 정하고 그것을 달성했을 때는 스스로에게 주는 상을 주도록 하고, 지키지 못했을 때는 벌을 가하는 원칙을 만들어 적용하면 효과적이라고 한다.

끝으로, **계획한 것을 실행(Implement)하는 단계**이다. 여기에서의 핵심은 꾸준함이다. 계획하고 목표한 것을 다 달성할 수 있다고 믿지 않는 것이 좋다. 하지만 **다 달성하지 못하더라도 꾸준히 목표를 향해서 나아가는 노력이 중요**하다. 시간이 좀더 걸리더라도 항상 리더십 개발에 대해서 인식을 하고 있으면 도움이 된다. 리더십 개발은 하루 이틀에 성취될 수 있는 것이 아니다. 또한 일정한 목표를 달성했다고 그만둬도 되는 것도 아니다. **지속적으로 꾸준히 노력해 나아가야** 하는 속성을 갖은 것이 리더십 개발이다. 이점을 명심해야 한다.

리더십 개발의 다양한 방법들 제2절

리더십을 개발하는 데 있어 어떤 방법을 사용하는가는 매우 중요하다. 그러므로 리더십 개발에 어떤 방법들이 있는지를 잘 알아두면 시행착오를 줄일 수 있고 그만큼 개발에 소요되는 시간과 노력을 절약할 수 있다. 아래에는 몇 가지 리더십 개발방법을 정리하였다. 아울러 어떤 방법이 어떤 경우에 적합한지를 설명하였다.

1. 리더십 개발방법

리더십을 개발하는 데는 리더가 스스로 혼자서 노력하는 방법이 있을 수 있고 외부의 도움을 받는 방법이 있다.

스스로 개발하는 것은 리더십 개발에 도움이 되는 책을 읽든가 다른 리더들의 사례를 보면서 깨달아 바뀌는 것을 의미한다. 스스로 내적인 동기가 유발되어 있는 사람들의 경우 이 방법도 효과가 있을 수 있다. 또한 **리더십 개발이라는 것은** 아무리 외부에서 많은 도움을 받더라도 **기본적으로는 자기 자신이 바뀌려고 노력을 해야 하는 문제**이다. 그러므로 더 효과적인 리더가 되겠다고 스스로 노력하는 것을 나무랄 수는 없다.

그러나 혼자서 개발할 경우 다양한 관점을 접할 기회가 없어 사실과 달리 혼자서만 잘하고 있다고 착각할 수 있다는 것이다. 사실 최고경영자가 되든가 직위가 높은 리더가 되면 자신의 리더십에 대해서 혼자서 판단하고 생각하여 결론을 내리는 경우가 많다. 그리고 그 결론은 주로 자신의 경험이나 단편적으로 읽거나 들은 지식에 근거하여 내려진다. 문제는, 많은 경우에 혼자서 내린 자신의 리더십에 대한 결론이 하급자들이나 다른 사람들이 그에 대해서 판단이나 평가하고 있는 것과 다르다는 점이다.

우리나라의 대기업 A사의 최모 최고경영자는 입만 열면 조직원들의 리더십에 문제가 있다고 지적을 해왔다. 그는 리더십에 대한 책도 많이 읽었고 경험도 많아 한번 입을 열면 조직원들은 리더십 강의를 한 시간씩 들어야 했다.

그가 주로 지적하는 조직원들의 리더십 문제점들은 '낡은 사고의 틀을 깨려고 노력하지 않는다', '일방적 지시 일변도로 이끈다', '위임을 못한다', '새로운 것을 받아들이는 데 느리다', '하급자들을 육성하려는 노력이 매우 미미하다' 등 일반적으로 리더들에게 문제가 되는 항목들이 거의 총망라되는 수준이다. 최 사장 앞에만 서면 조직원들은 죄인이 된듯한 느낌을 갖는다. 그런데 역설적인 것은 그 회사의 임원들이나 팀장, 조직원들과 인터뷰를 해봤더니 **정작 바뀌어야 하는 사람은 바로 최 사장**이라고 입을 모아 이야기하는 것이었다.

이처럼 자신의 리더십에 대해서 리더가 혼자서 내린 결론은 매우 위험하다. 큰 계기가 없는 한 사람들은 자기 자신을 좋게 평가하려는 속성을 갖는다. 다른 사람들의 의견을 듣지 않고 혼자서 결정하는 경우 더욱 그렇다. 그러므로 리더가 가장 경계하고 피해야 하는 것은, '나는 많이 안다. 나는 완벽한 리더이다. 나의 말을 듣고 너희들이 바뀌어라. 내 식대로 따라 해봐라'는 식의 사고를 갖는 것이다.[3]

표 15-1 리더십 개발방법의 예

(1) 대학에서 진행되는 리더십 강의
(2) 리더십 개발 전문기관에서 실시하는 오프라인(Off-line) 훈련과정
(3) 전문가들로부터 1:1 코칭
(4) 리더십 진단과 피드백
(5) 액션 러닝(Action Learning)
(6) 리더십 포럼(Forum)
(7) 온라인(on-line) 리더십 강좌
(8) 하이브리드(Hybrid) 리더십 과정

혼자서 공부하면 리더십에 대해서 머리로 많이 알기는 하지만 자신을 비판적으로 바라볼 수 있는 기회를 갖지 못한다. 그러므로 리더는 머리로 배운 지식을 자기 자신을 비추는 거울로 삼아야 한다. 자기반성 없이 리더십에 대한 지식만 많이 쌓는다고 훌륭한 리더가 되는 것은 아니다.

외부의 도움을 받는 리더십 개발방법은 매우 다양하다. 몇 가지 대표적인 방법을 정리하면 위의 〈표 15-1〉과 같다.

대학에서의 리더십 강의는 누구나 쉽게 들을 수 없기도 하지만 대부분 이론설명에 치우치는 경향이 있다. 반면에 리더십 개발 전문기관에서 실시하는 훈련과정은 쉽고 재미가 있지만 이론적 토대가 빈약한 경우가 많아 경계해야 한다. 코칭 전문가와 1:1로 코칭을 받을 수도 있다. 이 방법은 개인적인 이야기를 많이 할 수 있고 나의 리더십 스타일에 직접 초점을 맞춰 개발해주기 때문에 효과적일 수 있다. 아울러 리더십 진단결과를 가지고 피드백해주면서 리더 자신의 좌표를 깨닫게 해주는 것도 좋다.

액션 러닝(Action Learning)이란 과제를 주고 그것을 해결해 나아가는 과정에서 자신의 리더십을 학습하도록 하는 것이다. 3개월 과제, 6개월 과제, 1년 과제 등 기간에 따라 다양한 과제를 선택할 수 있다. 이 경우에는 최고경영자도 관심을 가지는 것이 좋다. 과제수행을 통해서 학습하고 그 학습한 결과를 최고경영자 앞에서 발표하도록 하는 회사들도 있다.

요즘 한국에는 조찬 미팅이나 저녁 미팅 등과 같이 리더십 포럼(Forum)을 많이 개최한다. 유명 강사들이 나와 한 시간 정도 강의를 하고 저녁 식사를 하도록 되어 있다. 중간에 시를 읽는 경우도 있고 작은 공연을 준비한 포럼도 있다. 이러한 모임은 강의 내용도 중요하지만 그보다 더 중요한 것은 다른 **중요한 사람들을 서로 만날 수 있는 기회를 갖게 된다**는 것이다.

리더십 강좌를 온라인을 통해서 듣기도 한다. 이러한 온라인(On-Line) 강좌는 특히 내용이 중요하다. 전달은 매우 체계적으로 하는데 내용은 별로 없는 경우가 많다. 아니면 내용은 좋은데 전달방법이 적절하지 않아 기대했던 효과를 내지 못하는 경우도 많다. 온라인 과정은 수강자들의 집중도를 유지하는 것이 중요하다. 마이크로러닝처럼 짧게 구성하여 지루함을 덜어주는 방법을 쓰기도 한다. 중간에 퀴즈를 주기도 하고 수강 완료 시 '뱃지'(badge)를 주어 동기부여시키기도 한다. "게임이피케이션"(gamification)을 사용하는 경우도 많다.

하이브리드(Hybrid) 리더십 과정은 온라인과 오프라인, 진단과 코칭 등을 섞어서 종합적으로 수행하는 과정을 말한다. 리더십 개발의 어떤 주제의 특정한 부분은 오프라인 강좌로 듣는 것이 바람직하고 다른 부분은 온라인으로 수행하는 것이 더 바람직할 경우 이들을 합하여 하나의 리더십 개발과정을 운영하는 것이다. 예컨대, 진단은 온라인으로 하고 본 과정은 오프라인으로 하며, 끝나고 나서의 점검은 다시 온라인으로 하는 방법이 있을 수 있다.

또 하나 고려해야 하는 것은 훈련기간이다. 조직의 전통적인 리더십 개발 강좌는 주제에 따라 기간이 달라지겠지만 20시간이나 30시간 정도의 과정으로 운영되어 왔다. 하지만 최근에는 2~6시간 정도 짧게 줄여 시행하는 추세다. 대학의 리더십 강좌는 학기 단위로 운영된다. 온라인 강좌는 몇 주 정도의 시간을 주고 편리한 시간에 수강하도록 한다.

2. 어떤 방법을 선택할 것인가?

이처럼 많은 리더십 개발방법들 중에서 어떤 방법을 선택하는 것이 바람직한지는 **주제의 성격에 따라 결정되어야 한다.** 진단을 하는 데 꼭 직접 만나서 해야 할 필요는 없을 것이다. 반면에 코칭을 하는 데 온라인으로 한다는 것은 좀 어색할 것이다.

물론 매체의 성격만을 고려해서는 안 된다. 강사가 누구이며 어떤 경력을 갖고 있는지도 고려해야 하며 주제에 대해서 어떤 수준으로 이해하고 있는지도 사전에 살펴봐야 후회하지 않는다. 특히 요즘은 말만 좀 잘하면 인기강사의 반열에 오르는 시대여서 강사의 자질을 사전에 점검하는 것은 매우 중요하다.

조직 차원의 리더십 개발, 어떻게 해야 하나 제3절

리더십을 조직 차원에서 많은 조직원들을 대상으로 개발시키려면 어떤 방법을 사용해야 하는가? 조직의 담당자들의 경험과 실력, 그리고 최고경영자들의 리더십에 대한 이해의 수준에 따라 방법도 달라진다.

일반적으로는 리더십 '컴피턴시(Competency)'나 보다 구체적인 각종 '스킬'(skill)을 찾아내어 그를 기초로 리더십을 진단하고 그에 따라 정해진 교육과정을 이수하도록 한다. 특히 조직에 따라서는 **'리더육성 종합체계'**를 만들어 계획적으로 리더를 육성하기도 한다. 이들은 대부분 직급에 따라 과장은 무슨 훈련을 받고 차장, 부장은 어떤 주제의 훈련을 받아야 하며 이들 중에서 팀장을 맡은 사람은 또 '팀장에 필요한 리더십 과정'을 이수해야 한다는 식으로 직급별 리더십 교육을 중시해 왔다.

특히 조직에서 시행하는 리더십 과정의 내용을 들여다보면 그 조직의 가치(Value)와 문화를 반영한 경우가 많다. 최고경영자가 강조하는 이념이나 경영방침, 그리고 비전 등을 기초로 하여 그의 전달과 이해의 증진을 목적으로 하는 과정이다. 이러한 가치 중심의 리더십 훈련도 필요하지만 부하들을 이끌어 가는데 있어서 절대적으로 필요한 기본적인 스킬에 대해서 철저히 훈련시키는 것이 더 중요하다.

조직 차원의 리더십 개발 노력은 지금까지 많은 기업들이 노하우를 축적했음에도 불구하고 개선해야 할 점들도 많다. 우선 철저한 현상 조사 없이 수강자들이 좋아하는 프로그램만을 외부강사를 초빙하여 운영하다 보니 **단편적인 결과**밖에는 못 거두고 있는 것이 현실이다. 각 **조직마다 리더십의 현황은 다르다.** 같은 과장이라고 할지라도 삼성의 과장이 고민하고 있는 리더십의 이슈와 현대자동차의 과장이 고민하고 있는 현안은 질적으로 다른 것이 정상이다. 그러므로 자기 조직 고유의 문제와 현실을 자세히 이해하는 노력이 리더십 과정을 도입하는 것보다 선행되어야 한다. 현상을 제대로 이해하면 그에 맞는 리더십 과정을 찾든가 개발하는 것은 어려운 일이 아니다.[4]

또한 **리더십 개발을 위한 투자에 조직들이 앞장서야 한다.** 리더육성에 대한 투자는 단기적으로 어떤 양적인 효과가 금방 나타나지는 않지만 문제를 예방하고 조직의 기초를 다지는 효과를 가져오며 장기적으로 기대 이상의 성과를 내는 데 결정적인 역할을 한다.

본 장의 요점

※ 자기성찰은 놀란 경험, 좌절한 경험, 실패한 경험을 기록하고, 반추하고, 중립적 관찰자 입장에서 성찰하는 것이다.

※ S-N-D-F 모델에 기초하여 체계적으로 개발할 필요가 있다.

※ 개인 차원 리더십 개발에서 리더가 되기 싫은 사람, 즉 WAL이 높은 사람도 리더십 개발이 필요하다. 리더십 스킬은 인생을 풍요롭게 해주기 때문이다.

※ "임원 포텐셜", "CEO 포텐셜"들은 Seed을 키우고 Deed 유연성을 확보하며 상황 읽는 법(Need I)과 욕구처리법(Need II)을 학습해야 한다.

※ 리더 직책자들은 리더 정체성을 확고히 하고, Feed(성과창출)에 집중하며, 사람을 키우고, 성찰의 시간을 갖는 것이 중요하다.

※ 팔로워들은 독립적으로 사고하고(critical thinking), 필요한 역할을 찾아서 할 줄 알며, 리더의 부족한 점을 보완하고, 리더에게 요구할 때 그 정당성을 점검할 줄 알아야 한다.

※ 개인 리더십 개발은 DPI(diagnose, plan, implement) 방법으로 수행할 수 있다.

※ 리더십 개발방법에는 대학 강의, 오프라인 훈련과정, 1:1코칭, 리더십 진단/피드백, 하이브리드 러닝 등 다양한 방법이 있다.

※ 조직 차원 리더십 개발은 '리더육성 종합모델'을 설정하여 수행한다.

리더십 토론의 시간 15

리더십 개발은 즐기며 해야!!

※ 아래의 글은 같은 물건을 만드는 세 장인(匠人)에 관한 이야기이다. 잘 읽고 아래의 토론 과제를 함께 풀어보자.

"세 사람의 장인(匠人)이 나란히 앉아 같은 도구를 사용하여 똑같은 물건을 만들고 있었다. 첫 번째 장인은 햇볕이 너무 뜨겁고 도구가 낡아서 팔이 몹시 아프다고 생각했다. 그는 눈살을 찌푸리고 툴툴거리며 일을 하고 있었다.

두 번째 장인은 봉급날 받을 급여와 그의 솜씨에 대해 칭찬받을 일과 언젠가는 십장으로 승진할 것을 생각하며 일하고 있었다. 그는 자신의 일에 대해 그다지 많이 생각하지 않고 오로지 더 나은 미래에 대해서만 생각하면서 일했다.

셋째 장인은 그가 들이마시는 신선하고 깨끗한 공기와, 도구를 사용할 때마다 느껴지는 팔의 힘과 세기(細技), 그리고 자신의 손으로 만들고 있는 정교한 그 모양새에 감탄하며 일을 하고 있었다. 그는 전혀 일을 한다고 생각하지 않고 즐기듯 물건을 만들고 있었기 때문에 얼굴에 웃음이 가득했다."[5]

[토론과제 15-1] 대부분의 리더들은 자신의 리더십 개발을 하면서 위의 세 장인들 중에서 누구의 모습으로 할까?

[토론과제 15-2] 세 장인들은 결국 어떤 결과차이를 내리라고 예상되는가? 그러한 차이의 원인은 무엇인가?

[토론과제 15-3] 리더십 개발을 하면서 위의 세 번째 장인처럼 즐겁게 할 수 있는 방법에 대해서 말해보자.

나의 리더십 진단 15

나의 리더십 개발주제 진단하기

❊ 아래의 표는 본 장에서 학습한 리더십 개발주제를 정리한 표이다. 10가지 개발주제들 중에서 현 시점에서 귀하에게 가장 필요한 개발주제는 무엇인가? 순서대로 다섯 가지를 골라, 1~5까지 번호를 메겨보자.

리더십 개발주제	순위	리더십 개발주제	순위
가치관		커뮤니케이션	
인지구조		비전의 수립, 전파, 실행	
열정적 태도		변화의 이슈 개발	
인간관계		상황분석 능력	
참여의 기술		전략적 리더십	

〈진단법〉 위에서 기술한 1~5까지의 주제들을 다른 사람들과 비교해 보자. 어떤 공통점과 차이점이 있는가? 왜 그러한 차이를 보이는가?

리더십 Exercise 15

나의 리더십 육성계획

❊ 다음은 귀하가 스스로를 육성해 나아가는 과정에 관한 것이다. 한 단계, 한 단계 깊이 생각하고 정성껏 기록해 보자.

① 10년 후 리더로서의 인생의 목표를 세워보자.

____

____

____

② 위의 리더십 10년 계획을 3단계로 나누어 구체화해 보자.

제1단계 (년) to (년)	제2단계 (년) to (년)	제3단계 (년) to (년)

③ 위의 각 단계에서 필요한 리더십 역량을 어떻게 확보할 것인지의 계획을 적어 보자.

제1단계	
제2단계	
제3단계	

④ 리더십 10년 목표가 달성되었을 때, 나의 기분은 어떨까? 형용사 한 단어로 묘사해 보자.

" "

리더십 나누기 사례 15: 세계는 지금 에듀테크 전쟁 중[6]

"최근 법무부 장관들은 똑같이 정적들을 '법무연수원'으로 좌천시켰다. 이 사건은 두 가지 큰 충격을 준다. 첫째는, 아직도 구태의연하게 '연수원'이라는 용어를 쓰고 있다는 점이다. 요즘 기업에서는 연수원 대신 인재개발원, 러닝센터, L&D(Learning&Development) 센터 등의 명칭을 쓴다. 공무원을 교육하는 곳도 '국가공무원 인재개발원'으로 이름을 바꿨는데, 1946년 일본의 '사법연수소'를 모방했다는 법무연수원은 75년이 넘도록 그때 그 이름을 그대로 쓰고 있다. 시대 변화를 모르는 것 같다.

두 번째 충격은 법무부 장관들이 연수원을 '패자의 유배지'로 전락시켰다는 점이다. 연수원을 변방으로 보는 조직치고 제구실하는 예를 못 봤다. 잘되는 조직은 인재의 개발, 구성원들의 학습, 그에 기초한 혁신을 경영의 핵심에 둔다. 인재개발을 중심에 두는 미국 피앤지(P&G)에서는, 최고경영자(CEO)가 자기 사무실을 교육장으로 내준 적도 있다. 삼성인재개발원은 실무 책임자가 부원장으로 돼 있다. 원장은 회장이 직접 맡는다. 삼성의 스타 사장들과 미래를 책임질 인재들이 이곳에서 학습하고 토론하면서 초격차 혁신을 설계했다. 인재개발원은 혁신의 발원지이고, 미래 성장의 엔진이며, 구성원들이 꿈을 디자인하는 공작소다. 패자의 유배지 사법연수원에서 연수생들이 도대체 무엇을 배우고 어떤 꿈을 꿔왔을지, 답답할 따름이다. 교육산업은 디지털 혁명의 도래, 코로나19와 맞물려 급격히 성장하고 있다. 오프라인 교육에서 온라인 교육을 넘어 인공지능(AI), 빅데이터, 머신러닝에 기초한 에듀테크(edtech · education technology) 산업으로 변신 중이다. 최근 한국 온라인 교육업체 휴넷이 글로벌 인재개발 콘퍼런스 'ATD 2022'에서 국내 최초로 메타버스 교육개발원 '메타랩스(Meta-LABS)'를 선보여 글로벌 기업들로부터 큰 관심을 받았다. 세계 에듀테크 시장은 연평균 15.52%씩 성장해 2027년에 약 800조원에 이를 것으로 추정되는 고성장 산업이다.

에듀테크는, 조직원의 학습 · 개발을 돕는 L&D 지원 및 코칭, 초 · 중 · 고(K-12) 학생들의 학습 지원, 대학생들의 취업과 경력 관리, TOEFL · SAT · GRE · AICPA 등 각종 시험 준비 등 다양한 영역에 적용된다. 세계 최대 에듀테크 업체는 2011년 인도의 라빈드란(Raveendran)이 세운 바이주(Byju's)다. K-12 학생들을 위한 각종 시험 준비 사업으로 시작한 이 회사는 1억 5,000만 명의 구독자를 갖고 있다. 2022 카타르월드컵 공식 후원 업체이기도 하다. 회사 가치가 약 230조원에 달하는데, 지난 9개월 동안에만 35% 성장했다.

에듀테크 산업은 몇 가지 특징을 갖는다. 첫째, 학습방식이 출중하면 세계 어디에서나 먹힌다. 국내 시장에만 집착할 필요가 없다. 시장이 작은 호주에서 시작한 K-12 강의 관리 플랫폼 스쿨박스(SchoolBox)는 6개국 950여 개 캠퍼스에서 활용된다. 고교~대학생 대상의 유학 알선 플랫폼인 캐나다의 어플라이보드(ApplyBoard), 개인이 만든 교육과정을 거래하는 플랫폼 싱키픽(Thinkific), 덴마크의 가상현실 실험실 랩스터(Labster), 협력 학습 애플리케이션인 폴란드의 브레인리(Brainly), 1대1 외국어 학습 플랫폼인 독일의 링고다(Lingoda) 등도 글로벌 플레이어들이다. 둘째, 에듀테크 산업도 인수 · 합병(M&A)을 통한 성장 단계에 들어섰다. 바이주는 지난 5년간 10개가 넘는 회사를 사들였다. 2020년 세계 에듀테크 M&A 건수가 218개였는데 2021년에 332건으로 뛰었다. 셋째, 대학과 연계해 성장한다. 에드엑스(EdX)는 하버드 · MIT와 연계하고 있고, 코세라(Coursera)는 스탠퍼드 · 듀크대의 파트너다. 인스트라이드(InStride)는 애리조나주립대와, 퓨처런(FutureLearn)은 영국의 12개 대학이 공동 설립한 회사다. 길드에듀케이션(Guild Education)은 퍼듀대 등 10여 개 대학과 연계해 온라인 학위 과정을 개설하고 있다. 넷째, 사업의 경계를 넘지 않는다. 예컨대, 에듀테크 산업에서는 종업원 교육을 하는 회사가 K-12나 대학생 학습 지원 사업에 뛰어드는 경우가 많지 않다. 반대도 마찬가지다. 이것은 본 산업의 한계인 동시에 기회이기도 하다. 최근 대학 중고 서적 거래업을 하던 첵(Chegg)이 교육자 플랫폼 시장에 뛰어든 것을 보면, 앞으로 경계를 넘나드는 경영활동이 활발해질 것으로 예측된다.

에듀테크 산업은 미국 · 인도 · 중국이 주도하고 있지만, 유럽 · 남미 · 아프리카의 많은 국가도 투자에 적극적이다. 구글 · 아마존 등도 투자에 나섰다. 이들은 지능형 튜터링 시스템(ITS), 탐색형 학습 환경(ELE) 등 생소한 학습시스템을 만들어내고 있다. 반면 우리는 에듀테크 산업에 대한 법 체계도 제정돼 있지 않다. 교육은 더는 '공공재(public goods)'가 아니다. 학위 개념도 재정립할 때가 됐다. '사업연수원'도 새롭게 태어나야 하지 않을까." (백기복, 2022.8.25. 매일경제신문)

✠ **[리더십 나누기 사례 문제 15]** 한국의 '에듀테크' 기업들이 글로벌 시장에 진출하지 못하는 이유는 무엇일까?

:: 주

1 Bailey, J. R., & Rehman, S. March 4, 2022. Don't Underestimate the Power of Self-Reflection. *Harvard Business Review*, https://hbr.org/2022/03/dont-underestimate-the-power-of-self-reflection.

2 백기복. 2005. *리더십 리뷰*. 창민사.

3 Day, G. S., & Schoemaker, P. J. H. 2006. *Peripheral Vision*. Harvard Business School Press.

4 Dotlich, D. L., Noel, J. L., & Walker, N. 2004. *Leadership Passages*. Jossey-Bass.

5 찰스 만즈, & 크리스토퍼 넥(이은숙 역, 백기복 감수). 2001. *바보들은 항상 최선을 다했다고 말한다(원제: Mastering Self-Leadership)*. 한언출판사. 118쪽에서 인용.

6 백기복. 2022. 8. 25. 세계는 지금 에듀테크 전쟁…교육열 1위 한국은 뒷짐만. 매일경제신문. [Industry Review].

찾아보기

국문

[ㄴ]

[ㄷ]

[ㄹ]

[ㅁ]

[ㅂ]

[ㅅ]

[ㅇ]

[ㅈ]

[ㅊ]

[ㅋ]

[ㅌ]

영문

[A]

[B]

[M]

[N]

[O]

[P]

[R]

[S]

[T]

[U]

[V]

[W]

[Y]

[기타]

♣ 저자약력 ♣

백기복 교수는 국민대 명예교수이면서, 휴넷글로벌리더십연구원장을 맡고 있다. 미국 휴스턴대학에서 경영학 박사를 받았다. 미국 버지니아에 있는 James Madison University 경영학과 조교수, POSRI연구원, POSTECH 겸직교수 등을 역임했으며, 한국인사조직학회장, 대한리더십학회장, 한국윤리경영학회장 등을 역임했다.

논문 및 저서로는, "한미 기업 관리자들의 리더십 유형 비교", "한국경영학계 리더십연구 30년: 문헌검증 및 비판", "조직행동연구"(7판), "리더십 리뷰"(3판), "새로운 경영학"(3판), "대왕세종", "이슈리더십", "성취형 리더의 7가지 행동법칙", "사례로 배우는 리더십"(2판), "말하지 말고 대화를 하라", "한국형 리더십", "미래형 리더의 조건", "빛소리"(판타지 소설) 등 다수가 있다.

신제구 교수는 국민대에서 경영학 박사학위를 받았다. 현대경제연구원 인재개발원 책임연구원을 거쳐 KB국민은행 R&D 팀장으로 재직하다가 미국 오하이오주립대 객원연구원으로 근무하였다. 그 후 멀티캠퍼스(구, 크레듀) HR연구소장(이사)으로 재직하였으며, IGM 세계경영연구원 연구개발본부장 및 상무이사를 거쳐 현재 서울과학종합대학원(aSSIST) 교수로 재직 중이다. 학회는 대한리더십학회 명예회장, 한국인력개발학회 고문, 한국교육컨설팅코칭학회 고문 등으로 활동 중이며 네모파트너즈 POC 부사장과 리더십 센터장을 겸직하고 있다.

저서는 리더의 길(2019), 인적자원개발론(2017), Leadership Development in Emerging Market(2017), 21세기 여성리더십모델(2006)과 총 6편의 번역서가 있다. 논문은 리더십에 관한 50여 편의 논문이 있으며, 현재 리더십 교육프로그램 개발 및 HRD 컨설팅 분야에 많은 시간을 할애하고 있다.

김정훈 교수는 제주대 경영학과를 졸업하고, 국민대학교에서 리더십을 전공하여 경영학 박사학위를 받았다. 바이탈컨설팅 및 하이닉스 인재개발원 컨설팅 팀장을 역임하고 현재 제주대학교 경상대학 학장 및 경영대학원장을 겸직하고 있다.

논문 및 저서로는 "이슈셀링에 대한 이론적 고찰", "리더십 발휘 동기, 리더십 행위 그리고 성과 간의 관계에 관한 탐색적 연구", "카리스마적 리더십과 성과 간의 관계에 대한 조절효과 연구(인사조직연구), "리더십과 리더십 유효성", "조직과 인간" 등 20여 편이 있다. 현재 리더십 이론을 실무에 적용하는 데 다양한 노력을 기울이고 있다.

리더십의 이해 (제3판)

2009년 8월 20일 초판 발행
2016년 8월 5일 2판 발행
2023년 8월 9일 3판 1쇄 발행

저 자 백기복 · 신제구 · 김정훈
발행인 윤 동 구
발행처 **창 민 사**
서울시 마포구 창전로 46 401호
등 록 1999. 10. 28/제10-1846호
전 화 3272-1243~4
팩 스 3272-1245
E-mail cmbooks@hanmail.net

정가 30,000원
ISBN 979-11-92272-13-9 93320